鄂豫皖赣四省交汇带方言语法研究

陈淑梅 丁良喜 ◎ 著

科学出版社
北京

内 容 简 介

　　本书从语言接触的角度以鄂豫皖赣四省交汇处的方言语法作为研究对象，对其语法特征进行了系统的研究，立足语言事实，注重原创性。全书共分七章：第一章绪论，介绍了鄂豫皖赣四省交汇处的人文地理特征和方言特征；第二章构词法，研究了鄂豫皖赣四省交汇处方言的各种构词方法；第三章成分词，研究了鄂豫皖赣四省交汇处方言的各种成分词；第四章句法，研究了鄂豫皖赣四省交汇处方言的各种句法及特殊句式；第五章体貌范畴，研究了鄂豫皖赣四省交汇处方言的 12 种体貌范畴；第六章量范畴，研究了鄂豫皖赣四省交汇处方言的 6 种量范畴；第七章研究了鄂豫皖赣四省交汇处方言语法的现代发展与归属，以及对鄂豫皖赣四省交汇处方言语法研究进行了思考。

　　本书可作为高校语言教学、方言教学与研究的参考资料，也可作为地方志书的方言研究内容，还可作为方言资料存入地方档案及博物馆。

图书在版编目（CIP）数据

鄂豫皖赣四省交汇处方言语法研究 / 陈淑梅，丁良喜著. —北京：科学出版社，2023.9
ISBN 978-7-03-075731-9

Ⅰ. ①鄂⋯　Ⅱ. ①陈⋯　②丁⋯　Ⅲ. ①汉语方言 – 方言研究　Ⅳ. ①H17

中国国家版本馆 CIP 数据核字（2023）第 101860 号

责任编辑：王　丹　贾雪玲 / 责任校对：贾伟娟
责任印制：徐晓晨 / 封面设计：润一文化

科 学 出 版 社 出版
北京东黄城根北街 16 号
邮政编码：100717
http://www.sciencep.com

北京华宇信诺印刷有限公司印刷
科学出版社发行　各地新华书店经销
*

2023 年 9 月第　一　版　开本：720×1000 1/16
2024 年 8 月第二次印刷　印张：25 3/4
字数：430 000

定价：128.00 元
（如有印装质量问题，我社负责调换）

国家社科基金项目"语言接触视域中鄂豫皖赣四省交汇处方言语法研究"(14BYY034)结项"优秀"成果

目 录

第1章 绪论 ... 1
- 1.1 鄂豫皖赣四省交汇处人文地理概况 ... 1
- 1.2 鄂豫皖赣四省交汇处方言概况 ... 5

第2章 构词法 ... 21
- 2.1 附加式 ... 22
- 2.2 重叠 ... 39

第3章 成分词 ... 55
- 3.1 名词 ... 55
- 3.2 动词 ... 60
- 3.3 形容词 ... 74
- 3.4 数词和量词 ... 83
- 3.5 代词 ... 97
- 3.6 介词 ... 111
- 3.7 副词 ... 117
- 3.8 语气词 ... 135
- 3.9 叹词 ... 146
- 3.10 助词 ... 150

第4章 句法 ... 156
- 4.1 处置句 ... 156
- 4.2 被动句 ... 168
- 4.3 比较句 ... 183
- 4.4 疑问句 ... 186
- 4.5 否定句 ... 192
- 4.6 存现句 ... 200
- 4.7 祈使句 ... 202

4.8　感叹句 ··· 204
　　4.9　双宾句 ··· 205
　　4.10　动补句 ·· 214
　　4.11　特殊句式 ·· 230
　　4.12　复句 ·· 247
第 5 章　体貌范畴 ·· 263
　　5.1　尝试体 ··· 263
　　5.2　频现体 ··· 265
　　5.3　反复体 ··· 270
　　5.4　经历体 ··· 272
　　5.5　完成体 ··· 274
　　5.6　将然体 ··· 277
　　5.7　起始体 ··· 278
　　5.8　进行体 ··· 279
　　5.9　持续体 ··· 285
　　5.10　短时体 ·· 297
　　5.11　未然体 ·· 300
　　5.12　先行体 ·· 301
第 6 章　量范畴 ·· 307
　　6.1　事物量范畴 ··· 307
　　6.2　空间量范畴 ··· 315
　　6.3　时间量范畴 ··· 325
　　6.4　行为量范畴 ··· 338
　　6.5　程度量范畴 ··· 349
　　6.6　主观量范畴 ··· 357
　　6.7　本章小结 ··· 373
第 7 章　鄂豫皖赣四省交汇处方言语法的现代发展与归属及其研究思考 ····· 375
　　7.1　鄂豫皖赣四省交汇处方言语法的现代发展 ··················· 375
　　7.2　关于鄂豫皖赣四省交汇处方言的归属和对方言语法研究的思考 ····· 389
参考文献 ·· 396
后记 ·· 401

第1章

绪 论

1.1 鄂豫皖赣四省交汇处人文地理概况①

从地理分布上看，鄂豫皖赣四省交汇处包括长江以北、大别山南麓的湖北东部、东北部以及与其毗邻的河南省、安徽省、江西省等相关地区。从行政区划来看，主要包括湖北省黄冈市的黄州区、红安县、团风县、蕲春县、英山县、武穴市、麻城市、罗田县、浠水县、黄梅县，孝感市的孝南区、孝昌县、安陆市、大悟县、云梦县、应城市，武汉市的黄陂区、新洲区，鄂州市的鄂城区，随州市的广水市；河南省信阳市的新县、商城县、罗山县、固始县、光山县、潢川县；江西省的南昌市、九江市、瑞昌市；安徽省的安庆市、宿松县、岳西县、太湖县、望江县，六安市的丁集镇、金寨县、霍山县等地。涉及4个省10个地级市和30多个县（市、区）。下面简要概述鄂豫皖赣四省交汇处的代表点的人文地理情况。

1.1.1 黄冈人文地理概况

黄冈市是鄂豫皖赣四省交汇处的中心地带，地处湖北省东部、大别山南麓、长江中游北岸，东邻安徽省六安市、安庆市，南与江西省九江市隔江相望，西连武汉市、孝感市，北接河南省信阳市。现辖七县（红安、罗田、英山、浠水、蕲春、黄梅、团风）、二市（武穴、麻城）、黄州区、龙感湖管理区、黄冈高新区、黄冈临空经济区、白莲河示范区，面积1.74万平方公里。全市常住人口578.82

---

① 本节内容引自相关市县的官网，时间截至2023年。

万人。有发源于大别山脉的举水、倒水、巴水、浠水、蕲水和华阳河六大水系，均自北向南流经市域汇入长江。

历史沿革：黄冈具有悠久的历史。早在旧石器时代，即有人类居住。夏商时代，即有行政建置。秦汉之际，为郡国之属。自东晋以后，形成大体完整的郡州。隋唐五代直至明初，黄冈基本处于黄州、蕲州两郡（府、路）并治状况。明代以后，蕲州归属黄州府管辖，黄州成为本区域唯一的政治中心。从东晋咸和四年（公元 329 年）在本域建置西阳郡起，黄冈作为省县之间的一级行政区，已有 1670 余年的历史。经过一千多年的演变，至 1995 年 12 月 23 日撤销黄冈地区和黄州市，设立地级黄冈市，治所驻黄州区。

历史人文：黄冈是湖北省文物大市之一。春秋晚期，楚文化逐步渗入，秦汉及其后的文化有"吴头楚尾"的特征。隋、唐之际，司马道信和弘忍先后在破额山、东山建寺，后为四祖寺、五祖寺，是佛教禅宗的著名道场，有"小天竺国"之誉。中国古代四大发明之一的活字印刷术发明人毕昇出生于蕲水（今英山县），此地遗留有墓及墓碑。苏轼谪居黄州 4 年有余，在此写作《前赤壁赋》《后赤壁赋》《念奴娇·赤壁怀古》等名篇，遂使东坡赤壁闻名遐迩。明代有医药学家李时珍和医圣万密斋，影响深远。及至现代，黄冈又是黄麻起义的策源地和鄂豫皖革命根据地的重要组成部分。

1.1.2　九江人文地理概况

九江位于江西最北端，长江从九江北面穿过。东与鄱阳县和安徽省东至县毗邻，南接南昌市新建区、安义县、靖安县、奉新县和铜鼓县，西与湖南省平江县和湖北省崇阳县、通城四县搭界，北与湖北武穴市、黄梅县及安徽宿松、望江两县隔江相望。九江总面积 19084.61 平方公里，2021 年末，全市总人口为 456.07 万人。辖浔阳区、濂溪区、柴桑区、武宁县、修水县、永修县、德安县、都昌县、湖口县、彭泽县、瑞昌市、庐山市、九江经济技术开发区、共青城市、庐山西海风景名胜区、八里湖新区和鄱阳湖生态科技城。夏、商时期，九江境地分属荆州、扬州；春秋时分别属吴国、楚国；三国时属孙吴。经过复杂演变后，1949 年 7 月 19 日设九江专员公署，析九江县城厢设九江市；1968 年 4 月，成立九江专区革命委员会；1971 年 2 月，改为九江地区革命委员会；1979 年改为九江地区行政公署；

1980年九江市从九江地区划出，升为省辖市；1983年7月27日地市合并，同时实行市管县体制。

1.1.3 鄂州人文地理概况

鄂州市地处长江中游南岸，位于湖北省省会武汉市东部。东至东南与黄石市接壤，西与武汉市江夏区交界，西北与武汉市洪山区毗邻，自西向东与武汉市新洲区、团风县、黄冈市黄州区、浠水县隔江相望。全市版图呈隶书人字形。总面积1596平方公里，现辖鄂城、华容、梁子湖三个县级行政区和葛店经济技术开发区、临空经济区两个功能区。据《湖北省第七次全国人口普查公报（第二号）》数据，全市常住人口107.94万人。鄂州在夏代为鄂都，这是鄂州称"鄂"之始。殷商时名鄂国，为商王朝统治下的诸侯国。战国时，鄂州遂称为鄂邑。秦代改鄂邑为鄂县，两汉时期鄂州仍为鄂县，属荆州江夏郡。三国时，鄂县属吴，后改名武昌，隶立武昌郡。唐代为武昌县，属江南西道鄂州。武德四年（公元621年）平萧铣后改为鄂州，此为称鄂州之始。宋初改为武昌县，明、清两朝皆改为武昌县。民国二年（1913年），改武昌县为寿昌县，次年改寿昌县为鄂城县。1960年改鄂城县为鄂城市，1961年又改市为县。1979年11月又重建鄂城市，实行县市分设。1983年8月，经国务院批准，将鄂城市、鄂城县和黄冈县的黄州镇及长江乡，合并为鄂州市，属省辖市。1986年1月，华容区左岭镇划归武汉市管辖，1987年，鄂州市属的黄州区（黄州镇及长江乡）划归黄冈县（现黄冈市黄州区）。

1.1.4 信阳人文地理概况

信阳市位于河南省南部、大别山北麓与淮河上游之间，鄂、豫、皖三省交界处。全市总面积1.89万平方公里，人口913万人，辖8县2区和羊山新区、1个国家高新区、9个省开发区及正在建设的豫东南高新区。

信阳市的新县与湖北省麻城市、红安县毗邻。新县内部自古分属南部和北部两个统辖区，至民国初期，北部为河南省光山县，南部属湖北省武汉黄德道，后改为鄂东道、江汉道。1947年，刘邓大军攻克新集后，改"经扶县"为"新县"，中华人民共和国成立后，新县属河南省潢川专区，1998年设置地级市信阳市，新县随属信阳市。新县是一块红色热土，鄂豫皖革命发源地，是全国著名的革命老区和将军县，是许世友、李德生、郑维山等93位将军和省部级以上领导干部的故乡。境内有革命历史遗迹和纪念地200多处。

1.1.5 岳西、宿松、六安人文地理概况

岳西县位于大别山腹地、皖西南边陲，地跨长江、淮河两大流域，与湖北省接壤。1936年划并潜山、霍山、太湖、舒城四个县的边界结合部设置建县。全县国土面积2372平方公里，现辖24个乡镇、179个行政村、9个社居委，户籍人口约41.25万。岳西是全省唯一一个集革命老区、脱贫地区、纯山区、生态示范区、生态功能区"五区"于一体的县份。

宿松县，位于安徽省西南部，北傍大别山余脉，南临长江。西与湖北省黄梅县毗邻，东北与太湖县接壤，东与望江县相连，南与江西省湖口县、彭泽县隔江相望，为皖西南门户。全县面积2394平方公里，辖9镇12乡2街道213个村（社区）。全县户籍人口86.6万，常住人口61.26万。

六安是安徽省的地级市，位于安徽省西部，地处长江与淮河之间。东邻合肥市，南接安庆市和湖北省英山、罗田两县，西与河南省商城县、固始县毗连，北接淮南市并与阜阳市隔河相望。六安居皖、豫、鄂三省要冲，为皖西中心。全市总面积约15451平方公里。辖霍邱、金寨、霍山、舒城四县和金安、裕安、叶集三区，设六安经济技术开发区。

1.1.6 孝感人文地理概况

孝感，简称孝，湖北省区域中心城市。具有"中国文化之乡"的称号。孝感市地处湖北省东北部。地处桐柏山、大别山之南，长江以北，汉江以东，南与武汉市东西湖区及仙桃市毗邻，北与河南省信阳市交界，西接随州、荆门、天门等市县，东连黄冈市的红安县与武汉市的黄陂区。现辖孝南区、汉川市、应城市、云梦县、安陆市、大悟县、孝昌县七个县（市、区），全市面积8910平方公里。《2022年孝感市国民经济和社会发展统计公报》显示孝感常住人口为418.58万人。域内山丘起伏，河流萦绕，平原坦荡，湖泊星布。孝感是楚文化的重要发祥地之一。春秋战国时为楚地，秦时为南郡，三国时属江夏郡，在魏晋南北朝时，析江夏郡所属安陆县置孝昌县（以汉孝子董永行孝而命名）。后唐同光二年（924年），为避讳，改"昌"为"感"，故名孝感，明洪武元年（1368年），孝感隶属于湖广行省德安府。

1949年4月，经鄂豫区第三行政公署批准，成立孝感县人民政府。1983年9月，经国务院批准，撤销孝感县设立县级孝感市。1993年4月，经国务院批准，撤销孝感地区，成立地级孝感市，原县级孝感市南部设立孝南区，北部设立孝昌县。

1.2 鄂豫皖赣四省交汇处方言概况

鄂豫皖赣四省交汇处涉及4个省10个地级市和30多个县（市、区）。我们从中选取了最有代表性的方言点：鄂东的12个县（市、区）；鄂东北的孝感市、安陆市、广水市；属于河南信阳市的新县、固始县、罗山县、潢川县、光山县；属于安徽西南部的安庆市、太湖县、宿松县、望江县、岳西县，六安市的丁集镇；属于江西省九江市的浔阳区、濂溪区、柴桑区、湖口县，南昌市，瑞昌市的都昌县；竹山、竹溪两县。这些方言点，大部分都位于鄂豫皖赣四省的交汇处。其中，南昌、都昌位于九江市的东南部，不在鄂豫皖赣四省交汇处，南昌话、都昌话属于赣语的昌都片，九江话属于江淮官话区，但是昌都片的都昌与九江相邻，其方言的语音、词汇有同有异，语法差异性较小，可以与鄂豫皖赣四省交汇处方言语法进行比较研究。竹山、竹溪两县也并非位于交汇处，而是属于鄂西北的十堰，但由于这两地的居民大多是从鄂东北麻城市迁徙而来，其方言特点与鄂东北基本相同，所以也在考察的范围之内。

下面简要概述鄂豫皖赣四省交汇处方言分片代表点的方言特点。

1.2.1 鄂东方言概况

1. 鄂东方言研究的发展

在历史上，专家学者们对这一地区的方言十分重视，研究成果很多。随着方言研究的不断深化，这一地区的方言越来越显示出独有的特色。其发展大致可分为三个时期。

第一个时期是萌芽时期。西汉语言学家扬雄（前53年—公元18年）在著作《方言》中提出了"楚言"的概念。楚方言可以与陈、江淮方言合为陈楚江淮方言区，其南面与南楚区毗连，西边与梁益区交界，北方主要与郑周韩区、宋卫区相接，东南则与吴越区为邻①。大致包括了今湖北省东北部、河南南部、安徽西南部、江西北部的一大片地区。鄂豫皖赣四省交汇处是"楚言"的中心位置。

第二个时期是初步发展时期。时间段是20世纪30年代到中华人民共和国成立初。主要有赵元任、丁声树等人合著的《湖北方言调查报告》（1948），将湖北东部地区的17个县市以及西北角的竹山、竹溪共19个县市的方言划在第二区。②这一时期还有黄侃的《蕲春语》、王祖佑的《浠水所存〈方言〉词考》等一系列文章。前者主要考证蕲春方言词汇的来源，后者使用现代的方法调查浠水方言语音特点。

第三个时期是探索时期。时间段是20世纪50年代至70年代。20世纪50年代詹伯慧、刘兴策等进行了湖北省方言语音普查工作，"1960年，内部出版了《湖北方言概况》。这本著作在分县市进行普查的基础上描述了全省方言的基本面貌，将全省境内的汉语方言按其特点划分为西南官话区、楚语区和鄂南区等三个方言区，并进行了综合比较。《概况》与1948年出版的《湖北方言调查报告》相比，调查点比《报告》多了十个，共有七十四个方言点，有一部分方言点是到当地进行实地调查后得到的研究成果，因而更加符合实际。正因为如此，《湖北方言概况》被我国当代方言研究最重要的成果之一《中国语言地图集》列入参考书目"③。这一时期还有胡维新、陈振亚发表的将广济、孝感等地区方言与北京音进行比较研究的文章。詹伯慧在《中国语文》上发表《浠水话动词"体"的表现方式》，这是第一次对浠水这片方言语法的专文研究。

第四个时期是全面发展时期。时间段是20世纪80年代至今。1987年，由中国社会科学院和澳大利亚人文科学院合作编纂的《中国语言地图集》将鄂东及鄂东北的16个县市和江西省的3个县市划归为江淮官话黄孝片。④这一时期的研究成果有詹伯慧的著作《浠水方言纪要》（1981），卢源斌等的著作《广济方言志》（1985），陈淑梅的著作《湖北英山方言志》（1989）、《鄂东方言语法研究》（2001）、《语法问题探究》（2007）、《鄂东方言量范畴研究》（2012）、《英山方言研究》

---

① 李恕豪. 扬雄《方言》中仅见于楚地的方言词语研究（稿）[J]. 语言历史论丛（第二辑），2008（0）：13-45.
② 赵元任，丁声树，杨时逢，等. 湖北方言调查报告[M]. 北京：商务印书馆，1948：1568.
③ 刘兴策. 近百年来湖北省汉语方言研究综述[J]. 方言，1998（3）：175.
④ 中国社会科学院，澳大利亚人文科学院. 中国语言地图集[M]. 香港：香港朗文出版（远东）有限公司，1987：B3.

（2021）；刘晓然的论文《黄冈方言的中指代词》（2002）、程从荣的论文《浠水方言的人称代词》（1997）。这一时期，陈淑梅对鄂东方言进行了词法和句法等的多角度研究，发表了 80 多篇论文，代表作有：《湖北英山方言形容词的重叠式》（1994）、《湖北英山方言"式"字的用法》（1996）、《湖北英山方言的"X 儿的"》（1997）、《鄂东方言中"筒"字的用法》（1999）、《谈鄂东方言的"V 得得"》（2000）、《汉语方言里一种带有虚词的特殊双宾句式》（2001）、《鄂东方言"VP 是不 VP 的"格式》（2001）、《鄂东方言的"数+量+O"的结构》（2003）、《鄂东方言"把得"被动句》（2005）、《鄂东方言的副词"把"》（2006）、《鄂东方言量词重叠与主观量》（2007）、《鄂东英山方言的满意程度量》（2008）、《楚语区黄梅方言的持续体标记"倒"》（2011）、《湖北英山方言的主观大量》（2013）、《鄂东方言的小称与主观小量》（2014）、《从认知的角度看湖北英山方言的长时量》（2015）、《鄂东方言的"把"字四用》（2018）、《湖北英山方言的特殊处置式"数+动量+把+VP+了"》（2019）等。

2. 鄂东方言的语音特点

分析鄂东方言的语音特点，要从两个角度来进行：一是共时的语音特点，二是历时的语音演变。下面分别从这两个方面来分析。

1）共时的语音特点

（1）声母特点。

①普通话中的[n]和[l]声母在鄂东方言中存在"洪混细分"现象，即在开口呼、合口呼韵母前边古泥、来母都读为[l]声母，例如：那、拿、南、难、闹、脑、能、怒、农等。在齿呼韵母、撮口呼韵母前边读为[ȵ]声母，例如：泥、年、娘、鸟、牛、扭、捏等。

②普通话的开口呼、齿呼零声母字在鄂东方言中都读为[ŋ]声母。例如：爱、哀、矮、碍、埃读为[ŋai]；偶、呕、欧、藕、鸥、沤等读为[ŋəu]；压、牙、押、鸭、哑读为[ŋa]等。

③普通话的[z]母字，在鄂东方言中都读为元音[ʅ]开头。例如：染、燃、然、冉读为[ʅan]；任、忍、认、刃等读为[ʅən]；热、惹读为[ʅɛ]。

④普通话的[ts]、[tsʻ]、[s]3 个声母与韵母[ui]相拼时，除黄冈市黄州区等少数地区外，鄂东其他地区都读为[tɕ]、[tɕʻ]、[ɕ]，同时韵母由[ui]变为[i]，例如：最、

嘴、醉、罪、读为[tɕi]；催、脆、摧、翠读为[tɕʻi]；岁、随、碎、虽读为[ɕi]。

⑤古晓、匣母字与合口呼韵母相拼时，普通话读[x]声母，鄂东有一部分县市如麻城市、红安县、罗田县等都读为唇齿擦音[f]。例如：呼、湖、户读为[fu]；话、花、化读为[fa]。

（2）韵母特点。

①普通话以[ə]元音为韵母的字，鄂东方言均读为后半高圆唇元音[o]韵母和前半低不圆唇元音[ɛ]韵母。例如：乐、个、各、可、棵、喝、合、河读为[o]韵母；得、特、车、勒、则、策、色读为[ɛ]韵母。

②鄂东方言无鼻韵尾，普通话读为[əŋ]、[iŋ]韵尾的字，鄂东方言都读为[ən]、[in]韵母。例如：崩、等、灯、腾、僧、整、声读为[ən]韵母；听、停、并、兵、宁、惊、经、应、影等读为[in]韵母。

③普通话韵母[u]与[t]、[tʻ]、[l]、[tʂ]、[tʂʻ]、[ʂ]、[z]、[ts]、[tsʻ]、[s]相拼时，鄂东方言都读为[əu]。例如：读、土、努、竹、初、熟、粗、楚、苏等。

④普通话的[uan]、[uən]两韵母与声母[t]、[tʻ]、[l]、[ts]、[tsʻ]、[s]相拼时，鄂东方言都去掉了介音[u]，读成了[an]、[ən]。例如：段、团、乱、钻、篡、酸读为[an]韵母；吨、吞、论、尊、村、孙读为[nə]韵母。

⑤普通话撮口呼韵母自成音节时，鄂东方言读为[ʮ]，与声母[tɕ]、[tɕʻ]、[ɕ]相拼时，鄂东各县市都读成[i]和[iəu]。例如：与、于、欲、鱼、雨、句、举、巨、局、渠、曲读为[ʮ]韵母；去、取、趋、趣、娶、屡、履、旅、须、需、婿读为[i]韵母；菊、鞠、掬、蓄、续、畜读为[iəu]韵母。

（3）声调特点。

①鄂东所有方言点的声调都是6个，平声和去声各分阴阳，保留了古入声。

②部分县市如英山县、浠水县、武穴市保留喉塞音部位，但没有喉塞韵尾[ʔ]。

2）历时的语音演变

（1）声母特点。

①全浊塞音和全浊塞擦声母："並、定、从、崇、船、群"在鄂东方言中都清化了，平声送气，仄声多不送气，例如：盘[pʻan]—办[pan]、田[tʻian]—甸[tian]、层[tsʻen]—赠[tsen]、柴[tsʻai]—寨[tsai]、除[tʂʻʮ]—柱[tʂʮ]。"群"母古平声在洪音前今读[k]，细音前今读[tɕ]，例如：葵[kʻui]、奇[tɕʻi]；古仄声在洪音前今读[k]，在细音前今读[tɕ]，例如：跪[kui]、舅[tɕiəu]。

②古帮组字今读唇塞音[p]、[pʻ]、[m]，例如：波[po]、颇[pʻo]、麻[ma]。

③古端组的端、透母字今读塞音[t]、[tʻ]，例如：多[to]、土[tʻəu]。

④古非组非、敷、奉母字今读清擦音[f]，例如：夫[fu]、翻[fan]、肥[fei]、乏[fa]。

⑤微母字今读合口呼的零声母字，例如：武[u]、味[uəi]。

⑥精组的精、清字在洪音前今读[ts]、[tsʻ]，细音前今读[tɕ]、[tɕʻ]，例如：走[tsəu]、醋[tsʻəu]、姐[tɕiɛ]、秋[tɕʻiəu]。"心"母字在洪音前今读[s]，在细音前今读[ɕ]，例如：梭[so]、素[səu]、洗[ɕi]、笑[ɕiau]。"邪"母字不管平仄今读[ɕ]，例如：徐[ɕi]、续[ɕiəu]、遂[ɕi]、寻[ɕin]。

⑦知组的"知"母字不论平仄今都读为[tʂ]，如：著、展、追、哲；"彻"母字不论平仄都读为[tʂʻ]，如：耻、超、抽、撤；"澄"母字古平声今读[tʂʻ]，古仄声今读[tʂ]，前者如：茶、除、池、锤，后者如：柱、治、宙、传。

⑧照组的"照"母字不论平仄，今读[ts]，如：渣、阻、邹、斩；"穿"母字不论平仄今读[tsʻ]，如：初、炒、差、锄；"床"母字不论平仄都读[ts]，如：助、寨、炸、壮；"审"母字今读[s]，如：沙、梳、数、筛。但在脂、河、合、肴、删、谆、江（以平赅上去）韵字前今读[ʂ]，如：帅、删、刷、双。

⑨"日"母字不论平仄都读为零声母[ɥ]，如：惹、如、染、任。但在支脂之（以平赅上去）韵开口二等字前读为[ɚ]，如：尔、二、而；在宵、尤、（赅上去）真、屋三等烛韵前今读[z]，如：饶、柔、人、肉。

⑩见组的"见"母字，今鄂东大部分地区在洪音前仍保持舌根音，读为[k]，如：过、古、瓜、怪；在细音前腭化为舌面音[tɕ]，例如：家、交、救、监。"溪"母字在洪音前读[kʻ]，如：可、跨、枯、魁；在细音前读[tɕʻ]，如：契、欺、丘、恰。"疑"母字在洪音开口前加[ŋ]，如：俄、艾、熬，在合口前今读零声母，如：雅、瓦、吴；在细音前今读[ȵ]，如：宜、严、业。晓、匣母字在洪音前今读[x]，如：荷、河、花、华；在细音前读[ɕ]，如：霞、瞎、系、牺。

⑪影、喻母字今读零声母，例如：影母字：阿[o]、鸭[ia]、于[ɥ]，喻母字：也[iɛ]、与[ɥ]、为[uəi]；在开口洪音前加辅音[ŋ]，例如：爱[ŋai]、奥[ŋau]、安[ŋan]、偶[ŋou]。

（2）韵母特点。

①声韵的塞音韵尾[p]、[t]、[k]全部消失，例如：

咸摄[p]：答[ta]（合韵）、劫[tɕʻiɛ]（业韵）；深摄[p]：立[li]（缉韵）、执[tʂ

（缉韵）；山摄[t]：渴[kʻo]（曷韵）、辖[ɕia]（辖韵）；臻摄[t]：失[ʂɿ]（质韵）、瑟[sɛ]（栉韵）；江摄[k]：桌[tso]（觉韵）、驳[po]（觉韵）；曾摄[k]：北[pɛ]（德韵）、刻[kʻɛ]（德韵）、息[ɕi]（职韵）；宕摄[k]：落[lo]（铎韵）、掠[lio]（乐韵）、郭[ko]（铎韵）；梗摄[k]：百[pɛ]（陌韵）、碧[pi]（陌韵）、惜[ɕi]（昔韵）；通摄[k]：谷[ku]（屋韵）、毒[təu]（沃韵）。

②古咸、深两摄鼻韵尾为[m]，鄂东方言变为[n]，例如：蚕[tsʻan]（覃韵）、蓝[lan]（谈韵）、监[tɕian]（衔韵）、林[lin]（侵韵）、枕[tʂən]（沁韵）。

③古梗、曾两摄鼻韵为[ŋ]，鄂东方言变为[n]，例如：彭[pʻɑŋ]（庚韵）、争[tsən]（耕韵）、精[tɕin]（清韵）、息[ɕin]（职韵）。

（3）声调特点。

①古平声按声母清浊分为阴阳。全清、次清纽字读阴平调：知、多、巴、骄；全浊、次浊纽字读阳平调：驮、婆、邪、奴。

②古去声按声母清浊分为阴去与阳去。全清、次清纽字今读阴去调：过、借、著、械；全浊、次浊纽字读阳去调：贺、怒、具、字。

③入声不分阴阳，全清、次清、次浊纽字今读入声调：答、眨、接、脱；全浊变阳去：合、学、贼、夺。

1.2.2　信阳方言概况

信阳方言存在着较大的内部差异。大致分南、北两个大区。其中位于南大区的信阳老城区、浉河区、罗山县、光山县、新县、商城县及固始县南部等区域更多地保留了近代江淮官话的语言特征。北大区的息县、淮滨县、潢川县、固始县北部等地区的语音特征受中原官话的影响较为明显，呈现出"交融"的特点。

1. 声母特点

（1）古晓、匣母合口字并入非组，即所谓的[x]、[f]不分。

（2）保留古代疑母字，比普通话多一个声母[ŋ]，例如我[ŋo]、熬[ŋau]、伢[ŋa]。

（3）泥、来二母相混，即[l]、[n]相混，为自由变读。

（4）古精组与知系字相混，将[tʂ]声母并入[ts]，例如资=知。

（5）古曾、梗二摄舒声与深、臻两摄相混，即[eŋ]读作[en]。

（6）光山、新县等地保留古见系洪音，声母[k]、[kʻ]、[x]不分，不腭化，例如鞋=孩。

（7）精知庄章组二等三等字在光山城关、光山白雀园、潢川、固始、商城读为[tʂ]。如"桌"，新县城关、光山砖桥读为[tso]，潢川城关、商城城关、固始郭陆滩读为[tsuo]；"摘"，新县城关、光山砖桥读为[tse]，潢川城关、商城城关、固始郭陆滩读为[tsɛ]；"庄"，新县城关、光山砖桥、潢川城关读为[tsan]；"生"，新县城关、光山砖桥读为[tso]，潢川城关、商城城关、固始郭陆滩均读为[sen]。这些读音与鄂东方言相同。

（8）庄组、日母开口字在新县城关、光山砖桥读为[ɿ]类韵，例如："惹"读为[ɿe]，"染"读为[ɿan]，"人"读为[ɿ]，"热"读为[ɿɛ]，"认"读为[ɿen]。

2. 韵母特点

（1）开口呼韵母常在信阳话中失掉介音[u]，例如对[tei]、灰[fei]。

（2）遇摄字"都、赌、肚、土、吐、兔、屠、图、度、祖、组、粗、醋、错、苏、炉、卤、路、露来母"在新县、光山、潢川双柳树、商城李集、商城余集读开口呼[əu]韵母，例如"杜定"读为[təu]，"路来"读为[ləu]，"祖精"读为[tsəu]，"初初"读为[ts'əu]。

（3）蟹摄合—端、泥组字"堆、对、推、腿、退、队、雷、内、累"及精组字"催、崔、罪、碎、最"，光山县、新县的老年人将部分字读为[i]韵母，如"腿、推、累、雷、罪"等。

（4）臻摄阳声韵字"顿饨端组、论嫩泥组、尊村存孙寸精组"等字，在新县、光山、潢川双柳树、商城余集读为[əu]韵，"卒"在潢川城关、潢川桃林铺、商城李集、固始读为合口呼[u]韵。

（5）宕、江摄知系阳声韵字，声母都读[tʂ]，韵母是宕摄知章组读为[aŋ]，宕摄庄组与江摄知系读为[uaŋ]，如在潢川城关、潢川桃林铺、潢川双柳树、商城城关、商城李集、固始，"张"读为[tsaŋ]，"章"读为[tsaŋ]，"装"读为[tsuaŋ]，"撞"读为[tsuaŋ]，"双"读为[suaŋ]。潢川双柳树老年人将宕摄庄组与江摄知系多读为[aŋ]，跟光山城关、光山白雀园一样，"张"读为[tʂaŋ]，"章"读为[tʂaŋ]，"装"读为[tsaŋ]，"撞"读为[tsaŋ]，"双"读为[saŋ]。

3. 声调特点

声调6个，南部新县的卡房等少数乡镇存在入声，其中入声自成一类，去声分阴阳。

新县方言区处在中原官话区、江淮官话区和西南官话区的包围之中，受三者的影响较为明显，也呈现出"交融"的特点，但又保持自己独特的个性。该方言区又介于南北之间，处于南方型方言向北方型方言过渡的地带，又呈现出"过渡"的特点。同时，有很大一部分新县人的祖辈是从江西九江迁过来的，因而也继承了一些九江方言的特点，新县靠近湖北的红安县、麻城市等地，其方言有湖北黄冈方言的成分。有学者认为新县话在语音、词汇上既不同于北边的中原官话信蚌片诸方言，又不同于南边的鄂东诸方言，而是构成了一个特殊的方言岛①。

4. 信阳方言相关的研究成果

信阳方言相关的研究成果有严兆厚的《信阳方言中的特殊语言现象》（1989）、叶祖贵的《固始方言研究》（2009）、《河南信阳地区方言语音的差异》（2010）、王东的《河南罗山方言研究》（2010）、余月、王永欣的《河南新县方言语音词汇特点》（2017）、陈彧的《新县方言的指示代词》（2005）、郑亚轩的《河南新县方言中的几种句式浅探》（2012）、安华林的《信阳方言特殊的语法现象论略》（1999）、王彩龙的《信阳方言入声研究》（2014）、沈娇的《新县方言特色助词研究》（2015）等。

1.2.3 九江方言概况

1. 九江方言特色

由于历次大量南迁，定居在九江的北方语族人在人数上占优势，这使得讲古九江方言的原住民极少，因而语言逐步分化并不断融合本地方言最终演变成今天具有独立特性的九江方言。

2. 九江方言声韵调系统

1）九江方言声母特点

九江方言有 22 个声母，如：[p]波、把、霸、拔；[pʰ]婆、普、怕、泼；[m]麻、马、骂、抹；[f]浮、斧、副、佛；[t]都、赌、妒、毒；[tʰ]图、吐、兔、突；

---

① 陈彧. 新县方言的指示代词[J]. 南开语言学刊，2005（1）：93.

[l]庐、鲁、怒、录；[ts]租、祖、做、足；[tsʻ]粗、楚、醋、促；[s]搜、锁、数、缩；[tʂ]知、纸、制、质；[tʂʻ]迟、齿、臭、尺；[ʂ]诗、屎、试、石；[z]人、忍、认、肉；[tɕ]家、假、价、甲；[tɕʻ]奇、启、气、吃；[ɕ]希、喜、戏、吸；[k]哥、果、过、郭；[kʻ]科、可、课、壳；[x]幻、河、火、喝；[ŋ]鹅、我、饿、恶；[ø]鱼、女、院、月。

2）九江方言韵母特点

九江话韵母有 43 个。其中：单元音韵母 9 个：[a]、[o]、[ɛ]、[i]、[u]、[ʮ]、[ɿ]、[ʅ]、[ɚ]；复元音韵母 17 个：[ai]、[au]、[ɛu]、[ia]、[iɛ]、[io]、[ua]、[uo]、[uɛ]、[ʮa]、[iai]、[iau]、[iɛu]、[uai]、[ʮai]、[ʮɛu]、[ʮao]；鼻音韵母 9 个：[an]、[ən]、[oŋ]、[in]、[uən]、[uan]、[ian]、[ʮan]、[ioŋ]；鼻化韵 6 个：[ã]、[õ]、[iã]、[uõ]、[ʮõ]、[uã]；声化韵 2 个：[m]、[n]。

3）九江方言声调特点

（1）声调有 5 个调类：阴平（21）诗、烟、天、梯；阳平（44）时、盐、田、题；上声（34）短、暖、缓、婉；去声（214）到、盗、变、辨；入声（51）八、发、拔、罚。

（2）[n]、[l]不分，如"兰、南"同音，声母读[l]。例如男[lan]、泥[li]、娘[liã]。

（3）[tʂ]、[tʂʻ]、[ʂ]与[ts]、[tsʻ]、[s]分明，如"知—资""痴—雌""诗—思"分明。

（4）鼻音韵尾[in]、[iŋ]不分，[en]、[eŋ]不分，如"民—名"同韵，"真—曾"同韵。

（5）部分舌尖鼻音韵尾转为鼻化韵，如"管""搬"等。

（6）[e]元音为韵母的字，韵母读为后半高圆唇元音[o]，例如乐[lo]、棵[kʻo]；入声多读[ai]，例如客[kʻai]、色[sai]。

（7）韵母[u]与[t]、[tʻ]、[l]、[tʂ]、[tʂʻ]、[ʂ]、[z]、[ts]、[s]相拼时，读为[əu]，例如："读、土、路、努、竹、初、触、粗、数、组、苏"等。

（8）[uan]、[uən]两韵母与声母[t]、[tʻ]、[l]、[ts]、[tsʻ]、[s]相拼时，去掉了介音[u]，读成了[o]、[uo]，例如："短"读为[to]，"团"读为[tʻo]，"缓"读为[xuo]。

（9）舌面前圆唇元音[y]读为舌尖后圆唇元音[ʮ]，如"句"读为[tʂʮ]，"区"读为[tʂʻʮ]，"虚"读为[ʂʮ]，"元"读为[ʮõ]，"院"读为[ʮõ]。

（10）开口呼、齐齿呼零声母字都读为[ŋ]声母，例如：爱、哀、矮、碍、埃读为[ŋai]，偶、呕、欧、藕、鸥、沤等读为[nəŋ]，压、牙、押、鸭、哑读为[ŋa]等。

（11）无复元音韵母[ei]，读为[ɛ]，如推[tʻɛ]、梅[mɛ]、伟[uɛ]。

（12）浊鼻音声母[m̩]、[n̩]，可自成音节，如你[n̩]、姆妈[m̩ ma]。

（13）调类5个，保留了古入声。从调类的演变来看，"平分阴阳""浊上变去"；去声、入声都不分阴阳。

3. 九江方言相关研究成果

关于九江方言的研究成果有：陈昌仪《赣方言概要》（1991）、刘纶鑫《客赣方言比较研究》（1999）、孙宜志等《江西境内赣方言区述评及再分区》（2001）、《江西赣方言语音的特点》（2001），颜森《江西方言研究的历史与现状》（1995），熊正辉《南昌方言的声调及其演变》（1979），熊颖《江淮九江方言音系研究》（2012），李兆琳《九江方言中的"佢"字语法化研究》（2014），吕晞《九江市浔阳区方言中的赣方言成分研究》（2007），甘为《江西九江地区方言中的量词重叠式结构研究》（2011），李国敏和张林林《九江话里的反复问句》（2000），张林林《九江话中表少量量词考察》（2006），李奇瑞《九江方言及其演变》（2000），李瑞河《九江县方言与周边官话区方言的区别》（2001）、《九江县方言语音系统》（2002）等。

1.2.4　岳西、宿松、六安方言概况

1. 宿松方言概况

宿松方言划归赣语。属于赣语怀岳片，是赣语的九个方言片之一。宿松话主要分为东、西两乡宿松话，西乡宿松话中的二郎音有23个声母，62个韵母，东乡宿松话中的下仓音有19个声母，63个韵母。

1）宿松方言声韵调特点

（1）除少数字外，古全浊声母今读塞音、塞擦音时，不论平仄，一律送气，即全浊与次清合流。

（2）麻韵二三等主元音为[a]，未发生高化。

（3）见系开口二等字白读大多未腭化。

（4）部分微母字读如明母，如问、闻、忘、网、望。

（5）蟹摄一二等字韵母以[ei]、[ai]主元音高低区分，如袋[tʻei]、来[lei]、开[kʻai]、害[xai]。

（6）中古"云"母、"以"母字大多读浊擦音。

（7）匣母部分字读送气音，如凤[kʻuaŋ]，葫芦[kʻu lo]。

（8）[ts]组声母拼合口呼韵母的字与[tɕ]声母拼撮口呼韵母的字相混。例如：猪=居[tʂʅ]、出=屈[tʂʅ]。

（9）假摄"精"组字和"以"母字白读[ia]韵母，如借[tɕia]、斜[ɕia]、夜[ia]、也[ia]。

（10）城区撮口呼韵母为[ʮ]或以[ʮ]起头，如猪[ʮ]、靴[ɕʮæ]。

（11）全浊上部分字仍读上声，如"跪"读[kʻuei]（上声），部分字归阴平，但绝大部分字归阳去。

（12）保留独立的入声音调和入声韵尾，但韵尾为喉塞韵尾，不能区分阴阳入，部分阳入派入其他音调，部分阳入并入阴入。

2）宿松方言相关研究成果

有吴正水《宿松方言语音研究》（2014），唐爱华《宿松方言研究》（2005），黄晓雪《宿松方言语法研究》（2014）、《宿松方言带"里"和带"得"的述补结构》（2010），黄晓雪、朱洪慧《安徽宿松方言的语气词"也"》（2016），孙宜志《安徽宿松方言同音字汇》（2002）等。

2. 岳西方言概况

1）岳西方言特点

岳西县内大致以青天乡、石关乡一线为界，以北为江淮官话，以南属赣语怀岳片。岳西县城的话属赣语，但受江淮官话影响较大。岳西县内部还有语音差异：姚河乡说舒城腔；包家乡说英山腔；店前镇、白帽镇、岩上村说太湖腔；头陀镇、主簿镇、石盆村、青天乡说霍山腔；温泉镇、五河镇、来榜镇、响肠镇、毛尖山乡说潜山腔。这些南腔北调给现代岳西人的交流、岳西县的发展带来了一定影响。

2）岳西方言声韵调特点

（1）元音[a]、[o]、[e]自成音节前加鼻音声母[ŋ]，如偶、呕、欧、藕、鸥、区、安、按、暗、爱、矮、挨、哎、碍、癌、艾、唉、哀、袄、凹、傲、昂、肮、饿、鹅、阿、遏、娥、恶、厄、鄂、恩。

（2）"你"读为[n]（调值为213），"我"读为[ŋo]（调值为34），"他"读为[kʻei]（调值为35）。

（3）将舌面前音[tɕ]、[tɕʻ]、[ɕ]发为舌面中音[k]、[kʻ]、[x]。[tɕ]发为[k]，如家、介、界、窖、讲、角；[tɕʻ]发为[kʻ]，如敲、掐、铅；[ɕ]发为[x]，如下、瞎、项、鞋。

（4）将齐齿呼[i]发为辅音[n]，如：艺、仰、研、严、业、宜、仪、谊、验；合口呼[y]发为[z]，如：玉、云、院、鱼、匀、雨、远。

（5）将舌面前音[tɕ]、[tɕʻ]、[ɕ]发为[tʂ]、[tʂʻ]、[ʂ]。[tɕ]发为[tʂ]，如：军、君、郡、均、居、局、巨、举、拒、剧；[tɕʻ]发为[tʂʻ]，如：群、全、权、拳、劝、圈、犬、颧；[ɕ]发为[ʂ]，如：许、徐、需、吁、虚、须、悬、玄、靴、寻、熏。

（6）将舌尖后音[tʂ]、[tʂʻ]、[ʂ]发为舌尖前音[ts]、[tsʻ]、[s]（太湖腔）。[tʂ]发为[ts]，如之、只、志、枝、职、致、正、张、长、中、这；[tʂʻ]发为[tsʻ]，如愁、抽、仇、丑、筹、初、楚、崇；[ʂ]发为[s]，如生、省、牲、师、数、梳（全县）。

（7）舒城腔、霍山腔在双唇音[p]、[pʻ]、[m]后加[z]发为[pz]、[pʻz]、[mz]，如[pzi]比、必、壁、必、笔、币、逼；[pʻzi]批、皮、坯、屁、劈、披、匹；[mzi]米、迷、密、蜜、弥、米、觅。

（8）舒城腔、霍山腔将舌面音[tɕ]、[tɕʻ]、[ɕ]发为舌尖音[ts]、[tsʻ]、[s]。如记、即、几、极；催、崔、脆、翠；虽、随、岁、碎。

（9）霍山腔将[l]发[n]，如了、两、刘、路、乱、柳、岭、李、郎、礼、龙、拢、连、练、联、蓝、兰、量、另、类、来、临、亮、丽、利、率、留、恋、流、落、浏、览、伶、历、冷。

（10）岳西方言共有6个调类，平声、去声分阴阳，全浊入声和全浊上声归阳去，次浊入声归为清入，即阴平、阳平、上声、阴去、阳去、入声。阴平调值为21，阳平的调值为35，上声的调值为24，阴去的调值为52，阳去的调值为33，入声的调值为213。

3）岳西方言相关研究成果

主要有储诚志的《安徽岳西方言的同音字汇》（1987）、安徽省地方志编纂委员会编写的《安徽省志·方言志》（1997）、储泽祥的《赣语岳西话的过程体与定格体》（2004）和其主编的《岳西方言志》（2009）、黄拾全的《皖西南方言语音研究》（2008）、冯俊的《赣语岳西方言体貌系统》（2015）。

3. 六安方言概况

六安方言属于江淮官话的洪巢片,是官话方言区中保留入声的方言之一。目前,就可查阅的文献资料来看,学术界对六安方言的研究相对较少,且已有成果大都侧重于六安方言的语音及语法方面的研究。例如:刘祥柏的《六安丁集话的反复问形式》(1997)、《六安丁集话体貌助词"倒"》(2000),何自胜的《六安话语音研究》(2005),严家菊的《六安城区方言语气词"在"、"了"、"唻"》(2011),岳冉的《六安方言的舒声促化》(2014),王德成《六安方言"照"的语用特征与话语交际功能初探》(2017),戈光敏《六安方言情态动词的研究》(2020),张子烨的《六安方言中的"在"》(2018)等。

1.2.5 孝感方言概况

1. 孝感方言语音特点

有平翘舌音,尖团音对立,古代的全浊声母今读塞音、塞擦音时,大部分为不送气清音,[n]、[l]相混(一般全为[n]),"书虚""篆镌"同音,[en]、[eng]相混,[in]、[ing]相混,老派古咸山摄三分,新派古咸山摄字韵与普通话同,入声长调。声调一般为六个:阴平44、阳平21、上声52、阴去45、阳去55、入声213。此外因水系问题语种也有武汉话在内。1948年,赵元任等《湖北方言调查报告》将孝感方言划归第二区——典型的楚语区。

2. 孝感地区方言相关研究成果

有盛银花的《安陆方言的程度补语考察》(2006)和《安陆方言研究》(2007)、王求是的《孝感方言研究》(2014)、左林霞的《孝感方言的标记被动句》(2004)、谈彬的《孝感方言体标记的研究》(2016)、王求是的《孝感方言的语气助词"在"》(2007)、王求是的《孝感方言的X,XV格式》(2004)。

1.2.6 鄂州方言概况

1. 鄂州方言的归属及分区

李荣先生曾在《官话方言的分区》一文中指出:江淮官话的特征是古入声今

读入声。如果以李荣先生的观点作为划分鄂州方言的标准的话，那么，鄂州方言可划分为两大片。"其东部、西部和西北部属江淮官话区，包括杨叶、花湖、沙窝、燕矶、新庙、石山、西山、凤凰、古楼、樊口、临江、杜山、蒲团、长港、庙岭、大湾、泥矶、胡林、段店、华容、葛店等二十一个乡镇、管理区及办事处。这一区域最突出的特点是古代入声字仍读入声。其东南和西南部地区属赣语区，包括汀祖、泽林、碧石、东沟、沼山、太和、公友、涂家垴、梁子等九个乡镇。这一区域最明显的特点是中古浊音不论平仄声都念送气清音（个别的地方例外）。"[①]

2. 鄂州方言内部的主要差异

（1）声母方面。"人、让、肉、昂"等字的声母，杨叶、花湖、沙窝、燕矶等地话读作零声母，其他乡镇话读作[ŋ]声母；葛店、樊口话[n]、[l]相混，如"牛＝刘""年＝连""娘＝梁""尿＝料"。

（2）韵母方面。"二、日、耳、儿、而"等字的韵母，杨叶、花湖、沙窝、燕矶等地读作[ɔ]，其他乡镇话读作[ɯ]；"猪、朱、术、树、虚、书"等字的韵母，杨叶、花湖、沙窝、燕矶等地话读作[ʮ]，其他乡镇话是[y]；"则、黑、热、色"等字的韵母，临江、段店、华容、葛店等地话读作[æ]，其他乡镇话是[ai]；"说、决、月、缺"等字的韵母，临江、段店、华容、葛店等地话读作[yæ]，其他乡镇话读作[yai]。

（3）声调方面。杨叶、花湖、沙窝、燕矶等地话阳平调值213，其他乡镇话是11；中古全浊入声的"席、十、熟、白"等字，临江、段店、华容、葛店等地话读阳平，其他乡镇话仍读入声。

（4）词汇方面。华容、葛店、长港等地话称祖母为"婆[po]"，其他乡镇话叫"[lai]"；杨叶、花湖、沙窝、燕矶等地话称母亲为[i]或[uei]，其他乡镇话叫[m ma]或[mei]；华容、葛店等地话中有的名词词尾带"箇"，如"一点箇""昨日箇"，其他乡镇话均不带。

3. 声韵调特点

（1）[p]、[pʻ]、[m]、[t]、[tʻ]五个声母发音比普通话要弱。

---

① 万幼斌. 鄂州方言志[M]. 成都：天地出版社，2000：4.

（2）[ts]、[tsʻ]、[s]三个声母都稍偏后。

（3）[tɕ]、[tɕʻ]、[ɕ]在合口呼韵母前很像[t]、[tʻ]、[n]。

（4）[ŋ]单读时很稳定，连读时音较弱。

（5）37个韵母，有[ya]韵母。另外，还有两个自成音节：[n]、[m]，它们各仅一个例子：人家[n ka]（指别人）、姆妈[m ma]（是年长者对母亲的称谓），故未列入韵母表。

（6）[a]、[ia]、[ua]、[ya]的[a]，舌位较近[ʌ]。

（7）[aŋ]、[iaŋ]、[uaŋ]、[yaŋ]的[a]比较偏后。

（8）鄂州方言有6个声调：阴平、阳平、上声、阴去、阳去、入声。阴平通常是中微升调（34），宽式一律用半高平调号（44）；阳平是由"半低"降至"低"的微降调（21）；上声是中降调（42）；阴去是高升调（35）；阳去是中升调（24）；入声是低升调（13）。

4. 鄂州方言研究成果

有万幼斌的《鄂州方言志》（2000）、《鄂州方言的儿化》（1990），谈微姣的《鄂州方言的代词》（2018）、《鄂州方言里程度语义的表达形式考查》（2017），童琴的《鄂州方言研究综述》（2018）等。

1.2.7 本书的体例说明

（1）本书的标音一律采用国际音标，国际音标外加"[ ]"。由于不同的方言点有不同的读音和调值，所以行文中标出调类符号，不标调值。调类符号用发圈法标记，鄂豫皖赣四省交汇处只有六个声调：阴平、阳平、上声、阴去、阳去、入声，因此选取了六个标记调类的符号，即：ₒ（阴平）、₌（阳平）、˚（上声）、（阴去）ᵒ、（阳去）²、（入声）。调类符号标在音节的相应位置，轻声不标调，例如"把得[ₒpa tɛ]""吃了[tɕiₒ lia]"。

（2）有音无字的用同音字替代，并用"＿"标注。"/"为两可符号，表示前后两项内容可以并存使用。例句前加"*"号表示没有这种说法。

（3）本书选取了诸多方言点，但一般以代表方言点进行举例或描述分析，举点赅面，其他方言点不列出具体地点名称，不做具体分析。代表方言点名称有的列在例句的开头，有的单列在例句的末尾。同一方言点的多个例句只列一个方言点名称。

（4）例句序号用"[ ]"括入，同一例句在不同方言中的不同说法，按例句顺序排列，方言例句的普通话翻译用"（ ）"括入。

（5）书中的"（+）"表示该说法能成立，"（-）"表示该说法不能成立，"（？）"表示该说法有疑问。

（6）书中的分隔号。句子之间用"|"隔开，如：桌子上光书。|山上光草。词之间用顿号隔开，如：上头、下头、东头、西头。

第 2 章

构 词 法

叶蜚声、徐通锵在《语言学纲要》中讲："语法的组合规则包括语素组合成词的规则和词组合成句子的规则。前者叫构词法，它和词的变化规则合在一起叫做词法，后者叫做句法。"①"词法"既可以在词汇学层面讨论，也可以在语法学层面讨论。本书将"词法"放在语法学层面上进行讨论。从语法学层面上讨论词法主要是指"构形法"。

关于构形法，语言学家们有过很多的讨论。张寿康先生指出："构形法主要的研究对象是词形变化。由于现代汉语'缺少发达的形态'，所以，构形法主要研究词的重迭、增添辅助词（大部分是助词）、嵌音等方式所表示的语法意义。"②葛本仪先生也指出："构形就是词的形态变化的问题，一个词通过不同的形态变化，可以表示不同的语法意义。词的形态变化的方法就是构形法。"③综合以上专家的观点，再结合语言学的理论来看，词的形态变化是用附加词缀、内部曲折、重叠、重音等方式构成同一个词的不同语法变体，如"看"之于"看看"、"老实"之于"老老实实"，鄂豫皖赣四省交汇处方言中的"坐"之于"坐坐式儿"、"粒"之于"粒粒儿的"等等。作为语法学研究对象的"词法"主要关注词形变化之后所引起的语法意义的变化，以及这种变化本身所体现的词的语法特征和功能，其目的是揭示语法意义的产生途径，寻找和发现词的语法特征和功能。鄂豫皖赣四省交汇处方言中的词法构成方式很丰富，不同的词形变化形式表示不同的语法意义。

---

① 叶蜚声，徐通锵. 语言学纲要[M]. 北京：北京大学出版社，1981：94.
② 张寿康. 构词法和构形法[M]. 武汉：湖北教育出版社，1985：58.
③ 葛本仪. 现代汉语词汇学[M]. 济南：山东人民出版社，2001：109.

2.1 附 加 式

附加式也叫语缀，一般不表示具体的词汇意义。邢福义认为：语缀的"作用是附着在词根上构成派生词，或构成词的形态变化"[①]。构成派生词的语缀叫构词语缀，构成词的形态变化的叫构形语缀。由词根语素加上语缀构成的合成词叫附加式合成词，也叫"派生词"。加在词根的前边叫前缀，加在词根的后边叫后缀，加在词根的中间叫中缀。鄂豫皖赣四省交汇处方言的语缀可分为前缀式、后缀式和中缀式。

2.1.1 前缀式

鄂豫皖赣四省交汇处方言常用的前缀有"老、初、第、头"等。

1. 老[˚lau]

鄂豫皖赣四省交汇处方言的"老"作名词构词词缀，构词能力比普通话的"老"要强，主要用法有以下几种。

（1）附加在表称谓的名词性黏着语素前构成名词，起名词作用，虚化程度较高，例如老弟、老娘、老公、老婆、老表、老妹、老妹郎。其中"老弟、老妹、老娘"与单用的"弟、妹、娘"所指一致，加"老"则带有亲昵色彩；"表"不能单用，加"老"后才能构成词；"公、婆"虽然可以单用，但加上前缀"老"，所表示的意义与单用的意义不一致，因此"老"兼有构词和表意两种作用。"老弟、老妹、老公、老婆"多用于背称。"老娘"用于自称时多用作骂人语，含有称大的意思，即把自己看作被骂人的长辈。现在用作背称时，相当于普通话中的"老妈"，是对母亲的一种亲昵称呼方式。

（2）附加在单音节的姓前边表示对熟悉人的称呼，虚化程度不高，词汇意义有部分保留，例如老张、老王、老李、老陈。

（3）附加在动物名词性语素之前，构成动物称谓的双音节词，有凶猛或可憎的意味，"老"的虚化程度较高，例如老虎、老鼠、老鸦、老鹰、老鸹。

---

① 邢福义，吴振国. 语言学概论[M]. 武汉：华中师范大学出版社，2002：152.

（4）附加在从二到九的基数词前面构成排行名词，虚化程度较高，例如老二、老三、老九。

（5）附加在某些名词性词根前构成普通名词，例如老师、老板、老面、老乡、老家、老把式、老姑娘，其中"老把式、老姑娘"的"老"意义较实在，其他虚化程度较高。

（6）含有亲昵意味，如老妈（妈妈，"妈"轻声）、老爸、老爷（爷爷）、老侄子、老儿子、老女子、老公公（丈夫的父亲）、老奶奶（丈夫的母亲）、老白（父亲）。（固始）

（7）有"最小"含义，如老爹、老舅、老娘（妯娌中排行最小的）、老弟、老妹。（固始）

（8）用于背称，略含不尊重之义，如老马子（妻子）、老干娘（岳母）、老干爷（岳父）、老婆子（丈夫的母亲）。（固始）

（9）略含贬义，如老咳[xɛ₀]（说话不负责任的人）、老杂皮（对土里土气人的贬称）、老抢（强盗）、老傻、老愣（对头脑不太灵活的人的贬称）。（固始）

（10）单纯的构词词缀。充当词缀时没有什么含义和色彩，如老干爹（干爹）、老干妈（干妈）、老石磙（碌碡）、老零蛋（零分）、老外（外甥，也可指外国人）、老鸦[₋ua]子（喜鹊）、老杠（抬棺材的杠子）、老鼋、老一（单位、公司等的第一把手，也用于排行）。（固始）

2. 初[₋tsʻə]

（1）附加在数词性语素"一"到"十"和概数"上十"之前，构成时间名词。"初X"，表示农历每月前十天的次序，例如初一、初三、初九、初五六的（初五或初六）、初上十的（初十左右）。

（2）附加在动词的前边构成动词，表示第一次发生的动作行为，例如初生（第一胎）、初次、初学、初建、初来。

3. 第[ti²]

附加在数词性语素前构成"第X"，表示序数，例如第一、第五、第八、第二十六。如果不是单纯排序，数词性语素后边通常要用量词或量名组合，例如第一名、第三者、第十个人。但在语意明确的情况下也可以将量词或量名组合省去。

在行文中，对举着说的情况下，"第"可以不出现，但量词必须出现，表示序数的意思。例如：

[1]一回生，二回熟。（第一回陌生，第二回熟悉。）

[2]我吓[xɛ]怕了，二回再不找你。（我吓怕了，以后再不找你了。）

4. 头[≤tʻou]

作词缀，用在数量词前，表示最前的，是形容词前缀。

（1）用在量词的前边构成序数词，表示"第一"。例如：头回（第一回）、头道（第一道）、头排（第一排）、头碗（第一碗）、头个（头一个）、头趟（第一趟）、头胎（第一胎）、头套（第一套）、头伐儿（蔬菜长出的第一批）、头交雪（第一场雪）、头交水（新衣服洗第一次）。再看实际用例：

[3]这是头胎。（这是第一胎。）

[4]我还是吃头碗饭。（我还是吃第一碗饭。）

[5]头伐儿菜吃完了，第二伐儿冇长出来。（第一批长出的菜吃完了，第二批还没有长出来。）

[6]衣裳是洗头交水，还是新的。（衣服是洗第一次水，还是新的。）

（2）头+时量，表示时间在先的。例如：头日（第一天）、头年（第一年）、头几天、头两个月、头两节课、头觉醒。

2.1.2 后缀式

邢福义认为："词缀是附加成分，一般不表示具体的词汇意义，常起语法作用，如'阿、小'和'子、儿、头、手'都是构成名词的标志；'化'是构成动词的标志；'然'是构成形容词和副词的标志。"[①]鄂豫皖赣交汇处方言中的后缀比较丰富，有"子、头、儿、咂、伙、佬"等。有的有构成新词的作用，有的有标记词类的作用。有些后缀在普通话里没有对应形式，有些后缀虽然普通话里有对应形式，但语法功能却很不一样，很有特色。

---

① 邢福义，汪国胜. 现代汉语[M]. 武汉：华中师范大学出版社，2003：177.

1. 子[˰tsɿ]

"子"读轻声，主要附在名词、动词和形容词语素后面，构成名词，构词能力很强。

1）附在名词语素后

"子"附加在指物、指人的名词性语素后面，构成普通名词或抽象名词，是构词语缀，在鄂豫皖赣四省交汇处各地均有此用法。

（1）指物。如金子、夭[iau˭]子、杠子、瓠子、橘子、李子、枣子、桌子、垫子、豹子、鲢子、虾子、卵子、腰子、肚子、疤子、疹子、粽子、绳子。鄂州方言：麻索子（麻绳）、梭子、筅子（筅箒）、築[tsəu˭]子（塞在容器口上的塞子）、粉子、胯子、湾子、梗[˰ken]子（手镯）、膀子、坯[ˬpi]子（指女性的容貌身材：她有个好坯子）、拳[˰tʂʮ]子、对子、条子、口子；固始方言：琅子（匕首）、性子（性格）、法子（办法）；九江方言：手捏子（手帕）；都昌方言：赤膊子（蟑螂）、指甲蓬子（指甲）。

河南信阳方言中"子"有区别词性和词义的作用，例如："围嘴"是动词，"围嘴子"是名词；"硬睁眼"是形容词，"硬睁眼子"，指人，作名词；"片"指物体单位，"片子"指物体；"老婆"指妻子，"老婆子"指婆母；"老妈"指婶子，"老妈子"指妻子或老年妇女。

（2）指人的乳名，在鄂豫皖赣四省交汇处方言中人的乳名常常带"子"，如仙子、芳子、能子、银子（鄂东）、黑毛子、张松子（固始）、玲子、梅子、香子（鄂州）。在固始方言中，指人名词后带"子"与不带"子"表意有不同。例如："老婆"指"妻"，"老婆子"指丈夫的母亲；"老爷"指爷爷，"老爷子"指父亲；"奶"指祖母，"奶子"指乳房。

（3）在固始方言中，"子"附加在时间名词和方位名词的后边，带不带"子"意义和用法没有区别，如"今年子""来年子（来年）""外边子""墙边子""东边子"。

2）附在动词、形容词语素后

"子"附加在动词、形容词语素的后面，是构成名词的标志。

（1）指病态或品行不好的人，这种称呼往往带有贬义色彩。例如：贩子、骗子、流子（好吃懒做、不务正业的人）、欠子（脸上有疤痕的人）、跛子、驼子、瞎子、长子、矮子、胖子、瘦子、瘫子、拽子（手有残疾的人）（鄂东）、侉子、麻子、呆子（安陆）。在鄂州方言中，对品行不好的人的贬称较多，如阴心子（阴险之人）、缺子（豁嘴）、囊子（衣冠不整的人）、叫子（叫花子）、马胡子（垢面的人）、光汉条子（光棍）、混子（头脑不灵活的人）、半黄子（对年轻人的贬称）、苕样子（有点傻的模样）。九江方言将"瘸子"叫"拐子"，都昌将"婴儿"叫"毛份子"。

（2）指工具。如磨子、耙子（把土块弄碎的农具）、铲子、锤子、锉子、钉子、刨子、钳子、梳子、刷子、推子、凿子、筛子、扇子、喂子、盖子。河南信阳的"子"尾较为丰富，如盖叶子（床单）、手顶子（顶针）、围嘴子（涎布）。动植物中也很多词带"子"尾，如豚子（阉过的母猪）、甜杆子（甘蔗）、破豇子（麻豆）。

（3）用于避讳语。鄂州方言中，"子"用在动词后边构成名词。例如："开山子"是"斧头"的讳语，"出喜子"是"天花"的讳语，"坏了步子"是"姑娘失身"的讳语，"无影子"是"鬼"的讳语。

2. 儿[ɚ]

《广韵》汝移切，日母支韵平声，本义是指"孩子"或"年轻人"。汉语研究领域比较普遍的观点是"儿"是一个典型的词缀，吕叔湘的《中国文法要略》[①]、朱德熙的《语法讲义》[②]、黄伯荣和廖序东的《现代汉语》[③]等，都将"儿"与"子""头"等词缀语素并行列举。赵元任主张："卷舌韵尾'儿'-r，或更确切地说从'里'、'日'和'儿'派生出来的三个同音后缀，是官话中仅有的非音节语素。"[④]鄂东方言"儿"作后缀时读轻声，有两种作用：构词作用和构形作用。起构词作用的是构词语缀"儿₁"，起构形作用的是构形语缀"儿₂"。

1）构词语缀"儿₁"

儿₁用在名词词根的后边起构成新词的作用，有的词没有"儿"就不能成词，儿₁是构词成分。

---

① 吕叔湘. 中国文法要略[M]. 北京：商务印书馆，1982.
② 朱德熙. 语法讲义[M]. 北京：商务印书馆，1982.
③ 黄伯荣，廖序东. 现代汉语（增订二版）[M]. 北京：高等教育出版社，1997.
④ 赵元任. 汉语口语语法[M]. 吕叔湘译. 北京：商务印书馆，1979：32.

（1）指称事物：山沟儿、山窊儿、砖头儿、弄儿、礓磋儿、门槛儿、檘儿、窟窿眼儿、屉斗儿、椅枷儿、条凳儿、条台儿、细凳儿、衣架儿、帐子篙儿、吊锅儿、饭瓢儿、酒泡儿、筷子箩儿、钉锤儿、钓鱼竿儿、抹布儿、背褡儿、裤头儿、拖板儿、油粑儿、萝卜头儿、辣椒粉儿。

（2）称呼人或亲属：新大姐儿（新娘）、姨儿、表妹儿、细叔儿、姨姐儿、重孙儿、亲家母儿、光棍儿、漏洞儿（浪费钱物的人）、狗颠儿（无所事事、到处跑的人）、三脚猫儿（做事不踏实的人）、鸡眨眼儿（睡一会儿就醒了的小孩）。称呼人的名字时后边带"儿"表示亲切。一般在双音节后边加"儿"，如细珍儿、华正儿、再兴儿；单音节后边加"子"再带儿化韵，如银子儿、仙子儿、萍子儿、桃子儿、圆子儿。

（3）指称身体的部位：下巴桓儿（下巴）、眼睛框儿、个儿、屁股门儿、脚蹲桓儿（脚后跟）、脚指丫儿、倒手拐儿、塞老坡儿（膝盖）、赤博儿、赤巴溜儿、肚脐眼儿、眨巴眼儿（有眼病的人）、性命函儿。

（4）指称时间：下昼边儿（下午快到傍晚的时候）、半晏昼儿（上午）、半下昼儿（下午）、煞黑儿（傍晚）、将儿（刚刚）、一下儿、这下儿（这里）、一么儿（刚才）、几么早儿、么门早儿（什么时候）、半式儿、半意儿（一半）、零细儿、平素儿。

（5）指称动作行为或某种状态：咔天儿、搭嘴儿、拈巴儿（抓阄）、搓反索儿（反其道而行之）、躲猫儿、翻架儿、丢手巾头儿、默词儿、咏味儿、密挨密儿、欠欠糊儿（欠一点）、扎眼扎儿（刚好）。

2）构形语缀"儿₂"

儿₂附加在词根后面，表示不同的语法意义，是构形成分。

附加在词根的后边，可以区别词义，例如"头疼（脑袋）——头儿（带头的人）、一封信（信件）——带个信儿（消息）、踢一脚（动量词）——油脚儿（沉淀物）"；附加在动词、形容词的后边，构成名词，如画儿、锁儿、老儿、尖儿、堆儿、钻儿、扇儿。再看实际用例：

[7] a. 我在画猫。（动词）

　　b. 他有一幅画儿。（名词）

[8] a. 你太老了。（形容词）

b.上头有个老儿。（名词，老年人）

[9] a. 我踢他一脚。（动量词）

b. 把油脚儿倒它。（名词，沉淀物）

3)"儿"的功能

词缀"儿"的功能是表示"小"，不仅可以用在名词的后边，还可以用在其他词的后边，可以看作是"小称"的主要标记。

（1）名词+儿。名词加上"儿"缀后表示物体小，"儿"是小称标记，例如碗儿、剪儿、棍儿、铲儿、桶儿、桌儿、椅儿、猫儿、狗儿，可以受无标记形容词"细""浅""短""窄""半"等"减量标记"的修饰。例如：

[10]我买了一个桶儿。

[11]看（养）了两个猪儿。

名词加上"儿"缀后表示喜爱或亲切的含义，如花儿、老头儿、老伴儿、老哥儿、姐儿、妹儿、姨儿、舅儿、舅佬儿等。例如：

[12]桌子上有一盆花儿。

[13]我有三个妹儿。

（2）动词、形容词+儿。"儿"缀加在动词或形容词之后，把其他类型的概念转化为物体名词，表示小称，例如叫儿（哨子）、盖儿、扣儿、塞儿、印儿、亮儿、尖儿、剪儿、弯儿。看实际用例：

[14]把被护（被子）卷一个卷儿。

[15]把尖头儿削个尖儿。

例[14]中的第一个"卷"是动词，第二个"卷"加上"儿"缀转化为名词，表示小称；例[15]的第一个"尖"是形容词，第二个"尖"加上"儿"缀转化为名词，表示细小的、尖的物体。

（3）某些名词或动词+儿构成量词。"儿"附加在某些名词或动词后构成量词，表少和小，例如条儿、份儿、个儿、堆儿、捆儿、贴儿等。"条、份、个"等名词加上"儿"后构成量词；"堆、捆、贴"等动词加上"儿"后构成量词。看实际用例：

[16]把纸扯成几条儿。

[17]买菜论堆儿，一堆儿两块钱。

[18]膏药买一贴儿就要得了。

（4）数量+儿。"数量+儿"表示事物的量小，"量"可以是物量，可以是时量，也可以是动量。例如：

[19]他拈了一撮儿瓜子。

[20]他钓个鱼有斤把儿。

[21]我出去了一下儿。

[22]菜清了两到（遍）儿，不晓得洗干净冇？

例[19]的"一撮儿"、例[20]的"斤把儿"表示事物的数量；例[21]的"一下儿"是时量，时量词加上"儿"缀，缩小时间范围，表示较短的时间；例[22]"两到（遍）儿"是动量，动量词带上"儿"缀，表示动作量小。

（5）"儿"缀和非"儿"缀的对立。在鄂豫皖赣四省交汇处方言中，不带"儿"缀指称可大可小的事物，是非小称，带上了"儿"缀指称细小的事物，是小称。例如：

小称——非小称	小称——非小称	小称——非小称
细鸡儿——鸡	细狗儿——狗	虫儿——虫
细刀儿——刀	细棍儿——棍	牛儿——牛
细鞋儿——鞋	细裤儿——裤	鱼儿——鱼
细碗儿——碗	眼儿——眼	脸儿——脸

（6）"子"缀与"儿"缀也是对立的。"儿"缀表示小称义，并带有"喜爱"的感情色彩，"子"缀表示非小称义，不带"喜爱"的感情色彩。例如：

非小称——小称	非小称——小称	非小称——小称
棍子——棍儿	椅子——椅儿	凳子——凳儿
剪子——剪儿	刷子——刷儿	夹子——夹儿

板子——板儿　　　箱子——箱儿　　　桌子——桌儿

盒子——盒儿　　　袋子——袋儿　　　钵子——钵儿

（7）"儿"与"子"的异同。"儿"和"子"两个词缀在鄂豫皖赣四省交汇处方言中都有构词和构形两种功能。但又有不同之处。

①从语音形式上看，"子"缀读为轻声[tsʅ]，"儿"缀用在不同的音节后边读音有所不同。例如"儿"缀在鄂东方言中用在[i]、[ua]、[o]、[au]、[aŋ]等音节的后边读为[ɚ]，如"椅儿[ˉiɚ]、刷儿[ʂua˚ɚ]、条儿[˧tiaoɚ]、箱儿[˧ɕiaŋɚ]"；用在[uan]、[ai]等音节的后边，读为儿化韵[r]，如管儿[ˉkuar]、板儿[ˇpar]、盖儿[karˀ]、袋儿[tarˀ]。

②从表意上看，"儿"缀在鄂东、罗山、安陆等一些方言里有表小称的意义或包含喜爱的色彩。王东认为：罗山方言中"能同时在词根语素后面加上两个'儿'，即构成'A儿儿'式结构。而且又根据这两个'儿'的性质不同，存在着两种貌似相同而实质迥异的词根语素加上后缀构成的'A儿1儿2'式和两个后缀儿构成的'A儿2儿2'结构。其中'儿儿'的读音固定，读作[ɚr53ɚr213]。"[①]"A儿1儿2"结构中的"A"可以是有生命的事物，也可以是无生命的事物。"儿1"是词根，"儿2"是词缀。"A"与"儿1"结合后就构成偏正关系，再与"儿2"结合为"A儿1儿2"，包含"小"或怜爱的亲昵的感情色彩，如"斑鸠儿1儿2""黄瓜儿1儿2"。在"A儿2儿2"格式中，"A"是无生命的事物，两个后缀"儿2"重叠，主观认为"A"的重量轻、形状小，例如：碗儿2儿2、床儿2儿2、铜壶儿2儿2、石头儿2儿2。"子"缀在鄂豫皖赣四省交汇处的方言中很少表示小或喜爱。在固始方言中，在成词语素后面带"子"后缀也只是显得轻松、灵活些，如小舅子（孩子的小舅，略含贬义）、撑竿子（雨伞）、锉把子（个头矮的人）、裤衩子（短裤）。

③从结构上看，"儿"缀的使用范围比"子"缀宽泛得多，不仅用在名词语素后边，还能用在量词、形容词、动词的后边，表示量小、动作轻、程度低，如鄂东方言中有"一粒儿""一本儿""皱儿""哼儿"。还能用在重叠的量词、形容词的后边，如"粒粒儿""块块儿""轻轻儿""长长儿"。"子"缀一般不能这样用。

[①] 王东，原新梅. 罗山朱堂话的几个名词后缀[J]. 信阳师范学院学报（哲学社会科学版），2002（2）：59.

3. 娃儿[₋uar]

"娃儿"作为名词词缀可以放在人、动物、家具、器皿及其他一些名词语素的后边，一般只出现在河南信阳、罗山、固始，孝感的安陆、云梦等地区。不同的方言，表意各不相同。

（1）在罗山方言中，"娃儿"读为[₋var]，用在名词后边，表示对这个事物的通称。如"猪娃儿""牛娃儿"是对猪、牛的通称，无论大小；"田娃儿""地娃儿""函娃儿"是对"田""地""函"的统称，无论大小。

（2）在安陆方言中，"娃儿"放在动物后面，多用于表示小称及喜爱的感情色彩，例如：牛娃儿、狗娃儿；"娃儿"附在衣服鞋袜等名词之后，具有表小的意义，例如：袜娃儿、帽娃儿、鞋娃儿；用在容器、用具等有关语素后，具有表小的意义，例如：凳娃儿、棍娃儿、坛娃儿、篮娃儿。①

4. 头[₋tʻəu]

"头"在鄂豫皖赣四省交汇处使用较多，主要分布在鄂东、孝感、河南东部等地区。一般用在名词、动词词根的后边，既可以是起构词作用的词缀，又可以是起构形作用的形缀。有些用法是其他方言和普通话所没有的。

（1）用在名词后边，是名词的构成成分，例如石头、舌头、馒头、骨头、手头、罐头、墙头、橛头、风头、斧头、户头、芋头（红薯）、零头、由头（表示做某种事情或展开某话题的理由）、阵头（阵雨）、鳑[₋pʻaŋ]头（鳙鱼）、笔头（写作能力）。固始方言有以下说法：老人头（100元的钱）、手头（喻指收入）、孩子头（像孩子一样顽皮的人，含贬义）、月亮头（有月亮的晚上）、赚头（猪舌头）、舅子头（孩子的舅舅，略含贬义）、日头（太阳）。

（2）附加在量词、名词后面表示人的身体特征，如个头、块头儿（指人的身材，如他好大的块头儿）。

（3）附加在方位词的后面，表示处所及方位，如上头、下头、东头、高头、里头、外头、东头、西头、前头、后头、墙头、桥头、地头、田头、屋头。大多方言点中，"头"用在方位词的后边是有选择性的，能说"东头、西头"，但除固始方言和宿松方言能说"北头、南头"外，其他地方不能说"北头、南头"，

---

① 盛银花. 安陆方言研究[M]. 武汉：华中师范大学出版社，2015：180.

也不能说"左头、右头"。

（4）附加在时间名词的后面，用来表示时间，如开头、年头、钟头。鄂州方言能说"先头、半暗头（上午）、五更头、正月头、年下头（春节前几天）"。

（5）用在指人的名词后面，表示具有某种特征或从事某种职业，如伙夫头（厨师）、毛头（出生不久的婴儿）、伢儿头（孩子王）、包工头。固始方言有：孩子头（像孩子一样顽皮的人，含贬义）、舅子头（孩子的舅舅，略含贬义）。

（6）附加在动词或形容词语素后面，构成普通名词或抽象名词，是构形语缀，如搭头（附带的部分）、赚头、锄头、枕头、醒头（睡觉的深度）、念头、插头、接头、跟头、码头、来头、抽头（抽屉）、尖头（爱占便宜、钻营的人，含贬义）、滑头、零头、小头、大头。

（7）附加在动词语素或形容词语素后，用在"有"或"冇得"的后边构成"有VP头"或"冇得VP头"，表示对动作行为或某种性状有无价值的一种评议，是构形词缀。例如：（有/冇得）甜头、（有/冇得）想头、（有/冇得）说头、（有/冇得）怕头、（有/冇得）玩头、（有/冇得）逛头、（有/冇得）奔头、（有/冇得）看头、（有/冇得）喝头、（有/冇得）来头、（冇得）玩头、（冇得）慌头、（冇得）写头、（冇得）吃头、（冇得）坐头、（冇得）买头、（冇得）去头、（冇得）爱头、（冇得）润头（甜头）、（冇得）看[k'an]（养）头、（有/冇得）赚头、（有/冇得）嚼头。"头"附加在表示味道的形容词语素后面构成名词，比如"甜头""苦头"，表示一种抽象的主观感受。但不能说"辣头""涩头""酸头"，这与生活中的"甜"和"苦"占主导地位有关。

值得注意的是，有的"头"除附加在"说""看""甜"等少数动词、形容词后有肯定式以外，一般只有否定式和反问式。例如："冇得慌头/有么事慌头？""冇得怕头/有么事怕头？""冇得坐头/有么事坐头？""冇得买头/有么事买头？""冇得去头/有么事去头？""冇得爱头/有么事爱头？""冇得润头/有么事润头？"

"头"缀的这种肯定、否定不对称现象出现的原因是：第一，否定句是受事充当主语的句子，受事主语句带有被动语态的性质，因此是有标记的，所以，否定句不受限制；第二，从心理认知的角度看，人们的期望值越来越高，不易满足，所以否定的形式多于肯定的形式。

5. 佬[ˁlau]

附在名词、动词或动宾结构后构成名词，表示"……的人"，是构形语缀。根据不同的作用，可以分为下面三种情况。

（1）指籍贯：日本佬、太湖佬（太湖县人）、霍山佬（霍山县人）、河南佬（河南人）、黄梅佬（黄梅县人）、蕲春佬（蕲春县人）。

（2）指职业、身份：杀猪佬、剃头佬、算命佬、烧火佬、驮伢儿佬、庄稼佬（庄稼人）。

（3）指人品、特征：好吃佬、好哭佬、赌博佬、扒灰佬、生日佬、和事佬、结根佬（喜欢刨根问底或纠缠的人）、撒白佬（爱撒谎的人）、糊人佬（爱骗人的人）、杠祸佬（爱打架惹事的孩子）、多事佬、好事佬、乡巴佬、山头佬。罗山方言中使用后缀"篓儿"[ˁlouɐ]，如流痰篓儿（爱流涎的孩子）、打架篓儿（爱打架的孩子）、好哭篓儿（爱哭的孩子）、挑拨篓儿（爱挑拨的人），这是南方方言"佬"在罗山的变音。

6. 伙的[ˁxo ti]

在鄂豫皖赣四省交汇处方言中，双音亲属称谓名词后都可加"伙的"，表示人称复数或相互间的关系，一般也表示两个以上，例如"娘儿伙的"表示母亲与子女们。其他如爷儿伙的、叔侄伙的、奶孙伙的、爹孙伙的、婆媳伙的、郎舅伙的、兄弟伙的、姊妹伙的、夫妻伙的、妯娌伙的、姑嫂伙的、同学伙的、战友伙的、亲家伙的、伙事伙的（伙伴们）。在鄂东方言中，"姊妹"有男性的称谓。"姊妹伙的"是兄弟姐妹的统称，比如说："我姊妹伙的，我排行老三，上有哥姐，下有两位妹妹。"

词缀"伙的"在明代就出现了，也说成"伙里"。如《水浒传》第五十回中有"这厮们伙里有个什么小李广花荣，枪法好生了得"[1]；在《二刻拍案惊奇》卷二十六里有"闲话中间对女儿们说着姊妹不是，开口就护着姊妹伙的"[2]。

---

[1] 施耐庵，罗贯中. 水浒传（上、中、下）[M]. 北京：人民文学出版社，1985：698.
[2] 凌濛初. 二刻拍案惊奇[M]. 上海：上海古籍出版社，1983：519.

7. 了的 [lia ti]

鄂豫皖赣四省交汇处方言中的后缀"了的"读轻声，加在 AB 状态形容词后面构成"A+B+了的"结构，表示"很"的意思，有加深程度的作用，有主观大量的性质。A 是形容词，B 是表示状态的后缀，用在 A 的后边，起加深 A 的程度的作用。可以分为以下几种情况。

（1）香喷[p'əŋ²]了的、硬棒了的、淡瘪了的、白咔了的、甜抿了的、臭肮了的、脆嘣了的、干嘣了的、轻飘了的、苦肮了的、重叠了的。

（2）白旺了的、臊臊了的、辣呵了的、暖烘了的、凉荫了的、凉悠了的、嫩快了的、厚巴了的、硬戗了的、胖坨了的、光滴了的、泡鼓了的、肉坨了的、肉巴了的、水汪了的。

（3）干净流了的、神奇流了的、亲热流了的、瞌睡流了的、热闹伤了的、亲热伤了的。

上面（1）的 A 和 B 的语序具有可逆性，变序后构成"BA 的"式，即：喷香的、棒硬的、抿甜的；（2）的 A 和 B 的语序不能互换，比如，"白旺"不能说成"旺白"，"臊臊"不能说成"臊臊"；（3）的 A 是双音节形容词，后加后缀和"了的"。再看实际用例：

鄂东：[23]衣服洗得白稀了的。（衣服洗得很白。）
　　　[24]这地[ti]凉悠了的。（这里很凉快。）
　　　[25]她脸蛋长得圆纠了的。（她的脸长得很圆。）
　　　[26]头上梳得光溜了的。（头发梳得很光滑。）
孝感：[27]桌子高头干净流了的。（桌子上面很干净。）
　　　[28]他着亲热流了的在一起说话。（他们很亲热地在一起说话。）
鄂州：[29]细伢长得肉坨了的。（小孩长得很胖，身上有很多肉。）
　　　[30]头上梳得光滴了的。（头发梳得很光滑。）

8. 得的 [tɛ ti]

"得的"多用于鄂东方言，读轻声。加在"单音动词或形容词+死人"短语之后，表示加强程度的语气。一般与"死人"一起构成程度补语，"死人"有"很"

的意义，后缀"得的"起加强程度的作用。例如：

[31]车子里挤死人得的。（车里很挤。）

[32]他说话气死人得的。（他说话很让人生气。）

[33]太阳眭死人得的。（太阳光很刺眼。）

[34]她做事急死人得的。（她做事很慢，使人很着急。）

9. 咄[tɛ]/着[tʂo]/者[tsæ]

"咄/着/者"三个后缀多用于鄂豫皖赣四省交汇处方言，用在单数人称代词、指人或指物名词之后表示复数。例如：

鄂东：[35]我咄不去。（我们不去。）

[36]你咄多吃点儿。（你们多吃点。）

[37]让他咄去搞。（让他们去做。）

[38]伢儿咄还细。（孩子们还小。）

[39]老师咄在这里吃饭。（老师们在这里吃饭。）

[40]学生咄不能在这里吃饭。（学生们不能在这里吃饭。）

孝感：[41]我着向前年搬过来的。（我们大前年搬过来的。）

[42]他着每年六月间哈要放假。（他们每年六月间都要放假。）

[43]你着的老师才将来找了我的。（你们的老师刚才来找了我。）

宿松：[44]王老师着明朝到县里去开会。（王老师等人明天到县里去开会。）

[45]渠者板躲倒去砍山上的杉树。（他们经常偷偷去砍山上的杉树。）

10. 巴[po]

（1）"巴"用在动词、形容词、名词后，作为一种构词成分，表示人的某种状态，带有贬义或憎恶的色彩，例如张巴（不灵活）、结巴（口吃）、哈巴（傻瓜）、呆[ŋai]巴（很呆板）、糊巴（很糊涂）、欠巴（脸上有疤痕的人）、弄巴（做事很缓慢）、聋巴（耳聋）、𩲉[xəu]巴（有气喘病的人）、哑巴。

（2）用在名词后边，表示事物的某种状态，例如泥巴（泥）、土巴（土）、干巴（干）、渣巴（脏）、肉巴（柔软）。九江方言：节巴（表示树、竹的节）。

11. 得[tæ]

"得"是九江等地方言的一种后缀，用在词根的后边，构词能力较强。

1）"得"作为名词构词语素

相当于普通话的"子""儿"尾，都是用于名词词尾，作为名词的一种标志。例如桃得、蒜得、竹得、鸭得、鸽得、羊得、桌得、杯得、盘得、盆得、饼得。这些词本身可以独立成词，也可以加上"得"后缀。"得"相当于普通话的"子"或"儿"，但不能换成普通话的"子"或"儿"。例如"蛇"和"猪"这两个词可加"得"，但加不加"得"意思不一样，加"得"表示"小"，不加"得"表示"大"，并有厌恶的色彩。例如"蛇得"通常指较小的蛇，"蛇"表示大蛇和毒蛇；"猪得"指猪这种家畜，而单说"猪"，一般用来形容懒惰或肥胖的人，带有鄙薄义。这说明"得"是表示"小称"的标记。

2）"得"作为成词语素

名词加上"得"后缀使某些不成词语素变为双音节词。例如：

A. 伢——伢得　　女——女得
B. 妹——妹得　　孙——孙得
C. 牯——牯得　　婆——婆得

以上三组词不带"得"不能单独成词。其中A组的"伢得"指男孩，"女得"指女孩，两者是对同辈或晚辈年轻男孩、女孩的称呼；B组的"妹得"指妹妹，"孙得"指孙儿孙女，两者通常用于背称，表示喜爱或亲昵的情感；C组的"牯得"指四脚的雄性的牲畜，"婆得"指雌性的牲畜。

3）"得"有区别词义的功能

有些名词性语素附加后缀"得"，表示另一种意思，或是产生新的引申义或比喻义。例如：

嘴：指人或动物的嘴巴　　　　奶：指用于哺乳的奶水
嘴得：指器物突出而中空的尖端部分　　奶得：指女性的乳房

4）"得"有区别语法意义的功能

"得"加在某些名词或动词后，有区别词性的作用。

（1）动词+得：相当一部分动词可以加上"得"后缀，变为名词。例如：

刷——刷得刷子，名词　　　　扒——扒得名词

钉——钉得名词　　　　　　　包——包得小包，名词

锯——锯得锯子，名词　　　　兜——兜得口袋一类的东西，名词

以上这些动词，加上"得"属于名词，这一点与普通话的动词加上后缀"子"相似。但又与普通话不同，例如，"包得"中不能把"得"换成普通话的名词后缀"子"，它不是指普通话的包子，而是指很小的包或女士提包；"兜"加上后缀"得"变为名词，指口袋一类的东西。

（2）量词+得：量词加"得"后缀变成名词，词性发生了变化。例如：

把——把得　　只——只得　　间——间得

"把得""只得""间得"有其特殊的意思。"把得"指某些东西的柄或瓜果蔬菜的蒂；"只得"指独眼的人或动物；"间得"指小房间，尤指用来堆放杂物的小房间。

（3）"得"的小称作用。词缀"得"在九江方言里一般表示事物的形体比较小，可以引申出亲昵义或鄙薄义。"得"可以附着在名词结构和量词结构后，一般表示小称意义，如"箱得"指小箱子，"勺得"指小勺子，"台得"指小桌子；"两碗得""三斤得""一下得"表示量少的意义，无论是确数还是约数，都带有说话人主观上认为量少的意思。

12. 高头[kauˈtʻou]

"高头"作为后缀，用在名词的后边表示方位，河南罗山用得较多。凡普通话用方位词"上"的，罗山方言都用"高头"，普通话用"里"的，罗山方言也多用"高头"。有以下几种类型。

（1）肢体名词：头高头、眉毛高头、脸高头、颈高头、脚高头。

（2）服饰名词：衣裳高头、领子高头、帽子高头、裤子高头、袖子高头。

（3）家具名词：椅子高头、桌子高头、床高头、柜子高头、盆高头。

（4）处所名词：窗子高头、墙高头、山高头、桥高头、屋脊高头、树高头。

（5）交通工具：飞机高头、火车高头、船高头、板车高头、自行车高头。

（6）天文名词：月亮高头、天河高头、星高头、云高头。

罗山方言的"高头"还可以表示范围。例如：

[46]他在高头园子里种蒜瓣子。（他在高处的园子里种蒜。）

[47]我将才到高头瞧水去了。（我刚才到高处看水去了。）

这两句的"高头"既不指上面，也不指里面，而是指说话人和听话人已知的较高位置。

2.1.3 中缀式

1. 裸[˚luo]

（1）鄂东方言中，大多是在"BBA 的"结构中插入中缀"裸"构成"BB 裸 A 的"结构。"裸"的本义表示"屄"，一般用来作詈语，表示对"A"厌恶的感情色彩，含有"太……A"的意思。例如：稀稀裸松的、漆漆裸黑的、绷绷裸紧的、冰冰裸冷的，进入句子作谓语和补语。再看例句：

[48]蚕豆梆梆裸硬的。（蚕豆太硬了。）

[49]药肮肮裸苦的。（药太苦了。）

[50]粥煮得坌坌裸干的。（粥煮得太干了。）

[51]衣裳打得切切儿裸湿的。（衣服淋得太湿了。）

（2）"BB 裸 A 的"这个结构的"BB"之后还可以再加一个中缀"伙"[˚xo]，"伙"是语助词，表示轻松随便的语气。加"伙"之后，"裸"字必须儿化，其口语色彩较浓，所表示的感情色彩比"BB 裸 A 的"的淡，含有"有点……A"的意思，在句子中作谓语。例如：

[52]柜子飘飘伙裸儿轻的。（柜子有点轻。）

[53]菜瘪瘪伙裸儿淡的。（菜有点淡。）

[54]脸上漆漆伙裸儿黑的。（脸上有点黑。）

[55]苦瓜肮肮伙裸儿苦的。（苦瓜有点苦。）

"BB 裸 A 的"前能加一个表示程度的指示代词"箇"[˚ko]。"箇"和"BB"

相连，含有"这么A"的意思，含有贬义。例如：

[56]简扭扭裸软的。（这么软。）

[57]简肮肮裸酸的。（这么酸。）

[58]简飘飘裸轻的。（这么轻。）

[59]简鬏鬏裸团的。（这么圆。）

"BB裸A的"结构在句中能做谓语、补语，一般不能做名词的修饰语。例如：

[60]水泥地下溜溜裸光的。（水泥地有点滑。）（谓语）

[61]玉榴还是稀稀裸嫩的。（玉米有点嫩。）（谓语）

[62]壶的水烧得炮炮裸滚的。（壶里的水烧得沸腾了。）（补语）

[63]带子系得绷绷裸紧的。（带子系得有点紧。）（补语）

2. 啦[la]

"啦"一般插在"AAB"中构成"A啦AB"的状态形容词。表示一种状态，含有贬义，例如土啦土气、古啦古怪、哈啦哈巴、慌啦慌张、流啦流气、傻啦傻气。在句子中作谓语。再看例句：

[64]她这个人有点傻啦傻气的。（她这个人有点傻里傻气的。）

[65]他的儿子一天到晚流啦流气的。（他的儿子一天到晚流里流气的。）

2.2 重　　叠

重叠是使语言形式重复出现的手段，是现代汉语普通话和方言中常见的表达语言的方法。鄂豫皖赣四省交汇处方言中的重叠形式丰富多彩，独具特色。我们将重叠之前的形式称为"基式"，重叠之后的形式称为"重叠式"。在鄂豫皖赣四省交汇处方言中，不同词语的重叠、词语的不同重叠方式、重叠式出现的不同的句法位置，都会带来意义和功能上的各种差异和由此而产生的其他方面的差异。下面分别分析鄂豫皖赣四省交汇处方言中名词的重叠、动词的重叠、形容词的重叠和量词的重叠。

重叠与量的范畴有着密切关系。所有的词语重叠都与量的变化有直接或间接的关系。因此可以说，词语重叠是一种表达量变化的语法手段，"调量"是词语重叠的最基本的语法意义。

2.2.1 名词的重叠

在普通话中名词重叠形式较少，只限于亲属称呼和少数名词，如"爷爷、爸爸、妹妹、舅舅、星星"等。鄂豫皖赣四省交汇处方言的名词重叠式与普通话不同，有三种重叠形式：AA、AA 儿的、AABB（儿的）。

1. "AA"重叠形式

鄂豫皖赣四省交汇处方言多用这种重叠式。A 是名词，重叠以后具有量词的性质和功能，表示事物量的周遍性，有"所有""每一"的意义，例如："碗碗"是表示"每一碗"，"桌桌"表示"每一桌"，还如锅锅、床床、杯杯、屋屋、天天、年年、脚脚、桶桶、瓶瓶、家家、盒盒、盘盘、头头等。再看实际用例：

鄂东：[1]碗碗菜都是咸的。（每一碗菜都是咸的。）

[2]桌桌都坐满了。（每一桌都坐满了。）

[3]头头都不中。（每一件事情都不会做。）

[4]袋袋都是米。（每一袋都是大米。）

"碗碗""桌桌""头头""袋袋"都是名词的重叠，重叠以后，具有量词的性质，表示事物量的周遍性。周遍性具有大量的特征。

河南罗山方言名词重叠加"子"尾，具有改变词义的作用。例如：脚脚子：容器底部的沉淀物或剩余物；根根子：指多根或根状物。罗山方言中还有"词素+子+子"的重叠形式，表示两种意义。第一，"子子"尾实词，表示幼崽、种子、果实等词汇意义，例如：花子子=花籽、鳖子子=鳖崽；第二，表示小的颗粒，例如：算盘子子=算盘珠子、盐子子=盐粒、雪子子=雪粒。

鄂州方言名词重叠方法有两种：一是单音节名词重叠，是事物的"小称"或"爱称"，例如筷筷、狗狗、猪猪、鸡鸡、车车、袜袜；二是小孩言语中的名词可以重叠，例如屁屁（指屁股）、胯胯（指胯裆）、蛋蛋（指鸡蛋或小孩睾丸）、妈妈（指乳房）。

在鄂州方言中，上述两种重叠，虽然都带有"小称"的意思，但不论哪一种，都可以受形容词"细（小的意思）"和"大"的修饰，但修饰后的词义有变化。例如，"脚脚"如果被"大"修饰，那指的是成人的脚；如果被"细"修饰，那就意味着是儿童的小脚。再如"狗狗"，如果被"细"修饰，指的就不是通常的大狗，而是小狗崽。

普通话中的亲属称谓可以重叠，例如爸爸、妈妈、爷爷、哥哥、奶奶、弟弟、舅舅、姑姑、婶婶、叔叔等，而鄂豫皖赣四省交汇处方言的亲属称谓则都不重叠。其表现形式有两种：一种是只用单音节语素，其语义和感情色彩没有区别，例如："爸爸"，鄂州叫"伯"，鄂东叫"大""父""爷"等；"妈妈"，鄂州、黄州叫[mei²]，鄂州有的地方叫[₋uei]，鄂东英山、浠水、罗田、武穴等地叫[i²]、[₋ia]。在固始方言中，"妈妈"称为"大[ta²]"或"妈"，"爷爷"叫"爹"，"奶奶"叫"奶"，"哥哥"叫"哥"，"弟弟"称为"弟"等。

2. "AA 儿的"重叠形式

这种重叠式多出现于鄂东地区。A 是名词，重叠为 AA 后，具有量词的性质。重叠时要加"儿的"或"的"才能成立。"儿的"应分析成"儿"+"的"，"儿"是语缀，"的"是助词，有名词化的功能意义。重叠以后表示事物量多而散的状态。例如：

[5]梳木梓的梳子筒齿齿儿的。（梳木梓果实的梳子有很多齿。）

[6]猪皮鞋筒眼眼儿的。（猪皮鞋有很多小眼儿。）

[7]糊儿冇搅散，还是籽籽儿的。（粉糊没有搅散，还有很多小颗粒。）

[8]菜切得细末末儿的，不好搛。（菜切得很细，不好夹。）

"AA 儿的"重叠式具有增量性，增量就是表示"空间量"的增加。一个名词，占据一定的空间，重叠以后就占据很多的空间。试比较：

[9]a. 梳木梓的梳子是有齿的。

　　b. 梳木梓的梳子筒齿齿儿的。

[10]a. 猪皮鞋是有眼儿的。

　　b. 猪皮鞋筒眼眼儿的。（猪皮鞋有很多小眼儿。）

例[9]中的 a 句是客观的叙述，梳子可以是一个"齿"，也可以是多个"齿"，但是没有显示量的变化，b 句的"齿齿儿"是有很多的"齿"，明显有量的增加。这种量的增加既有客观上空间量的增加，也明显突出了主观心态，从而使"AA 儿的"重叠格式具有强化主观量的作用，有主观大量的特点。

3. "AABB（儿的）"重叠形式

这种重叠形式是由 A 和 B 两个单音节名词分别重叠而成的。A 和 B 分别代表同类的两种不同的事物，将两种事物重叠起来表示遍指事物的量，"遍指"有"多量"的特征。有的地区带"儿的"，有的地区不带"儿的"。鄂东英山、罗田、浠水、蕲春、武穴等地区方言中多带"儿的"。例如：

[11]把地下渣渣末末儿的都扫起来。（把地上的渣滓都扫出去。）
[12]面要煮得汤汤水水儿的。（面要煮得有很多汤水。）
[13]崖崖缝缝儿的都找了，冇看见。（每一个角落都找了，没有看见。）
[14]把粑搣得边边捱捱儿的。（把粑掰成很多块。）

鄂州方言中"AABB"后边不带"儿的"，两个重叠名词并列用以表示总称。这种重叠名词必须指的是同一类事物，二者之间的关系又必须是并列的，例如：

[15]边边角角都种了菜。（每一个角落都种了菜。）
[16]坛坛罐罐都搬走了。（各种坛和罐都被搬走了。）

"AABB 儿的"的重叠形式表示的是"多量"，例如"渣渣末末儿的"是表示很多"渣滓"之类的东西，如果单说"渣儿"和"末儿"时，是表示"渣儿"和"末儿"两种不同的事物，而且不是很多，但"渣渣末末儿的"一定是表示很多。"崖崖缝缝儿的"表示每一个角落，"边边捱捱儿的"指一个整体的东西分成的若干不完整的小块。

名词的重叠式强化了多量，带有主观性特征。"AA 儿的""AABB 儿的"还带有喜爱的色彩，表示轻松和随便的语气。

就句法功能而言，名词的重叠形式在句子中可以充当很多成分，可以充当主语，可以充当谓语，可以充当补语，可以充当介词"把"的宾语。例如：

[17]碗碗菜都是咸的。（主语）

[18]梳木梓的梳子箇齿齿儿的。（谓语）

[19]面要煮得汤汤水水儿的。（补语）

[20]把地下渣渣末末儿的都扫起来。（介词"把"的宾语）

[21]他屋的到处是坛坛罐罐儿的。（宾语）

2.2.2 动词的重叠

鄂豫皖赣四省交汇处方言的动词没有普通话的"VV"和"V—V"的动词重叠形式，即没有"看看""说说""走走""写写"等的说法，也没有"看一看""说一说""走一走""写一写"等的说法。但有比较特殊的动词重叠形式——"VV式儿""AABB 的"。

1. "VV 式儿"重叠形式

"VV 式儿"是单音节动词重叠加"式儿"尾。其中第一个"V"重读，第二个"V"读轻声。"式儿"读[ʂɚ]，在普通话里没有与"式儿"相当的词尾。鄂豫皖赣四省交汇处方言用得较多。例如：

鄂东：[22]把门关关式儿。（把门稍微关着点。）

[23]把眼睛闭闭式儿。（把眼睛稍微闭着点。）

[24]往下坐坐式儿。（往下坐点儿。）

[25]往下跕跕式儿。（往下蹲点儿。）

孝感：[26]车子开得太快了，感觉有点飘飘式儿。（车子开得太快了，感觉有点飘。）

[27]裤子腰太肥了，穿倒有点垮垮式儿。（裤子腰太肥了，穿着有点垮。）

[28]他像冇睡醒的，走路晃晃式儿。（他好像没有睡醒，走路有点晃。）

[29]高头的书拿起来不方便，总是够够式儿。（上面的书拿起来不方便，要够着点儿。）

鄂州：[30]进门腰要弯弯式儿。（进门时腰要弯着点儿。）

[31]脚要伸伸式儿。（脚要伸着点儿。）

[32]挑东西闪闪式儿不累。（挑东西要上下晃动才不累。）

[33]你向后倒倒式儿。（你往后倒点儿。）

"VV 式儿"主要是表示动作轻量，有"稍微"的意思。朱德熙认为："动词重叠式表示动作的量。所谓动作的量可以从动作延续的时间长短来看，也可以从动作反复次数的多少来看。前者叫做时量，后者叫做动量。""动词重叠式除了表示时量短之外，有时表示动量小。"[1]王力在《中国现代语法》中说"动词重叠，表示短时貌"[2]。鄂豫皖赣四省交汇处方言的"VV 式儿"的重叠形式，既不涉及动作的次数多少，也不涉及时间的长短，而是赋予了动作行为以"轻量"。所谓"轻量"，是指动作的力度和幅度小。

能进入"VV 式儿"形式中的词语一般是自主动词。自主动词从语义上说是能表示有意识的或有心的动作行为。所谓有意识的动作行为指的是由动作发出者做主，主观决定、自由支配的动作行为。自主动词的性质是可控性强，动作量均有所减轻。能进入"VV 式儿"形式的动词可分为 AB 两类。

A 类：瞄、挽、遮、伸[tʂʅn]、掇、抵、拦、踩、闭、抱、围、捆、夹、关、拉。

B 类：坐、靠、跕、侧、仰、昂、躬、睏。

A 类是弱持续性动词，表示第一种语法意义"轻微"；B 类是强持续性动词，表示第二种语法意义"轻轻地 V"。强持续性动词进入"VV 式儿"形式后持续性减弱。

"VV 式儿"在句子中可以作主语、谓语和兼语句的谓语。例如：

[34]用凳子抵抵式儿稳当些。（用凳子稍微抵着点儿稳当些。）

[35]你把眼睛闭闭式儿。（你把眼睛稍微闭着点儿。）

[36]我叫他用钳子夹夹式儿。（我叫他用钳子稍微夹着点儿。）

2. "AABB 的"的重叠形式

这种形式在境内方言中使用较多，由动词 A 的重叠和 B 的重叠构成，表示不

---

[1] 朱德熙. 语法讲义[M]. 北京：商务印书馆，1982：66-67.

[2] 王力. 中国现代语法[M]. 北京：商务印书馆，1985：287.

停地进行某种动作。一般来说，A 有较实的动作义，B 的意义较空灵。

（1）单音节动词的重叠。AABB 是动词，"A"的叠字和"B"的叠字并列到一起，然后加上"的"尾才能成立，不能简缩为 AB 式。例如，"玩玩打打的"不能说成"玩打"，"笑笑嘿嘿的"不能说成"笑嘿"，其他如：抽抽溜溜的、饿饿掉掉的、哭哭唏唏的、游游荡荡的、流流甩甩的、钉钉磕磕的、写写戏戏的、戳戳骂骂的、吃吃喝喝的、呀呀[ŋa]唱唱的、瘪瘪泻泻的、棒棒打打的。再看实际用例：

鄂东：[37]他开会抽抽溜溜的，冇把件事地听。（他开会进进出出的，没有认真地听。）

[38]细伢儿冇得妈，饿饿掉掉的。（小孩儿没有奶吃，经常饿着肚子。）

宿松：[39]哥哥把个伢儿打哩哭哭唏唏的。（哥哥把孩子打得不停地哭。）

[40]写就作古正经哩写，莫写写戏戏的。（写就认真写，不要写写玩玩。）

（2）双音节动词的重叠。AABB 是动词，AB 的重叠形式，可以简缩为 AB 式，例如"拉拉扯扯"可以说成"拉扯"，其他如拼拼凑凑、指指点点、修修补补、连连补补、蹦蹦跳跳、来来往往。有时也可以在 AABB 后边加助词"的"，例如收收捡捡的、洗洗刷刷的、争争吵吵的、上上下下的、伸伸缩缩[tɕiu]的、打打闹闹的、跑跑赶赶的。

河南罗山方言中有动词的三叠形式和四叠形式。三叠形式——"AAA 的"，表示动作不停地进行，而且这些动作都是令人不满意的。如：

[41]人家都忙死了，你老抱着个电视看看看的。（我都忙死了，你还不停地看电视。）

[42]你爹都病成那样儿了，你还在喝喝喝的。（你爹都病成那样了，你还在不停地喝酒。）

四叠的形式——"AAAA 的"，表示动作正在进行中，持续的时间长。例如：

[43]转转转转的转回来了。（转着转着又转回来了。）

[44]新鞋有点卡脚，穿穿穿穿的（都）穿松了。（新鞋有点夹脚，穿着穿

着就穿松了。)

罗山方言的"AABB 的""AAAA 的"两种重叠形式表意不同。"AABB 的"重叠式表示动作的多次反复,"AAAA 的"重叠式表示动作的连续不断。两种重叠形式都表示动作次数的增多,从动量理论的角度看,次数的增多,就是表示动作量的增大,是动作大量。以往的研究都把重叠式的语法意义归纳为"时量短""动量小",是动量的减小。但是"时量短""动量小"不能完全解释鄂豫皖赣四省交汇处方言中的这种动词重叠形式的语法意义。

2.2.3 形容词的重叠

鄂豫皖赣四省交汇处方言的形容词与普通话一样,分两大类:性质形容词和状态形容词。单音节性质形容词多数能重叠,重叠方式为 AA 儿的、ABB 儿的、AA 式儿、AABB 儿的,以及"差"的重叠形式。双音节性质形容词有些可以重叠,主要重叠方式为 AABB 儿的。状态形容词没有重叠形式。下面分别进行讨论。

1. "AA 儿的"式

A 是单音节性质形容词,重叠以后带"儿的"缀,表示"有点 A"的意思。例如:

鄂东:
矮矮儿的(有点矮)　　　瘦瘦儿的(有点瘦)
长长儿的(有点长)　　　窄窄儿的(有点窄)
紧紧儿的(有点紧)　　　胖胖儿的(有点胖)
孝感:
圆圆儿的(有点圆)　　　尖尖儿的(有点尖)
辣辣儿的(有点辣)　　　瘦瘦儿的(有点瘦)
软软儿的(有点软)　　　稀稀儿的(有点稀)

"AA 儿的"式表示各种附加意义,词根不同,其语法意义和附加义也不同,有如下几种情况。

(1)词根是形容词性语素,加"儿的"一般表示程度轻微,如矮矮儿的(有点矮)、宽宽儿的(有点宽)、慢慢儿的(有点慢)。

（2）词根是非形容词性语素，加"儿的"后其语法特性大都变为形容词。其叠音意义受"儿的"的制约，多表示某种性状或数量，如网网儿的（像网一样的状态）、眼眼儿的（有很多孔的样子）。

（3）词根是量词性语素，加"儿的"后其语法特性变为形容词，如角角儿的（很多零散的一角钱）、块块儿的（很多块儿）、把把儿的（很多把儿）。

2. "ABB 儿的"式

A 可以是名词、动词、形容词，BB 带有后缀的性质，二者结合构成状态形容词。

（1）A 为名词，加上 BB 构成状态形容词，如粉扑扑儿的（形容姑娘的脸粉扑扑）、肉巴巴儿的（形容物体柔软有肉感）、油勒勒儿的（形容器皿或衣物上有很多油）。

（2）A 为动词，加上 BB 后构成状态形容词，如笑眯眯儿的（形容面带笑容）、闹哄哄儿的（形容各种嗓音大）、病糠糠儿的（病恹恹的样子）。

（3）A 为性质形容词，加上 BB 后构成状态形容词，如大略略儿的（态度傲慢）、硬梆梆儿的（有点硬）、糊汤汤儿的（头脑有点不清醒）、紫威威儿的（略带紫色）、黑糁糁儿的（有点黑）、稀路路儿的（有点稀疏）。

3. "AA 式儿"式

鄂豫皖赣四省交汇处方言不仅动词重叠带"式儿"尾，形容词也可以重叠带"式儿"尾，构成"AA 式儿"格式。A 是单音节性质形容词，重叠加儿化构成"AA 式儿"。第一个"A"重读，第二个"A"读轻声。在普通话里也没有与"式儿"相当的词尾。以下从四个方面说明"AA 式儿"的特点。

1）"AA 式儿"的语法意义

"AA 式儿"表示某种性质和状态超过了标准，相当于普通话的"稍微 A 了一点"或"有点 A"。例如：

鄂东：[45]他的鼻子高高式儿。（他的鼻子稍微高了一点。）

[46]这碗菜咸咸式儿。（这碗菜稍微咸了一点。）

鄂州：[47]萵苣叶子苦苦式儿。（萵苣叶子稍微苦了一点。）

[48]菜淡淡式儿。（菜稍微淡了一点儿。）

孝感：[49]针扎在膀子高头麻麻式儿。（针扎在手臂上有点儿麻。）

[50]过早吃多了，肚子鼓鼓式儿。（早餐吃多了，肚子还是有点鼓。）

"AA 式儿"往往表示遗憾、惋惜、不太满意等感情色彩，如果表示满意或恰到好处等感情色彩时，就不能用这种格式表示。例如：

糙糙式儿　　*光光式儿　　弯弯式儿　　*直直式儿

穷穷式儿　　*富富式儿　　丑丑式儿　　*美美式儿

2）"AA 式儿"的句法功能

"AA 式儿"在句子中能作主语、谓语、补语。下面各列两个例句，如：

[51]歪歪式儿不好看。（稍微歪了一点不好看。）（孝感）（主语）

[52]大大式儿穿得舒服。（大一点儿穿得舒服些。）（罗田）（主语）

[53]37 码的鞋大大式儿。（37 码的鞋稍微大了一点儿。）（红安）（谓语）

[54]汤还淡淡式儿。（汤还是稍微淡了一点儿。）（鄂州）（谓语）

[55]屋儿隔得窄窄式儿。（屋隔得稍微窄了一点儿。）（浠水）（补语）

[56]黄瓜炒得生生式儿。（黄瓜炒得稍微生了一点。）（英山）（补语）

3）"AA 式儿"与普通话的"AA"的差别

（1）语法意义不同。鄂豫皖赣四省交汇处方言"AA 式儿"表示性质和状态的程度稍微过了一点，而普通话"AA"式表示程度加深。例如：

[57]方言：颜色深深式儿。（颜色稍微深了一点。）

　　普通话：颜色深深的。（颜色很深。）

[58]方言：鼻子高高式儿。（鼻子稍微高了一点。）

　　普通话：鼻子高高的。（鼻子很高。）

（2）语法功能不同。方言中的"AA 式儿"在句子中不能作定语，普通话的"AA"在句子中能作定语。例如：

[59]方言：*她穿着红红式儿的裙子。

　　普通话：她穿着红红的裙子。

[60]方言：*高高式儿的个子很苗条。

普通话：高高的个儿很苗条。

（3）感情色彩不同。方言的"AA 式儿"表示遗憾、惋惜、不满意等感情色彩，而普通话的"AA"则表示喜爱的感情色彩。例如：

[61]方言：他的脸胖胖式儿，不好看。（他的脸有点胖，不好看。）
普通话：胖胖的脸蛋挺可爱。
[62]方言：她的个子矮矮式儿，不苗条。（她的个子有点矮，不苗条。）
普通话：矮矮的个儿挺结实。

4. "AABB 儿的"式

AABB 由形容词 AA 加 BB 叠加而成，后加"儿的"构成状态形容词，不能再受副词修饰。主要出现于鄂东、鄂州、武汉新洲等地方言中。其内部构造有以下两种情况。

（1）"AABB 儿的"式是"ABB 儿的"式的扩展，如"光光溜溜儿的"是"光溜溜儿的"的扩展式，扩展后表示程度减轻。例如：

矮墩墩儿的=矮矮墩墩儿的（有点矮）　长显显儿的=长长显显儿的（有点长）
硬帮帮儿的=硬硬帮帮儿的（有点硬）　瘦脊脊儿的=瘦瘦脊脊儿的（有点瘦）
黑糁糁儿的=黑黑糁糁儿的（有点黑）　重[tṣoŋ²]叠叠儿的=重重叠叠儿的（有点重）

（2）"AABB"是双音节形容词 AB 的重叠，重叠之后加"儿的"，例如：

白白净净儿的（有点白）　　　　饱饱满满儿的（有点饱满）
理理落落儿的（有点整洁）　　　冷冷淡淡儿的（态度有点冷淡）
齐齐掇掇儿的（有点整齐）　　　抻抻敞敞儿的（有点平展或身材苗条）

5. "差"的重叠式

"差"[tṣʻa]的重叠主要出现于鄂东罗田、英山方言，很有特色。常用来表示人们所从事的某种活动没有节制、没有限度，或说明事物的某种结果很糟糕，或某种状况不好等，相当于普通话的"糟""乱"等，如"那笔生意做得差乎差"（那笔生意做糟/砸了）。有以下几种重叠形式。

1）"差+X+差"的重叠式

"差+X+差"是不完全重叠式，是指在重叠的两个"差"字之间，插入中缀"X"，构成"差+X+差"的形式。插入的"X"多为语气助词"乎""呀""吧"，构成"差+乎+差""差+呀+差""差+吧+差"三种基本形式。

（1）"差+乎+差"：这是在重叠的"差"字之间插入语气助词"乎"构成的形式，也可以在"乎"后再加上一个中缀"子"。如：

[63]他的生意做得差乎差。（他的生意做得很糟糕。）

[64]他欠的债还是差乎差。（他欠的债距离还清还差得很远。）

[65]山上的树被砍得差乎子差。（山上的树被砍伐得非常厉害。）

（2）"差+呀+差"：在重叠的"差"字之间插入语气助词"呀"构成"差呀差"的格式。例如：

[66]她读初中了，读书还是差呀差。（她读初中了，读书还是很差。）

[67]他做屋，钱还是差呀差。（他盖房子，钱还差很多。）

（3）"差+吧+差"：这种格式是口语化最强的一种形式。如：

[68]她的成绩差吧差。（她的成绩糟得很。）

[69]他田的秧被牛吃得差吧差。（他家田里的秧苗被牛吃光了。）

2）"差+差+X"的重叠式

这是在重叠两"差"字之后附加后缀"X"的一种形式，是一种完全重叠式，后缀"X"一般由"乎""撒""式"充当。这种形式用于英山、罗田方言中，有三种格式。

（1）"差+差+乎"：这是在重叠的"差"后附加助词"乎"构成的形式。例如：

[70]做屋的钱还差差乎。（盖房子的钱还差得很远。）

[71]这几年他混得差差乎，屋都冇得一间。（这几年他混得很差，连住的屋子都没有一间。）

（2）"差+差+式"：在重叠的"差"后附加词缀"式"构成"差差式"。例如：

[72]这块布做两双鞋差差式。（这块布要做成两双鞋还差一点。）

[73]你的油果子炸得差差式。（你的油条炸得不怎么好，但勉强也可以吃。）

（3）"差+差+撒"：这种形式的后缀是用"撒"字充当，"撒"和"乎""式"一样，没有实在的意义，也属助词。例如：

[74]年货办得差差撒，一两肉都冇称。（年货还没有办，一两肉都没有买。）

[75]屋里到处差差撒，你帮倒捡一下吵。（家里到处乱糟糟的，你帮忙收拾一下呀。）

6. 小结

1）形容词重叠的表量功能

任何词语的重叠都是强调一种"量"的变化，鄂豫皖赣四省交汇处方言的"AA 儿的""ABB 儿的""AABB 儿的"的重叠表示程度轻，表示"有点 A"的意思，是程度轻量。

（1）表示程度量减轻，如长长显显儿的（有点苗条）、光光溜溜儿的（有点光滑）、敦敦实实儿的（有点敦实）、爽爽利利儿的（有点干净利索）、抻抻敞敞儿的（有点平展）。

（2）表示动作量减轻，如拉拉扯扯儿的（拉拉扯扯的）、写写画画儿的（随意地写和画）、抽抽溜溜儿的（时儿进时而出）。

（3）使贬义程度减弱，如懒懒惰惰儿的（有点懒）、慢慢吞吞儿的（有点慢）、瘦瘦脊脊儿的（有点瘦）、黑黑糁糁儿的（有点黑）、矮矮墩墩儿的（有点矮）。说一个人很懒，说"懒懒惰惰儿的"，带有委婉的语气，贬义的意味减弱。

2）形容词重叠的来源

汉语形容词的重叠来源于《诗经》的"重言"。据石锓研究："AA 式重言是形容词所有重叠格式中出现得最早的重叠形式。早期的 ABB 格式和 AABB 格式都是由 AA 式重言派生的。……AA 式重言的出现可能与单音状态形容词的功能弱化有关。"①这些研究基本弄清楚了形容词重叠式演变的过程及其规律。

2.2.4 量词的重叠

鄂豫皖赣四省交汇处方言的量词重叠有以下几种形式。

1. "AA"式

AA 量词重叠表示"每一"的意思。例如：

孝感：[76]条条蛇哈咬人。（每条蛇都咬人。）

[77]间间屋哈住满了人。（每间房子都住满了人。）

[78]个个哈蛮听话的。（每个人都听话。）

鄂东：[79]家家都看（养）的有鸡。（每一家都养了鸡。）

[80]件件衣裳哈是旧的。（每件衣服都是旧的。）

[81]碗碗都有肉。（每一碗都有肉。）

2. "A 似 A 得"式

这种重叠结构存在于九江方言中，适用于所有的量词。其中，"似"是中缀，"得"是后缀，都读轻声。在语义表达上，表示"每一 A"的意思。此结构只可充当主语成分。例如：

[82]返似返得都是他去。（每一回都是他去。）

[83]个似个得都给我。（每一个都给我。）

[84]张似张得都撕了。（每一张都撕了。）

3. "A 么（是）A"式

在鄂州方言中，在重叠的量词 A 与 A 的中间可以嵌进"么"或"是"，形成"A 么 A"式或"A 是 A"式，其语法意义是表示"每一"。例如：

[85]觉么（是）觉醒都要哭。（每一次睡醒都要哭。）

[86]餐么（是）餐都吃不饱。（每一餐都吃不饱。）

---

① 石锓. 汉语形容词的重叠形式的历史发展[M]. 北京：商务印书馆，2010：53-54.

[87]回么（是）回都这样。（每一回都这样。）

[88]天么（是）天上班。（每一天都上班。）

[89]件么（是）件都破了。（每一件都破了。）

4. "AA 儿的"/"AA 儿"式

这种重叠式是"AA"加"儿的"或"儿"构成的，表示量的多散性，即将一个整体分割为很多的个体。九江方言一般在"AA 儿"前边要加上"一"，在句子中充当定语、主语、宾语、状语、补语。例如：

鄂东：[90]把书扯得张张儿的。（把书扯散了。）

[91]韭菜捆得捆捆儿的。（把韭菜捆成很多的小捆。）

九江：[92]先喝（一）点点儿水。（先喝一点儿水。）（定语）

[93]还剩一坨坨儿饭。（还剩一点儿饭。）（定语）

[94]一点点儿都莫剩。（一点儿都不要剩。）（主语）

[95]我只喝了一口口儿。（我只喝了一口。）（宾语）

[96]水要一口口儿喝。（水要一口口地喝。）（状语）

[97]盐要一撮撮儿撒。（盐要一撮撮儿地撒。）（状语）

[98]下班后等我一下下儿。（下班后等我一下。）（补语）

例[92]中"（一）点点儿"作"水"的定语，"一"可省略，"（一）点点儿"说明了"水"的量少；例[93]中"一坨坨儿"，是"饭"的定语，形容"饭"的量少；例[94]的"一点点儿"充当主语；例[95]的"一口口儿"充当了动作"喝"的宾语，说明喝入的量少；例[96][97]的"一口口儿""一撮撮儿"充当句子的状语，修饰句子中的动词，表示动作的方式；例[98]"一下下儿"作补语成分，用来补充说明动作，表示时间短。

5. "（一）AA 得"式

这种格式存在于九江方言中。"（一）AA 得"式中的"一"在说话中可省略，"A"一般是物量词和动量词。在语音上，第二个"A"和固定语缀"得"读轻声。在语义上，表示少量，在句法上，可充当多种成分。例如：

[99]一点点得都没有了。（一点都没有了。）

[100]拿给我一些些得。（拿给我一些。）

[101]就等她下下得。（就等她一下。）

[102]点点得衣服也舍不得丢。（一点衣服也舍不得丢。）

[103]书要一页页得看。（书要一页页地看。）

例[99]的"一点点得"作主语；例[100]的"一些些得"作"拿给"的宾语；例[101]的"下下得"为时间量词，作"等"的补语；[102]的"点点得"是充当"衣服"的定语；例[103]的"一页页得"作状语。作状语时与其他的"一AA得"式有区别，且在日常使用中更为常见。在发音上，"得"读轻声。"得"也可以理解为助词"地"，表示按某种顺序进行某种动作，相当于"逐A逐A地"的意思。

6. "A数A儿的"式

这种格式用在鄂东方言中，是在重叠的量词中间插入一个成分"数"，"A数A儿的"在句中可以充当谓语和补语。例如：

[104]面根数根儿的。（每一根面都很完整。）（谓语）

[105]黄豆儿粒数粒儿的。（每一粒黄豆儿都很饱满。）（谓语）

[106]把一本书扯得张数张儿的。（把一本书扯散了。）（补语）

[107]衣裳抖得件数件儿的。（每一件衣服都抖散了。）（补语）

"根数根儿的""粒数粒儿的"在句中都充当谓语，是对前边主语的陈述。"张数张儿的""件数件儿的"在句中充当补语，是对前面谓语的补充。

从句法功能上看，这种量词重叠式有不同的表意特征。作谓语时，表示量的"完整性"和"独立性"，即每一"A"都是完好无缺的；作补语时，表示量的"零散性"和"分离性"，即将一个整体的事物分割为若干个"量"。

第 3 章

成 分 词

3.1 名 词

名词是表示人物、方所、时间的词。这是一类十分重要的词。

3.1.1 名词的语法特征

鄂豫皖赣四省交汇处方言的名词在语法上与普通话基本相同,有两方面的重要特征。

1. 组合能力方面

在组合能力上,名词一般能受数量词的修饰,排斥跟"不"字的组合。例如:

男将	黄牯	晏昼	礓磜
一个男将	两个黄牯	大半晏昼	三步礓磜
*不男将	*不黄牯	*不晏昼	*不礓磜

所谓排斥跟"不"字的组合,指的是单独一个名词不能跟"不"字组合。"不三不四"这样的说法不算,因为不能单独说"不三"和"不四";"我们俩不一个想法"这样的说法也不算,因为不能单独说"不想法"。

2. 句法功能方面

在句法功能上,名词能够充当主语、宾语。例如:

男将种田。　　　　　　　来了男将。

晏昼不冷。　　　　　　　坐了一晏昼。

礓磶[₋tɕiaŋ tɕʻiaɔ]太高。　　跨过礓磶了。

3.1.2　名词的基本类型

名词有三类：人物名词、方所名词和时间名词。

1. 人物名词

称人或指物，这是典型名词。比如"男将"指人，"晏昼"指时间，"礓磶"指物。人物名词一般能充当主语、宾语。有的名词由于受到本身语义内容的影响，在跟数量词发生组合关系时受到限制。比如，称人名词"娇客（新过门的女婿）""姆妈"特指某个人，自然不能说"一个娇客""两个姆妈"。

2. 方所名词

表示处所和方位。处所指地点，方位指方向和关系位置。事物处于时空之中，人类对空间的认识是认识世界的重要部分，而汉语及汉语方言的方所名词是汉族人对空间认识的语言表达。鄂豫皖赣四省交汇处方言中的方所名词是方言区里的人对空间认识的语言表达，例如，"陈家湾"是处所，指一个地点，"东头"是方位，指一个方向，是与"西头"相对的一个关系位置。

1）方所名词能充当主语或宾语，一般不能跟"不"组合

同人物名词相比较，方所名词的差异性主要表现在：第一，跟数量词组合的能力较差，若跟数量词组合，往往更多地强调事物性，如"两个堂屋""三个稻场"；第二，充当状语的能力很强，而人物名词充当状语则是罕见现象；第三，纯粹表示方位的词，有时能跟某些程度副词组合（如"他站在最头边"）。

2）"方所"是空间范畴

处所和方位并非互相排斥。处所有两个类型：第一，定域处所，包括：①地区类处所，如"湖北省""团风县"；②楼馆类处所，如"图书馆""安国寺"；③部门类处所，如"组织部""社科院"。凡是定域处所，都有确定的辖域。第二，非定域处所，指的是带有方位指示的处所。这类处所，以某一地点和某一事物为参照点，加上方位指示来表明。它们的辖域是不确定的，有时是十分模糊的，比如"树上""门外"。方位有两种情况：第一，纯方位，指的是单独使用的方

位指示。在这种情况下，如果脱离具体语境，就不知道方位指示的具体参照点。比如：前头有条小河，后头有个山包。第二，附用方位，指的是附用在具体参照点后边的方位指示。在这种情况下，"具体参照点+附用方位"构成非定域处所。比如"树上"，这是一个非定域处所，"树"是参照点，"上"是附用方位；又如"门外"，也是一个非定域处所，"门"是参照点，"外"是附用方位。

3）境内的方所名词，往往带有"方位标"

方位标即方位词，是非定语处所的形式标记。方位标起指明方位的作用，方位词的语义在与参照物的相互关系中被体现出来，没有具体事物做基准，也就不会有所谓的方位。方位标同其他的词语组合是比较灵活、比较自由的。鄂豫皖赣四省交汇处方言的方位标可以分为两类。

（1）单纯方位标。这是一种语法标，单音节的，具有黏着性，附着在别的语言成分之后时像是语缀，例如上、下、左、右、东、西、南、北、前、后、里、外等。

（2）合成方位标。单纯方位标前边加上一些语言成分，或加上后缀构成合成方位标。鄂豫皖赣四省交汇处方言在指明方位时大多使用合成方位标。有几种组合情况。

第一，由单纯方位标加后缀"头"或"边"构成的合成方位标。例如：

头：上头、下[xa²]头、东头、西头、前头、后头、里头、外头、高头

边：东边、西边、南边、北边、左边、右边、里边、外边、侧[tsʻɛ]边、旁边、头边

第二，单纯方位标"上""下"前加语言成分构成的合成方位标，例如：

下：胁下、底下、脚下、腰下、窦[tou]下、心下

上：脚上、腰上、头上、背上、手上、书上、门上、桌子上、边上、心上

第三，由其他语言成分构成的合成方位标，例如：

面前、窦[tou]底、中间[kan]、上方、下方、背后

单纯方位标里的"上"和"下"组合能力较强，其他组合能力较弱。带"头"缀和"边"缀的合成方位标最多，只要意思上讲得通，我们可以任意在名词后边

加上"头"和"边"。

（3）方位标入句。不管是单纯方位标还是合成方位标，入句后便成为一个方所名词，可以充当主语，也可以组合成介宾结构充当状语和补语。例如：

[1]桌子高头有块肉。（桌子上有一块肉。）

[2]屋头边有堆柴。（屋头边有一堆柴火。）

[3]猫在椅子窦下趴倒。（猫在椅子底下趴着。）

[4]把钥匙挂到腰上。（把钥匙挂到腰上。）

例[1]和例[2]中的"桌子高头""屋头边"充当主语；例[3]中的介宾结构"在椅子窦下"充当状语；例[4]中的介宾结构"到腰上"充当补语。

3. 时间名词

时间名词是表示时间的概念。从功能上讲，时间名词是能做"在""到""等到"的宾语，并且能用"这个时候儿""那个时候儿"指称的体词，例如今昼、晏昼（上午）、下昼夜（晚上）、去年、现在、过去、往日。时间副词不能用在"在""到""等到"的后边作宾语，例如常时（常常）、刻眼儿、眨下（刚刚）、登时、比时（当时）、忽拉忽也（忽然）、一世马儿（一直）、打总（从来）、时不时儿（偶尔）等。

3.1.3 关于名词的思考

1. 名词的入句思考

名词有时可以直接成为小句构件，即一个名词直接带上某种语气，形成一个名词单词句。比如，"海。"（陈述句）；惊叹一声："哎呀！"（感叹句）；驱赶："出去！"（祈使句）；询问对方身份："你吃饭冇？"（疑问句）。但是，名词更常见的用法，是在小句里充当一个成分。在小句里，人物名词的基本功用是充当主语、介词后置成分和宾语。例如：

[5]大妈把欠款还了公司。（大妈把欠款还给了公司。）

[6]书把他端到书房去了。（书被他拿到了书房。）

例[5]"大妈"充当主语；"欠款"作介词"把"的宾语；"公司"作"还了"的宾语。例[6]"书"充当主语；"他"作介词"把"的宾语；"书房"作处所宾语。

人物名词也经常充当定语，表示领有等，如：

[7]我的衣裳。　　　　　　[8]他的书。

在小句里，时间、方所名词的基本功用是充当状语和定语以及介词的宾语。如：

[9]他今朝走。（他今天走。）（状语）
[10]这是今朝的报纸。（这是今天的报纸。）（定语）
[11]堂屋的椅子。（客厅的椅子。）（定语）
[12]你到堂屋坐。（你到客厅坐。）（介词的宾语）

时间名词有时还可以充当谓语，表示日期或天气。在这种情况下，句子的主语也是时间名词，如：

[13]明朝周六。　　　　　　[14]今年的冬天很冷。

2. 名词的逆序构词

对于有些表示动物的名词，鄂豫皖赣四省交汇处方言把其中表示性别的语素置于表示动物的名词语素之后，例如：

鸡公（公鸡）、鸭公（公鸭）、猪牯（公猪）、羊牯（公羊）、水牯（公水牛）、黄牯（公黄牛）

鸡婆（母鸡）、鸭婆（母鸭）、猪婆（母猪）、羊婆（母羊）、水挲（母水牛）、黄挲（母黄牛）

3. 名词的量化分类

汉语缺乏形态变化，名词本身不表示单数、复数。名词的量范畴是通过数词和量词来表现的。名词内部还可以通过适用的量词来进行分类。鄂豫皖赣四省交汇处方言的名词也可以通过适用的量词来分类。凡是只跟特定的个体量词结合的名词，我们称之为个体名词，例如书（本）、桌子（张）、猪（个）、鸡（个）

等；凡是没有特定的个体量词，只跟度量词、临时量词和不定量词结合的名词，我们称之为物质名词，例如：油（斤）、饭（碗）、脸（满）等；凡是只跟集合量词结合的名词，我们称之为集合名词，例如垃圾（堆）、人（路）、鸡（窠）、碗（摞）、衣裳（箱子）。

3.2 动　　词

动词是表示行为活动的词。在小句中，动词往往居于核心的地位。动词和名词的配合使用，构成了句子最基本的框架。

3.2.1 动词的特点

鄂豫皖赣四省交汇处方言的动词有以下几个特点。

1. 单音节动词居多

鄂豫皖赣四省交汇处方言除心理动词"喜欢""打算""只望""着急"和能愿动词"愿意""要得""应该"等双音节动词之外，其他双音节动词较少。普通话很多双音节动词在鄂豫皖赣四省交汇处都被说成意义相当的单音节动词，例如，"害怕"说"怕"，"休息"说"歇"，"睡觉"说"睏"，"批评"说"骂"，"生长"说"长"，"演变"说"变"，"学习"说"学"，"想念"说"慊"，"值得"说"值"。普通话中有些双音节动词在鄂豫皖赣四省交汇处方言中虽然也可以用双音节动词来表示，但形式有变化，例如，"思考"说"想下"，"枯萎"说"蔫[ɕian]了"，"变化"说"变了"，"应该"说"该的"，"停止"说"停倒"，"站着"说"跍倒"等。

2. 动词的语法特征

从基本倾向看，动词在语法上有两方面的重要特征。

1）组合功能

以能带宾语、能带"儿"和"式"构成特殊重叠式表动量，能带"下"表示时间短量，前边能出现"不、都"等副词为必要条件。能进入"X 不 X"的格式中，并且能带上宾语，这个词一定是动词，例如：

[1]吃──→吃不吃

　　吃软芡粑──→吃不吃软芡粑

2）动词的不同形式

鄂豫皖赣四省交汇处方言的动词有以下几种形式。

（1）"V下"和"V一下"式。如果表示动作的量，鄂豫皖赣四省交汇处方言没有动词重叠式，只是在单音节动词后加上"下""一下"构成"V下""V一下"格式，表示动作的轻量，相当于普通话的"VV"式。例如：

[2]让我拿回去看下（看看）。

[3]我先听一下（听听）。

（2）"VV的"式。鄂豫皖赣四省交汇处方言可以用"VV的"后接其他语言成分表示动作正在进行时突然出现了另一种情况，"VV的"相当于普通话的"V着V着"。"VV的"还可以重读，以加强语气。例如：

鄂东：[4]她说说的睏着了。（她说着说着就睡着了。）

　　　[5]我打打的把球打破了。（我打着打着把球打破了。）

　　　[6]我吃吃的牙齿吃落了。（我吃着吃着牙齿掉了。）

固始：[7]这小孩吃吃的哭啦。（这小孩吃着吃着就哭了。）

　　　[8]他走走的栽倒啦。（他走着走着栽倒了。）

　　　[9]他害怕害怕的事情还是发生啦。（他害怕着害怕着，事情还是发生了。）

对某人的言行进行反驳，常用反诘语气。例如：

[10]不能能的吗？（你平时不是很能吗？）

[11]他是是的斗不是的啦？（他总说是怎么这两天又说不是了？）

赣方言都可以通过动词的重叠来表示动作的持续，但重叠的形式不尽相同。以动词重叠形式来表示持续有两种情况：一种是表示某一动作在持续过程中出现了另一种情况，重叠形式是"VVV，V……"或"V啊V，V……"；另一种是表示动作不停地持续下去，且出现在谓语位置上，重叠形式是"V啊V"。例如：

[12]我坐坐坐，坐得睏着了。（我坐着坐着睡着了。）

[13]我坐啊坐,坐得睏着了。(我坐啊坐,坐得睡着了。)

鄂东的英山、浠水、罗田、蕲春等地的方言中可在"VV 的"前边加"箇"构成"箇 VV 的"形式,表示正在进行某一动作而突然出现了意外,相当于普通话的"正 V,突然……"的形式。例如:

[14]她箇扯扯的把绳子扯断了(她正用力扯,突然将绳子扯断了。)

[15]他箇走走的把落到沟去了(他正在走路,突然掉到沟里去了。)

(3)"AABB 的"式。"AABB 的"重叠形式表示"不断交错反复",可以简缩为 AB,可进入"又 A 又 B"的格式,如"拉拉扯扯"可以说成"又拉又扯"。"AABB"加"的"之后,表示动作的反复和轻微,如说说笑笑的、拼拼凑凑的、连连补补的、来来往往的、进进出出的、收收捡捡的、争争吵吵的、吃吃喝喝的、上上下下的、打打闹闹的。看实际用例:

鄂东:[16]他咄在那地说说笑笑的。(他们在那又说又笑。)(谓语)

[17]一些伢儿吵吵闹闹的。(一些孩子又吵又闹。)(谓语)

[18]做个礓磜,人上上下下儿的便利些。(做个台阶,人上上下下方便些。)(谓语)

竹山:[19]婆子妈成天在屋里洗洗刷刷的,给他们帮了大忙了!(婆婆成天在家里洗洗刷刷,给他们帮了大忙了!)(谓语)

[20]我的事情就是抄抄写写的。(我的事情就是抄抄写写。)(宾语)

[21]打打杀杀的兀些电影儿最好要叫娃子看。(打打杀杀的那些电影儿最好不要让孩子看。)(定语)

构成重叠形式的 A 和 B 都是单音节动词,比如"说"和"笑","吵"和"闹","上"和"下"。但是,重叠为 AABB 形式时,共同表示 AB 行为的不断交错反复,如"说说笑笑"是说和笑不断交错反复,"上上下下"是上和下不断交错反复。这类重叠形式,是词和短语之间的特殊现象,可以看成短语词。

(4)"V 着 V 着"式、"V 的 V 的"式、"V 倒 V 倒"式这三种重叠式表意完全相同,都表示动作正在进行或持续,在竹山、竹溪方言中使用范围较广,例如,看着看着、想着想着、说的说的、吃的吃的、商量的商量的、走倒走倒、站倒站倒、巴结倒巴结倒等。再看实际用例：

[22]隔壁儿的老汉住院了，看着看着不行了。（隔壁老汉住院了，看着不行了。）

[23]娃们都争倒争倒要去。（孩子们都争着要去。）

（5）"箇VP"式。

动词前面用"箇"修饰，构成"箇VP"式。"箇"是表示程度的指示代词，相当于"这么""那么"，在句中作状语。动词限于双音节动词和动词短语，有以下几种形式。

第一，"箇"修饰双音节动词。例如：

[24]他工作箇操心，头发哈白了。（他工作这么操心，头发都白了。）

[25]你箇学习，思想还箇落后。（你那么认真学习，思想还那么落后。）

有时用反问句的形式加强"箇"的程度。例如：

[26]他箇熬夜，叫他么儿不老？（他那么熬夜，怎么能不老？）

[27]他跟你箇帮忙，你么儿还说他不好？（他那么帮你，你怎么还说他不好呢？）

双音节动词的否定形式有两种情况：一是能受副词"很"修饰的双音节动词的否定式是在"箇"前加"不"，例如箇听话——不箇听话、箇伤心——不箇伤心、箇吃苦——不箇吃苦、箇喜欢——不箇喜欢；二是不能受副词"很"修饰的双音节动词的否定式是在"箇"前加"冇"，例如箇熬夜——冇箇熬夜、箇帮忙——冇箇帮忙、箇打扮——冇箇打扮、箇装假——冇箇装假。"不"和"冇"在鄂东方言中都是否定动作的发生或性状的存在。

第二，"箇"修饰动词短语。

① "箇+要V"。"要V"是状中短语。"箇要V"表示动作者迫切地或强行地进行某种动作行为，必须有后续句，后续句是对动作者动作行为的责备、诅咒。例如：

[28]你箇要洗，洗破了好啥！（你一定要洗，现在洗破了好了吧！）

[29]你箇要穿，穿了去进棺材呀！（你总是要穿，穿了去进棺材啊！）

②"箇+冇 V 得"。这种格式是责备动作者不该如此。例如：

[30]你箇冇吃得！（你好像从来没有吃过一样！）

[31]你箇冇睡得！（你好像从来没有睡过一样！）

③"箇+不 VP"。这种结构是对动作者某种不好的态度和行为的不满和责备。例如：

[32]他箇不讲味。（他真不够意思。）

[33]你箇不学好。（他总不学好。）

④"箇+VP"。"VP"是动宾结构，这个格式一般是对动宾结构所表示的动作行为的不满和责备，主语用第二、三人称。例如：

[34]你箇爱管闲事。（你那么喜欢管闲事。）

[35]他箇喜欢热闹。（他那么喜欢热闹。）

⑤"箇的/箇样的"。"箇的/箇样的"是一种固定短语，修饰动词，用作状语时，是指示一种动作的方式，"箇的/箇样的"作主语、谓语、宾语时是代替某种动作，相当于普通话的近指"这样的"、远指"那样的"。用在肯定句中表示"这样的"，并用手势比况，例如：

[36]箇的/箇样的抬好抬些。（这样好抬一些。）

[37]这件事就箇的/箇样的吧。（这件事就这样吧。）

用在否定句中表示"那样的"，作状语、谓语，句末带"的"，表示确认的语气。动词是能愿动词时，句末不带"的"。例如：

[38]嗯个字不是箇的/箇样的写的。（那个字不是那样写的。）

[39]炒肉不是箇的/箇样的。（炒肉不是那样的。）

⑥"箇+一+VP"，"箇"作状语，修饰"一 VP"，既表示动作的方式，又表示程度。"箇"指示动作的方式时表示"这么样""那么样"的意思，又有加

强语气的作用。"一"表示动作在始发点上迅速、突然出现。动词限于强持续性动词"坐、站、哭、笑、抱、蒙、转"和弱持续性动词"敲、撞、摔、砍、砸、丢、跳、踢、比、略（歪）、撇"等。例如：

[40]他往上箇一跳。（他往上使劲一跳。）

[41]他往上箇一坐。（他往上使劲一坐。）

用得更多的是在"箇"前用"把"字引进动作的受事，动词对受事有处置作用，同时表示说话者对这种动作的不满。如果主语用第二人称，就必须有后续句，后续句表示对这种动作的评价。例如：

[42]他把碗箇一摜。（他把碗那样一扔。）

[43]你把书箇一丢，吓倒人哪？（你将书那样一扔，是要吓死人吗？）

最常见的还有一种形式，即在"箇+一+VP"后加上"倒"。"倒"相当于"着"，表示动作行为造成的状态的持续，感情色彩上表示说话人对这种状态的不满，"箇"相当于"那么样""这么样"。动词是持续性动词。即使是非持续性动词进入这种格式也表示动作的持续，例如"关、挂、插、贴、装、锁、捆、盖、穿、披、塞、占"等等。再看实际用例：

[44]他把门箇一关倒。（他把门用力关着。）

[45]他把桌子箇一占倒。（他把桌子霸占着。）

"VP"也可以是形容词，形容词进入这种格式是表示状态的持续，用在这种格式中的"把"字没有引进动作的受事的作用，只是起加强语气的作用。例如：

[46]她把脸箇一红倒。（她红着脸。）

[47]她把眼睛箇一横倒。（她瞪着眼睛。）

⑦ "箇+一V下儿"。"箇"修饰"一V下儿"，相当于"这么样地/那么样地"。"一V下儿"是动补短语，"下儿"表示动作的程度轻或时间短暂，后续句用"就"与前面"一"配合使用，表示动作一经发生就达到某种结果。例如：

[48]我箇一说下儿[xar]她就哭了。（我轻轻地说一下她就哭了。）

[49] 她简一病下儿[xar]就瘦了。（她稍稍病一下就瘦了。）

3.2.2 动词的基本类型

在汉语词类中，动词最为复杂，分为八类。

1. 行为动词

指表示人物行为的动词。这是典型的动词，包括行为他动词和行为自动词两类，如："想"是行为他动词，"睏醒"是行为自动词。行为他动词和行为自动词没有绝对的明确的界限，但它们的典型现象是有区别的，主要看以下两点。

（1）双音节的行为动词，看能否带宾语。能带宾语的是他动词，不能带宾语的是自动词。比如："想""骂""打"，能带宾语，是他动词；"睏醒""哭""咳嗽""划算"，不能带宾语，是自动词。

（2）单音节的行为动词，看能带什么样的宾语。能带对象宾语或目标宾语的，是他动词；不能带对象宾语或目标宾语的，是自动词。例如："烧"可以带对象宾语和目标宾语，是他动词，如烧房子、烧开水（当然也可以带"代体宾语"，如烧心）；"睏、走、跑"之类的词是自动词，不能带对象宾语或目标宾语，它们如果带上宾语，也只是方所宾语或施事宾语，如睏地板、里头睡人、走山上、跑路。

2. 心理动词

指表示人物心理活动的动词，包括情绪心理动词和感知心理动词两类。前者有褒贬情绪，如"爱、恨、喜欢、讨嫌、恨、慊"等等；后者无褒贬情绪，如"猜倒、估倒、以倒（以为）、默倒、晓得"。鄂州方言多说"总不是（可能是）、我怕（我估计多半是）"等等。心理动词的重要特点有两点。

（1）全部能够带上谓词性宾语。即所带的宾语可以由谓词性词语充当，如爱笑、喜欢干净、默倒他晓得（估计她知道）、以倒他听话（以为她听话）、我怕你先惹得她吧。当然，这并不等于说这类动词只能带谓词性宾语。它们之中，有的可以带名词性宾语，如爱钱、喜欢花儿、恨她。

（2）有褒贬情绪的一类，不仅可以带宾语，还可以跟程度副词组合，如晓几（非常）爱（他）、蛮怕他（大吵大闹）、特别喜欢（张老师）。

3. 发展动词

指跟时间历程有关的动词，如"架势（开始）、接到（继续）、停倒（停止）、歇到（结束）"等等。发展动词的特点：其宾语由动词充当，不大可能由典型的名词充当，如架势上课、接到讲课、停倒卖货。

4. 断事动词

指表示是非、有无、相似等意义的动词，包括三小类。

（1）是非类。鄂豫皖赣四省交汇处方言中只有一个是非类段事动词"是"。作为动词，"是"的否定形式一般在前边加"不"构成"不是"。

（2）有无类。包括"有"和"冇得"。如果采用然否相叠形式，可以说成"有冇"，也可以说成"有没有"。

（3）相似类。包括单音节的"像[tɕiaŋ˨]"和双音节的"好像""比如"等。"好像"有时用在动词结构前边表示推测，相当于"似乎"，是副词。例如：

[50]好像要落雨了。（好像要下雨了。）

[51]她好像驮了肚子。（她好像怀孕了。）

断事动词的重要特点是带名词宾语，动宾之间只有断事关系，没有施事、受事、用事等关系。

5. 使令动词

指表示命令或请求的动词，鄂豫皖赣四省交汇处方言中使令动词较少，包括"尽、让、跟我、把我"等。这类动词的重要特点是能够造成兼语式。例如：

[52]尽他去说。（让他说去。）

[53]她让我去做生活。（她让我去干农活。）

[54]你把我好好想下。（你给我好好想一下。）

6. 给予类动词

鄂豫皖赣四省交汇处方言没有普通话的给予类动词"给"，"给予"义用其他动词表示。

1）把[ˉpa]

（1）表示"给予"义。"把"字可以独立成句，例如"钱把他冇？"——"把了。"但更主要的用法是带宾语，"把"带宾语有两种情况。

① "把"后配置双宾语。"把"后配置双宾语，构成"把+O_1+O_2"的格式。例如：

鄂东：[55]把两块钱我。（给我两块钱。）

[56]你把点怕处得他。（你给他点厉害。）

孝感：[57]我把钱他。（我给他钱。）

[58]我已经把了三块钱乜个人。（我已经给了那个人三块钱。）

岳西：[59]我把糖佢吃。（我给他吃糖。）

[60]把我一碗水。（给我一碗水。）

关于双宾句式的特点在后文"双宾句"中讨论。

② "把"后带单宾语。"把"后带单宾语可以配置成"把+O"的格式。

A式：[61]钱把二伯了。（团风）　　[62]把书把小王。（浠水）

B式：[63]好的把到我。（英山）　　[64]书把是他。（蕲春）

这种配置有以下特点：第一，单宾句的"把"的宾语一般由人称代词或指人名词充当，"把"一旦带上人称代词或指人名词，句首要配置事物对象，构成"NP+把+O_2"的结构槽。"把"的作用是将这个事物对象转移到"把"后的接受者，如A式。也可在动词"把"的后边附上虚词成分"得、到、是"等，配置成"把得、把到、把是"后再带宾语，如B式。第二，为了话题选择的需要，可将双宾句中的指物宾语移到句首，转换为单宾句。受"NP+把+O_2"结构槽的管控，移至句首的指物宾语不能配置数量结构或量词，或将量词移至"把"的后边。"把"后带不带助词都是自由的。例如：

[65]把支笔我。（给我一支笔。）→笔把支（得）我。（给我一支笔。）

[66]把包烟细佬。（给叔父一包烟。）→烟把包（到）细佬。（给叔父一包烟。）

单宾句转换成双宾句是不自由的，如果句首是表示泛指的事物对象，那么可以转换为双宾句；如果句首是表示定指的事物对象，转换为双宾句要有一定的语境。例如：

[67]钱把二伯了。（钱给二伯了。）——→把钱二伯了。（给二伯钱了。）

[68]这东西把他。（这东西给他。）——→把这东西他，不把那东西他。（给他这东西，不给他那东西。）

③"把+O"配置复句。"把+O"结构在功能上可以配置复句，也可以配置成紧缩复句。例如：

[69]冇得钱，把米也要得。（没有钱，给米也可以。）

[70]你把他我就走。（你给他我就走。）

[71]你把米我也把米。（你给米我也给米。）

例[69]是复句，"把+O"充当主语；例[70]、[71]是紧缩复句，其中例[70]包含着假设关系，相当于"如果……就……"；例[71]包含着并列关系，相当于"……也……"。

（2）表示"添加"义。鄂豫皖赣四省交汇处方言的"把"还可以表示"添加"的意义。有以下几种结构配置：

A 式：把 X 的+把+点+N，如：把肉里头的把点酱油、把锅的把点水。

B 式：把+了+T，如：把了好几道了、把了两回、把了半天了。

C 式：把+A+了+点，如：把咸了点、把淡了点、把多了点、把少了点。

A 式表示某事物中加进某物，动词"把"后配置了名词，充当宾语，主语配置了事物名词，表示被"添加"的对象或处所。两个"把"的功能不同，前一个"把"是介词，表示"往"的意思，后一个"把"是动词，表示"放"的意思；B 式是动词"把"后配置数量结构，可以是动量结构，也可以是时量结构；C 式是"把"后带形容词成分，或加上量的成分，是动补结构。

2）其他动词

这类动词有"送""赔""找""教"等，也是表示"给予"义的。一般都用在双宾句中。例如：

[72]我送她好几件衣裳。（我送她好几件衣服。）

[73]我赔了他一百块钱。（我赔了他一百块钱。）

[74]找了他十块钱。（找了他十块钱。）

[75]我教了他几个法子。（我教了他几个法子。）

7. 取得类动词

"取得"即"得到"。鄂豫皖赣四省交汇处方言中取得类动词具有［+有意识］、［+积极性］、［+主动性］、［+非延续性］、［+可计量］的语义特征。一般都用在单宾句中。例如：

[76]我赢了他两百块钱。（我赢了他两百块钱。）

[77]我的文章得了一等奖。（我的文章得了一等奖。）

[78]他该我几笔账。（他欠我几笔账。）

[79]他偷了人家的一个手机。（他偷了别人的一部手机。）

由于句中用的是取得类动词，所以后边的宾语是单宾语。例[76]中的"他"和"两百块钱"之间、例[78]中的"我"与"几笔账"之间、例[79]中的"人家"与"一个手机"之间都是偏正关系。

8. 趋向动词

趋向动词是一类后辅助动词，用在动词的后边表示某种趋向。邢福义认为："'趋向动词'这一术语，有广义和狭义的区别。广义趋向动词，包括单用的和后附的两种；狭义趋向动词，则专指充当补语的一类现象。在把趋向动词作为辅助动词来描述的时候，显然指的是狭义趋向动词。"[1]狭义的趋向动词可称为单纯趋向动词，广义的趋向动词可称为复合的趋向动词。鄂豫皖赣四省交汇处方言的单纯趋向动词有：来、去、进、出、上、下、回、过、起；复合趋向动词是由将单纯趋向动词"来""去"作其他趋向动词的补语构成的，如上来、下去、进来、进去、出来、出去、回来、回去、过来、过去、起来、起去等。复合趋向动词"的用途是充当趋向补语"[2]。称为复合趋向补语。

---

① 邢福义. 汉语语法学[M]. 长春：东北师范大学出版社，1996：171.
② 邢福义. 汉语语法学[M]. 长春：东北师范大学出版社，1996：171.

1）复合趋向补语

鄂豫皖赣四省交汇处的复合趋向补语有基本式和扩展式两种。

（1）基本式。动词+复合趋向动词，例如：走进来、爬进去、跳下去、搂起来（捞起来）、吊起来、脱下来、穿起来、送上去、拿出来、丢过来、捡起来、丢下去、企起来、跍[ₑk'u]下去（蹲下去）、囚起来、洗起来。

（2）扩展式。扩展式是动词+复合趋向动词中间插入一个成分词，有两种形式：肯定式——动词/形容词+得+复合趋向动词；否定式——动词/形容词+不+复合趋向动词。例如送得出去/送不出去、走得过去/走不过去、躲得过去/躲不过去、搂得起来/搂不起来、瘦得下来/瘦不下来。

值得注意的是，"来""去"本来都表示空间的位移，它们跟在位移动词后面表示位移方向，跟在不同的非位移动词后面则不再表示物理空间方向，而产生不同的语法意义，如表示结果、状态等。所以这里所说的趋向补语实际上是一种结果补语，是由复合趋向动词构成的，放在动词之后构成"X得起（过）来/X不起（过）来"，表示一种结果的状态。有的时候表示趋向的结果，更多的是表示非趋向的结果，例如"躲得过去/躲不过去、胖得起来/胖不起来、瘦得下来/瘦不下来、洗得起来/洗不起来"中的"起来""过去""下来"表示非趋向的结果。无论是表示趋向的结果，还是表示非趋向的结果，都是表示结果。动趋结构可以带宾语，有两种情况：

①表示处所的宾语，只能插在复合趋向动词之间。例如：

[80]她简大年纪了，还爬到山上去砍柴。（她这么大年纪了，还爬到山上去砍柴。）

[81]她听到我哱[yuɜ]她，她留神跑下楼来。（她听到我喊她，赶快跑下楼来。）

②表示事物的宾语，如果是无定的，位置比较自由，可以出现在复合趋向动词之间、之前或之后，例如：

[82]端（拿）出一百块钱来——端（拿）一百块钱出来——端（拿）出来一百块钱

如果是有定的宾语，只能用在动词之后、复合趋向动词之前。例如：

[83]叫伢儿呲（孩子们）进去——*叫进去伢儿呲——*叫进伢儿呲去

2）关于趋向动词"起去"

在普通话里，没有与趋向动词"起来"相配的"起去"。在鄂豫皖赣四省交汇处方言中有"起去"的用法。

（1）"起去"可以用于祈使，表示"起来"的语义特征。如果有必要，还可以出现在疑问句和感叹句之中。例如：

鄂东：[84]把他拉起去！（把他拉起来！）

[85]天亮了，你流时起去烧火。（天亮了，你赶快起来做饭。）

孝感：[86]莫尽睡，快点起去，要迟到了。（不要一直睡，快点起来，要迟到了。）

[87]你起去把门反锁倒。（你起来把门反锁一下。）

（2）"起去"也可以用于陈述句。既可以表示"起来"的语义特征，也可以表示"离开"的语义特征。例如：

鄂东：[88]有人敲门，我就流时起去把门打开了。（有人敲门，我就很快起来把门打开了。）

[89]唉，真的让他拉起去了。（唉，真的让他拉走了。）

孝感：[90]他把楼底下的书包拿起去了。（他把楼底下的书包拿走了。）

[91]你休息哈儿再把东西扛起去。（你休息一会儿再把东西扛走。）

鄂州：[92]来客了，起去招呼一下。（来客人了，起来招呼一下。）

[93]有人敲门，起去看下子。（有人敲门，起来看一下。）

（3）"起去"可以跟后边的VP一起构成连动结构或兼语句，即："起去+VP"。例如：

[94]大叔挑一大担柴来，流时站起去接倒。（大叔挑着很大一担柴来了，赶快站起来去接着。）

[95]他奶来了，他流时起去扶她。（他奶奶来了，他赶快起来去扶着她。）

在以上几类动词里，行为动词、心理动词、给予类动词、取得类动词数量最多，所占比重最大。相对地说，发展动词、断事动词、使令动词和趋向动词数量有限，具有较大的封闭性。

3.2.3 动词的句法功能

在句法功能上，动词以能够充当谓语或谓语中心为必要条件。凡是动词都能够充当谓语或谓语中心。尽管能够充当谓语或谓语中心的词不一定都是动词，但是，一个词如果根本不能充当谓语或谓语中心，这个词肯定不是动词。比如，"生产"和"生活（农活）"："生产"可以成为谓语或谓语中心（谁生产？我生产！），是动词；"生活"不能成为谓语或谓语中心，它不可能是动词。

1. 动词充当谓语或谓语中心

在句子里，动词经常充当谓语，尤其是充当谓语中心。这是动词最基本的句法功能。例如：

[96] 我在舞饭。（我在做饭。）
[97] 她把脸一冷倒简说。（她阴沉着脸说。）

2. 动词充当补语、定语、状语

动词也可以充当补语、定语和状语，但受到这样、那样的限制。能充当补语的动词，数量较少。双音节的，似乎只有"起来"一个，如屋做起来了；单音节的，主要有"死、活、走、跑、丢、落、翻、倒、脱、到、滚、赢"等。充当补语时句末要带"了"，如气死了、栽活了、撵走了。

动词作定语，一般是单音节动词，要求带"的"，如果不带"的"，会形成动宾关系，如补的衣裳端回来|做的鞋穿倒舒服|剩的饭倒它。方言的口语色彩较重，没有像普通话那种不用"的"的定心结构，例如不能说"赔偿条件""演唱晚会"等。

动词作状语，鄂豫皖赣四省交汇处方言与普通话不同。普通话的动词可以作状语。常见的有两类：一类是情绪性心理动词，包括"同情、羡慕、崇敬、尊敬、感谢、担心、怀疑、怜悯、蔑视、仇恨、厌恶"等；另一类是意向性行为动词，包括"试探、讨好、巴结、挽留、安抚、征求、请示、纠正、反抗、挑逗、审视"

等。这些动词在方言中不能作状语。

3. 动词构成小句构件

动词有时可以直接成为小句构件。即一个动词直接带上某种语气，形成一个动词单词句，通常是形成祈使句，如"来！""出去！""吃饭！""架势！"。但是，动词更常见的用法，是在小句里充当一个成分。在小句里，动词有时充当主语或者主语中心，如"读书不用心"和"做事不过心想下"，"读书"和"做事"充当主语。

3.2.4　关于动词的语义特征

研究动词和相关的语法规律，弄清动词的语义特征极为重要。动词的分类，无论如何总是粗线条的，不可能代替对具体事实的语义特征的分析。举例来说，"看"和"活"有不同。

就陈述语气而言，只说"看""我看""看报""流时看"，都能成立；只说"活了""菜活了""活过来了""活了两棵"能成立，但"流时活"不能成立。

就疑问语气和祈使语气而言，"看"可以用来提问，可以用于祈使，如"看不？""看冇！"；"活"却不能单独用来提问，不能单独用于祈使，如"*活不？""*活吧！"。

如果把"看"和"讲、剪、骑、吃、走、煮"等联系起来进行考察，把"活"和"病、跌、瘫、死、倒"等联系起来进行观察，就可以发现两类动词在语义上具有不同的特征。前一类动词能表示有意识的或有心的行为活动，即行为活动可以由行为活动者主观决定和自由支配；后一类动词表示无意识的、无心的行为活动，即行为活动不受行为活动者所左右，不能由行为活动者自由支配。前一类是"自主动词"，后一类是"非自主动词"。

3.3　形　容　词

形容词是表示性质状态的词。形容词和名词、动词一样，是句子建构中表述意旨的重要成分。

3.3.1 形容词的语法特征

1. 组合能力方面

在组合能力上，鄂豫皖赣四省交汇处方言中的形容词以都能受程度副词的修饰，但不能带宾语作为最重要的必要条件，同时以能够重叠强调度量作为必要条件。

1）能受程度副词"蛮、乜、几、不、哈（都）、也、好"等的修饰

比如：老实——蛮老实、老实——乜老实、老实——几老实；灵醒——蛮灵醒、灵醒——乜灵醒、灵醒——几灵醒。鄂东方言的形容词还能受指示代词"箇"的修饰，如箇大（这么大）、箇齐整（这么漂亮）。形容词都能进入"X 不 X"和"X 不"的格式。比如：好——好不好、好不；干净——干净不干净、干净不。

2）能重叠强调度量的词一定是形容词

有的形容词能重叠。单音节的，按"AA"式重叠；双音节的，按"ABB"式或"AABB"式重叠。重叠后带"的"、"了的"或"儿的"强调度量，"的"强调程度高，有"很、相当"之类意思，比如气鼓鼓的、蔫妥妥的；"了的"也是表示程度高，同时表示意义确切，例如黑麻麻了的；"儿的"强调程度低，例如慢慢儿的、少少儿的、咸丁丁儿的、辣呵呵儿的、稀稀朗朗儿的。

3）形容词与动词存在区别

形容词与动词都是谓词，作为谓词，形容词和动词难免发生纠葛。鄂豫皖赣四省交汇处方言中的形容词与普通话一样，这就需要在以下几点上明确语法特征对于动词和形容词的规定性：①能带宾语的词是动词。而能受程度副词修饰但又不能带宾语的词，才是形容词。如果一方面能受程度副词的修饰，另一方面又能够带上宾语，这样的词还是动词。比如许多心理动词和断事动词：爱——很爱，很爱他；像[tɕiaŋ]——很像，很像老子。②有的自主动词不能带任何宾语，但它们能作谓语而不能受程度副词的修饰，不会跟形容词相混。比如"睏醒、游泳"。③有的词，在一般情况下是形容词，但在运用中有时带上了宾语。这是一种"入句变类"现象。带上了宾语的形容词完全失去了接受程度副词修饰的特性，在具体句式中转变成了动词。比如"湿裤子"里，"湿"被强制成了动词。

4）有的形容词在运用中有动态化用法

一方面，这些形容词仍然可以受程度副词的修饰；另一方面，它们又用在"X了""X起来了"等动词经常出现的带有时间性的格式之中。比如天黑了、袋子鼓起来了。

2. 句法功能方面

在句法功能上，以能够充当定语或谓语（或谓语中心）作为必要条件。

[1]她很灵醒。（她很灵活。）
[2]灵醒人一看就晓得了。（灵活人一看就知道了。）

有的形容词重叠后还能充当状语和补语，例如：

[3]盐要少少儿地把。（盐要少少地放。）
[4]落雪要慢慢地走。（下雪要慢慢地走）。
[5]病得蔫妥妥的。（病得有气无力的。）
[6]一日三餐吃得饱饱的,还要吃么事?（一日三餐吃得饱饱的,还要吃什么？）

3.3.2 形容词的基本类型

形容词可以分为状态形容词和性质形容词两类。

1. 状态形容词

指通常用来表示状态的形容词。鄂豫皖赣四省交汇处方言的状态形容词有其自身的特征，是形容词的重要成员，其形式、意义和功能与性质形容词不一样。与其他方言也有差异。这类形容词的突出特点是具有程度性，形式上一般不能受程度副词的修饰。其表现形式有以下几种。

1）"XA"式

由"XA"构成的状心式状态形容词，其中的"X"是词缀，强调程度。主要用于鄂东、安陆、鄂州、孝感等地区，如冰冷、卡白、卡黄、笔直、蜡黄、碰香、肮苦、切湿、稀烂、焦干、瘪淡、滚烫、崭新。鄂东方言中"XA"进入句子要带助词"的"。例如：

[7]他的脸卡黄，蛮吓人。（他的脸很黄，很吓人。）（孝感）

[8]蚕豆死硬，咬不动。（蚕豆很硬，咬不动。）（孝感）

[9]菜瘪淡的，有把盐。（菜很淡的，没有放盐。）（鄂东）

[10]茅厕的肮臭的。（厕所很臭。）（鄂东）

2）"ABB 的"式

此格式的"A"是形容词语素，"BB"是叠音词缀，既有摹状的作用，同时又强调性状的程度，ABB 结合后，后加"的"构成状态形容词。加"的"表示 A 的程度高。A 由各种不同的词构成，具体如下。

（1）A+邦邦的：硬邦邦的、结邦邦的。

（2）A+巴巴的：潮巴巴的、酽巴巴的、厚巴巴的、涩巴巴的、湿巴巴的、糊巴巴的。

（3）A+泡泡的：肿泡泡的、滚泡泡的。

（4）A+漉漉的：湿漉漉的、热漉漉的。

（5）A+嘣嘣的：干嘣嘣的、脆嘣嘣的。

再看实际用例：

[11]饭炒得干嘣嘣的，嚼不动。（饭炒得很干，嚼不动。）（孝感）

[12]湿漉漉的衣服穿在身上爱得病。（湿的衣服穿在身上容易得病。）（孝感）

3）"ABB 儿的"式

此格式的 A 是形容词语素，"BB 儿的"是叠音词加上词缀"儿的"构成的。加"儿"缀增加了 BB 的附加意义，表示小和减量的意义。"的"是成词语素，加上"的"，"ABB 儿"才能成立。"ABB 儿的"式表示 A 的程度轻，与"ABB 的"格式表意相反。例如："软扭扭儿的"表示"有点软"的意思。"干巴巴儿的"表示"有点干"的意思。A 由各种不同的词构成，具体如下。

（1）A 是形容词性成分：①A+扭扭儿的：糙扭扭儿的、软扭扭儿的；②A+汤汤儿的：清汤汤儿的、糊汤汤儿的、昏汤汤儿的；③A+墩墩儿的：矮墩墩儿的、胖墩墩儿的；④A+碌碌儿的：热碌碌儿的、麻碌碌儿的、稀碌碌儿的；⑤A+巴巴儿的：厚巴巴儿的、潮巴巴儿的、苦巴巴儿的；⑥A+其他：凉悠悠儿的、齐笃笃儿的、甜抿抿儿的、香喷喷儿的、辣呵呵儿的、细巧巧儿的、瘪夸夸儿的、长显显儿的、臭温温儿的、干嘣嘣儿的、瘦脊脊儿的、酸肌肌儿的、咸丁丁儿的、重叠叠儿的、硬究究儿的。

（2）A 是名词性语素：粉助助儿的、汗巴巴儿的、油勒勒儿的、气扑扑儿的、水汪汪儿的、肉巴巴儿的、汗渍渍儿的。

（3）A 是动词性语素：颤糠糠儿的、笑眯眯儿的、笑扬扬儿的、哭憋憋儿的、闹哄哄儿的、病糠糠儿的。

"ABB 儿的"式在句中可充当定语、谓语、补语。看实际用例：

[13]泡面辣呵呵儿的。（泡面有点辣。）（谓语）（鄂州）

[14]外头落细蒙蒙儿的雨。（外头下小雨。）（定语）（鄂州）

[15]发粑香喷喷儿的。（馒头有点香。）（谓语）（鄂东）

[16]她的几个女儿长得齐扎扎儿的。（她的几个女儿长得较为整齐。）（补语）（鄂东）

4）"AA 儿的"式

AA 可以是名词性语素、动词性语素、形容词性语素和量词性语素。不管是哪类语素，加上了"儿的"词尾以后就是状态形容词，表示各种状态。

（1）名词性语素 AA+儿的，表示很多而零散的状态，例如网网儿的、糊糊儿的、水水儿的、粉粉儿的、末末儿的、齿齿儿的、毛毛儿的、绒绒儿的、洞洞儿的、须须儿的、眼眼儿的、泡泡儿的、凼凼儿的、籽籽儿的、糠糠儿的。

（2）动词性语素 AA+儿的，表示动作量轻，例如飘飘儿的、倒倒儿的、荡荡儿的、散散儿的、晃晃儿的、摇摇儿的、扭扭儿的。"飘飘儿的"表示身体失重，有点飘的样子。"倒倒儿的"表示有点摇晃的样子。

（3）形容词性语素 AA+儿的，表示程度轻，是"有点儿 A"的意思，例如矮矮儿的、瘪瘪儿的、长长儿的、短短儿的、厚厚儿的、尖尖儿的、瘦瘦儿的、窄窄儿的、皱皱儿的、嫩嫩儿的、软软儿的、烂烂儿的、淡淡儿的、慢慢儿的、浅浅儿的、松松儿的。在鄂州方言中，"儿"后可以不用"的"，例如咸咸儿、淡淡儿、窄窄儿、松松儿、扁扁儿、团团儿、细细儿。

（4）量词性语素 AA+儿的，表示量的零散性，所有的量词都能重叠，名词重叠也表示量的周遍性，有"每一 A"的意思。例如尺尺儿的、寸寸儿的、斤斤儿的、两两儿的、角角儿的、件件儿的、间间儿的、把把儿的、根根儿的、块块儿的、粒粒儿的、棵棵儿的、双双儿的、捆捆儿的、堆堆儿的、排排儿的、餐餐儿的、袋袋儿的、砣砣儿的、路路儿的、头头儿的、桌桌儿的、碗碗儿的、脚脚儿的。

"AA 儿的"在句中充当谓语、主语、定语、补语。看实际用例：

[17]衣裳简网网儿的。（衣服是网状的。）（谓语）（鄂东）

[18]长长的个儿极好看的。（修长的身材很好看。）（主语）（鄂东）

[19]肉要煮得烂烂的。（肉要煮得烂烂的。）（补语）（鄂州）

[20]把菜捆得把把儿的。（把菜捆成一把把。）（补语）（鄂东）

[21]她冻得红红儿的。（她的脸冻红了。）（补语）（孝感）

[22]他把绳子系得紧紧儿的。（他将绳子系得有些紧。）（补语）（孝感）

5）"AABB 儿的"式

AABB 加"儿的"之后其内部构造有以下三种情况。

（1）"AABB 儿的"是"ABB 儿的"式的扩展，如"光溜溜儿的"可以说成"光光溜溜儿的"，又如矮矮墩墩儿的、长长显显儿的、大大略略儿的、慢慢吞吞儿的、瘦瘦脊脊儿的、稀稀路路儿的、黑黑糁糁儿的、重重叠叠儿的、硬硬帚帚儿的。

（2）AABB 是由 A 的叠音加 B 的叠音构成的。"AA"和"BB"其本身没有明确的意义，只有加"儿的"之后，才能成立，表示某种状态。不能简缩为 ABB，也不能简缩为 AB，如"匀匀净净儿的"，不能说成"匀净净儿的"，也不能说成"匀净儿的"。又如懂懂傻傻儿的、齐齐掇掇儿的、顿顿实实儿的、光光烫烫儿的、理理落落儿的。

（3）AABB 是双音节形容词 AB 的重叠。AB 都有明确的意义。例如"饱饱满满"是"饱满"分别重叠构成的，而不是"饱饱"的重叠加"满满"的重叠。AB 可以受副词修饰，但重叠之后加"儿的"，就不能再受副词修饰，重叠后表示程度轻，例如：白白净净儿的、稳稳重重儿的、懒懒惰惰儿的、规规矩矩儿的、恍恍惚惚儿的、自自然然儿的、瘦瘦脊脊儿的、矮矮墩墩儿的。

6）由 ABC 与"的""儿""儿的"构成的格式

用"ABC"与"的""儿""儿的"排列组合成状态形容词。有以下几种情况。

（1）"ACAB 儿的"式。AC 和 AB 是并列重叠，其中 A 是形容词，C 和 B

是近义的名词，表示某种行为或状态的程度轻，如急忙急促儿的、快嘴快舌儿的、笨手笨脚儿的、恶声恶气儿的、细声细气儿的、细心细肝儿的、绉皮绉络儿的。

（2）"ACAB 的"式。这种格式是"AA"中间插入"C"扩展的形式。"C"是衬字，一般多用"里"和"拉"字，表示某种状态的程度高，如黏拉黏巴的、哈里哈巴的、张拉张巴的、蛮拉蛮区的、笨拉笨巴的、古里古怪儿的、懂拉懂傻的、糊里糊涂的、洋里洋绊的、外里外行的。

（3）"A 里 A 气（儿的）"式。表示某种状态的程度高，例如苕里苕气、俗里俗气、傻里傻气儿的、膻里膻气儿的、流里流气儿的、斧里斧气儿的。

（4）"AA 儿 B"式。由"AA 儿 B 式"构成的形容词，有加深程度的作用，表示"很"或"特别"、"格外"的意思，主要用于鄂州、黄陂一带，例如：丁丁儿咸、箍箍儿紧、特特儿重、飘飘儿轻、梆梆儿硬、扭扭儿软。

2. 性质形容词

鄂豫皖赣四省交汇处方言的性质形容词与普通话基本相同，有单音节的和双音节的。单音节性质形容词有：大、细、长、短、早、暗、好、歹、坏、远、近、直、弯、苦、酸、辣、高、矮、圆、扁；双音节性质形容词有：麻力、干净、年轻、聪明、贤德、便宜、清楚、齐整（漂亮）、弄巴（做事缓慢）、相赢（便宜）、大概（大方）、鸡脚（小气）、过细（热情，认真）。

性质形容词能够受程度副词修饰，不能带宾语，例如长——好长/几长、早——好早/几早、甜——好甜/几甜、少——很少/太少、好——很好/太好、矮——很矮/太矮、齐整——好齐整/几齐整、聪明——很聪明/太聪明。

3.3.3 形容词的句法功能

1）形容词直接成句

形容词有时可以直接成句。即一个形容词直接带上某种语气，形成一个形容词单词句。通常是感叹句或祈使句："齐整！""干净！"但是，形容词的更常见的用法，是在句子里充当一个成分。在小句里，形容词可以充当主语、定语、谓语（或谓语中心）和补语。下面分别以性质形容词和状态形容词为例：

[23] 齐整（漂亮）有人爱，丑个个不爱。（漂亮的有人爱，丑的每个人都不爱。）（主语）

[24]齐整的伢儿个个喜欢。（漂亮的孩子每个人都喜欢。）（定语）

[25]这个女伢儿好齐整。（这个女孩子好漂亮。）（谓语）

[26]她的女儿长得几齐整。（她的女儿长得好漂亮。）（补语）

[27]瘦瘦脊脊儿的还要得。（瘦一点还可以。）（主语）

[28]瘦瘦脊脊儿的人长寿。（清瘦的人长寿。）（定语）

[29]他箇瘦瘦脊脊儿的。（他这么清瘦。）（谓语）

[30]他长得箇瘦瘦脊脊儿的。（他长得有点瘦。）（补语）

这里的"齐整"和"瘦瘦脊脊儿"，分别充当了主语、定语、谓语和补语。

2）"箇+形容词"

状态形容词入句一般要在形容词前边要带上一个"箇"[kuo]字，"箇"是指示代词，有"这么""那么""这么样地""那么样地"的意思。"箇"修饰形容词，主要表示程度高，在句中作状语。鄂东、鄂州、竹山、竹溪方言点用得较多。

（1）"箇"字修饰单音节形容词，先看例句：

鄂东：[31]我的女儿架式有你箇长了。（我的女儿快有你那么高了。）

[32]今昼么儿箇热？（今天怎么这么热？）

鄂州：[33]你箇尖。（你这么吝啬。）

[34]你骂起人来箇狠。（你骂起人来这么凶。）

[35]你箇尖。（你这么刻薄。）

竹山：[36]这个娃子几天不见，长箇高了。（这个孩子几天不见，长这么高了。）

[37]箇大一个娃子还尿床？（这么大的孩子还尿床？）

[38]箇样还去见客人？（这个样子还去见客人？）

"箇"修饰单音节形容词有以下特点。

① "箇"修饰的单音节形容词限于积极意义的形容词（如大、高、些、多、远、长、厚、宽、深等）。如果修饰消极意义的形容词（如小、低、少、近、短、薄、窄、浅、轻等），要在"箇"后加上"点儿"，构成"箇点儿"，相当于"这么"的意思。例如：

[39]他箇点儿矮端不够。（他这么矮拿不着。）

[40]衣裳箇点儿桹不经事。（衣服这么薄不耐穿。）

②"箇"修饰单音节形容词的否定形式有两种情况：一是对积极形容词的否定，是在"箇"的前边加"不"，表示"不太 A"的意思；二是对消极形容词的否定，是在"箇"前加"不"并去掉"箇"后的"点儿"。例如：

[41]箇长——→不箇长、箇好——→不箇好、箇大——→不箇大、箇直——→不箇直

[42]箇点儿轻——→不箇轻、箇点儿细——→不箇细、箇点儿短——→不箇短、箇点儿近——→不箇近

（2）"箇"字修饰双音节形容词。例如：

[43]屋的搞得箇热闹。（屋里弄得这么/那么热闹。）

[44]你们两个箇亲热。（你们两个这么/那么亲热。）

"箇"字修饰双音节形容词有以下特点。

①双音节形容词的否定形式。双音节形容词的否定形式有两种情况：一是积极形容词的否定形式；二是消极形容词的否定形式。积极形容词的否定形式，可以在"箇"的前面加"不"，也可以在"箇"后面加"不"。在"箇"前加"不"，表示"不太 AP"的意思，其否定的程度较弱；在"箇"后加"不"，表示"那么不 AP"，其否定的程度较强。例如箇和气——不箇和气——箇不和气、箇灵光——不箇灵光——箇不灵光。消极形容词的否定式只能在"箇"前加"不"，表示"不太 AP"的意思，而不能在"箇"后加"不"，例如箇啰嗦——不箇啰嗦——*箇不啰嗦、箇滑头——不箇滑头——*箇不滑头。

②能构成"箇+大+AP"或"箇+大+AP+人+法的"的格式。"箇+大+AP"的格式中，"AP"是性质形容词，"箇"修饰形容词，表示程度，有"那么"的意思，其中的"大"不表示实在意义，起加强语气的作用，例如屋的箇大漆黑（屋里那么黑暗）、水箇大冰冷（水那么冷）。"箇+大+AP+人+法的"格式中的"箇"表示"那么"的意思，"AP"是形容词或不及物动词，后面带了宾语"人"，有致使义，整个结构是"使动结构"，"使动结构"后面带"法的"表示"……的状态"，一般是表示不满意、不喜欢的状态，例如粥箇大烫人法的（粥那么烫人）、

他说话箇大气人法的（他说话那么气人）。

③用反问的句式表示否定。"箇"在句中仍然表示"这么/那么"的意思。例如：

[45]你说他箇好咧？（你不是说他很好吗？）

[46]他箇聪明咧，么儿还上当咧？（他那么/这么聪明，怎么还上当呢？）

④"箇"能修饰重叠形容词。"箇"修饰重叠形容词，形容词后面要带"儿的"，表示性状的弱化，"箇"强调这种弱化状态，有程度副词的功能。"箇"修饰重叠形容词有以下几种形式：箇 AA 儿的——箇长长儿的、箇短短儿的；箇 ABB 儿的——箇矮墩墩儿的、箇瘦脊脊儿的；箇 AABB 儿的——箇白白净净儿的、箇胖胖墩墩儿的；箇 ACAB 儿的——箇四方四正儿的、箇快嘴快舌儿的。

"箇"修饰的重叠形容词可以做状语。例如：

[47]他箇细声细气儿的说。（他那么细声细气地说。）

[48]他箇慢慢儿的走。（他走得那么慢。）

3.4　数词和量词

3.4.1　数词

数词一般分基数词和序数词。基数词又分为系数词、位数词、概数词。鄂豫皖赣四省交汇处方言的基数词中的系数词、位数词的语法性质基本与普通话相同，这里不讨论。但概数词和序数词很有特点，这里专门进行讨论。

1. 概数词

概数词是表示不确定数的词，概数词是表示概数的一个重要方式。鄂豫皖赣四省交汇处方言的概数词语有以下几种。

1）把

"把"是表示概数的助词，不能单独表概数，用在数词或量词后边构成概数结构"X 把"，表示概数。下面从结构配置、表意特征和语用价值三个方面来分析

"X把"。"X把"中的"X"有两类，一是量词，二是数词。

（1）量词+把。"把"对量词是有选择性的。在普通话中，同"把"连用的量词限于"个"和少数常用的度量词，如"个把月"。鄂豫皖赣四省交汇处方言中的"把"能用在个体量词、集合量词、度量词、临时量词、不定量词、准量词和行为量词的后边，"把"后面的名词可带"儿"尾。例如：

[1]一年只买件把衣裳儿。（一年只买一件衣服。）

[2]斤把酒儿喝不醉。（一斤左右的酒喝不醉。）

[3]一天砍捆把柴儿。（一天砍一捆柴。）

[4]夜把儿冇睏不如理。（一夜没有睡觉没有关系。）

"件""斤""捆""夜"分别是个体量词、度量词、集合量词、临时量词。这几种量词带"把"后，有以下特点。"量+把"格式中的"量"表示的是足量。陈淑梅认为："从量词的性质看，这种带'把'的量词都是物量词和度量词，物量词可直接显示事物的三维空间，度量词直接显示事物的数量。"①表示三维空间也好，显示事物的数量也好，所表示的量是一种确定的、完整的"量"，如："年把"是以"一"为计量单位，所表示的量是确定的、完整的；"件把"是以"一"为计量单位，所表示的量是确定的、完整的。集合量词虽然是计量成组或成群的事物，但用在"把"的前边已构成了一个整体，如"捆把柴"中的"捆"是一个整体单位，也是表示确定的、完整的"量"。因此"把"前的"X"所表示的数量都超出了"X"本身，是"向远、向外、向多"处发展的，"把"是足量标记词。需要指出的是，"X把"超出"X"的概数是近距离的概数，即距离X所表示的量很近。"量+把"格式中的"量"可以是度量词，度量词后可带形容词构成"量+把+A"格式。形容词主要是无标记形容词"重、长、高、深、远、粗、厚、宽、多"等，不能是有标记形容词"轻、短、低、浅、近、细、薄、窄、少"等，这说明"量把"所表示的量是向"多""重""大"等处发展，也就是说"量把"的所表之量是等于或超过"X"的。例如：

[5]脸上有寸把长的疤子。（脸上有一寸长的疤。）

[6]一棵树有丈把高。（一棵树有一丈高。）

---

① 陈淑梅，陈曦. 汉语约量结构"X把"与"X来"的教学[J]. 语文教学与研究，2011（12）：34.

"量词+把"可同名词组合，构成"量词+把+NP"的格式。"量词+把"是名词的定语。这种格式的物量词具有开放性，比较能产。例如房把家具、碗把饭儿、桌把客儿、杯把酒儿等。

[7]一壶把酒儿两杯就喝了。（一壶酒两杯就喝完了。）
[8]结婚时儿买了箱把儿衣裳。（结婚时买了一箱衣服。）

（2）数词/数量词+把。"把"可以用在位数词"十（炮）、百、千、万"的后边，表示概数。名词后边带"儿"，是主观小量，不带"儿"是主观大量。例如：

[9]来了炮把个人。（来了十多个人。）
[10]今年的洋芋卖得到千把块钱儿。（今年的土豆能卖一千多块钱。）
[11]万把块钱儿买屋不够。（一万多块钱不够买房子。）
[12]他只认得千把字儿。（他只认得一千多字。）

这种用法有以下特点。

①量词一般都要同数词组合，邢福义认为："在'数词+数量'的结构中，'数'规定'量'，'量'规定'数'。换句话说，数词对量词的性质有促成作用，量词对数词的性质有促成作用。当我们看到这样的结构框架：

数 X——→名
X 量——→名

如果已知项为'数'，未知项 X 一定是'量'。"[①]

位数词"万""亿"进入这种结构框架时，是"数转量"，成为量词，也可以看作"准量词"。"万、亿"作准量词时有些特殊，其前面的数词可以是系数词，也可以是位数词，但带上"把"后，其前面的数词只能是位数词"百、千"。例如：

[13]在上海买一套屋要千把万。（在上海买一套房子要一千多万。）
[14]他家的资产有百把个亿。（他家的资产有一百多个亿。）

---

① 邢福义. 汉语语法学[M]. 长春：东北师范大学出版社，1996：198.

②"X 把 L"格式。与一般量词不同的是，准量词"百把""千把""万把"后边还可以带量词，例如"百把张、千把块、万把户"等，根据数量互规的原则，当"X 把"后边出现量词时，"X"如果不是"这、那"等指示代词，或者不是"大、小、整、满"之类的形容词，"X"一定是"数"。所以用在"百把张、千把块、万把户"中的"百、千、万"还是数词。

③"X+把+两+X"的格式。这种格式是将"把"用在两个拷贝量词的中间，量词不只局限于"个"。适合复合量词以外的各种量词。量词前边可以带数词"一"，也可以不带。例如：

[15]一箱里只有（一）个把两个儿烂苹果不碍。（一箱里只有一两个烂苹果没有关系。）

[16]喝筲（一）斤把两斤儿酒不得醉的。（喝一两斤酒是不会醉的。）

[17]这是慢性病，（一）下把两下儿诊不到。（这是慢性病，一时半会儿治不好。）

[18]只去过（一）回把两回儿，不记得路了。（只去过一两回，不记得路了。）

[19]礼堂只坐得下去百把两百人。（礼堂里只坐得下一两百人。）

"个"是个体量词，"斤"是度量词，"回""下"是行为量词，"百"是位数词。

④"两+量+把+V+了"格式。"两+量+把+V+了"中的"两+量"表示大量，是向大处夸张的虚量。"把"是语气副词，有"一下子"的意思，表示动作的快捷。例如：

[20]一碗饭他两口把吃了。（一碗饭他两口就吃完了。）

[21]一盘子菜他两筷子把箝了。（一盘子菜他两筷子就夹完了。）

[22]一丘田的秧他两脚把薅了。（一块田的秧他两脚就薅完了。）

"两口""两筷子""两脚"都表示大量，也表示虚量。格式中的"量"是后边动词所表示的动量的"量"，都借用名词，哪些名词能被借用为行为量词主要取决于与 V 的联系性，只有那些与 V 联系性强的名词才可以被借用。如"吃"与"口"联系，"箝"与"筷子"联系，"薅"与"脚"联系，名词在以"V"为核心表达的事件中，做出的语义贡献小，因此可以进入表达动量的"两+量+把+V+了"格式，被借用为行为量词。

2）几

"几"也是表概数的助词，可以单独表概数，也可以和其他数词和量词组合起来表示概数，有两种用法：一是用在数词或量词的前边；二是用在数词的后边。用在数词或量词前边，数词限于位数词"十、百、千、万"等。例如：

[23]几十年一个人，值么事。（一个人只活几十年，不值什么。）

[24]看一个猪几百斤。（养一头猪有几百斤。）

"几"用在数词的末尾个位数的位置上时，数词可以是"十"和由"十"与系数词组成的复合数词。例如：

[25]一个星期十几节课。（一个星期十几节课。）

[26]他三十好几了，还冇结婚。（他三十多岁了，还没有结婚。）

"几"还可以出现在位数词之间，表示概数，带有主观大量的色彩，例如：

[27]一件衣裳一千几百块，好贵。（一件衣服一千几百块，好贵。）

[28]一个单位一百几十号人要吃要喝。（一个单位一百几十号人要吃要喝。）

3）多

"多"加在定量的后边，表示概数。与上面的概数词"把""几"不同，"把""几"表示在某一数的两头都有活动余地，而"多"只向右边活动，不能向左边活动。例如：

[29]这条鱼有两斤多。（这条鱼有两斤多。）

[30]他有五十多岁了。（他有五十多岁了。）

[31]半个多月冇看见他。（半个多月没有看见他。）

"多"可以和"几"组合表示概数。例如：

[32]嘴疼了，几多天吃不得东西。（牙疼，很多天不能吃东西。）

[33]我说了他几多到。（我说了他好几次。）

4）些

"些"在鄂豫皖赣四省交汇处方言中是表示事物大量的概数词，用于不可计数的事物，前边不带数词，不能说"一些"，主要有"箇+些""些+NP"两种用法。

（1）"箇+些"中的"箇"是指示代词，表示"这么、那么"的意思。"箇些"是表示"这么多"的意思，修饰名词，表示事物的数量是概数，而且表示的是主观大量。例如：

[34]街上箇些人。（街上这么多人。）

[35]买屋我冇得箇些钱。（我没有这么多钱买房子。）

（2）"些+NP"。"些"还可以修饰指人、指物名词，相当于"们"，构成"些+NP"的格式，常用在竹溪、竹山一带方言中。例如：

[36]些人也怪，把个小娃子也能去欺负。（这些人也怪，小孩子也欺负。）

[37]些男人做活还不如女人。（男人们干活还不如女人。）

[38]些瞎东西，正事不做。（这些家伙，正事不做。）

[39]些鸭子咋跑到屋里来了？快些撵出去。（鸭子们咋跑到屋里来了？快点撵出去。）

5）半

"半"是一个兼类词。邢福义认为："数词和量词的基本语法特征，是通过数量组合的结构框架显现出来的。比较：

　　半份遗产　　一半遗产

　　双份工资　　三双筷子

'半份、双份'中的'半、份'是数词，'一半、三双'的'半、双'是量词。"①在鄂豫皖赣四省交汇处方言中，"半"作为数词，其意义是二分之一。有以下几点特征。

（1）"半"一般跟物量词组合，组合的对象必须是表示跟确定数量或确定实体相联系的可二分单位的量词。比如：

　　半打（+）　半边（+）　半堆（-）　半些（-）

---

① 邢福义. 汉语语法学[M]. 长春：东北师范大学出版社，1996：198.

"打""边"可以表示确定的实体或数量,它们都可以跟"半"组合;"堆"和"些"都不表示确定的实体或数量,它们都不能跟"半"组合。

(2)"半"一般不跟动量词组合。这是因为,动量词所表示的单位不跟确定数量或确定实体相联系。比如:

半下(?) 半回(?) 半到(?) 半趟(?)

一个量词形式,有时表示物量,有时表示动量。能同"半"组合的是确定的物量,不能同"半"组合的是不确定的物量或动量。比如:

[40]昨晚电影只放了一场──→昨晚电影只放了半场(+)

[41]昨晚她大哭了一场──→昨晚她大哭了半场(-)

(3)数词"半"可以直接同"天"组合表概数。"半天"带有夸张的意味,主观认为时间很长,是主观大量。还可以在"半天"的前边加"好",表示主观大量,例如:

[42]他半天说不出来一句话。(他很长时间说不出一句话。)

[43]她一到在这的哭半天。(她刚才在这里哭了很长时间。)

(4)还可以在数量之间加上"把"构成"半把+量"的格式来表示概数,一般也表示主观大量。例如:

[44]一餐要吃半把斤米。(一餐要吃大约半斤米。)

[45]进去了半把天不出来。(进去了很长时间不出来。)

6)两

"两"可以表示确量,可以表示虚量,也可以表示概数。例如:

[46]我们每星期休息两天。(我们每星期休息两天。)

[47]他怄气两天把瘦了。(他怄气怄了两天就瘦了。)

[48]你累得了,休息两天再上班。(你累了,休息两天再上班。)

例[46]表示确量,例[47]表示虚量,例[48]表示概数。"两"表示概数时是模糊的,可以是二到九的系数词,也可以是十以上的位数词,可以是几十、几百,也可以是几千、几万。在大多数情况下,"两"用在表示否定的副词"冇"的后

边,表示剩下的数量,带有主观小量的特征。例如:

[49]米剩得冇两斤了。(米只剩一两斤了。)

[50]苹果吃得冇两个儿了。(苹果吃得只剩一两个了。)

从认知的角度看,"半""两"表示概数是由本身的语义特点造成的。"半"和"两"的语义本身是模糊的。这种模糊性就为人们要表达具有一定的量但却不是很多且并不十分确定时提供了有效的手段。

7)两数组合表示概数

在鄂豫皖赣四省交汇处方言中,用两个数字的组合来表示概数的方式分为两种。

一是相邻的两数组合表示概数。即两个数之间的量是模糊的,没有明显的界线,可以分为主观大概数和主观小概数两种——主观大概数是直接用相邻的两个数后带量词来表示概数,说话人主观认为这个数表示的量是大量,数词限于系数词"一"到"九",其中数量词要重读;主观小概数是用相邻的两个数后带量词再带上词尾"儿"来表示概数,表示说话人主观认为这个数量是小量。同是两个相邻的数字,不带"儿"表示主观大概数,加上"儿"就表示主观小概数,这说明"儿"是表示小量的标记。例如:

[51]一床睏两三个。(一张床睡两三个人。)

[52]一把来了四五只。(一下子来了四五只。)

[53]一把来了四五只儿。(一下子来了四五只。)

二是不相邻的两数组合表示概数。不相邻的两数组合一般是一些固定的格式。有两种格式:一是两个不相邻的系数词直接组合;二是两个不相邻的系数词间接组合。例如:

[54]他间[˳kan]三五天来一次。(他隔三五天来一次。)

[55]四六开天一天晴。(连着下雨,逢初四、初六天晴,那么只会晴一天。)

8)非数量词语同数量词语的组合

一些非数量词语,当他们同数量词语组合时,或当它们的语义指向数量词语时,就具有了使该数量词语表概数或指明该数量词语是概数的功能。这类非数量词语被称为"'界指约量的词语',简称'界指词语'"①。我们认为这类词语虽然不表数量,但总是与数量词语组合,具有表概数的功能,又称为"准概数词语"。如果将"准概数词语"码化为 Y 的话,"准概数词语"与数量词语的组合有"数量+Y"和"Y+数量"两种格式。

(1)"数量+Y"的格式是指准概数词语用在数量词语的后边,起界定概数的作用。充当 Y 的词语有"开外""出头""挂零""带点儿""大一点""溜点""宏点"等。

"开外""出头""挂零""带点儿""大一点"主要表示超过某数的概数,可以表示年龄、度量、空间等范围。例如:

[56]这个猪好大哇,总有四百斤开外。(这头猪很大,可能有四百多斤。)

[57]米十斤挂零儿。(米有十多斤。)

[58]一担柴五十斤带点儿。(一担柴有五十多斤。)

"开外"一般用在表示数量大的数量词后边,有向大处夸张的作用;与"开外"不同的是,"出头""挂零""带点儿""大点儿"虽然也是表示超过某数的概数,但一般用在表示数量不大的数量词后边,有向小处夸缩的作用,其中"挂零""带点儿"只表示度量、衡量。"溜点""宏点"是表示衡量的概数,"溜"读为[₋liu],指称物体时秤杆往下沉,表示不足某数,"宏点"指称物体时秤杆往上扬起,表示超过某数。

(2)"Y+数量"的格式是指准概数词语用在数量词语的前边,起界定概数的作用。充当 Y 的词语有"上""摸谱儿""怕有""差不多"等。例如:

[59]我存了有上十万块钱。(我存了大约十万块钱。)

[60]这个猪摸谱儿两百多斤儿。(这头猪有两百多斤。)

2. 序数词

序数词表示词序的先后。鄂豫皖赣四省交汇处方言的序数词的基本表示法是在名词、数量词、量词前边加"头"、"第"[ti²]和"大"[ta²]等。具体分析如下。

---

① 李宇明. 汉语量范畴研究[M]. 武汉:华中师范大学出版社,2000:101.

（1）时间顺序：头年（第一年）、第年（第二年）、第三年、第四年等；头天、第天、第三天等。

（2）子女排行：大女儿/儿子、二女儿/儿子、三女儿/儿子……细女儿/儿子。

（3）亲属排行：大舅、二舅、三舅、细舅……

（4）怀孕次数：头胎、二胎、三胎、四胎……

（5）名次：头名、第二名、第三名、第四名……扫把一名（末名）。

（6）公共车辆班次：头班车、二班车、第三班车……末班车。

鄂豫皖赣四省交汇处方言还可以将"头"置于数量词/量词之前，表示序数，"头"相当于普通话的"第"；前置于由"两""几"构成的数量结构，表示序数，也可以表示概数。例如：

头一个	头一天	头一只	头一回	头一桌
头两个	头两天	头两只	头两回	头两桌
头几个	头几天	头几只	头几回	头几桌

3.4.2 量词

鄂豫皖赣四省交汇处方言的量词可分为名量词和动量词。量词大多同普通话一样，用于计量事物和事件的数量。但是有很多量词的语法性质很特殊，本书只讨论与普通话性质不同的量词。

1. 名量词

1）名量词的分类

名量词又分为个体量词、集合量词、度量词、不定量词、借用量词、准量词。

（1）个体量词。用于计量个体事物的数量。鄂豫皖赣四省交汇处方言中有些个体量词专门修饰某些名词，称之为"专用量词"。有的个体量词能够修饰所有的名词（包括有专用量词的名词和没有专用量词的名词），我们称之为"泛用量词"。具体分析如下。

乘[$_={tş}$'en]：相当于普通话的"张、辆、部、台、顶"等量词，如两~床、一~板车、一~自行车、一~犁、一~织布机、一~轿。

边儿[$_=$piar]：表示不完整的、只有一半的物体，用于描述"屋、床、桌子、椅子、凳子、盖子"等，如一~屋、一~床、一~桌子、一~凳子、一~锅；表示一半食物，如一~粑、一~鱼、一~西瓜；表示场所或山的一部分，如一~屋场、一~山。

剒儿[tsʻuor²]：表示条状的物体的一段，如一~绳子、一~扁担、一~甘蔗、一~萝卜；表示田地或山靠边的一部分，如一~田、一~地；表示话未说完或事情只做了一半，如话说了一~、衣裳洗了一~、戏唱了一~；表示人的手脚残废了，只有半截，由此引申为裤腿和衣袖的一截，如一~手、一~脚、一~指丫（指头）、一~袖子。

路儿[lour²]：用于表示成行的东西，相当于普通话的"行"，如一~诗、一~字、一~菜。

抬儿[₌tʻaiər]：用于表示姑娘出嫁时的家具的量，一件家具要两人抬着，叫一抬儿，两件家具叫两抬儿。

个[koͻ]：是个体量词使用范围最大的一个，适用于所有的名词：一~人、一~狗、一~苍蝇、一~蚊子、一~个雀儿、一~老鼠、一~虫儿、一~鱼、一~箱子、一~钱、一~罐儿、一~梳子、一~电视机、一~手、一~脚、一~灯、一~蛇、一~法子（办法）、一~桌子、一~水井、一~锄头、一~（头）猪、一~（条）牛、一~（只）鸡、一~（把）椅子、一~（架）飞机、一~（位）客、一~（口）锅、一~（所）学校、一~（扇）门、一~屋的（一家的）、一~塆下（村子）、一~戒指。

掗[ŋaͻ]：橘子的一瓣叫一~，瓜果切成一瓣为一~，如一~西瓜、一~苹果、一~南瓜。

泡[ₑpau]：用于表示人和动物的排泄物的量，如一~屎、一~尿、一~脓、一~痰。

把[ͻpa]：用于表示有把手的器具，比普通话范围小，如一~刀、一~子、一~扫帚、一~茶壶、一~锄头、一~葫芦瓢、一~锅铲、一~剪子；用于表示某些抽象的事物，如有~力气、一大~年纪、做生~活（种庄稼）、他是一~好劳力。

（2）集合量词。集合量词本身包含数量，用于表示成双、成对、成群的人或事物。具体分析如下。

筒[₌tʻuŋ]：用于表示搪瓷炊具的数量，十个为一筒，如一~碗、一~匙儿、一~泡儿（酒盅）、一~盘子。

把[ˬpa]：十个为一把，如一~筷子、一~香；也可用于表示一手抓起的东西，如一~米（瓜子、花生、豆儿、沙子、菜、草、小麦、玉榴、糖、盐、花儿）。

阵[tʂen²]：用于表示成行[₌xaŋ]行[₌ɕiŋ]走的动物和事物，如一~人、一~大雁、一~汽车、一~牛；用于表示事物经过的时间段，如一~风、一~雨、一~太阳。

摞[luo²]：同普通话一样，用于表示能叠起来的物体，如一~碗、一~纸、一~书。

窠[ˌkʻo]：由昆虫、鸟兽的巢穴引申出量词，指一胎所生或一次孵出的动物，也计量昆虫、鸟兽的巢穴，如一~细猪儿、一~鸡、一~蚁子、一~蜂子、一~麻雀。

子[ˬtsʅ]：用于表示能用手掐住的一束细长的东西，如一~毛线、一~头毛、一~面、一~粉丝、一~香、一~铁丝。

绺[ˬliu]：线、麻、头发、胡须等许多根顺着聚在一起叫一绺，如一~线、一~头毛。

（3）度量词。表示度量衡的量词。具体分析如下。

度[tʻo₌]：成人两臂左右平伸时两手之间的距离，如一~宽、两~长、三~长的绳子。

拃[kan²]：张开的大拇指与中指（或小指）两端间的距离，如一~长、一~是五寸、两~是一尺。

（4）不定量词。表示的数量是不定的，主要有"点儿"。"点儿"不用于可计数的事物，前边一般不用数词，如果有数词，数词只限于"一"，表示少量，同时也表示概数。在肯定句里，一般用在动词"有"的后边，既可以表示具体的事物，也可以表示抽象的事物。前边可以加上"箇"，表示"这么一点"的意思，强调量很少。例如：

[61]锅的有点儿饭。（锅里面有点儿饭。）

[62]现在还晓得点事儿，先头点儿事不晓得。（现在还懂点事儿，原来一点事都不懂。）

[63]箇一点儿饭吃不到哪个得是。（这么一点饭，不知给哪个吃好。）

[64]你一个月只把箇一点儿钱我，不够吃饭。（你一个月只给我这么一点

儿钱，都不够吃饭。）

[65]菜里头的一点儿油都冇得。（菜里面一点油都没有。）

"点儿"还可以构成"点把点儿"用在否定句里，是"这么少"的意思，表示量更少。例如：

[66]点把点儿饭不够。（这么少的饭都不够吃。）

[67]筲点把点儿水不折鉣[u₂]。（这么少的水都不够用。）

（5）借用量词。借用量词是指临时借用名词当量词用。具体分析如下。

桌子[tso₋ tsɿ]：一～菜、一～客、一～的饭、一～的灰、一～的水、泼一～的酒、开五～饭。

锅[₋o]：一～饭、一～粥、一～水、一～肉。

身[₋sen]：一～汗、一～泥、一～灰、一～血、一～膻、一～的酒气、一～的臭气、穿一～新新衣服。

屋[u₋]：一～的烟、一～的灰、一～的人、一～水、一～的谷、一～的鸡。

碗[⁻uan]：一～饭、一～粥、一～米、一～油、一～花生。

地下[ti₋ xa]：一～的水、一～鸡屎、一～的泥巴、一～的血。

头[₋t'ou]：一～的恼火（表示很恼火）、一～的灰、一～的疱、一～的白头毛。

匙儿[₋tʂʰɚr]：一～盐、一～汤、一～油、一～糖、一～水、一～饭、一～菜。

借用量词大多带"的"，表示"满……是……"的意思。"一桌子的饭"表示满桌是饭，"一屋的烟"表示满屋是烟，"一地下的水"表示满地是水。

（6）准量词。有些用来计量的词，跟名词有纠葛，它们是兼属名词的准量词。主要有两类：①时间性的，如"年、天、夜、小时"等。在受数量结构或序数词修饰时，它们是名词，如头年、第天、第三夜、两个小时。在跟基数词直接结合，用作补语或定语时，它们是准量词，如晃下儿一年（一晃一年）、一年的时间过去了、等了一夜。②区域性的，如"省、县、市、湾"等。在受"一个"之类数量结构修饰时，它们是名词，如一个省、两个县、三个市、四个湾。在跟基数词直接结合，用作定语时，它们是准量词，如一省的人口、一湾的人。

2）名量词语法特点

（1）所有的名量词都要出现在数词后边，与数词一起构成数量结构，充当句子的定语、宾语和补语。例如：

[68]一边儿饼子，吃不饱。（一半饼子，吃不饱。）（定语）

[69]力气我有一把。（我有一把力气。）（宾语）

[70]我昨日只眍了两个小时。（我昨天只睡了两个小时。）（补语）

（2）所有的名量词后边都可以加"把"表示概数或小量。这时，名量词的前边也必须有数词或指示代词"箇"，"箇"表示"这"或"那"的意思。数词和"箇"也可以同现。加了"把"，后边的名词要儿化，如一乘把自行车儿、一个把猪儿、箇个把猪儿、箇包把烟儿、箇件把衣裳儿、箇一碗把饭儿、箇一拃把长儿。

2. 动量词

1）动量词的分类

动量词分为专用动量词和借用动量词。

（1）专用动量词。专用动量词是专门计量动作的次数的。具体分析如下。

回：鄂豫皖赣四省交汇处方言中"回"使用比较广泛，普通话表示动量的"趟、场、顿、次"等，方言都用"回"，如去了两~（趟）、说了好几~（遍）、落了一~（场）雪、吃了两~（次）、打了好几~（顿）、哭了两~（场）。

到："到"有普通话的"遍、次"的意思，如叫了两~、洗了三~、看了几~、房子装修了几~、米淘了两~、屙了几~尿。

滚：食物或水煮沸一次为一"滚"，如粥煮一~、汤热两~、水再烧一~。

把：表示手的动作，如擦~汗、洗~脸、拉他一~、帮他一~、烧一~火。

专用动量词后边可以加名词，加的名词是前边动词所支配的对象，是动词的宾语，如演了三回戏、落了两回雪、吃了两回狗肉、装修了几道房子。

（2）借用动量词。指临时借用名词作动量词。一般跟动作行为有关的名词（实行这个动作的四肢或工具）可以被借用为动量词，如甩你两耳巴、踢他两脚、抹他[mo˧]他一拳子（打他一拳头）、甩他两棍子、咬[ŋɛ˧]他一口、捅他一掌、磕他两力壳（弯曲五指，用骨节打人）、温他一眼睛（瞅他一眼）。

借用动量词入句有两种不同的语序，即"动+动量+代"和"动+代+动量"，例如，"甩他两棍子"可以说成"甩两棍子他"，"踢他两脚"可以说成"踢两脚他"。代词无论在前还是在后，都被看作是定指性成分。

借用动量词在鄂豫皖赣四省交汇处方言中还有一种特殊的用法，即动量词与代词直接组合，例如"一拳子他（打他一拳头）""一棍子你（打你一棍子）"。其中"拳子""棍子"表示动量，是打一拳头、打一棍子的意思。

2）动量词的重叠

在鄂豫皖赣四省交汇处方言中，动量词少数能按"AA"和"一 AA 的"式进行重叠，重叠以后表示"每一"的意思，主要作状语。

（1）动量词的"AA"重叠式。"AA"重叠形式既表示"逐一"性，又表示动态多量，一般出现在状语位置上。例如：

[71]衣裳到到要清干净。（衣服每一次都要清洗干净。）

[72]他跶了好几高，高高都睏倒地下去了。（他摔了好几次，每次都摔到地上。）

[73]他上课回回都迟到了。（他上课每回都迟到。）

（2）"一 AA 的"重叠式。

普通话量词也有"一 AA 的"的格式，如"一箱箱""一根根""一道道"等。鄂豫皖赣四省交汇处方言这种量词重叠形式与普通话不同。从结构上看，普通话的量词重叠形式不带"的"缀，方言的量词重叠式一定要带"的"缀才能成立。例如：

[74]打桩要一下下的打。（打桩要一下下地打。）

[75]挑了好几趟，一趟趟的都是从我门前过。（挑了好几趟，每趟都是从我门前经过。）

3.5 代　　词

代词是具有替代作用的实词。就性质而言，代词可以分为人称代词、指示代词和疑问代词三类。就语法功能而言，有的代词是体词性的，有的代词是谓词性的。体词性的代词包括人称代词、一部分指示代词和一部分疑问代词；谓词性的代词包括"这么、那么、这样、那样、怎样"等。

3.5.1 人称代词

1. 人称代词的形式

鄂豫皖赣四省交汇处方言中的人称代词可分为：单数形式，如我、你、渠、他。复数形式，如我的（我家）、你的（你家）、他的（他家）、我咂（我们）、你咂（你们）、他咂（他们）。其他形式，单数——自家、别人、别个；复数——大势（大家）。

2. 人称代词的功能

（1）人称代词是体词性的代词，语法功能与名词相似，能做主语、宾语、定语，不能做状语，不受副词修饰，一般也不能做谓语。例如：

[1]我明天再去。（我明天再去。）（主语）
[2]你咂都要来。（你们都要来。）（主语）
[3]渠的话也不是简好说的。（他的话也不是那么好说的。）（定语）
[4]做事有我咂，分钱冇得我咂。（做事有我们，分钱没有我们。）（宾语）

单数人称代词可以表示领属，表示领属关系时，要变调，将上声变读为入声。例如：

[5]你姐[ⁿn ⁻tɕiɛ]——→你姐[nˀ ⁻tɕiɛ]、我哥[ⁿŋo ⁻ko]——→[ŋoˀ ⁻ko]

（2）表示"我家、你家、他家"等称代的所属时，鄂豫皖赣四省交汇处方言是在人称代词后加"的"，同时将人称代词变读为入声。例如：

[6]我[ŋoˀ]的四个人吃饭。（我家有四口人吃饭。）
[7]你[ŋoˀ]的有米冇？（你家有米没有？）
[8]我总冇到他[tʰaˀ]的去过。（我从没有去过他家。）
[9]他屋里狗子跑到我的来了。（他家的狗跑到我家里来了。）

（3）"自家"是自身代词，相当于北京话的"自己、自个儿"。它不确指某一人称，只表示某人自身。一般是跟人称代词或名词连用，构成复指成分，充当主语、定语、宾语、状语。作状语时主要修饰动词、形容词。有时在一个句子里同时可作两种成分。例如：

[10]我自家[ka]的事我自家作主。（我自己的事情自己做主。）（主语）

[11]你叫得是自家害你自家。（你这是自己害自己。）（主语、宾语）

[12]他吃的是他自家的饭。（他吃的是他自己的饭。）（定语）

"自家"有时是泛指。例如：

[13]人要靠自家，靠别人不中。（人要靠自己，靠别人不行。）

[14]自家的事只有自家晓得。（自己的事只有自己知道。）

（4）"别人、别个"既可自指，也可以泛指"人家"。自指是指说话人一方；泛指是指说话人以外的人。例如：

[15]你不吃，别个不吃呀？（你不吃，难道我也不吃吗？）

[16]这个事儿别人么样，我么样。（这件事情人家怎么样，我就怎么样。）

（5）鄂豫皖赣四省交汇处方言中没有相当于北京话的"您"，但对上了年纪的人用"你老儿"来称代，如果是复数，就用"你老吔"或"你老嗟"来称代。例如：

[17]你老儿坐上头。（您老人家坐上边。）

[18]你老吔还健旺吧？（您几位老人家身体还健康吗？）

3.5.2 指示代词

1. 指示代词的形式

鄂豫皖赣四省交汇处方言中指示代词最有特色。指示代词既有替代作用，又有指别作用。见表3-1。

表 3-1 指示代词

类别	作用	黄州	红安	麻城	英山	罗田	浠水	蕲春	武穴	黄梅
近指	指别	借	嘞[lɛ²]	喱[li²]	这/啵[po²]	这	箇/这	这/啵	嗒	嗒/呲
	数量	借些/借么多	嘞些/嘞多	嘞些/嘞多	这箇些/箇些儿	这么多	箇些儿/这些/箇些	这多/这些	嗒些/古多	呲么多哪/呲么式儿
	处所	借下儿	嘞得/嘞里	喱哒	这的/这汉儿/啵儿	这的/这儿/啵儿	箇汉儿/这儿/这啵儿	这里/这的/这边	嗒里/那么儿	呲/哪地/呲昂下
	时间	借么早儿	嘞曚	嘞曚	这么早儿	这么儿	这么早儿	这么早儿	嗒/哪么儿	呲/么早哪/嗒么早儿
	性状方式	借样	嘞样	嘞样	箇样的/箇么样的	这样的/箇么样的	箇样/箇儿的	箇的/箇样的	嗒样/古的/古么样/古么儿	呲么样/那么样
远指	指别	那	那	那	那	箇/那	那	那/畏	兀/嘞	异/畏
	数量	那些/那样多	那些/那多	那些/那多	那箇些	那么多	那多	那多/那些	—	嗯么多哪/嗯么式儿/哪多
	处所	那下儿/那得儿	那得/那里	那哒	那的/那汉儿/嗯的	那儿/嗯的	那儿/那啵儿/箇啵儿	那里/那边/畏里/畏边	兀/嘞么儿	异的/嗯地/嗯昂下/嗯么式哪
	时间	那么早儿	那么/那早	那么/那早	那么早儿	那么儿	那么早儿/那时候	那么早儿	嘞/嗒么儿	嗯么时候/嗯么早哪
	性状方式	那样	那样	那样	箇样的	箇样的	哪样	那个样儿	兀/嘞样	异样的/嗯么样儿/哪地
中指	指别	—	喱[li²]	喱[li²]	嗯[n²]	箇	啵	喻[uŋ⁴]	—	兀
	数量	—	喱些	喱些	嗯/箇些儿/几点儿	箇些儿/几点儿	箇多儿/箇少	箇多/箇些	—	—
	处所	—	喱得/里	喱得/里	嗯的	箇汉儿	啵儿	—	—	兀的
	时间	—	喱曚	喱么	箇么儿	箇么儿	箇早/一么儿	—	—	—
	性状方式	—	喱样	喱样	箇样的	箇样儿地	箇个样	箇个样	—	兀样

续表

类别	作用	孝感	鄂州	宿松	岳西	新县	固始	九江	安陆	竹山
近指	指别	乜[mieᵉ]	这[tsɛᵉ]	这/帝个/帝个	这[tɛᵉ]	这[leᵉ]	这[tɕieᵉ]/[tɛᵉ]	这[tieᵉ]/这个	乜[mieᵉ]	这/筒[°ko]
	数量	乜些/乜么些	这些/这多	帝些	这些	这多/这些/这些儿	这些	这些/这点儿	乜些儿/乜点儿	筒些/筒多/筒少
	处所	乜里	这里	这里/帝里/这壮/这搭/这得/帝搭/帝得	这里	这哈儿/这场儿/这头儿/这边儿	这嗨	这/这底儿/这场儿	乜里/喏伙儿/乜个场儿	这儿/这下儿/筒里
	时间	乜时	这个时候/这么早	这乎子	这会子	这会儿/这耷儿/这么儿	这么早儿	这么早儿	恁咱儿	筒早/这下儿
	方式	乜样	这样子/筒样的	这样	这样	这样儿	正么/这么	这么	乜样儿/乜个家	筒样的/筒个样
	性状	乜/乜么/乜么样	这样的/筒样	这尼/帝尼	这样	这么	这（个）样	这样/这么样	—	—
	程度	—	这么	—	这么	—	—	这么	—	—
远指	指别	乜[nieᵉ]	那	畏/畏个	兀[uᵉ]	那[laᵉ]/来[laiᵉ]	那/那个	嗯/嗯个	乜[nieᵉ]	那
	数量	乜些	那些/那多	畏些	兀些	那多/那多儿/那些/那些儿/来多儿	那些	嗯些/嗯点儿	乜点儿	那些/那个/那多/那只
	处所	乜里	那里	畏里/畏壮/畏搭	兀里	那场儿/来场儿/那豁儿/那头儿/那傍豁/那边儿/那把儿	那嗨	嗯/嗯底儿/嗯里	乜里/喏伙儿/乜个场儿	那儿/啵儿/那下儿
	时间	乜时	那么早/那个时候	畏乎子	兀会子	那会儿/来会儿/那耷儿/那马儿	那么早儿/那时候	嗯么早儿	恁咱儿	那早/那阵子/那时候
	方式	乜样	那样子	—	兀样	那样儿/来样儿	那么	嗯样/嗯么样	—	—

续表

类别	作用	孝感	鄂州	宿松	岳西	新县	固始	九江	安陆	竹山
远指	性状	乜/乜么/乜么样	那样的/箇样个/箇个	畏样	兀样的	那么/来么	那（个）样/那个子	嗯底儿/嗯里	乜样儿/乜个家	那样/那个样子/那个样方儿/箇
	程度	—	那么	—	兀么	那么	—	嗯么	—	—
中指	指别	—	—	那/那个/尼个	恁[n²]	这[le²]	—	兀/兀个	—	—
	数量	—	—	那些/尼些	恁些儿	这多/这多儿/那这些儿	—	兀些/兀点儿	—	—
	处所	—	—	那里/那壮/那得/尼里/尼搭	恁里	这场儿/这豁儿/这头儿/这傍豁儿/这边儿/这把儿	—	兀[uei²]/兀底儿/兀里	—	—
	时间	—	—	那乎子	恁会子	这会儿/这昝儿/这么昝儿/这马儿	—	兀么早儿	—	—
	方式	—	—	那样	恁样	这样儿	—	兀样/兀么样/	—	—
	性状	—	箇	那尼/尼尼	恁样	这么	—	兀里	—	箇
	程度	—	—	—	恁样	—	—	兀么	—	—

2. 指示代词的特点

1）指示代词二分和三分

普通话的指示代词都是二分的，只有近指和远指两种情况，即近指"这"，远指"那"。鄂豫皖赣四省交汇处方言中的指示代词有两种类型：二分和三分。二分的有近指和远指两类，例如黄州、武穴、孝感、固始、安陆等方言点；三分的有近指、中指和远指三类，例如红安、麻城、英山、罗田、浠水、蕲春、黄梅、九江、新县、岳西、宿松等方言点。据卢烈红研究，"黄梅话的指示代词很有特色，呈现典型的三分局面，指人、指物、指处所、指时间、指方式、指行为、指数量，都分近指、中指、远指。"[①]在鄂豫皖赣四省交汇处方言中，一般在指别、数量、处所三组指示代词中，近指、中指和远指代词的使用条件是：①远指、近指对举使用时，中指和远指两组代词可以自由选用，能够看到的远处多用中指代词，看不清或看不到的远处，大多用远指代词。②当三者同时对举使用时，近指代词指近处，中指代词指较远处，远指代词指更远的或看不到的人、事物、处所等。

据张林林[②]研究，九江方言的指示代词有三分："这""兀""嗯"。在指称和替代功能上呈对立状态。近指用"这"系列，中指用"兀"系列，远指用"嗯"系列。三分的基本依据是空间距离。说话人所在点为原点，距原点相对较近的用近指（A），距原点相对较远的用中指（B），距原点相对更远的用远指（C）。一般表述为："这是A，兀是B，嗯是C。"不会出现"这是B，兀是A，嗯是C"或"这是C，嗯是A，兀是B"的情况。

鄂豫皖赣四省交汇处方言的三分指示代词有时是虚指的。虚指时指示代词往往对举出现。例如：

[19]他一下指到这的，一下指到嗯的，搞不清楚在哪的。（他一会儿指到这里，一会儿指到那里，搞不清楚在哪里。）（英山）

[20]这也不要，嗯也不要，你要么事？（这也不要，那也不要，你要什么？）（九江）

[21]这也不行，兀也不行，就你行。（这也不行，那也不行，就你行。）

[22]一下儿站这底儿，一下儿站兀底儿。（一下儿站这里，一下儿站那里。）

2）指示代词的语法功能

（1）鄂豫皖赣四省交汇处方言的指示代词可以作主语，作主语的时候可以指人，也可以指物；也可以单独用作宾语。例如：

鄂东：[23]这是我们新来的老师。（这是我们新来的老师。）（主语）

[24]箇啵儿是我的屋。（那儿是我的家。）（主语）

[①] 卢烈红. 湖北黄梅话的指示代词[J]. 方言, 2002（4）：322.
[②] 张林林. 九江方言的指示代词[J]. 江西师范大学学报（哲学社会科学版），2005（4）：38-41.

[25]简些儿饭我吃得了（这些饭我能吃完。）（定语）

[26]那里的人好拐。（那里的人很狡猾。）（定语）

[27]一天到晚要做这做那。（一天到晚要做这做那。）（宾语）

九江：[28]兀是渠的侄女。（那是他的侄女。）（主语）

[29]这是我家新买的摩托车，兀是一间招待所，嗯是村里的一口枯井。（这是我家新买的摩托车，那是一间招待所，那是村里的一口枯井。）（主语）

[30]我的是这个，你的是兀个，渠的是嗯个。（我的是这个，你的是那个，他的是那个。）（宾语）

（2）指示代词不能直接与名词组合，要接名词的话，后面必须加上量词。例如：

鄂东：[31]这个女伢儿好齐整。（这个女孩子好漂亮。）

[32]我要看她那个书。（我要看她的那本书。）

九江：[33]兀个杯子是小李用过的。（那个杯子是小李用过的。）

[34]嗯些馒头是渠吃剩下的。（那些馒头是他吃剩下的。）

（3）用于表示处所和地点。鄂东方言中分别为"这的""嗯的""那的"。九江方言分别变为"这底儿""兀底儿""嗯底儿"和"这里""兀里""嗯里"，一般年长者用前者居多，年轻人由于受到普通话的影响使用后者的频率更高。"这底儿""这里"表示近指，"兀底儿""兀里"表示中指，而"嗯底儿""嗯里"表示远指。这些词语都可以作主语、宾语和状语。例如：

鄂东：[35]这的有太阳，嗯的有风，那的坐不得。（这里有太阳，那里有风，那里坐不得。）（主语）

[36]把书顿到这的，把椅子顿到嗯的，把电视机顿到那的。（把书放到这里，把椅子放到那里，把电视机放到那里。）（宾语）

[37]我俹在这的住，你俹在嗯的住，他俹在那的住。（我们在这里住，你们在那里住，他们在那里住。）（状语）

九江：[38]这底儿/这里好臭。兀底儿/兀里有吃的。嗯底儿/嗯里是个人。（这里好臭。那里有吃的。那里是个人。）（主语）

[39]我在这底儿/这里，渠在兀底儿/兀里，你在嗯底儿/嗯里。（我在这里，他在那里，你在那里。）（宾语）

[40]我在这底儿/这里住，渠在兀底儿/兀里住，渠在更远的嗯底儿/嗯里住。（我在这里住，他在那里住，他在那里住。）（状语）

罗田方言表示近指的处所时用"啵儿"，一般用在眼前的对话中。例如：

[41]你看到我的书冇？（你看到我的书没有？）——啵儿，（在）桌子高头。（那儿，在桌子上面。）

[42]我的衣裳呢？（我的衣服在哪里？）——这啵儿，在床上。（这儿，在床上。）

[43]伢跑哪儿去了？（孩子跑到哪里去了？）——那啵儿，椅子后头躲倒在看。（那儿，在椅子那后面躲着呢。）

"啵儿"还可以是叠用形式，带有一种不耐烦的语气。例如：

[44]啵儿啵儿啵儿，东西哈在这儿。（这儿，东西都在这儿。）

[45]东西放在屋角，这啵儿这啵儿。（东西放在屋角，这儿。）

（4）指示程度。九江方言中用"这么""兀么""嗯么"。"这么"相当于普通话中的"这样""这么"，"兀么""嗯么"相当于普通话中的"那样""那么"。它们可以放在谓词性词语前作修饰语；也可以放在形容词前，多数表示状态；还可以放在动词前，多数表示方式和程度。例如：

[46]渠的脸这么白满了的。（你的脸这么白。）（表示状态）

[47]真不知道渠为什么要嗯么做。（真不知道你为什么要那样做。）（表示动作方式）

[48]渠兀么着急你。（你那么着急。）（表示程度）

（5）鄂东、鄂州、竹山等方言点用指示代词"箇"[˚ko]。其语法作用有三点。

①指示人和事物。相当于现代汉语"这"或"这个"、"那"或"那个"。例如：

鄂东：[49]箇个伢不听话。（这个小孩不听话。）

[50]箇个东西冇得吃式。（这个东西没有吃头。）

鄂州：[51]箇样个颜色。（这样的颜色。）

[52]字是箇样的写。（字是这样写的。）

"箇"常常与"这"对举使用。"箇"与近指"这"对举使用时，表示"那"的意思，例如"这个人我认得，箇个人我不认得（这个人我认识，那个人我不认识）"。"箇"的远指有两个意思：一方面指代面前的人或事物，与"这"相对时用"箇"；另一方面指代不是视线所及的人或事物，当说及此人、此事时用"箇"。例如：

鄂东：[53]这本书是他的，箇本书是我的。（这本书是他的，那本书是我的。）

[54]箇个话儿是他说的。（那个话是他说的。）

竹山：[55]箇弄不好。（那样弄不好。）

[56]你穿箇不好看，这（衣服）才好看。（你穿那件衣服不好看，穿这件才好看。）

②指示程度、性状。有"这么、那么"的意思。例如：

竹山：[57]这个娃子，几天不见，长箇高了。（这个孩子，几天不见，长这么高了。）

鄂州：[58]他箇尖。（他那么吝啬。）

[59]她箇狠。（她那么凶。）

鄂东：[60]他这个人箇拐。（他这个人这么坏。）

[61]她长得箇漂亮。（她长得那么漂亮。）

"箇"在鄂东方言中可以构成短语起指示作用，常常用于"箇样的/箇么样的"固定结构中，表示"这样的"或"那样的"；用在"箇汉儿"结构中，指示处所，相当于"这儿、这里"或"那儿、那里"。例如：

[62]你么儿穿箇样的/箇么样的衣裳。（你怎么穿那样的衣服呢？）

[63]箇汉儿的东西蛮便宜。（那里的东西很便宜。）

③指示数量。数量词前边加"箇"构成"箇+数量"结构。一般作定语，强调

时间长或数量之多少，相当于"这么""那么"的意思。

第一，强调时间长。"箇"用在表示长时段的时间词前面，表示时间长；用在短时段时间词前面也强调时间长，但在"箇"后面要加"一"，"一"不表示实际意义，略带夸张，"一"后还可以带"大"，其夸张意味更加强烈。例如：

[64]他出去箇几年了，还冇回来。（他出去那么多年了，还没有回来。）

[65]你去了箇一大晏昼，么儿还冇搞好呢？（你去了整整一上午，怎么还没有搞好呢？）

第二，强调数量之多。"箇"用在表人或事物的数量词前，直接修饰数量词，强调人或事物多，名词前如果是数词"一"，不表示实际数目，而是表示"满"的意思。"一"的后面可以加"大"，数词不是"一"的时候，后面就不加"大"。例如：

[66]箇一（大）屋的人，冇得哪个说话。（满屋的人，没有哪个说话。）

[67]箇一（大）桌子菜，冇得哪个吃。（满桌子菜，没有哪个人吃。）

第三，强调数量少。强调数量少是在数量结构后面带"儿"，有时"箇"前面可加"只"。例如：

[68]箇几个儿人有么事用？（那么几个人，有什么用？）

[69]箇两粒儿豆儿，我一口就吃了。（那么两粒豆子，我一口就吃了。）

关于"箇"作为指示代词的来源，俞光中、植田均认为："箇"系是中古以来习见的指示代词。①

3.5.3 疑问代词

1. 疑问代词的形式

鄂豫皖赣四省交汇处方言中的疑问代词比较丰富。见表3-2。

---

① 俞光中，植田均. 近代汉语语法研究[M]. 上海：学林出版社，1999：287.

表 3-2 疑问代词

分类	团风	红安	麻城	英山	罗田	浠水	蕲春	武穴	黄梅	黄州
人	哪个	哪个	哪个	哪个	哪个	哪个	哪个	么人	哪个	哪个
事物	么事/么东西	么事/么东西/么家伙	么事/么东西/么家伙	么事	么事儿	么事/么东西	么事/么东西	么事/么东西	么事/么东西/么呢	么事/么东西
处所	哪下	哪得	哪得	哪汊儿/哪地	哪下儿/哪里地	哪儿/哪个地岸	哪地	嗒/哪[nei²]	哪地/哪昂下/么式哪/哪奈地	哪儿/么哈
时间	么时/么早儿/几么早儿/几半天	么时/么早儿/几么早儿/几半天	么时/么早儿/几么早儿/几半天	么时儿/几么早儿/几一下儿	么时儿/么早儿/么意儿	么时候/么早儿/几么早儿	么时候/么早儿/几么早儿	好久/多久/么时候	么早哪/么时候/几早哪	么早儿/几么早儿
数量	几多/几多儿	几多/几多儿	几多	几/几多儿	几多/几多儿	几多/几多儿	几多/几多儿	好多/几多/几多儿	几多/几多哪	几多/几多儿
方式	么地/么样办	么样/么办	么样/么办	么儿地/么样地	么样儿地	么/么搞	么样儿/么解[-kai]/么样办	么样	么地/么样办	
性状	么样的/几大（儿）	么样/几大（儿）	么样/几大（儿）	么样儿/几大（儿）	么样儿/几大（儿）	么样儿/这么样/那么样	么样儿/几大（儿）	么样儿/箇么儿	么样/么样哪的	么样儿的
距离	几远（儿）	几远（儿）/几长	几远（儿）/几长	几远（儿）/几长/几高儿	几远（儿）/几高儿	几远（儿）/几么远	多远/几远（儿）/几多远儿	好远/好深	几远（儿）	几远（儿）/几长
原因	么儿/么地/么板样	为么事/么样/么地	为么事/百个/么地	么儿地	么地/么地/为么事	么地/么回事/为么事	为么事	为么事/么	为么事/做么事/么地	为么事

分类	孝感	固始	鄂州	安陆	宿松	罗山	竹溪、竹山	九江	岳西	新县
人	哪个/么人	谁（个）人/哪个/几	哪个	么人/哪个	哪个	哪个	哪个/啥子人	哪个	哪个	哪个
事物	么/么事/么家伙	啥/啥子	么家伙	么事	么事/么哪	—	啥/啥子/么事	么事	么东西	么事

续表

分类	孝感	固始	鄂州	安陆	宿松	罗山	竹溪、竹山	九江	岳西	新县
时间	么昝/么时候/几昝/几半天/几么昝	多怎/啥时候	么早/么个意（大约什么时候）	几昝儿（什么时候）	么乎子/几时候	多昝（什么时候）/么昝儿	么子时候/几多时间/几时/啥时候	么早	么时候	么时儿
处所	哪儿/哪里/哪下儿/哪地/么地方	哪嗨	哪地	哪儿	哪里/哪地	哪下	哪下儿/啥子地方	哪底儿	哪底	哪哈儿/哪儿
数量	几/几多	几多/几个	几多	好多（多少）	几/几多	几多	好多	几多	哪些/几多	几多
情况	么样	啥子/咋/咋的/哪回（子）/可走啊/为啥	么事	么么样	怎么样	是/哟呵（怎么）	么样/咋样	么样儿/么事经/做么子	么样	么样	么样
方式	么样	咋（怎么）	么样	么（儿）办	唆呵（怎么办）/么样（子）	—	咋办/咋弄法子	怎么	么事	么样
原因	为么事	为啥子	为么事	—	为么事	—	么儿地/咋/哪门的/为啥子	怎么	为么事	为么事

2. 疑问代词的语法功能

（1）从句法上看，疑问代词可以充当句子的各种成分。例如：

[70]哪么早儿煮鱼神父？（什么时候煮鱼头？）（主语）

[71]借么早儿是哪么早儿？（这时候是什么时候？）（宾语）

[72]你买的是么时候的猪神父？（你买的是什么时候的猪头？）（定语）

[73]你么早儿来的？（你什么时候来的？）（状语）

[74]你把头梳得么样儿的？（你的头要梳成什么样子？）（补语）

[75]饭么意儿？（饭做得怎么样了？还要多久？）（谓语）

[76]你要买么样的？（你要买什么样的？）（宾语）

（2）"哪"还可用于反问句，强调对事实的否定。这时的"哪"都可用表处所的疑问代词"哪下儿"来替换，但反问句中的"哪下儿"不表处所。例如：

[77]哪/哪下儿是你爸呢？（哪里是你爸呢？）（是别人）

[78]我哪/哪下儿打缠呢？（我哪里妨碍你了呢？）（我没有妨碍你）

当问人的品性时，定语标记"的"不能省略。例如：

[79]他是哪样的人？（他为人如何？）

[80]李白是哪样的人？（李白有何成就？）

（3）"几"对后面的形容词是有选择的。陈淑梅[①]认为"几"问程度时，都用在积极形容词前面，不能用在消极形容词前。例如，能问"几远儿"，不能问"几近儿"；能问"几大儿"，不能问"几细儿"。"几"修饰消极形容词，只出现在反问句中，表示对他人陈述事实的否定，这时形容词后不带"儿"尾。例如：

[81]你有几大儿？——*你有几细儿？

[82]他有几高儿？——*他有几矮儿？

[83]到学校有几远儿？——*到学校有几近儿？

（4）几点儿。"几点儿"也可用于问数量、问程度。语法功能与"几多"相同。在语义方面，"几点儿"所问的数量偏少，程度偏低。例如：

[84]你那个时候几点儿大？（你那个时候有多大？）

[85]他把了你几点钱？（他给了你多少钱？）

[86]河有几点儿深？（河有多深？）

[87]总共来了几点儿人？（总共来了几个人？）

---

① 陈淑梅. 鄂东方言语法研究[M]. 南京：江苏教育出版社，2001：45.

3.6 介　　词

3.6.1　介词的概念

　　介词是介引施事、受事、工具等意义角色的词。汉语的介词，包括方言的介词在内大都是由动词演变而来的，每个介词虚化的程度也不一样，有的还带有动词的某些语法特征，有的是动介两用。介词与动词的主要区别是介词不能单用，与它的宾语组合为介宾短语也不能单用；动词有的可以重叠，可以带"着、了、过"等后缀。鄂豫皖赣四省交汇处方言的介词和动词有区别。比如：

A	B
用油过一下。（用油炸一下。）	过手抓。（用手抓。）
把我一本书。（给我一本书。）	把我看下。（给我看一下。）
我走哪里你跟哪里。（我走到哪你跟到哪。）	你莫跟他说。（你不要跟他说。）
你莫跟他比。（你不要跟他比。）	他比你有钱。（他比你有钱。）

　　上面的 A 组是动词例句，B 组是介词例句。

3.6.2　介词的类型

　　鄂豫皖赣四省交汇处方言的介词与普通话的介词有很多是相同的，如"对""跟""从""比""和"等。但方言中也有不少介词与普通话中的不同，有以下几种情况：①方言中有一些特有的介词，如"帮""架""过"等；②有些介词与普通话中的同形，但功能与普通话中的不一样，如"把""在""得"等；③有些介词另有同义词，如"跟"，也说"像"。下面具体分析这些介词的特征。

　　1. 介词"把"

　　"把"作为介词,在鄂豫皖赣四省交汇处方言中用法比较多，主要有以下几种。

　　（1）"把"引进动作的对象，相当于普通话的"替""给"。"把"引进的动作对象，一般由代词和名词充当，动词后面可带"下儿"。"下儿"用在句子末尾，本义虚化，只表示轻松的语气。例如：

鄂东：[1]我把你挑下儿。（我替你挑一下。）

[2]你把你伢儿顶一下儿。（你替你孩子顶一下。）

岳西：[3]这一回我还是输把佢着。（这一回我还是输给了他。）

[4]讲把你听，你也听不明白。（讲给你听，你也听不明白。）

（2）"把"引进动作的工具，相当于普通话的"用"。例如：

鄂东：[5]把碗去装墨水儿。（用碗去装墨水。）

[6]把帽子去遮雨。（用帽子去遮雨。）

[7]把鞋打他。（用鞋打他。）

宿松：[8]我喜欢把猪油炒饭吃。（我喜欢用猪油炒饭吃。）

[9]把大碗盛菜，把滴滴碗盛饭。（用大碗盛菜，把小碗盛饭。）

[10]把火钳一夹倒蟹子。（用火钳夹着螃蟹。）

（3）"把"引进动作处置的对象。"把"表示处置，相当于普通话的"将"。王力认为，处置式是把人怎样安排、怎样支使、怎样对付；或把物怎样处理，或把事情怎样进行①。例如：

鄂东：[11]我把鸡赶跑了。（我将鸡赶跑了。）

[12]把寸处寸角儿都扫了。（我将每一个角落都扫了。）

[13]把饭倒了它。（将饭倒了。）

宿松：[14]莫把路一抵倒。（不要挡着路。）

[15]把床牵下子。（将床铺一下。）

[16]我侬去把衣裳洗脱渠。（我们去将衣服洗了。）

罗山：[17]把稻草烧它。（将稻草烧了。）

"把"后边的"它/渠"，在鄂豫皖赣四省交汇处方言中用得较普遍。关于"它/渠"的性质，放在后文的"处置句"中谈。

（4）表示被动。"把"字后边如果配置了动作的施事，那就表示被动，是被动标记，相当于普通话的"被"。例如：

---

① 王力. 中国现代语法[M]. 北京：商务印书馆，1985：83.

鄂东：[18]他把狗咬了。（他被狗咬了。）

[19]我屋的鸡把黄鼠狼拖跑了。（我家的鸡被黄鼠狼拖跑了。）

孝感：[20]乜个小伢把车子撞死了。（这个小孩被车撞死了。）

[21]房子把他占了一大半。（房子被他占了一大半。）

宿松：[22]莫把在蛇咬倒在。（不要被蛇咬了。）

[23]桃子把在贼偷哩精光。（桃子被贼偷光了。）

关于"把"表被动的特点，放在后文的"被动句"中谈。

（5）表示致使。如果"把"后边配置的动词为动结式，那么整个句式就表示致使义，即动词所表示的动作对受事施加某种影响，致使该受事的行为发生变化，产生结果。例如：

孝感：[24]他把喉咙都嗳破了。（他将喉咙都喊哑了。）

[25]把鞋打湿了。（将鞋子弄湿了。）

鄂东：[26]把扁担压断了。（将扁担压断了。）

[27]他把椅子坐垮了。（他将椅子坐垮了。）

例[24]句中是"嗳"使喉咙破了；例[25]句中是"水（雨）"使鞋湿了，其余类推。这种动作产生的结果都是拂意的，因此补语都是由表示遭受义、丧失义和违愿义的动词或形容词充当。我们认为致使义与处置义有联系，但是有区别，所谓处置义是有意而为之，而致使义是非有意而为之，应分别对待。

（6）表示对待。"把"配置为"把+N+VP"的结构，"把"相当于"拿、对"。例如：

鄂东：[28]我把他冇得法/冇得解。（我拿他没有办法。）

[29]我冇把他当回事儿。（我没有把他当回事儿。）

孝感：[30]他能把你么样？（他能把你怎么样？）

例[28]是"把+N+冇得法/冇得解"的结构，表示对待关系，"把"可译为"拿"，用于否定句和疑问句；例[29]是"把+N+当回事儿"的结构，表示认同关系，"把"仍译为"把"，一般用于否定句。否定词可用在"把"的前边，也可用在"把"后，还可以同时用在"把"的前后，构成双重否定句式。与普通话介词"把"进行比较，鄂豫皖赣四省交汇处方言的"把"没有普通话的"我把你这个糊涂虫啊"的说法；与普通话的介词"拿"进行比较，方言的"把"没有普通话"拿"的"引进论说、比较对象、举出要说明的事物或情况"等意义，例如，普通话能说"拿我们来说，缺勤是极少的事"，方言里不能说"把我们来说，缺勤是极少的事"。

（7）介绍动作行为所凭借的材料、方法、手段。介词"把"，其后面配置的是名词，构成"把+N+VP"的结构，"把"可译为"用"。例如：

[31]把生姜做药引子。（用生姜做药引子。）

[32]把棍子牵倒走。（用棍子牵着走。）

[33]把鞋套儿套倒。（用鞋套儿套着。）

例[31]中的"把"引进的是动作行为所凭借的材料，例[32]和[33]中的"把"引进的是动作的方法或手段。

2. 介词"架[ka˧]"

"架"是引进动作行为所凭借的工具、手段的介词，相当于普通话的"用"。鄂东方言用得较多。例如：

[34]冇得筷子架手抓。（没有筷子用手抓。）

[35]骨头架斧头剁。（骨头要用斧头剁。）

[36]衣服架热水洗。（衣服要用热水洗。）

[37]她说起儿媳妇来说不赢架手捏。（她说儿媳妇的坏话，嘴里不停地说还做手势。）

3. 介词"过[ko˧]"

"过"在方言中用作介词，表示"用""拿"的意思，有三种格式。

（1）"过+NP+V"。这种格式中的"过"引进名词，名词是表示工具。"过"表示"用……"的意思。动词一般都是自主动词。例如：

鄂东：[38]芋头过锄头挖。（芋头要用锄头挖。）

[39]鼻子过袖子擦。（鼻涕用袖子擦。）

罗山：[40]过肥皂多洗几道。（用肥皂多洗几次。）

[41]过眼睛翻他。（用眼睛瞪他。）

孝感：[42]汤要过瓢羹舀。（汤要用勺子舀。）

[43]桌子高头的灰哈过抹布揩干净了冇？（桌子上面的灰都用抹布擦干净了没有？）

（2）"过+工具+V+C"。在这种格式中，动词后要带补语。例如：

鄂东：[44]书过绳子捆紧。（书用绳子捆紧。）

[45]鱼过油炸黄。（鱼用油炸黄。）

孝感：[46]买的菜过篓子装好。（买的菜用篓子装好。）

[47]过塑料袋子装满。（用塑料袋装满。）

罗山：[48]我叫你过嘴舔干净。（我让你用嘴舔干净。）

[49]他的狗子叫人家过药磅死了。（他的狗被别人用药害死了。）

（3）"过+V"。这种格式是"过"直接用在动词之前表示动作的方式，表示"用 V 的方式"的意思。普通话中，介词一定不能单独接动词，而方言中的介词"过"可以直接接动词。例如：

鄂东：[50]我到学校去冇得车，过走。（我到学校没有车，得走。）

[51]你不是算出来的，是过估。（你不是算出来的，是估的。）

[52]人太多了，吃饭过抢。（人太多了，吃饭要抢。）

孝感：[53]现在找工作哈是过考。（现在找工作都得考试。）

[54]做生意要讲信用，莫过骗。（做生意要讲信用，别光骗。）

4. 介词"尽[ˀtɕin]"

"尽"是表示任其、听任的介词，相当于普通话的表听任的"让"。"尽"与后边的施事名词一起构成"尽+N+VP"的结构。"尽"构成的介宾结构充当状语，一般用在兼语句中。鄂豫皖赣四省交汇处方言中用得较多。例如：

[55]他要吃就尽他吃。（他要吃就让他吃。）

[56]他要走就尽他走。（他要走就让他走。）

[57]你尽我歇下再跟你说。（你让我休息一下再跟你说。）

[58]你尽他睏下再说。（你让他睡一会儿再说。）

"尽"与普通话的表听任的"让"有所不同，普通话的"让"除了表示"听任""容许"的意思外，还有"致使""支使"的意思，如"谁让你来的""我让他先走"。还可以用在表示愿望的句子里，如"让我们共同努力吧！"鄂豫皖赣四省交汇处方言中的"尽"没有这种用法。

在孝感方言中，"尽"还可以作被动介词表示被动，引进施事，一般表示不如意的事情。例如：

[59]柜子里头的饼干哈尽老鼠吃了。（柜子里的饼干都被老鼠吃了。）
[60]孝感的房子哈尽武汉的人买光了。（孝感的房子都被武汉人买光了。）

5. 介词"赶[˚kan]"

介词"赶"引进动作的对象，表示"尽先""先选择"的意思。鄂豫皖赣四省交汇处方言中用得比较多。例如：

孝感：[61]你先赶煮熟的吃，莫赶生的吃。（你先选煮熟的吃，不要选生的吃。）
　　　[62]买东西莫赶贵的买。（买东西不要选贵的买。）
鄂东：[63]老鸦啄柿子赶脓的啄。（乌鸦啄柿子先挑软的啄。）
　　　[64]找媳妇赶光趟的找。（找媳妇先挑漂亮的找。）

6. 介词"伴[pen˧]哒、挨哒"

这两个词语是表示处所的介词，相当于普通话的"顺着、沿着"的意思，表示动作行为所经过的路线。两个介词的用法基本相同，但"挨哒"只能接处所名词，"伴哒"既可以接处所名词，也可以接表人的名词。例如：

[65]你伴哒他走不错。（你随着他走不会错。）
[66]你伴哒这条黄线走到头就是的。（你沿着这条黄线走到头就是。）
[67]你挨哒街边上走。（你顺着街边走。）
[68]你挨哒屋檐下走冇得雨。（你顺着屋檐下走没有雨。）

7. 介词"找、问"

"找"用作介词，引进动作的对象来表示"向"的意思。后边的动词主要是表示取得意义的。例如：

[69]冇得钱找你父要。（没有钱向你爸爸要。）
[70]他把玻璃打了，你去找他要钱。（他把玻璃打了，你去找他要钱。）

例[70]中的"找"的宾语是被索取者，例[71]中"找"的宾语是与事。
"问"作为介词，只引进动作行为的被索取者，"问"后边的动词很有限，主要就是"要、借、找、讨"等。例如：

鄂东：[71]问服务员要双筷子。（向服务员要一双筷子。）
　　　[72]我的冇得米了，问你借一碗。（我家没有米了，向你借一碗。）
竹山：[73]嘴巴渴，问嫂子找口水喝。（口渴，向嫂子讨口水喝。）
　　　[74]问老表讨碗酒喝，不会舍不得吧？（向表兄弟讨碗酒喝，不会舍不得吧？）

3.7 副　　词

邢福义说："副词是专门充当谓词修饰成分的词。作为成分词，就能否充当多种成分而言，副词的能力弱于名词、动词和形容词。"[①]

3.7.1 副词的语法特征

副词的语法特征，可以从组合能力和造句功能两个方面来观察。

1. 组合能力

在组合能力上，以能修饰谓词作为必要条件。副词的基本功能是修饰动词或形容词。一个词，能够修饰动词、形容词，不一定是副词，但是，如果根本不能修饰动词、形容词，一定不是副词。副词有时也跟名词或名词结构组合，这是副

---

① 邢福义. 汉语语法学[M]. 长春：东北师范大学出版社，1996：181.

词的特殊用法。主要有四种情况：①人物名词受副词"光[kuŋ˧]"修饰，用在方位处所词的后边，表示某处普遍存在着某种人或物。例如：桌子上光书。|山上光草。|碗的光菜。②时间名词，在用作谓语对某个时间点加以表述的时候，可以受某些时间副词或频率副词的修饰。例如：今朝就十二号了。|明朝才星期一。|十五的又中秋节了。③很多方位词，或具有方位意义的处所名词，可以受副词"老"的修饰。例如：老前头，老后头，老上头，老屄[tou]底（底下）。④名词带上数量词，可以受一些副词修饰。例如：床上只一床被护。|教室里就六个伢儿。

2. 句法功能

在句法功能上，以纯状语性作为必要条件。副词的基本用途是充当状语。由于充当状语是副词的"专职"，"纯状语性"便被当成副词的必要的条件。即是说，一个词，如果能够充当状语，而且只能充当状语，那么，这个词一定是副词。鄂豫皖赣四省交汇处方言中的副词具有同样功能，例如：你要把件事地做作业。|得幸穿了雨衣，要不然把衣裳打湿了。|他恰岸儿放学回来，作业还冇来得及做。副词"把件事地""得幸""恰岸儿[kʻa ŋər]"都充当状语。

但鄂豫皖赣四省交汇处方言有少量副词可以充当补语。例如：她狠得很。|她气得要死。|我恨得要命。"很"是副词，"要死""要命"相当于"极了"，是副词。

3.7.2 副词的基本类型

鄂豫皖赣四省交汇处方言的副词大体可以分为四类：一般副词、语气副词、关联副词、情态副词。

1. 一般副词

一般副词是分别表示程度、时间、否定、范围、频率等意义的副词。这是副词的主体，它们主要活动在谓词或谓词结构前头，主要包括以下几类。

1）程度副词

程度副词有：几、蛮、乇、些微、好生（认真地）、克、过色（特别）、全然、最、更、略微、稍微、些微、稍许、越进、还、还要、好、慢慢、活V死、亶等。下面对其中常见几例进行分析。

（1）"几"读为[ˬtɕi]，用在动词、形容词的前边，表示程度最高，有"很、多么"的意思。当"几"修饰名词的时候，"几"后要带"多"；当修饰动词、形容词的时候，一般不带"多"。"几"多用在感叹句里，句末往往有感叹词，"几"一般重读。一般用在鄂东的英山、罗田、蕲春、浠水、武穴、黄州、黄梅等地以及孝感等地的方言中。可以用在肯定句中，也可用在否定句中。例如：

鄂东：[1]今天几多人去看戏哟！（今天很多人去看戏！）

[2]今天街上几闹热啊！（今天街上多么热闹！）

[3]你不晓得他几不听话啊！（你不知道他多么不听话！）

[4]他的儿子几成气哟！（他的儿子很成气！）

孝感：[5]你看他几傲喔！（你看他多么能干呀！）

[6]他几造孽哟！（他多么可怜呀！）

[7]你叫我几不好想喔！（你让我很不好想！）

"几"常和"晓""晓得""不""冇"等连用，构成"晓几""晓得+有+几+动词/形容词"等复合词，否定形式用"冇几""不晓得+有+几""不几"。例如：

鄂东：[8]屋里晓几窄啊！（屋里很窄！）

[9]这张纸晓几白。（这张纸很多白。）

[10]这伢不晓得有几懂事，总不要大人操心。（这孩子很懂事，总不要大人操心。）

孝感：[11]他屋的伢儿晓得有几聪明。（他家的孩子很聪明。）

[12]他晓几像他爸爸啰！（他多么像他爸爸呀！）

[13]只要肯动脑筋，这事冇几难！（只要肯动脑筋，这事不难！）

（2）"蛮"。孝感话读[ˬman]，黄州话读为[mɛ]，鄂东其他地区读为"蛮"[ˬman]。"蛮"可以表示"很""十分""非常"的意思，可以修饰形容词、动词及词组，不能做补语。例如：

[14]他饭量大，蛮吃得。（他饭量大，很能吃。）

[15]他一直不做声，看样子，他是不蛮赞成的。（他一直不做声，看样子，

他是不太赞成的。)

例[14]中的"蛮"用在肯定句中,表示程度高。例[15]中的"蛮"用在否定副词"不"后,减轻否定的程度,相当于"不太"。

"蛮"与"几"不同的是,"几"既可以用于褒义,也可以用于贬义,而"蛮"多用于褒义,书面色彩比较重,一般用在陈述句里。例如:

[16]我蛮喜欢他的。(我很喜欢他。)
[17]他的几个伢儿蛮听话的。(他的几个孩子很听话。)

(3)亹。"亹"读为[men],是鄂东英山、罗田、浠水、蕲春等地常用的词语,表示认真、坚持不懈的意思。例如:

[18]她一天到黑坐倒屋的亹写。(她一天到晚坐在家里不停地写。)
[19]感冒亹喝水就好得快。(感冒了不停地喝水就好得快。)

(4)乜[miɛ²]表示程度高,与"蛮"意义基本一致,声母相同,只是韵母不同,多用于孝感、团风等方言点,与"蛮"有地域上的差别。另外,"乜"也可以表示好恶的语气,还可以表示责难的语气,一般用于陈述句。例如:

[20]这次考试你考得乜不理想。(这次考试你考得很不理想。)
[21]他是么乜不为别人着想,好自私。(他为什么总不为别人着想,好自私。)

(5)活V死。"死"表程度,"活"与"死"搭配,强调由活到死的过程,极言动作量之大,在鄂豫皖赣四省交汇处方言中常做谓语,可用于处置句。例如:

[22]他犯了错,他爸爸把他活打死。(他犯了错,他爸爸要将他活活打死。)
[23]我这几天活忙死的,你们也不来帮一下。(我这几天忙死了,你们也不来帮一下。)

(6)些微。多用在比较句中表示程度轻。"些"义为"点、微",与同为表示"小"义的"微"同义复合成表示程度轻的副词。它修饰的动词可以重叠,表示时间短暂,修饰的形容词后往往带有"点、些"等量词,语义上与"些微"相匹配。例如:

[24]请大家些微休息休息,一会儿还有别的事。(请大家稍微休息休息,一会儿还有别的事。)

[25]你些微放停当点。(你稍微表现得贤惠点。)

2)时间副词

时间副词有:赶忙连忙、快忙地、在、正在、流水(马上)、刻眼儿(一会儿、刚刚)、将[tɕia˳]下儿(刚才)、一把(总算)、一世马儿、预先、先前、早先(从前)、即刻、眨眼、调个背儿(马上、一会儿)、一了、一眨眼儿(刚才)、一刻儿、一下[xaˀ]儿、一眼眨儿(一会儿、很短的时间)、的了儿(一向、向来)、发在(正在)、仰时(马上)、多时(早已)、各得(曾经)、拉常儿、扯常儿、跟都(常常、经常)、忽势(马上、随时、立刻)、逊都[senˀ tou](猛地、猛然)、踏背后(随后)、落了、末了儿(以后)、慢下儿(等会儿)、暴架势(刚开始、起初)、顿时、一向、拉常(常常)、总是、时不时儿(偶尔)、忽拉忽也(忽然)、多时(早就)、就到就(马上就)、可昝(这么快)、三不三/三不之(经常)、打总(从来)、经、迟早、一马里儿、跟到、先不先、早不早、忽律地、将才、尽[ˀtɕin]、恰岸儿、暴架势、刻眼儿、一把、多昝等。

(1)"赶忙连忙""快忙地"。表示人的行动迅速或急迫。"赶忙连忙"一般用于陈述句,"快忙地"用于祈使句。黄陂、孝感、新洲、团风一带用得较多。例如:

[26]看见爸爸回来了,他赶忙连忙往回跑。(看见爸爸回来了,他赶快往回跑。)

[27]快忙地走!天要下雨了。(赶快走!天要下雨了。)

(2)"经"表示经得起或可以使用很长时间。可修饰自主动词和形容词,作状语。鄂东各地区和竹溪、竹山使用较多,例如经磨、经用、经跐、经穿、经饿、经搞、经吃、经泡、经喝、经冻、经煮、经写等。再看实际用例:

[28]糍粑吃得经饿。(吃了糍粑很长时间不饿。)

[29]絮袄是棉的经穿,我穿了十几年了还冇破。(棉袄很耐穿,我穿了十几年了还没有破。)

[30]鱼面经煮,煮了简长时间冇煮烂。(鱼面耐煮,煮了这么长时间都没

有煮烂。）

（3）"一马里儿"表示"原先"；"跟到"表示"立刻""随即"；"先不先"表示"首先""第一个"；"早不早"表示时间过早；"忽律地"表示动作出人意料或动作、行为、状态瞬间产生变化；"尽"表示动作行为长时间不间断地进行。例如：

竹山：[31]这事情一马里儿你就该听我的，现在弄得好吧？（这事情原先你就该听我的，现在弄成这样好了吧？）

[32]老王一来，跟到大家都不说话了。（老王一来，大家立刻都不说话了。）

[33]人家都还没有动筷子，你先不先就吃起来了。（人家都还没有动筷子，你就先吃起来了。）

[34]你说人家位子占了，你早不早地做啥去了？（你说人家占了位子，你那么早干嘛去了？）

黄陂、孝感：[35]门忽律地开了，小明风风火火地跑了进来。（门忽然开了，小明风风火火地跑了进来。）

鄂东：[36]他们尽吃尽吃，一顿饭吃了一下昼。（他们不停地吃，一顿饭吃了一下午。）

[37]他把个书拿倒尽看。（他拿着书不停地看。）

（4）"恰岸儿"有两种意义：第一种，表示动作、行为或情况刚刚发生，还可以说成"可岸儿"，"恰岸儿"在新洲靠近黄陂一带，还可以说成"将将"或"将一路"。第二种，表示两种情况的巧合或一个时间点事物遇合的偶然性，有"刚好"之义。例如：

[38]他恰岸儿才放学回来，作业还有来得及做。（他刚刚放学回来，作业还没有来得及做。）

[39]他可岸儿走进教室就打了上课铃。（他刚走进教室就打了上课铃。）

[40]一堆鸟粪可岸儿掉在他头上。（一堆鸟粪刚好掉在他头上。）

（5）其他各类时间副词。看实际用例：

鄂东：[41]她暴架势还不熟。（她刚开始还不是很熟练。）

[42]他刻眼儿才放学回来，作业还冇来得及做。（他刚刚放学回来，作业还没有来得及做。）

[43]落了两个多月的雨，今朝一把晴了。（下了两个多月的雨，今天总算晴了。）

新洲：[44]她三不三总要回娘屋里走一走。（她时常要回娘家走一走。）

罗山：[45]他多咎都走了的。（他很久以前就走了。）

[46]你这小一点都可咎学到吃烟。（你这么小这么快就学会抽烟了。）

3）否定副词

否定副词有：不、冇、莫、冇得、不消、懒、要不得、白为等。

（1）"冇"读为[mau²]，用在动词的前边，表示"没有"的意思。鄂豫皖赣四省交汇处所有的地区都有这种否定副词。"冇"修饰的动词可以是单音节动词，也可以是动宾结构，如果主语是受事，动词还可以带补语。例如：

A组：[47]他今天冇来。（他今天没有来。）

[48]我今天冇做么事。（我今天没有干什么。）

B组：[49]他的作业还冇做完。（他的作业还没有做完。）

[50]饭冇舞熟。（饭没有做熟。）

A组的"冇"修饰的是动词和动宾结构，B组修饰的是动补结构。

副词"冇"还可以和"得"配合使用，表示没有经历某种状态、没有实行某种动作或经历了某种状态、实行了某种动作而没有达到一定的程度。例如：

[51]你简不听话，是冇打得。（你那么不听话，是因为没有挨过打或很少挨打。）

[52]你吃不得，是冇饿得。（你吃不下去，是因为没有挨过饿或很少挨饿。）

[53]你简吃不得苦，是冇磨得。（你不能吃苦，是因为没有受过磨难或很少受磨难。）

（2）"莫"[mo²]用在动词的前边，跟普通话一样，表示"不要"的意思，是否定副词，它既能否定自主动词，也能否定非自主动词。一般用于第二人称，表示劝阻。"莫"在鄂豫皖赣四省交汇处方言中使用较为普遍。例如：

[54]你莫吃。（你不要吃。）

[55]你莫乱说。（你不要瞎说。）

[56]你莫学坏了。（你不要学坏了。）

"莫"后边可以接句子，"莫"否定的是整个句子，是提醒听话人不要做某事或不要造成不良的后果。例如：

[57]你莫把细伢儿吓得了。（你不要把小孩子吓着了。）

[58]你莫说话不算话。（你不要说话不算数。）

（3）"懒"，读为[˚lan]，用在动词的前边，相当于普通话的"不"或"不想"，是否定副词，表示对意愿的否定。"懒"只能否定自主动词，不能否定自主动词以外的谓词，句末要带助词"得"，"得"读为轻声[tɛ]。例如：

[59]我懒去得。（我不去。）

[60]早上我懒吃得。（早上我不吃饭。）

[61]这个话我懒对你说得。（这个话我不想对你说。）

[62]喊了他三遍，他也懒动得。（喊了他三遍，他也不动。）

（4）"白为"表示行为没有达到预期目的，或者没有取得应有的效果。例如：

[63]我说的那些话是白为说了的。（我说的那些话白说了。）

[64]那些钱白为花的。（那么多钱白花了。）

4）范围副词

范围副词有：下、一下（全部、总共）、把、都、只、共、尽[tɕin²]、光、总共、一事儿、一起、一色、一律、全环（完全、彻底）、一把连、一抹郎当（所有、全部）、独独（唯独、单单、正巧、刚巧）、沿处、在处、抹门儿（到处）、单另（另行）、到处、一块儿、净、恰岸儿、合根地等。

（1）"尽[tɕin²]"表排除其他而单一；"恰岸儿、单单，刚巧"用来限制人和事物的范围，表示数量少；"合根地"对数量进行总括，也可以说成"通共"。例如：

[65]以前这一带尽是平房,冇得高楼大厦。(以前这一带都是平房,没有高楼大厦。)

[66]这条路没铺沥青,车一跑,尽是灰。(这条路没铺沥青,车一跑,都是灰。)

[67]恰岸儿[tsa̠ ŋar]五个教师,再也抽不出人手了。(刚好五个教师,再也抽不出人手了。)

[68]她合根地才6岁,么能指望她做这重活。(她才6岁,怎么能指望她做这重活。)

(2)"下[xa²]"表示总括全部,所总括的对象必须放在"下"的前面。"下"可以总括主语,也可以总括宾语。主要用于鄂东各地区、孝感、安陆、黄陂、鄂州、竹山、竹溪等方言点。例如:

鄂东:[69]同学们下去了操场。(同学们都去了操场。)
孝感:[70]强盗把屋里所有的东西下偷去了。(强盗把家里所有的东西都偷走了。)

[71]那几个下走了。(那几个人都走了。)
鄂州:[72]他把书下烧了。(他把书都烧了。)

[73]你把剩下的饭下吃了。(你把剩下的饭都吃了。)
黄陂:[74]旧衣服、破衣服下不要。(旧衣服、破衣服都不要。)

[75]这些话下是谁说的?(这些话都是谁说的?)

在黄陂、竹山、黄梅、武穴一带方言中,"下"语义是双指的,既可以指向前面的主语,表示周遍,包括整体中的每一部分或每一个成员,同时又指向后面的动词,对动词的程度进行强调,表"完全""全部"。"下"也可以说成"一下",用在动词或形容词的前边,表示"全部、都、总共"的意思。例如:

武穴:[76]渠几个一下来了。(他们几个都来了。)

[77]猪把麦一下吃了。(猪把麦子都吃了。)
黄梅:[78]一点谷下把鸡吃了。(一点谷子都被鸡吃了。)

[79]嗒些花儿一下好看。(那些花儿都好看。)
竹山:[80]那些人的心一下都坏了。(那些人的心全都坏了。)

[81]我一下吃了五个馍,还不觉得饱。(我总共吃了五个馍,还不觉得饱。)

黄陂:[82]今天你们班借了学士服一下二十套。(今天你们班总共借了二十套学士服。)

[83]衣服我一下买了十几件。(我总共买了十几件衣服。)

(3)"一把连、一抹郎当",义为"所有、全部"。主要用于孝感、鄂东方言中。例如:

孝感:[84]一场大火把他的家产一把连烧得净光。(一场大火把他的家产全部烧光了。)

[85]把锅瓢碗盏一抹郎当都丢它。(把锅瓢碗盏全部丢掉。)

鄂东:[86]把他的被护、衣裳一抹郎当都端去。(把他的被子、衣服全部拿走。)

(4)"把"语义上一般指前指,对前边所说的事物进行概括,有"全部"的意思。"全部"表示大量,是范围的大量。例如:

[87]衣裳、帽子、鞋把买回来了。(衣服、帽子、鞋全买回来了。)

[88]头毛把白了。(头发全白了。)

[89]七八个(人)把来了。(七八个人全来了。)

主语"衣裳、帽子、鞋""头毛"等在数量上是一个集合。有时,主语包含数量词,"把"总括所指数量的全部。

5)频率副词

频率副词有:够、三不之/三不三、尽[ˀtɕin]、再、又、也、还、只箇、不停地、照照[tʂouˀ tʂou]儿(依然、又)、一古经儿等。

(1)"够"[kouˀ]是表示频率的副词,用在动词之前。英山、罗田、蕲春、浠水、武穴等县市用得较多。"够"可以表示几种语法意义,具体如下。

"够"前边加"要",表示动作将持续很久。例如:

[90]他讲话要够讲。(他讲话要讲很长时间。)

[91]几亩田的秧够插。(几亩田的秧要插很长时间。)

[92]你百事做不倒，要够学。（你什么都不会做，要学很长时间。）

[93]箇深的凼子够挖。（那么深的坑要挖很长时间。）

"够"有时也可以说成"够一"。"够一"中间可以插入代词，这个代词是后边动词的施事。插入了代词以后，表示担负的分量极重、花费的时间极长、很费劲的意思，句首往往有表示量多的词语，句末要带助词"的"。"够一"与"够"相比，持续的时间更长，在语用价值上有厌恶的感情色彩。例如：

[94]本箇多的书他要够一看。（这么多书他要看很长时间。）

[95]一盘棋够一下。（一盘棋要下很长时间。）

[96]这丘田够你一犁的。（这块田你要犁很长时间。）

[97]一大摞的纸够他一数的。（一大摞纸他要数很长时间。）

"够"的前边加上"还"表示动作很早就发生了，并将持续下去。用"够"或"够一"均可。例如：

[98]雨还够（一）落。（雨还要下很久。）

[99]这段路还够（一）走。（这段路还要走好长时间。）

[100]饭冇得影子，还够（一）等。（饭没有熟，还要等很长时间。）

（2）"尽/只箇"用在动词的前边，表示频率，有"老是、总是、一直"的意思。浠水、罗田、英山、蕲春、黄梅等用得较多。"尽"读为[ˉtɕin]，"只箇"读为[tʂʅˉko]。例如：

鄂东：[101]你就收倒，莫尽（只箇）扯。（你就收着，不要总在那里扯来扯去。）

[102]他在电话的尽（只箇）说。（他在电话里一直说。）

[103]这个话你尽（只箇）说个么事。（你总是说这种话干什么。）

[104]他不读书，你尽（只箇）骂他也冇得益。（他不读书，你总是骂他也没有用。）

黄陂：[105]这雨尽下，不晓得么时候才停。（这雨一直下，不知道什么时候才停。）

[106]你莫尽吵好不好？（你不要一直吵好不好？）

（3）"三不之/三不三"或"三不丁"。"三不之"是老派说法，"三不三"是新派说法，有两种意思，第一种表示短时间内某种动作频繁发生，相当于"经常"。例如：

鄂东、鄂州：[107]他三不之回去一回。（他经常会回去一趟。）
竹山、竹溪：[108]三不丁儿地打打牌，混混心焦。（经常打打牌，打发心情。）
黄陂、孝感：[109]她三不三总要回娘屋里走一走。（她经常要回娘家走一走。）

第二种表示某种动作、行为偶尔发生，时间间隔长。例如：

[110]他长年出差在外，只三不三回家看看。（他长年出差在外，只偶尔回家看看。）
[111]她平常多半是画画，三不之也弹弹琴。（她平常多半是画画，偶尔也弹弹琴。）

2. 语气副词

语气副词是指表示推断、逆反、疑问等语气的副词，如左一（索性、干脆）、背分儿、得幸、非、执了（不然）、怕是（恐怕是）、无非（反正、索性）、老是（真正、果然、一定）、挨下儿、缓下儿（恐怕、要是、如果）、得幸（幸亏）、到底（究竟）、兴、也兴（也许、可能）、捞都（随便找着的、任意的）、叫莫（任凭、尽管）、无非（反正、索性）、安坎儿（恰巧、碰巧、偏偏）、老是（真正、果然、一定）、硬、特如（特为、特地）、合根地、完全地。

1）语气副词的语法功能

在主谓结构中，大多数语气副词既可以用在谓词或谓词结构前边，也可以用在主语前边，如"未必"：你未必还不晓得？|未必你还不知道？又如"得幸"：你得幸不晓得。|得幸你不晓得。用到主语前边的副词，实际上修饰整个主谓结构，从层次结构上说，是全句的状语。

2）语气副词的特色

鄂豫皖赣四省交汇处方言中的语气副词与普通话不同，下面将分别进行分析。

（1）"左一"用在动词的后边，表示"干脆""索性"的意思。各地的形式不尽相同。英山、浠水、蕲春等用"左一"，罗田用"左一左"。例如：

[112]剩得筒一点了，左一把吃它。（剩这么一点了，索性吃完它。）

[113]你来了左一就住几天。（你来了干脆就住几天。）

[114]你读不倒书，左一左不消读得。（你不会读书，干脆就不用读了。）

[115]听不倒哪个得是，左一左哪个都不听。（不知道听哪个好，索性哪个都不听。）

（2）硬[ŋen²]表示四种意思：一是表示"果然"的意思，后加"是"；二是表示"执意"的意思，后加"是"；三是表示"非常"的意思；四是表示"真正，确实"的意思。例如：

[116]你说他来，他硬是来了。（你说他来，他果然来了。）

[117]叫他莫来，他硬是来了。（叫他不要来，他执意要来。）

（3）"得幸"表示"幸亏"的意思，一般位于主语前。例如：

[118]得幸她们想得周到，才没有出事。（幸亏她们想得周到，才没有出事。）

[119]得幸我穿了雨衣，要不然就得淋雨。（幸亏我穿了雨衣，要不然就得淋雨。）

例[118]中的"得幸"后接的句子以"才"开头，表示好的结果。例[119]中的"得幸"后接的句子以"要不然"开头，表示不良后果。

（4）"非"在鄂豫皖赣四省交汇处方言中已不是否定副词，而是表示必须、必定的语气副词，语气上对它所修饰的动词、形容词进行加强、强调。有以下三种形式。

①"非+要+动词"，表示强烈的主观意愿。例如：

[120]叫他莫去，他非要去。（叫他不要去，他一定要去。）

②"非+不+动词"，表示不愿意实行某动作的意愿。例如：

[121]他非不做作业，要去玩。（他坚决不做作业，要去玩。）

③"非+动词或形容词+不可"，这种句式表示客观要求、情理上必然如此。例如：

  [122]她太骄傲了，这回非失败不可。（她太骄傲了，这回一定要失败。）
  [123]今天新生非来报到不可。（今天新生一定来报到。）

（5）"兴"表示对某种情况不能肯定，只是猜测、估计某种已然或未然状况，有"也许"的意思。"兴"可用于双重否定句，"不兴"可以表示委婉的肯定。例如：

新洲：[124]他们的日子，今年兴比去年好些。（他们的日子，今年也许比去年好些。）
  [125]这回他兴不得（会）不去的。（这回他也许不会不去。）

（6）"合根地、完全地"强调程度深。例如：

新洲：[126]这事合根地不好搞。（这事一定不好搞。）
  [127]合根地他没有参与这件事。（他一定没有参与这件事。）

3. 情态副词

情态副词是表示某种情态的副词。鄂豫皖赣四省交汇处方言中的情态副词的意义与普通话中的意义大致相同，只是词语形式不同，例如呼啦呼也、动不动、发狠、越进、阴倒、一心归门里、款款儿、搭到、特为（特地）、照然、慢慢（逐渐）、希乎（差一点）。下面看例句：

鄂东：[128]他呼啦呼也地往屋的筒一冲，吓得我一跳。（他忽然往家里一冲，吓了我一跳。）
  [129]你阴倒跟他说下，莫让别个听到了。（你暗暗跟他说一下，不要让别人听到了。）
  [130]我特为你去买了肉。（我特地为你买了肉。）
竹山：[131]你上街搭到买双胶鞋。（你上街顺便买双胶鞋。）
  [132]你越打他，他越进不怕你。（你越打他，他越不怕你。）

[133]你款款儿地待在这里，哪儿都不准跑。（你好好地待在这里，哪儿也不准跑。）

4. 关联副词

关联副词是指用在词语或分句之间起关联作用的副词，包括"又、也、就、就倒、才、还、要是、越进、挨下儿、缓下儿（要是、如果、假设）、一路、调转来"等。

"关联副词在句法地位上具有特殊性。尽管它们还是处在状语的地位，但在关联作用特别明显的时候，比较接近于连词，可以分析为黏合成分，即辅助性语法成分。"[1]比方在"又……又……""（要是）……就……""越进……越进……"这些格式中，关联副词是可以分析为辅助性语法成分的。

（1）"就倒"可以表示两种意义。

第一种，表示趁做某事的方便去做另一件事，相当于"顺便、就便"。例如：

鄂东：[134]你要是上街,就倒跟我买支笔。（你要是上街,顺便给我买支笔。）

第二种，表示某一情况、动作紧接着前一情况很快出现或发生，也可以用"就倒就"。例如：

新洲：[135]他的胃病不轻，吃了就倒就/就倒吐。（他的胃病不轻，吃了马上就吐了。）

（2）"一路"用于动词前，表示两种以上动作同时进行。例如：

新洲：[136]孩子们一路走，一路玩。（孩子们一边走，一边玩。）
[137]你一路说，我一路记。（你一边说，我一边记。）

（3）"调转来"是表示转折的副词，用在转折复句中。例如：

鄂东：[138]你不劳慰我，调转来还怪我。（你不感谢我，反而还怪我。）
[139]吃了药有好,调转来还加重了。(吃了药没有好,反而还加重了。)

---

[1] 邢福义. 邢福义文集 第七卷[M]. 武汉：华中师范大学出版社，2019：622.

3.7.3 副词连用

副词连用是副词充当状语较为突出的现象，存在多种情况。

1. 逐层修饰

副词一般不和副词组合，鄂东方言中的副词通常也是各自独立，处于不同层次，分别充当状语。其层次构造总是由前往后，自左向右，和右向的定语类似，逐层进行修饰。英山、罗田、蕲春、浠水等县市用得较多。例如：

[140]箇不听话。（那么不听话。）

[141]一世向儿箇不听话。（一向那么不听话。）

[142]本来就箇不听话。（本来就是那么不听话。）

从上面例句来看，连用的副词是各自独立逐层修饰的。这种类型的例子还有：

[143]你尽箇说好烦人。（你老是那么说，很烦人。）

[144]你再尽箇说我就要发脾气。（你再一直那么说我就要发脾气了。）

[145]你只箇骂他肯定听不进去。（你老是那么骂他，他肯定听不进去。）

2. 肯定否定连用

副词连用还存在另一种情况，即连用的肯定否定副词虽各自独立，但彼此处于同一个层次，共同做状语。例如：

[146]冇箇说。（没有经常说。）

[147]不箇闹热。（不怎么热闹。≠不热闹）

[148]冇箇骂。（没有经常骂。）

[149]不箇冷。（不怎么冷。≠不冷）

"箇"后既可以接动词，也可以接形容词。"箇"在这种格式中可被看作是代副词，"不/冇箇"也是副词连用。在"冇+箇+动词"中，"箇"表示频率；在"不+箇+形容词"中，"箇"是表示程度。

3.7.4 副词小结

1. 方言与普通话的差异

鄂豫皖赣四省交汇处方言中的副词较为丰富，有的副词，如程度副词、时间副词、语气副词、否定副词比普通话中的数量更多，用法也更为丰富。例如，普通话中的"总共"，方言中用"一事儿""一起""一色""一下"等词语来表示；普通话的"立刻、马上"，方言中用"一眨眼儿""一刻儿""一下儿""一眼眨儿""忽势"等副词来表示；普通话中的"偶尔"，方言中用"三不三""三不之""三不丁"等副词来表示。

副词虽然在句中不是主要成分，但是极能体现方言特色。因为其他如动词、形容词等成分词，方言与普通话差异不是很大，而副词成分词，方言与普通话的差异较大，主要有以下几个方面的特点。

（1）意义相同，用法不同。如"乜"，表示程度高，用在动词和形容词的前边，相当于普通话的程度副词"很"，但与"很"在功能上有所不同。"很"不仅可以作状语，还可以作补语，如"她厉害得很"；而"乜"只能作状语，不能作补语，不能说"她厉害得乜"。副词"冇"相当于普通话的"没""没有"，但又有所不同。普通话"没""没有"能用在"没（没有）V 头"这种格式里，表示动作的无价值性，如"没（没有）看头"就是根本不值得一看；方言里的"冇"不能用在这种格式里，不能说"冇看头"，只能说"冇得看式"。

（2）用法相同，意义不同。方言中的"把件事地"表示普通话的"认真地"的意思，用在动词的前边作状语，例如：你要把件事地做作业。但方言的"把件事地"还可以表示普通话的"努力地"的意思，例如：你要把件事地混个处长当下。还可以表示普通话的"尽力地"的意思，指竭尽全力地，例如：只要把件事地过日子，还能生活得下去。|要把件事地工作，不要吊儿郎当。|他把件事地把你做。还可以表示"尽情地"，指不受约束地，如：你现自（现在）老了，把件事地享下福。|他把件事地帮你说。

（3）词形相同，意义不同。"硬"在普通话中，表示"坚决或执拗地（做某事）"，例如：不让他去，他硬要去。还表示"勉强地（做某事）"，例如：他一发狠，硬爬上去了。在方言中表示四种意思：一是表示"果然"的意思，后加

"是",例如:你说他来,他硬是来了。二是表示"执意"的意思,后加"是",例如:叫他莫来,他硬是来了。三是表示"非常"的意思,例如:我硬是过不得。四是表示"真正、确实"的意思,例如:我硬是要吐。"尽"作为副词,在普通话中表示"力求达到最大限度",例如:尽早赶到。|尽可能地减少错误。方言中的"尽"表示三种意思:一是表示"老是""一直""总是",如:这伢儿尽逃学。二是表示"全部",如:一碗饭尽是沙。三是表示动作行为长时间不间断地进行,例如:尽走尽走得,把人都累死了。|尽喝不得放下,非灌死不可。"一路"在普通话中可以表示"有一条道路""一种途径""沿途、事物在整个的进程中""一类、同一类""一带、一个方面""一边、一面""一起"。鄂东、新洲方言点中的"一路"用于动词前,表示"两种以上动作同时进行"或"一起"的意思,例如:孩子们一路走,一路玩。|你一路说,我一路记。|麦到小满谷到秋,迟迟早早一路收。

(4)意义相同,词形不同。普通话中的"开始",在方言中用"一世马儿""一马里儿"等来表示,例如:他一世马儿就不同意。|这事情一马里儿你就该听我的,现在弄得好吧。普通话中的"从前",在方言中用"预先""先前""早先"来表示,例如:你先前说的话现在不承认。|她早先脾气好些。普通话中的"马上、一会儿",方言中用"即刻""一眨眼儿""调个背儿"来表示,例如:我即刻就来。|钱一眨眼儿就不见了。

2. 副词短语形式

很多副词由多个语素构成,像一个短语,但内部结构较紧密,大多不能单说,只起一个副词的作用。"赶忙连忙"表示人的行动迅速或急迫,例如:看见爸爸回来了,他赶忙连忙往回跑。"停篙罢桨"用来表示限制动作行为的范围,即只有一个动作行为进行,而排斥其他的,例如:我们百事有做,停篙罢桨地等你一人。(黄陂、团风)"呼啦呼也"表示忽然的意思,例如:他呼啦呼也地往屋的箇一冲,吓得我一跳。"把件事地"表示"认真地""用心地"的意思,例如:你要把件事地读书哈。"一心归门里"表示"一心一意"的意思,多用在告诫对方或约束自己,例如:别的事你莫管,你就一心归门里地做作业。|我现在一心归门里地在屋的料理老母。(鄂东)"一马里儿"表示"原先",例如:这事情一马里儿你就该听我的,现在弄得好吧。"先不先"表示"首先""第一个","早

不早"表示时间过早，例如：人家都还没有动筷子，你先不先就吃起来了。|你早不早地回来做啥？"要不要"表示某种动作行为在时间上的被动性，有"意想不到"的意思，例如：他要不要才来一回，你很难碰到他。"好不得了地"表示"平白无故地"，例如：我有没有惹她，她好不得了地骂人。（竹溪、竹山）

3.8 语 气 词

3.8.1 语气词分析

语气词通常指可以单独或与语调以及其他一些词类一起表示某种语气的词。通常用在句末。一种语气可以用几个语气词表示，一个语气词也可以表示几种语气。语气词可以分为语气助词和语气副词两类。本书分析不同语气词表示的不同的语气。鄂豫皖赣四省交汇处方言中的语气词较丰富。下面对一些用得较为频繁的语气词进行分析。

1. 吧[pa]

"吧"作为语气词，可表示多种语气。

（1）表示疑问和揣测的语气。"吧"用在句子的末尾，表达疑问和揣测的语气。例如：

鄂东：[1]钱你把得他了吧？（钱你给他了吧？）
　　　[2]屋里还有人吧？（屋里还有人吧？）
孝感：[3]乜样不合适吧？（这样不合适吧？）

（2）表示反问语气。可加"不是"构成"不是……吧"的格式。孝感方言用得较多。例如：

[4]钱不是昨天哈还给你了吧？（钱不是昨天都还给你了吗？）
[5]现在不是放假了吧？（现在不是放假了吗？）

（3）表示祈使语气。例如：

孝感：[6]你还是少说闲话吧！（你还是少说闲话吧！）
鄂东：[7]你明朝再来吧！（你明天再来吧！）

（4）表示陈述语气。列举事实，含有假设的意义。例如：

孝感：[8]你说你到底同意不同意吧！（你说你到底同意不同意吧！）
　　　[9]说喝茶吧，他就最喜欢。（说喝茶吧，他就最喜欢。）
　　　[10]说他是个好人吧，他又光做坏事。（说他是个好人吧，他又光做坏事。）
鄂东：[11]你让他去打工吧，他说要读书；你让他读书吧，他又光玩。（你让他去打工吧，他说要读书；你让他读书吧，他又光玩。）

2. 啊[a]

（1）"啊"用在是非问句的末尾，表示有疑而问，是语气词，相当于普通话的语气词"吗"。在句中根据前一个音节的尾音的不同而有不同的变体。末尾音是[ɛ]的，读为[ia]，写作"呀"；末尾音是[o]的，读为[ua]，写作"哇"；末尾音是[n]的，读为[na]，写作"啦"。例如：

[12]你是他姐呀？（你是他姐吗？）
[13]北京你去过哇？（北京你去过吗？）
[14]他也是黄冈人啦？（他也是黄冈人吗？）
[15]穿这个衣裳不好看啦？（我穿这件衣服不好看吗？）

固始方言中可用在句末，表示多种疑问语气。用在是非问句中，多表示一种招呼性的问候语，如：老嫂子，你好哇？用在特指问句中，表提问，如：谁去啊？｜你啥时候走啊？用在选择问句中，表提问，如：你吃干的还是稀的呀？｜你走还是她走啊？用在反复问句中，表提问，如：你可走啊？｜他们可好哇？用在反问句中，表反问，此反问句中多有疑问词，如：你咋不走啊？

（2）"啊"也可用在肯定句后面，表示肯定的语气，是肯定语气词。例如：

[16]我晓得呀。（"啊"读[ia]，写成"呀"）（我已经知道了。）
[17]我不走啊。（我决定不走了。）

[18]我喝了呀。（"啊"读[ia]，写成"呀"）（我已经喝过了。）

各句都可以用"嗯""是的"表示肯定，用"不"或"不V了"表示否定。

（3）"啊"用于感叹句中，表示感叹的语气，是感叹语气词。例如：

[19]真好哇！（"啊"读[ua]，写成"哇"）（好极了！）

[20]真甜啦！（"啊"读[na]，写成"啦"）（甜极了！）

[21]真大啊！（大极了！）

（4）用于陈述句和祈使句中，表强调事实和催促，如：他去啊。|她走啊。|快起来啊！

（5）用于句中表停顿，常出现在各项并列结构的末尾，同时表列举；用在称呼语后，以引起听话人对后面内容的注意。例如：

[22]什么张婆婆哇，李大嫂哇，都哭啦！（"啊"读[ua]，写成"哇"）（什么张婆婆啊，李大嫂啊，都哭啦！）

[23]你这个人啦，确实太难让人伺候啦！（"啊"读[na]，写成"啦"）（你这个人啊，确实太难伺候啦！）

3. 咧[liɛ]

（1）"咧"相当于普通话的"呢"。句中有疑问代词，末尾用"咧"，句中如果没有疑问代词，就用"不咧"。例如：

[24]这事么样搞咧？（这件事怎么办呢？）

[25]这个题目么样写咧？（这个题目怎样写呢？）

[26]这个话么样说咧？（这个话怎样说呢？）

[27]你吃饭不咧？（你吃饭不吃饭呢？）

（2）表示提示、警醒的语气，相当于"呀"。例如：

[28]饭你不吃我就端走咧！（你不吃饭，我就拿走呀！）

[29]你简慢慢吞吞的，我先走了咧！（你这么慢慢吞吞的，我先走了呀！）

4. 了[lia]

语气词"了"用在句末，可以表示各种语气。

（1）表示事态发生了变化，跟在动词、形容词的后面。

[30]外头落雨了。（外头下雨了。）
[31]天晴了。（天晴了。）
[32]柿子红了。（柿子红了。）

（2）表示疑问语气。例如：

[33]你回去了？（你回去了？）
[34]你看见了？（你看见了？）

（3）表示陈述的语气。例如：

[35]他儿子结婚了。（他儿子结婚了。）
[36]他的做三栋屋了。（他盖了三栋房子了。）
[37]手机冇得电了。（手机没有电了。）

（4）语气词"了"与动态助词"了"的区别：第一，语气词"了"只能附着在句尾，主要表示时态发生了变化、表陈述或疑问，起成句煞尾的作用，如：树叶儿绿了。|外头落雨了。动态助词"了"可以处于句中，如：他学了三门外语了。第一个"了"是动态助词，第二个是语气词。又如方言中"他走了了"这句话，前一个"了"是动态助词，表动作或性状的完成，后一个"了"表陈述语气。第二，语气词"了"可以去掉，句子的意义不会改变，动态助词"了"如果去掉，句子的意义会产生变化。试比较：

[38]我吃饭了。（我吃饭了。）
[39]我晓得了。（我知道了。）

例[38]表示动作完成，如果去掉"了"，就改变了句子的意义，表示动作的意愿，因此句中的"了"是动态助词。例[39]是表示陈述，如果去掉"了"，还是表示陈述，意义没有改变，因此句中的"了"是语气词。

（5）"了"构成的复合语气词。

①"了"与"的"可构成"了的"，一般用在谓词的后边，用来形容某种状态。谓词可以是动词短语，可以是状态形容词。"了"与"的"连用，表示一种肯定的语气。"的"有加强肯定语气的作用，"了"是辅助语气词。例如：

鄂东：[40]她长得胖墩了的。（她长得胖乎乎的。）
　　　[41]皮鞋擦得亮赞了的。（皮鞋擦得很亮。）
　　　[42]嗯个人拐死了的。（那个人很坏。）
孝感：[43]乜一家人蛮可怜了的。（那一家人很可怜。）
　　　[44]酒喝得够多了的。（酒喝得够多了。）
　　　[45]那个女的结过两次婚了的。（那个女的结过两次婚。）

用"了的"的句子一般在表示喜爱色彩时，只用褒义形容词，不用贬义形容词；描写人的性质或心理的时候可以用褒义词，也可以用贬义词。

②"了"可构成"了去"，用以说明曾经发生并已完成的事情，表示陈述的语气。例如：

红安：[46]老李来了去。（老李来过。）
　　　[47]平平到街上去了去。（平平到街上去过。）

5. 哈[xa]

"哈"用在句子的末尾，是表示祈使语气的语气词。一般表示对小孩的要求，也可表示招呼、提醒对方，相当于"呀"。例如：

[48]你慢慢吃，吃饱哈！（你慢慢吃，要吃饱呀！）
[49]你把件事地做作业哈！（你要认真地做作业呀！）
[50]你莫哭哈！（你不要哭呀！）
[51]你快点来哈！（你要快点来呀！）

6. 嗨[xai]

表示祈使语气的语气词，用在句末表命令。例如：

[52]你记倒嗨！（你要记住！）

[53]你听倒嗨！（你要听着！）

[54]你莫走了嗨！（你不要走了！）

[55]你回来嗨！（你回来一下！）

7. 得[tɛ]

"得"用在句末，表示各种语气。

（1）"得"表示不愿或不好实施某种动作行为，表示肯定的语气，翻译成普通话时"得"可去掉。例如：

鄂东：[56]这个话我不好说得。（这个话我不好说。）

[57]这个人我怕见他得。（这个人我怕见他。）

竹山：[58]我懒管得你们的事得。（我懒得管你们的事。）

[59]这趟路我怕跑得。（这趟路我不想跑。）

（2）"得"表示祈使语气。"不消 V 得"表示劝阻、禁止某种行为动作，是"不用 V"的意思，隐含着"即便是实行了某种动作也是枉然，不能达到目的"的意思。"不消"有"不要""不用"的意思。"得"读[dɛ]，和"不消"配合使用，表示一种祈使的语气，相当于普通话的语气"了"，如"你不消洗得"可以说成"你不用洗了"，只是在鄂豫皖赣四省交汇处方言中只用"得"，不用"了"。例如：

[60]你不消箇洗得，洗了也没有用。（你不用这么洗，洗了也没有用。）

[61]你不消箇数箇数得，数了也白数。（你不用那么不停地数，数了也白数。）

[62]你不消箇跑得，跑了我也要抓回来。（你不用这么跑，跑了我也要抓回来。）

[63]你不消箇不听话得，冇得你好日子过。（你不要这么不听话，这样没有你好日子过。）

（3）"得"还用在表示主体是否能够实行某种动作的句末。用在肯定句中，表示能够实行某种动作；用在否定句中，表示不能实行某种动作。黄陂、孝感一带用得较多。例如：

[64]跳得下来得。（跳得下来。/能跳下来。）

[65]跳不下来得。（跳不下来。/没有跳下来的能力。）

[66]喝得一壶了得。（喝得了一壶。/能喝下一壶。）

（4）"得"可用于肯定句句末，表示某人特别具有某种能力或某物具有某种功能。例如：

[67]老王真正能睡得。（老王真能睡。）

[68]吃得才做得。（能多吃才能多干。）

[69]个老母猪真吃得。（那老母猪吃得可真多。）

（5）"得"还用在使动句的后边，表示"确实如此"的肯定语气。例如：

[70]他说话气人得。（他说话很让人生气。）

[71]细伢儿长得爱人得。（小孩儿长得很让人喜爱。）

[72]车上挤死人得。（车上挤得十分厉害。）

（6）"得"可构成"得了"。"得了"是语气助词，用在"VP得了"的格式里，"得"和"了"连用，表示事情将要发生或有变化。前边也可以加"架势"。"架势"有"快要"的意思。"得"有加强语气的作用，可省略。"了"相当于普通话的句末语气词"了"。例如：

[73]他要来得了。（他快要来了。）

[74]他要离婚得了。（他快要离婚了。）

[75]屋架势要垮得了。（房子快要塌了。）

[76]饭架势要熟得了。（饭快要熟了。）

前两例的主语是施事主语，后两例的主语是受事主语。动词前面一定要有副词"要"，没有这个成分，句子不自足，如不能说"她哭得了"。

8. 啦[la]

用于陈述句、疑问句、感叹句，还能用在句中表停顿。固始、罗山、竹山、竹溪一带用得较多。

（1）用于陈述句，表示对已然事实的肯定，如：我吃啦。|学生都去啦。

（2）用于疑问句，表是非问、特指问、反复问：①用在是非问句中，指对事实的一种猜测，如：你去啦？|俺们不去啦？②用在特指问句中，指对已然事实的一般性提问，如：谁去啦？|你啥时候去啦？③用在反复问句中，指对事实的一种提问，如：你可吃啦？|他可走啦？

（3）用于感叹句，表达一种感叹语气，如：这下好啦！|裂啦！|哎呀！翻车啦！

9. 来[lai]

河南固始、罗山一带用得较多。用在句中表示各种语气。

（1）用于陈述句，强调事实，略含不满，如：他上她家去来。|他走来。当"来"读去声时，表肯定事实，如：他吃来。|它跑来。

（2）用于各种疑问句中表示疑问。①用在反问句中，表示反问，整个句子隐含"只不过如此"之意，如：他不斗有点钱来，有啥了不起的呢？|他斗是哭来，又没得其他事，你说你操啥心呢？②用在特指问句中，表提问，如：你为啥跟这样来？|你怎么来劳来？③用在反复问句中，表提问，如：你可来劳来？|你可走来？

（3）用于复句中表示各种关系。①表说话者的不满，常用于解说复句中的前一分句中，如：你还说来，我都叫你气死啦！|你还有脸走来，人家都不理你啦。②表事实的确如此，常用于递进复句中的前一分句中，如：你还说来，他昨个又跟这样。|你还说来，他今个输得直哭。③表事情的反常性，常用于转折复句的后一分句中，如：你们都说这好得很，他还不要来。|你们都说他呆巴唧的，他还知道回家来。

10. 的话[ti xua]

"的话"是用在疑问句句末表示两种语气。

（1）表示猜测、疑问的语气，重点在自己的主观判断上。主要用在鄂东浠水、团风、黄州、黄陂、新洲一带。例如：

[77]你是说要钱的话？（你是说要钱是吧？）

[78]你是说明朝不来的话？（你是说明天不来是吧？）

[79]你是说按摩冇得用的话？（你是说按摩没有用是吧？）

（2）用于假设分句的末尾，表达假设语气。句中有表示假设的词语"要""要是"。例如：

固始：[80]要跟这样的话，俺们早赢啦。（如果是这样的话，我们早赢啦。）

[81]下雨的话，我斗不来啦。（如果下雨，我们就不来啦。）

鄂东：[82]他要是不来的话，我咃再去找他。（他要是不来的话，我们再去找他。）

[83]要是我去的话，保证要得来钱。（要是我去的话，保证能要来钱。）

竹山：[84]要是叫我来的话，这场球肯定打得赢。（要是叫我来的话，这场球肯定打得赢。）

[85]后两天要是天不下点雨的话，包谷要干死完。（后两天要是不下点雨，玉米要全干死了。）

11. 很[xən]

作为语气词，主要用于固始、罗山一带。

（1）用于疑问句。①用在特指问句中，表疑问，有时略带一些不满，如：你到底叫谁去很？|你们啥时候来很？②用在反问句中，表反问，有时略带一些不满，如：你还哭很？③用在反复问中，表提问，语气较重，含有"究竟会不会"之意，如：他可斗很？|你可答应很？

（2）用在祈使句中，表催促、劝说，并略带不耐烦，如：去很！|来很！

12. 着[tʂo]

（1）这个"着"用在疑问句句末，是疑问语气词。鄂东、鄂州、河南罗山一带常用。例如：

鄂东：[86]你把钱冇着？（你给钱没有？）

[87]你要住几多时儿着？（你要住多长时间？）

[88]你来有么事着？（你来有什么事？）

[89]他们昨个回来几么早儿着？（他们昨天回来是什么时候？）

（2）"着"也可用于反问句句末，表示反诘语气。例如：

[90]他做的事你么儿不晓得着？（他做的事你怎么能不知道呢？）

[91]这个话么儿能筒的说着？（这个话怎么能这样说呢？）

罗山：[92]这个事能放倒那哈儿搁到不管着？（这个事能放在那里不管吗？）

[93]你盖房子你的亲戚都不晓得帮哈着？（你盖房子你的亲戚都不知道帮一下吗？）

[94]你都不晓得你来迟了到着？（你都不知道你迟到了吗？）

（3）"着"还可以用在选择问句中，句中有"有冇得""有没得""V没V"等词语。例如：

鄂东：[95]你的有冇得饭吃着？（你家有没有饭吃呢？）

[96]你动冇动我的包儿着？（你动没动我的包呢？）

罗山：[97]这个时候去有没得车着？（这个时候去有没有车呢？）

[98]他的事你晓不晓得着？（他的事你知不知道呢？）

[99]我搁在桌子上的书你动没动着？（我放在桌子上的书你动没动呢？）

3.8.2 语气词的特点

语气词最能体现地方方言的特征。鄂豫皖赣四省交汇处方言的语气词有以下特征。

（1）语气词与助词的区别。

第一，语气词主要表示陈述语气或表示新情况的出现，起成句煞尾的作用，例如：我把他气死了。|你跟他混，说不定要吃亏的。两句中的"了"和"的"是语气词。

第二，语气词只能附着在句尾，动态助词可以处于句中，如"他吃了三碗饭了"中第一个"了"是动态助词，第二个是语气词。还如"他走了了"这句话中前一个是动态助词，表动作或性状的完成，后一个是语气词，表陈述语气。

第三，语气词可以去掉，而不改变句子的意义，助词去掉了，改变了句子的意义。试比较：

[100]我吃饭了。（我吃饭了。）

[101]手机冇得电了。（我手机没有电了。）

[102]你做你的，我做我的。（你做你的，我做我的。）

[103]你跟他混，说不定要吃亏的。（你跟他混，说不定会吃亏。）

[104]这不吃，那不吃，是冇饿得。（这也不吃，那也不吃，是没有挨过饿。）

[105]车上挤死人得。（车上很挤。）

例[100]中的"了"表示动作完成，如果去掉了"了"，就改变了句子的意义，表示动作的意愿，因此句中的"了"是助词；例[101]如果去掉"了"，还是表示陈述，意义没有改变，因此句中的"了"是语气词；例[102]中的"的"构成"的"字结构，去掉了，句子不能自足或改变意义，是助词；例[103]如果去掉了"的"，不改变意义，"的"是语气词；例[104]中的"得"表示"着"的意义，不能去掉，是助词；例[105]中的"得"可去掉，不改变句子的意义，是语气词。

（2）很多语气词是普通话或其他方言没有的，如吧、了、哇、啥、咧、唉、嘛、喂、耶、嘞、吵、喔、啦、噢、啦、呢、啊、劳[lau]、来[lai]、号[xau]、喽[lou]、很[xən]、蛮[man]、吧[pa]、嘞[lei]、的[ti]、蒙[mən]、喳[za]、嗷[au]、在[tsai]、头[t'ou]、倒 [tau]、呦[iou]、唉[ai]、诶[ei]、耶[ie]、讴[ou]、的话[ti xua]等。

（3）语气词语调较低，大多是轻声或低调。即使是表示确定的语气也是温和的，比如"吧、啊、舍、咧、嘞、呀、哇、啦"等，都是降调或轻声。

（4）不同语气的表达必须要有语气词。这与普通话不同，在普通话中，不需要语气词，只要改变一个语调就能改变一个句子的语气，例如，普通话中"你还打人"这个句子附上不同的语调即可改变语气。

[106]你还打人？（疑问语气）

[107]你还打人！（祈使语气）

在方言中一定要附上语气词才能表示不同的语气。

[108]你还打人唻/啦？

[109]你干啥打人嘛？

（5）一个语气词可以表示多种语气，例如"啦"用于陈述句中表示陈述语气，用在疑问句中表示疑问语气，用在感叹句中表示感叹语气。"啥"分别表示祈使语气、陈述语气和疑问语气。

（6）复合语气词较多。在鄂豫皖赣四省交汇处的鄂东、孝感、固始、罗山、宿松、竹山、竹溪等地的方言中复合语气词用得较多，如"的话""了的""了去""得了"等。

3.9 叹　　词

叹词可以表示惊讶、赞美、埋怨、叹息等感情，起呼唤、应答的作用。叹词的独立性很强，它不跟其他词组合，也不充当句子成分，能独立成句。下面分析鄂豫皖赣四省交汇处方言中一些有特点的叹词。

3.9.1　啊[a⁻]

（1）表示惊讶、赞叹。例如：

[1]啊！他也把死了哇！（啊！他也总算死了哇！）

[2]啊！姓秦的也一把走了哇！（啊！姓秦的也总算走了哇！）

（2）表示因痛苦或高兴发出的感叹。孝感方言用得多。例如：

[3]啊！好痛啊！（啊！好痛啊！）

[4]啊！么样乜凉快啊！（啊！怎么这么凉快啊！）

（3）表示劝说，通常用于句末，相当于"好不好"。例如：

[5]你上课要好好听讲，啊！（你上课要好好听讲，好不好？）

[6]晚上十点之前要回来，啊！（晚上十点之前要回来，好不好？）

（4）表示疑问，一般用在疑问句中。例如：

[7]啊？你么儿冇去上班咧？（啊？你为什么没有去上班呢？）

[8]啊？香玖得了癌症？（啊？香玖得了癌症？）

3.9.2 嘿[ˌxɛ]

（1）表示惋惜和惊诧。一般表示事件出现了不好的结果或状态。例如：

[9]嘿！嗯再像个东西！（嘿！那不像个东西！）

[10]嘿！做的么事屋要垮的了！（嘿！建的什么房子，都要塌了！）

（2）表示出乎意外。例如：

[11]嘿！他还考上了咧！（嘿！他还考上啦！）

[12]嘿！他还赚了几个钱咧！（嘿！他还赚了几个钱呢！）

（3）表示失望。例如：

[13]嘿！算是莫说，一分钱也冇还得我。（嘿！别说了，一分钱也没有还。）

[14]嘿！忙了半天算是白忙的。（嘿！忙了半天算是白忙活了。）

3.9.3 哎哟[ˉai ioˉ]

（1）表示惋惜、失望的意思。用在句子开头。例如：

[15]哎哟，笛好个包儿落了。（哎哟，这么好的一个包掉了。）

[16]哎哟，手表落到水的去了。（哎哟，手表掉水里了。）

（2）表示醒悟的意思。例如：

[17]哎哟，我的门忘锁了。（哎哟，我忘记锁门了。）

[18]哎哟，我一把忘记带钱了。（哎哟，我一下忘记带钱了。）

（3）表示惊讶。例如：

[19]哎哟，你来了哇！（哎哟，你来了啊！）

[20]哎哟，他调走了哇！（哎哟，他调走了啊！）

（4）表示无可奈何。用于孝感方言。例如：

[21]哎哟，你么样总不信我的话呢！（哎哟，你怎么总不信我的话呢！）

[22]哎哟，你快点自家去玩一下哈！（哎哟，你快点自己去玩一下！）

（5）表示突然疼痛时的呼叫。例如：

[23]哎哟，你把我打痛了。（哎哟，你把我打疼了。）

[24]哎哟，好痛啊！（哎哟，好痛啊！）

3.9.4 嗨[˰xai]

（1）表示讥讽的叹词。例如：

[25]嗨，你还能写诗咧！（嗨，你还能写诗呢！）

[26]嗨，你也唱倒京剧？（嗨，你也能唱京剧？）

（2）表示悲伤、惋惜的叹词。例如：

[27]嗨，他病了两个月。（嗨，他病了两个月。）

[28]嗨，他的（他家）火烧了啊！（嗨，他家被火烧了啊！）

（3）表意外。例如：

[29]嗨，你么样又来了？（嗨，你怎么又来了？）

[30]嗨，真冇想到！（嗨，真没有想到！）

3.9.5 啐[˰tsʻɛ]

（1）表示惋惜、遗憾。例如：

[31]啐！一点钱他哈输了！（啐！一点钱他都输光了！）

[32]啐！一年到头一点钱冇赚倒！（啐！一年到头一点钱没有赚到！）

（2）表示愤怒、鄙视。例如：

[33]啐！他做到个事！（啐！他不会做事！）

[34]啐！他读到简书！（啐！他不会读书！）

（3）表示不屑一顾。例如：

[35]啐！钱把得他用作了。（啐！钱给他用浪费了。）

[36]啐！真是冇么事说得！（啐！真没有说头！）

3.9.6 欸[˂ɛi]

（1）表示打招呼，一般是距离比较近的，打招呼的对象是比较亲近的平辈。例如：

鄂东：[37]欸，你过来下。（欸，你过来下。）

[38]欸，你叫么事名字？（欸，你叫什么名字？）

（2）表疑问。例如：

孝感：[39]欸，你为么事要走呢？（欸，你为什么要走呢？）

[40]欸，你昨天还是好好的，么儿今朝就病了呢？（欸，你昨天还是好好的，怎么今天就病了呢？）

（3）表示应答。例如：

[41]欸，我就来了。（欸，我就来了。）

[42]欸，我在教室的。（欸，我在教室。）

（4）表示无可奈何。例如：

孝感：[43]欸，你让他去舍。（欸，你让他去吧。）

[44]欸，我把他冇得解。（欸，我拿他没有办法。）

（5）表示不以为然。例如：

[45]欸，你乜样做就不好了。（欸，你这样做就不好了。）

[46]欸，乜步棋你又走错了。（欸，这步棋你又走错了。）

（6）表示叹息。例如：

孝感：[47]欸，白忙了一上午。（欸，白忙了一上午。）
　　　[48]欸，我着又输了。（欸，我们又输了。）

3.9.7　哎耶[ˉai iɛ˳]

（1）表示惊讶。例如：

[49]哎耶，么儿要得耶！（哎耶，怎么行啊！）
[50]哎耶，哪箇箇么事哎？（哎耶，哪有这样的事呀？）

（2）表示惊喜。例如：

[51]哎耶，箇大一摞钱啦！（哎耶，这么一大摞钱！）
[52]哎耶，箇一树苹果！（哎耶，这一树的苹果！）

（3）表示推辞。例如：

[53]哎耶，吃箇点东西还要你把钱！（哎耶，吃这么点东西还能要你给钱！）
[54]哎耶，么儿安得上你请我吃饭！（哎耶，怎么轮得上你请我吃饭！）

3.10　助　　词

3.10.1　得[tɛ]

鄂豫皖赣四省交汇处方言中的"得"分为结构助词和状态助词两种情况。

（1）结构助词"得"。

①"V得"结构。"得"放在单音动词后，表示有能力做或善于做某种动作，有"很能够"的意思。读轻声。例如：

[1]他吃得。（他很能吃。/他吃了很多还在吃。）
[2]他睏得。（他很能睡。/他睡了很久还在睡。）
[3]他坐得。（他很能坐。/他坐了很久还在坐。）

② "V 得 C"结构。

A 式：
[4]杯子打得破。
[5]馒头吃得饱。
[6]这间屋好大，床顿得下。

B 式：
[7]进得来。
[8]听得出来话音。
[9]读得出书来。

这种格式有以下特点。

第一，A 式表示主客观条件是否可能实现某种结果，补语"C"是一种可能结果补语。"这个杯子打得破"即"这个杯子能打破"。B 式表示主客观条件是否可能实现某种动作的趋向，"C"是可能趋向补语。"进得来"是"能进来"的意思。两式都是表示未然。

第二，A 式"V 得 C"能把前面的主语移至"V 得"后边作宾语，主语是施事或受事，移至"V 得"的后边，成了受事宾语。例如："杯子打得破——打得破杯子""馒头吃得饱——吃得饱馒头"。

第三，"V 得 C"的否定式是"V 不 C"或"不能 VC"，表示主客观条件不能实现某种结果，例如：杯子打得破——杯子打不破。|杯子不能打破。

（2）状态助词"得"。

鄂豫皖赣四省交汇处方言中表状态的助词"得"带状态补语。其状态补语有两类：A 类是评定性补语，由性质形容词充当，其整体结构形式用"V 得 Ca"表示；B 类是描述性补语，用"V 得 Cb"表示，"Cb"可以由状态形容词、谓词性短语、名词性短语和主谓短语充当。例如：

A 组：[10]肉煮得烂。（肉煮得烂。）
[11]衣裳折得抻敨[tʂʰən tʰəu]。（衣服折得整齐。）
B 组：[12]肉煮得烂烂儿的。（肉煮得很烂。）
[13]她吓得筲颤。（她吓得一直发抖。）

状态助词"得"后的补语还表示动作行为的程度。例如：

[14]嗯个人拐得很。（那个人狡猾得很。）
[15]吃得太饱。（吃得太饱。）

3.10.2 倒[tau]

"倒"是时态助词，一般用在动词后边表示不同的意义，读轻声。

（1）"倒"用在动词后，表动作、行为的变化情况，相当于时态助词"着"。例如：

[16]他坐倒不走。（他坐着不走。）
[17]你听倒。（你听着。）

（2）表示已经达到目的或者结果，后要加"了"。例如：

[18]我猜倒了。（我猜出来了。）
[19]门锁倒了。（门锁好了。）

（3）表示有/无能力做。表示有能力做时，"倒"前面要加"得"，合起来相当于"会""能够"；表示无能力时，前面加"不"，合起来相当于"不会"。例如：

[20]他唱得倒歌儿。（他会唱歌。）
[21]他骑不倒车子。（他不会骑车子。）

3.10.3 着[tʂo]

"着"用在句子末尾，与动词配合，表示各种语法意义，读轻声。

（1）将然体标记。表示先完成某种动作行为后再做其他事情。主要用于鄂东、孝感、九江、鄂州等方言点。例如：

鄂东：[22]等我说完着。（等我说完了，你再说。）
　　　[23]等我写完着。（等我写完了，你再写。）
鄂州：[24]等我看完着。（等我看完了，你再看。）
　　　[25]等我吃完着。（等我吃完了，你再吃。）
孝感：[26]你坐倒着，我慢慢和你讲。（你先坐着，我慢慢和你讲。）
　　　[27]你吃了着，我等哈再吃。（你先吃，我等下再吃。）

（2）表示祈使，句首要加"让"。例如：

[28]让我想下着。（让我想一下。）
[29]让我用几天着。（让我用几天再给你。）
[30]让他们先上去着。（让他们先上去再说。）

（3）用在动词后边，表示动作的完成。例如：

岳西：[31]你开车撞着人还想跑哇？（你开车撞了人还想跑啊？）

（4）用在动宾结构之后或句末，表示事情发生了变化。例如：

岳西：[32]佢吃着饭就走着。（他吃了饭就走了。）
[33]佢几个打着球着。（他们打了球了。）
[34]伢让佢妈打着。（孩子让他妈妈打了。）
[35]桃子让风吹落着。（桃子被风吹落了。）

（5）动态助词，用在句中表示动作的进行或持续，是进行体标记。例如：

岳西：[36]在门槛上坐着戏。（在门槛上坐着玩。）
[37]跑着恁个乎。（一直跑，跑得很快。）
[38]讲着讲着就哭起来着。（讲着讲着就哭起来了。）
[39]走着走着陡然跶了一跤。（走着走着突然摔了一跤。）

（6）被动标记。"着"读[tʂo₋]，不能直接放在动词前面表示被动，这是鄂豫皖赣四省交汇处方言"着"字句与普通话"被"字句最大的不同之处。例如：

孝感：[40]衣裳着老鼠咬了一个洞。（衣服被老鼠咬了一个洞。）
[41]她着别个货（骗）走了一百块钱。（她被别人骗走了一百块钱。）
黄梅：[42]地里的麦着猪吃了。（地里的麦子被猪吃了。）
[43]他着狗咬了一口。（他被狗咬了一口。）

用在"着"字句中的动词，一般是表示处置意义的动词和部分表示感觉、知觉的动词，如"说、骂、笑、打、吃、撞、抓、摔、吹、哄骗、打湿、打破、看到、听到、晓得"等。宿松方言"着"字被动句的动词可以是单音节"光杆动词"。

例如：

[44]你要争点气，莫着别个笑。（你要争点气，不要被别人笑。）
[45]一大早就要着别个骂。（一大早就要被别人骂。）
[46]这么大的年纪着人家说，划不来。（这么大的年纪被人家说，划不来。）
[47]要听话，莫着你姆妈打。（要听话，不要被你妈妈打。）
[48]门关着，莫着风吹。（把门关着，不要被风吹。）

除上述少数单音动词外，鄂豫皖赣四省交汇处方言"着"字句的 VP 可以是由表示处置意义的动词与其他成分构成，或是述补短语，或是述宾短语；也可以是一般动词。但是"着"字句句末必须有帮助表示动作完成的语气词"了"，或语气词连用的"了的"或"的"，如果没有，被动句便不能成立。这是与普通话不同的。例如：

[49]你的良心着狗子吃了。——*你的良心着狗子吃。
[50]衣裳着老鼠咬了一个洞。——*衣裳着老鼠咬一个洞。

3.10.4 在[tsai²]

"在"跟"倒"结合，用在动词后，表示动作正在持续，动态助词"在"，相当于"着"。例如：

[51]他睏倒在。（他还在睡着。）
[52]他坐倒在。（他正在坐着。）
[53]杯子装倒酒在。（杯子里装着酒。）
[54]我占倒手在。（我的手不空。）

3.10.5 箇[˚ko]

"箇"相当于现代汉语的"的"，主要用于鄂州东南部和南部的赣语区。它包括两种情况，一种用于修饰语和中心语之间，这时"箇"标志着前面的修饰语是定语。例如：

[55]我箇书。（我的书。）

[56]你箇东西。（你的东西。）

[57]渠箇相片。（他的照片。）

[58]是公家箇牛，不是私人箇。（是公家的牛，不是私人的牛。）

另一种附在某些词或词组后面，构成具有名词语法特点的"箇"字结构，表示人或事物，可以做名词，能够充当句子成分。例如：

[59]渠是卖糖箇。（他是卖糖的。）

[60]衣裳有红箇、绿箇、黄箇、白箇。（衣服有红色的、绿色的、黄色的、白色的。）

[61]发的新钱有五十箇、一百箇。（发行的新人民币有五十元一张的、一百元一张的。）

[62]街上有唱戏箇、玩把戏箇、玩龙灯箇，蛮热闹。（街上有唱戏的、玩杂耍的、玩龙灯的，非常热闹。）

第 4 章

句　　法

4.1　处　置　句

处置句也叫"把"字句。关于"把"字句，邢福义认为："'把'字句里，'把'字后边大都是名词或名代词，一般表示有定的、被处置的人或事物。"[①]鄂豫皖赣四省交汇处方言中的处置句用"把"引进的事物是后面动词处置的对象，也是由名词或名代词充当。"把"表示"将"的意思，主要表示处置。"把"的宾语常常是受事或处所。处置句有以下几种句式。

4.1.1　"把+N+V+C"格式

这种格式是表示处置意义的格式，N 是名词，C 是补语，表示处置的结果。例如：

[1]我把鸡赶跑了。（我把鸡赶跑了。）

[2]把房的扫下。（把房间打扫一下。）

[3]把（个）洗脸盆去装汤。（用脸盆去盛汤。）

[4]把手牵倒走。（用手牵着走。）

例[1]中"把"的宾语是动词的受事；例[2]中"把"的宾语是动词的处所；例[3]中"把"的宾语是动作凭借的工具，"把"后边的"个"，表示使用这种工具不合适或不划算的意思；例[4]中"把"的宾语是动作的方式、手段，"把手牵倒"

[①] 邢福义. 汉语语法学[M]. 长春：东北师范大学出版社，1996：140.

是"走"这个动作的方式。

4.1.2 "把+N+VP+（了）+它/渠"格式

这种格式是在句末配置一个虚指的"它/渠"。例如：

鄂东：[5]把猪杀它/了它！（把猪杀了！）
罗山：[6]你要再乱说，我把你删了它。（你要再乱说，我把你删了。）
潢川：[7]把酒喝完它！（把酒喝完了！）
固始：[8]把鸡杀它！（把鸡杀了！）
宿松：[9]我侬去把衣裳卖脱渠。（我们去将衣服卖了。）

"它/渠"形式上可以分析为宾语，语义上有指代受事的功能，因为"它/渠"既可以用在有动作受事的句子中，也可以用在没有动作受事的句子中，在格式中配置了"它/渠"，其处置的意味更强，可看作是加强处置功能的助词。王东认为："'它'与其前的单音节动词连用，其语法功能是充当这个动词的补语，表示动作行为的结果，使这个动作在意义上是完足的。如果去掉'它'，那么这个动词表示的动作行为就不完足，整个句子的意义也相应地残缺不全。如'把饭吐它'，若没有'它'，则成为'把饭吐'，这样对方就不清楚说话人发出的是何指令，这全靠句后的'它'来把意思补全。若加上'它'，听话人就能很清楚地知道是说话人要求对方进行'吐掉'这个动作。这样看来，罗山方言句中的'它'，其语法功能不能仅仅看做是一种复指成分，即 V 后有代词'它'来复指 O，还相当于普通话中'了[1]'的用法。……正是因为罗山方言中有无'它'的存在可以影响着整个句子意义的表达，所以'它'有时在句子中充当了很重要的角色，必不可少。"[①]我们认为王东的分析有道理，鄂豫皖赣四省交汇处方言处置句中的"它/渠"，从功能上看，是一个复指成分，在形式上可以分析为宾语，在语义上具有"游移指代性"，指代"把"的宾语 N，例如例[5]中的"它"指代"猪"，例[6]中的"它"指代"你"，例[7]中的"它"指代"酒"，例[8]中的"它"指代"鸡"，例[9]中的"渠"指代"衣服"。功能上，"它"是格式所必备的成分，去掉"它"，就改变了句子的性质或不成话，例如"把猪杀它"，去掉了"它"，"把猪杀"

---

① 王东，罗明月. 河南罗山方言"把+O+V+它"式处置式[J]. 信阳师范学院学报（哲学社会科学版），2007（6）：84-85.

就不成话。句中可在动词后边加"了","了"是助词"了₁",用在动词的后边表示动作的完成。由于表示处置的意义,能进入格式的动词是非持续性动词,例如"忘、卖、丢、吃、喝、洗、洒、扔、放、砸、摔、踩、杀"等。

4.1.3 "把 NP 一 VP 倒"格式

"把 NP 一 VP 倒"格式主要用于鄂东方言。其语法意义、句法结构、句法功能以及语用价值都有不同于其他方言的特点。从结构上看,鄂东方言中的"把 NP 一 VP 倒"格式的特殊之处在于在句中产生了新的语法意义。

1. 表示对事物的处置

"把 NP 一 VP 倒"中的 VP 如果不能表示动作行为的持续或处置义,那么整个句子就是表示动作行为的实现和完成。其中,"一"一方面表示动作行为在始发点上迅速实现的意义有所减弱,另一方面跟无"一"句相比较,强调对某种事物的处置。例如:

[10]把菜一盖倒。(将菜盖着。)
[11]把饭一掇倒。(将饭端着。)

在"把 NP 一 VP 倒"中的 VP 如果是表示状态的形容词,那么整个句式就表示对某人/物进行处置,使之处于某种静止状态,是处置状态句。例如:

[12]把脸一红倒。(将脸红着。)
[13]把灯一亮倒。(将灯亮着。)

例[12]说明对"脸"处置后出现"红"的状态,例[13]说明对"灯"处置后出现"亮"的状态。

2. 既表处置又表方式

在"把 NP 一 VP 倒"中的 VP,既表示对某种事物的处置又表示方式。例如:

[14]把椅子一坐倒。(将椅子霸占着。)
[15]把帽子一捏倒。(将帽子捏着。)

例[14]既表示"坐"这个动作正在进行，又表示其方式是坐着而不是站着；例[15]既表示"捏"这个动作正在进行，又表示其方式是捏着而不戴着。

4.1.4 "数+动量+把+VP+了"格式

这种格式主要用于鄂东的英山、罗田、浠水等的方言中。据陈淑梅的研究，"数+动量+把+VP+了"格式是一种特殊处置式。[①]这种格式有以下特点。

1. "数+动量+把+VP+了"格式的构成

"数+动量+把+VP+了"的格式由数词、动量词、把、VP、了五个部分构成，其中VP是单音节自主动词，"了"是表示已然的句末助词。VP和"了"两个成分的用法与普通话基本相同，不难理解。我们重点分析"数词""动量词""把"三个成分。

（1）数词。数词主要是基数词"一"和表约量的"两""三""几"。"一"一旦带上量词后，其计数意义消失，已经语法化为一种虚数词。其表现在两个方面：一是"一"进入格式后重在突出动作的量，而忽略其数的功能，例如"一口把吃了"凸显的是"吃一口"的动作量；二是"一"带上量词后，其数不能类推，"一口把吃了"不能说"四口把吃了""五口把吃了"。"两""三""几"表示约量，相对于"一"来说，"两""三""几"表示的是多量，"两口把吃了""几口把吃了"表示的量比"一口把吃了"表示的量要多，语气上要夸张一些。理论上讲，这几个数词与后边的动量词的组合没有限制，同一个数词可以与不同的动量词组合，同一个动量词也可以与不同的数词组合。数词与动量词之间的关系十分紧密，数量之间不能插入任何其他成分。

（2）动量词主要是指表示动作的次数的词，要重读。朱德熙说："动量词常常放在动词之后充当准宾语，表示动作的次数。"[②]在普通话中，动作的量都是由"下、次、遍、趟、顿、回、番、阵"等动量词来充当，而鄂东方言的"数+动量+把+VP+了"格式中的"动量"只有极少数是专用动量词，如"把""捆""回""到"等，除此之外大多由借用的名词来充当。借用的名词又可分为两类。

第一类是表示工具器械的名词。其具有较大的开放性。根据功能的不同，该

[①] 陈淑梅. 湖北英山方言的特殊处置式"数+动量+把+VP+了"[J]. 方言，2019（1）：47-53.
[②] 朱德熙. 语法讲义[M]. 北京：商务印书馆，1982：50.

名词又可以分为两种：①筷子、扫帚、锄头、剪子、斧头、锤儿、瓢儿、剁刀、凿子、耙儿、笔、扁担、锅铲、棍子等；②碗、盘子、筦筐（装粪土的工具）、桶、锅、簸箕、箩筐、坛子、罐子、车、箱子、袋子等。再看实际用例：

[16]几筷子把戳了。（几筷子戳完了。）

[17]几扫帚把扫了。（几扫帚扫完了。）

[18]一盘子把装了。（一盘子装下了。）

[19]两筦筐把挑了。（两筦筐挑完了。）

第二类是表示身体器官的名词，只限于"拳子、口、脚、肚子"等。例如：

[20]一口把吃了。（一口吃了。）

[21]一肚子把装倒。（都装在肚子里。）

"一口把吃了"表示用口"吃"的一次动作，"一肚子把装倒"指把所有的怨气都放在肚子里，表示忍气吞声。

如果说表示工具器械的词语具有开放性的话，那么表示身体器官的词语具有较大的封闭性，并非所有的表示工具器械和身体器官的词语都能被借用为动量词。观察以上借用的名词，有以下几个特点：第一，借用的第一种工具器械名词具有可持性、打击义的特点，即能用手拿的棍状的或有柄的工具，第二种工具器械名词具有可容性特点。第二，具有语境性，即说话者手上拿着什么工具，或看见别人使用什么工具，就借用什么工具名词作动量词。第三，借用身体部位的名词具有运动性和可容性，不具有运动性和可容性的身体部位的名词，如"鼻子、耳朵、头、眼睛、大腿、小腿"等都不能借用为动量词。第四，这些借用的名词具有双重角色，既表示动作行为的量，又表示动作行为得以进行的凭借工具。表示动作行为的量时，具有动量词的性质，例如"几筷子把戳了"中的"筷子"既可表示动作行为的量，是动量词，又可以表示动作行为得以进行的凭借工具，具有工具性。一般在讨论工具语义格时，人们多把"用"作为工具格的标记，可写作"用+X+VP"的格式，在鄂东方言的"数+动量+把+VP+了"格式中，是不能用介词"用"来构成"用+X+VP"格式的。

（3）"把"，读[ˉpa]，轻声。"把"在格式中修饰动词，作状语，是副词。主要表示动作的快捷和力度大，鄂东方言的副词"把"与普通话的介词"把"不

同。普通话的介词"把"表示处置,后边引进动作处置的对象,鄂东方言的副词"把"后不能引进动作的对象。试比较:

[22]他一拳头把我打倒在地上。(普通话)
[23]一拳子把打了。(一拳头打了。)(鄂东方言)

例[22]中的"把"是介词,引进了处置对象"我",与"我"一起构成介宾结构,充当"打"的状语,其地位比较重要,不能省略;例[23]中的"把"不能引进处置对象,是副词,直接作动词"打"的状语,以增加"打"动作的快捷和强度,可以省略。

2. "数+动量+把+VP+了"格式的功能特点

(1)"数+动量"的句首功能。鄂东方言的"数+动量+把+VP+了"是将"数+动量"放在句首。例如:

[24]一担子把挑了。(一担子挑了。)
[25]一脚把踩了。(一脚踩了。)

"数+动量"放在句首有几个作用:一是表示动作的快捷,"一担子""一脚"表示动作一经发生就达到某种量的结果。二是表示动作的力度大,"一担子"表示的绝对是力度很大的一担子,"一脚"表示的是力度很大的一脚。三是可替代事件,"数+动量"不能替代动词后边的宾语,也不能替代借用词本身的名词,例如:"一担子"不能替代"挑"的宾语,也不能替代"担子",而是替代"挑担子"这个事件;"一脚"不能替代"踩"的宾语,也不能替代"脚",而是替代"踩一脚"这个事件。

(2)"数+动量+把+VP+了"与"数+名量+VP+(了)"格式功能比较。"数+名量+VP+(了)"格式也是鄂东方言的格式,与"数+动量+把+VP+了"格式语表近似,但两种格式用法和表意是不同的。试比较:

[26]a. 一脚踩一个。(一只脚踩一个。)
　　 b. 一脚把踩了。(一脚踩下去了。)
[27]a. 两把都吃了。[两把(瓜子)都吃完了。]

b. 两把搞赢了。（两下搞赢了。）

例[26]两句都是"一脚+VP"，例[27]两句都是"两把+VP"。两例的 a 句是"数+名量+VP+（了）"，b 句是"数+动量+把+VP+了"。怎么样区别这两种格式？李宇明指出："甄别这两种结构可以采用两种方法：第一，看'一 X'之间能否再插入量词；第二，看'一 X'能否被'一下'替换。"[①]

从鄂东方言的格式来看，甄别的方法有三种：第一，看"数+X"之间能否再插入量词，或看能不能插入"大""细""满"等其他成分；第二，看"数+X"能否被"一下子/下子"替换；第三，看数词是否类推。

根据第一条来判断：例[26]、例[27]两例 a 句中的"一脚"中间能插入量词，"两把"中间能插入成分"大"，是"数+名量+VP+（了）"格式；例[26]、例[27]两例 b 句中的"一脚"中间不能插入量词，"两把"中间不能插入成分"大"，是"数+动量+把+VP+了"格式。试比较：

[28]a. 一脚踩一个。——一只脚踩一个。

b. 一脚把踩了。——*一只脚把踩了。

[29]a. 两把吃完了。——两大把（瓜子）吃完了。

b. 两把搞赢了。——*两大把搞赢了。

根据第二条判断：例[26]、例[27]两例 a 句中的"一脚""两把"不能用"一下子/下子"来替换，是"数+名量+VP+（了）"格式；例[26]、例[27]两例 b 句中的"一脚""两把"能用"一下子/下子"来替换，是"数+动量+把+VP+了"格式。试比较：

[30]a. 一脚踩一个。——*一下子踩一个。

b. 一脚把踩了。——一下子踩了。

[31]a. 两把吃完了。——*两下子（瓜子）吃完了。

b. 两把搞赢了。——两下子搞赢了。

根据第三条判断：例[26]、例[27]两例中的 a 句前边的数词可以类推，可以说"两脚、三脚"等、"三把、四把"等；例[26]、例[27]两例中的 b 句前边的数词

---

① 李宇明. 汉语量范畴研究[M]. 武汉：华中师范大学出版社，2000：172.

不能类推，"一脚"不能说"两脚、三脚"等，"两把"不能类推为"三把、四把"等。能类推的是"数+名量+VP+（了）"格式，不能类推的是"数+动量+把+VP+了"格式。

（3）"数+动量+把+VP+了"与普通话的"数+动量+VP"格式功能比较。鄂东方言"数+动量+把+VP+了"格式的功能特点，必须与普通话的相关格式进行比较才能凸显出来。鄂东方言的"数+动量+把+VP+了"格式与普通话的"数+动量+VP"格式有以下几点不同。

第一，鄂东方言的"数+动量+把+VP+了"格式中的 VP 后不带补语，普通话的"数+动量+VP"格式中的 VP 是动词短语，一定要带补语，否则不成立。试比较：

[32]一脚踩在泥里。
[33]一脚把踩了。

例[32]是普通话格式，"踩"后边带补语"在泥里"，否则该句不能成立；例[33]是鄂东方言格式，"踩"后没有带补语，只带已然体的助词"了"。

第二，鄂东方言"数+动量+把+VP+了"中的 VP 的前边要带副词"把"，普通话的 VP 的前边不带"把"。试比较：

[34]苏健一拳打了过去。①
[35]一拳子把捶了。（一拳头砸了。）
[36]他一屁股坐在我床上，瞪着两个圆眼睛猝然说道……②
[37]他一屁股把坐了。（他一屁股坐下去了。）

例[34]、例[36]是普通话的句子，动词"打""坐"前边没有"把"；例[35]、例[37]是鄂东方言的句子，动词"捶""坐"前边都带了副词"把"。

3. "数+动量+把+VP+了"格式的语义功能

鄂东方言的"数+动量+把+VP+了"格式有表示处置意义的功能。它表示的是将物体怎样处理，是一种特殊的处置式。例如：

---

① 李宇明. 汉语量范畴研究[M]. 武汉：华中师范大学出版社，2000：175.
② 李宇明. 汉语量范畴研究[M]. 武汉：华中师范大学出版社，2000：175.

[38]一口把吃了。（一口吃了。）

[39]几锄头把挖了。（几锄头挖了。）

"一口把吃了"是指"吃"这个动词所表示的动作对某食物进行了量的处置。"几锄头把挖了"是指"挖"这个动词所表示的动作对某物进行了量的处置。"数+动量+把+VP+了"格式中的动词都是表处置意义的动词，但仅仅有处置性动词还不够，还要将"把"与动量词结合起来才能表达出处置的意义，动量词都是由借用的具有可持性、打击义特点的工具器械名词以及具有运动性和可容性的身体器官名词来充当的，具有明显的处置作用，例如"一口把吃了"仅有"吃了"还不能表示处置，只有与动量词"一口"结合起来，其处置意义才得以凸显出来。"一口把吃了"表示"一口"将某种食物一下子吃掉了。这是一种不带处置标记的特殊的处置句。正因为该格式表示处置，可变换出以下不同的处置形式。

（1）"数$_1$+量+名+数$_2$+动量+把+VP+了"。这种格式是在"数+动量+把+VP+了"格式前边加上"数$_1$+量+名"构成的。"数$_1$+量+名"是动作的处置对象。整个格式表示动作对受事进行怎样的处置。例如：

[40]一个粑一口把吃了。（一个粑一口吃了。）

[41]一棵树两斧子把砍了。（一棵树两斧子砍了。）

这种格式有以下特点：第一，从结构上看，"数$_1$+量+名"是动词的受事，在句中充当主语。一般认为，动词的受事是放在处置标记"把"的后边的。但朱德熙对处置句的"把"字提出了一种新的看法，他指出："其实跟'把'字句关系最密切的不是'主—动—宾'句式，而是受事主语句。"[①] 第二，格式中的"数$_1$"大多为"一"，根据李宇明"感染型主观量"的规律，前边的数量大，后边的数量就小；后边的数量大，前边的数量就小。此格式中后边的"数$_2$"表示的是大量，那么前边的"数$_1$"就表示小量，所以"数$_1$"大多为"一"。第三，从表意上看，"数$_1$+量+名+数$_2$+动量+把+VP+了"格式是将句首的名词成分与动词所表示的动作构成"受+动量+VP"的格式，表示处置与被处置的关系。处置是有意而为之的，其受事"数$_1$+量+名"是有定的、确指的。

（2）"数$_1$+量+名+S+数$_2$+动量+把+VP+了"。这种格式是在"数$_1$+量+名+数$_2$+

---

① 朱德熙. 语法讲义[M]. 北京：商务印书馆，1982：188.

动量+把+VP+了"的基础上加上施事 S 构成的,表示施事对受事"数₁+量+名"进行了处置。其处置的目的更明确。例如:

[42]一个粑他一口把吃了。(一个粑他一口吃了。)
[43]一棵树他两斧子把砍了。(一棵树他两斧子砍了。)

这种格式还可以将 S 提至句首,再加上处置标记"把"字以凸显处置式。例如:

[44]他把₁一个粑一口把₂吃了。(他将一个粑一口吃了。)
[45]他把₁一棵树两斧子把₂砍了。(他将一棵树两斧子砍了。)

该格式中有两个"把",两个"把"的性质不同。陈淑梅认为,鄂东方言的"把"有四种用法,分别是动词"把"、介词"把(处置,被动)"、副词"把"、动量词"把"[①]。在例[44]、例[45]中,前一个"把₁"是表示处置的介词,带了宾语"一个粑"和"一棵树",后一个"把₂"是副词,表示"一下子"的意思。

一般认为,"把"字句和"被"字句是一对可以互相变换的对立句型。王力就认为"多数被动句是可以改为处置式的。被动句若要转成主动句,也是变为处置式较为适宜"[②]。但鄂东方言的处置式"数₁+量+名+S+数₂+动量+把+VP+了"格式本来就是受事主语句,不需要将动词的宾语提到动词前边,很容易变换为被动式。例如:

[46]一个粑把₁他一口把₂吃了。(一个粑被他一口吃了。)
[47]一棵树把₁他两斧子把₂砍了。(一棵树被他两斧子砍了。)

例[46]、例[47]中的"把₁"是被动标记,"把₂"是副词标记。所谓被动式,王力说,就是"谓词所叙述的行为系施于主语者,叫作被动式"[③]。例[46]中的"一个粑把₁他一口把₂吃了"是"吃"的行为施于主语者"一个粑",例[47]中的"一棵树把₁他两斧子把₂砍了"是"砍"的行为施于主语者"两棵树"。

---

① 陈淑梅. 鄂东方言的"把"字四用[J]. 中国语言学报,2018(18):104-115.
② 王力. 中国现代语法[M]. 北京:商务印书馆,1985:89.
③ 王力. 中国现代语法[M]. 北京:商务印书馆,1985:87.

4. "数+动量+把+VP+了"格式的语用价值

语用价值是表示语言用于实际生活中所起的作用。不同的语言形式在实际语境中的功能也有所不同。"数+动量+把+VP+了"格式有如下语用价值。

（1）表达主观大量。李宇明说："人们在对量进行表述时，往往会带有对量的主观评价，或认为这个量是'大量'，或认为这个量是'小量'。带有主观评价的量是'主观量'，不带有主观评价的量是'客观量'。"[1]鄂东方言的"数+动量+把+VP+了"格式通常具有主观评价的特点。例如：

[48]a. 一脚把踢了。　　　　　　　b. 我踢你一脚。
[49]a. 几袋子把装了。　　　　　　b. 装了几袋子。

例[48]a 句中的"一脚"放在句首以突出其地位和重要性；b 句的"一脚"放在动词的后边，是说话人的客观描述，无所谓量的大小。例[49]a 句中的"几袋子"放在句首，明显表明说话人主观认为"几袋子"是大量，同时又带有不满意的感情色彩；b 句中的"几袋子"是说话人的客观描述。李宇明认为："'一+量'结构表示主观大量。"[2]鄂东方言"数+动量+把+VP+了"格式中的"数"具有"满"的意义，其"量"是临时从表示工具器械和身体器官的名词借用来的，具有打击和被容载的意义，所以"数+动量+把+VP+了"格式具有主观大量特征。

（2）表示动作行为的快捷。"数+动量+把+VP+了"中的"数"主要是"一""两""几"，这些数词表数量的功能较弱，主要表示动作行为在始发点上迅速实现，"数+动量"不仅表示动量，还表示动作的快捷。例如：

[50]一棍子把打了。（一棍子打了。）
[51]两碗把盛了。（两碗盛了。）

例[50]表示"打一棍子"的动作快捷，例[51]表示"盛两碗"的动作快捷。"数+动量+把+VP+了"格式可以变换为"VP+数+动量"的格式。例如：

[52]一棍子把打了。──→打了一棍子。

---

① 李宇明. 汉语量范畴研究[M]. 武汉：华中师范大学出版社，2000：111.
② 李宇明. 汉语量范畴研究[M]. 武汉：华中师范大学出版社，2000：149.

[53]两碗把盛了。——→盛了两碗。

例[52]、例[53]变换后的句中"一棍子""两碗"没有快捷义,只是纯表动量。快捷与力度是联系在一起的。"数+动量+把+VP+了"格式显示动量的力度很大。

（3）凸显动量。在普通话中,借用动量词的动量格式,表意的重点是动作行为,动量可以省略。鄂东方言的"数+动量+把+VP+了"格式中的动量不能省略。例如：

[54]不喜欢了,把他一脚踢开。——→不喜欢了,把他踢开。

[55]下课,他就一头钻进宿舍,一直闷到吃晚饭才出来。——→下课,他就钻进宿舍,一直闷到吃晚饭才出来。①

普通话省略了"一脚""一头",在意义上没有多大差别。鄂东方言的动量格式"数+动量+把+VP+了"把"数+动量"提到了句首,在表意上凸显了动作行为的量,所以不能省略动量。省略了动量或者不能成立,或者改变了意义。例如：

[56]一棍子把打了。——→*把打了。

[57]一屁股把坐了。——→*把坐了。

所以,动量是鄂东方言的动量格式的重点。李宇明说："任何夸张句都存在着夸张的焦点。当夸张的焦点落在数量词语上时,就会因夸张的作用而赋予数量词语以主观量的色彩。由夸张方式造成的主观量称为'夸张型主观量'。"②鄂东方言的"数+动量+把+VP+了"格式把"动量"提到了句首,这是将重点落在动量成分上,是赋予动量成分以主观大量的色彩,有夸张的效果,是"夸张型主观量"。

（4）凸显时态的已然。未然和已然涉及表意问题。已然是已经实现的动作行为,未然是没有实现的动作行为。鄂东方言的动量格式"数+动量+把+VP+了"都是表示已然的动作行为。例如：

[58]一石头把擤[tsen²]了。（一石头砸了。）

[59]一锄头把挖了。（一锄头挖了。）

---

① 李宇明. 汉语量范畴研究[M]. 武汉：华中师范大学出版社,2000：178.
② 李宇明. 汉语量范畴研究[M]. 武汉：华中师范大学出版社,2000：114-115.

[60]两扁担把打了。（两扁担打了。）

[61]几口把吃了。（几口吃了。）

由于句末有表示动作完成的助词"了"，例[58]～例[61]中的"撂""挖""打""吃"的动作行为已经实现，整个格式表示动作行为的已然。鄂东方言的格式"数+动量+把+VP+了"对研究汉语处置式与动量的关系起到很好的启示作用。

4.2 被 动 句

汉语普通话的被动句，一种带有形式标记，另一种不带有形式标记。带有形式标记的叫做"被"字句；不带有形式标记的，或叫做表示被动意义的句子，或叫做意义上的被动句。本书讨论的鄂豫皖赣四省交汇处方言的被动句是指具有表示被动形式标记的句子，不包括没有被动形式标记的受事主语句，用格式表示为："NP1+M+NP2+VP"。NP1 为充当主语的成分，一般是名词性成分，M 为被动标记，NP2 为充当 M 宾语的名词性成分。

4.2.1 被动标记的类型

鄂豫皖赣四省交汇处方言的被动标记有单音节和双音节两种。以下分别进行讨论。

1. 单音节被动标记

单音节被动标记有"把""让""等""着""尽""叫""给"等。例如：

鄂东：[1]他把狗咬了。（他被狗咬了。）

[2]他哥把他打了。（他哥被他打了。）

[3]鱼让猫吃了。（鱼被猫吃了。）

[4]地里的麦等猪吃了。（地里的麦子被猪吃了。）

[5]他着狗咬了一口。（他被狗咬了一口。）

孝感：[6]房子把他占了一大半。（房子被他占了一大半。）

[7]你的良心着狗子吃了。（你的良心被狗吃了。）

[8]书早就尽别个拿走了。（书早就被别人拿走了。）

[9]放贼点，莫尽别个灌醉了。（放精明点，不要被别人灌醉了。）

鄂州：[10]这块麦把鸡吃了。（这块麦地被鸡吃了。）

[11]那几棵菜叫牛踩死了。（那几棵菜被牛踩死了。）

新县：[12]他尽个人打了一顿。（他被一个人打了一顿。）

[13]他尽个人惑走了两千块钱。（他被一个人骗走了两千块钱。）

[14]鱼着猫吃了。/鱼让猫吃了。（鱼被猫吃了。）

岳西：[15]这个碗让小伢打破着。（这个碗被小孩打破了。）

[16]你这个人还让尿胀死着不成？（你这个人还能被尿憋死了不成？）

竹山：[17]饭叫你烧糊了。（饭被你烧糊了。）

[18]这条沟的地着水冲完哒。（这条沟的地被水冲完了。）

[19]今天起早了，叫狗把我咬了。（今天起早了，我被狗咬了。）

罗山：[20]他的钱包叫小偷摸跑了。（他的钱包被小偷偷走了。）

[21]他的伢给人贩子拐卖了。（他的孩子被人贩子拐卖了。）

固始：[22]鱼搞猫吃啦。/鱼叫猫吃啦。/鱼让猫吃啦。/鱼给猫吃啦。（鱼被猫吃啦。）

赣语：[23]渠昨日把狗咬一口。（他昨天被狗咬了一口。）

[24]渠把渠爸爸打了一顿。（他被他爸打了一顿。）

表被动的"把"有两个特点：第一，"把"引进的都是动作的施事，如"狗""鸡""他"等，所以"把"是被动标记，可译为"被"或"让"。但跟"被"比较，"把"有两点不同：一是普通话的"被"对拂意和称心已经一视同仁[①]；方言的"把"主要表示不愉快、不如意的事情。二是"被"可以直接用在动词的前边，后边可以不带宾语，例如"他被炒了"；"把"不能直接用在动词的前边，后边必须带宾语，例如"麦把猪吃了"不能说成"麦把吃了"。第二，"把"既表处置，又表被动，不像普通话那样泾渭分明，在没有语言环境的情况下容易混淆。例如"他把狗咬了"可能有两种解释：①相当于普通话的处置式"他将狗咬了"；②相当于普通话的被动式"他被狗咬了"。要区别两者的用法，首先，从句子中词与词之间的意念关系来断定是"处置式"还是"被动式"，如说"我把碗打了"，

[①] 邢福义. 说"句管控"[J]. 方言，2001（2）：97-106.

"碗"不是施事,不能发出"打"的动作,自然只能是被处置的对象,这就可以肯定是"处置式";如说"他把狗咬了",那就无疑是"被动式"了,因为"他"是不可能咬"狗"的。其次,从语境上来区别,如"把"表被动还是表处置,看句中的语境就清楚了。例如:

[25]a. 他一发起脾气来,就把老师打了。(处置式)
b. 他在学校不听话,把老师打了。(被动式)
[26]a. 她恨她婆婆,把婆婆害死了。(处置式)
b. 她不生伢儿,把婆婆害死了。(被动式)

2. 双音节被动标记

双音节被动标记主要有"让得""把得""把在"。这些被动标记词的语法作用都是引出施事。"让得""把得"主要用于黄孝片方言中(除黄梅以外),"把在"用在安徽宿松方言中。例如:

鄂东:[27]他让得狗咬了。(他被狗咬了。)
[28]碗把得他跶了。(碗被他打破了。)
[29]麦把得牛吃了。(麦子被牛吃了。)
孝感:[30]钱把得他用完了。(钱被他用完了。)
[31]小鸡把得狼吃了。(小鸡被狼吃了。)
[32]你的心把得狗子吃了。(你的心被狗吃了。)
[33]好好的件衣裳,把得你搞肮脏了。(好好的一件衣服,被你搞脏了。)
广水:[34]嗯自己做了见不得人的事,把得别个到处讲,能怪哪个?(你自己做了见不得人的事,被别人到处说三道四,能怪谁呢?)
[35]嗯老了老了还把得她㓯,我想哈子心里头不得过。(你上年纪了还被她骂,我想想心里都不舒服。)
[36]他各人愿意把得人家说,嗯说我能咋搞?(他自己愿意被别人说道,你说我能怎么办?)
[37]一遇到点儿事子怂倒,难怪嗯总是把得别个笑。(一遇到一点儿事就缩头缩脑的,难怪你总是被别人耻笑。)

宿松：[38]鱼把在猫吃脱在。（鱼被猫吃完了。）

[39]桃子把在贼偷了精光。（桃子被贼偷光了。）

固始、罗山等地区用"叫""叫……给""叫……把""叫……把……给"。"叫"为介词，为被动标记；"把"为表处置的介词；"给"为助词，起强调作用。例如：

[40]他的牛叫人家给偷走了。（他的牛被别人偷走了。）

[41]叫电把他打了一家伙。（他被电打了一下。）

[42]他今个儿又叫人家把自行车给偷走了。（他的自行车今天又被别人偷走了。）

4.2.2 被动句的结构特点及句法功能

被动句的动词可以有前加成分（状语）或后加成分（宾语、补语），也可以是光杆动词。

1. 主语形式

被动句的主语一定是受事主语，但有两点值得注意。

（1）对于作为谓语中心的动词来说，前有受事主语，后有受事宾语，主语和宾语之间具有整体与部分的关系。例如：

[43]四厢地让得他们占了三厢。（四块地被他们占了三块。）

[44]他的三棵竹子把人家捞去了两棵。（他的三棵竹子被别人偷走了两棵。）

[45]他屋的两瓶酒把得他儿子喝了。（他家的两瓶酒被他儿子喝了。）

（2）有的受事主语句，在不需要特别强调被动关系的时候，不必使用被动标记。例如：

[46]书看完了。

[47]衣服洗干净了。

这都是一般的受事主语句。因为是一般性的述说，不必用也不好用被动标记。再比较：

[48]房门打开了！——我们进去吧。

[49]房门把人打开了！——可能要出事！

例[48]不用"被"，是一般性述说；例[49]加了"把人"，显得情况异常。

2. 前加状语

被动句主要在动词前加上"箇""一把"。加"箇"有加强程度的作用，有"那么""那样"的意思。句子中的被动标记主要是"让"。"箇 VP"表示遭受义，"一把 VP"表示不期望发生的事，有"意外"的意思。例如：

[50]你就让他箇骂哇？（你就被他那样骂吗？）

[51]你莫让他箇糊。（你不要被他骗。）

[52]钱让他一把落了。（钱被他丢了。）

[53]他让得狗一把咬了。（他被狗咬了。）

3. 后加补语

动词后边的补语有表示动作结果、动作程度、动作的数量的作用。例如：

[54]他把狗咬伤了。（他被狗咬伤了。）

[55]碗把他打破了。（碗被他打破了。）

[56]乜个小孩把车子撞死了。（那个小孩被车撞死了。）

[57]我把他怄死了。（我被他气得很厉害。）

[58]我让他气昏了。（我被他气昏了。）

[59]他的小鸡把得黄鼠狼吃了三回。（他的小鸡被黄鼠狼吃了三回。）

[60]我把他死说了一顿。（我被他狠狠说了一顿。）

"吃了三回""说了一顿"都包含完结意义。

被动句句末的"了"是"了$_1$"，能表示动作的完成，从结构上来说，"了$_1$"在被动句中还有一种完形或成句的作用，尤其是单音节动词，往往需要"了$_1$"的帮助，才能使被动句得以成立。

4. 后加宾语

被动句里的主语一般是后边动词意义上的宾语，因而动词往往不再带宾语，但有时候可以另有宾语。例如：

[61]三个苹果让得他吃了两个。（三个苹果被他吃了两个。）

[62]麦把猪吃了一大块。（麦子被猪吃了一大片。）

[63]他的屋让得贼挖了个洞。（他的房子被贼挖了一个洞。）

[64]门把老鼠咬了一个窟窿。（门被老鼠咬了一个窟窿。）

被动标记的宾语 NP₂ 在被动句中占有重要的地位，不可以省略或隐去。例如：

[65]鱼尽财喜吃了。——*鱼尽吃了。

[66]他把狗咬了。——*他把咬了。

[67]他让得狗咬了。——*他让得咬了。

[68]小鸡把得狼吃了三只。——*小鸡把得吃了三只。

[69]这好的东西都尽他糟蹋了。——*这好的东西都尽糟蹋了。

[70]菜园子的菜冇按时打药，都尽虫子吃了。——*菜园子的菜冇按时打药，都尽吃了。

4.2.3 被动句的包孕形式和复句形式

1. 包孕形式

被动句一般是单独成句，以上所举的例句都是单说、单用的句子。被动句也可以是被包孕的。例如：

[71]他指望钱让得人家捞去了。（他以为钱被别人偷走了。）（动词的宾语）

[72]在屋的总比在外头让得人家简欺负要好些。（在家里总比在外头被别人欺负要好些。）（介词的宾语）

2. 复句形式

被动句也可以是复句形式。复句的类型有因果复句、并列复句。

（1）因果复句。排除现实性和假设性、说明性和推断性等差异，两个分句之间只要存在因与果相互顺承的关系，都属于因果关系。这是广义因果关系，一般可以加上标记词。例如：

[73]菜园子的菜冇按时打药，都尽虫子吃了。（因为菜园子的菜没有按时打药，所以都被虫子吃了。）

[74]我冇得钱了，几个钱让得骗子糊去了。（我没有钱了，因为钱都被骗子骗走了。）

（2）并列复句。排除平列性、连贯性、递进性、选择性等差异，两个分句之间只要存在横式或纵式并举、罗列的关系，都属于并列关系。这是广义并列关系，一般可以加上标记词。例如：

[75]他一都糊人，又让得别个糊了。（他刚刚还在骗人，现在又被别人骗了。）

[76]麦把得猪吃了，猪又把得豹子吃了。（麦子被猪吃了，猪又被豹子吃了。）

4.2.4 被动句的否定式

被动句的否定式往往要出现否定词"冇""莫""不得"。否定词一定在被动标记的前边，而不能在被动标记之后。加上否定词后，去掉句末的"了"。例如：

鄂东：[77]他冇把狗咬。（他没有被狗咬。）

[78]谷冇把得牛吃。（谷子没有被牛吃。）

[79]鞋冇把得讨米的拿去。（鞋没有被要饭的拿走。）（黄州）

[80]他冇让得狗咬。（他没有被狗咬。）（罗田）

孝感：[81]莫尽狗咬人。（不要让狗咬人。）

[82]钱我冇尽他用完。（钱我没有让他用完。）

从使用上看，被动句的否定式出现的频率大大低于肯定式。但否定式也会收到肯定式所不能收到的效果。

4.2.5 被动句的疑问式

鄂豫皖赣四省交汇处方言被动句的疑问式根据疑问类型使用不同语助词。被动句的疑问类型有是非问、特指问、反复问、选择问、反问五种。

1. 是非问被动句

是非问被动句的疑问式是把被动句的内容全部说出来,要求对方作出肯定或否定的回答。构成疑问式的条件是语调和语助词"拜""嗨""哇",语助词相当于共同语的"吗"。例如:

新县:[83]他尽个人打了一顿拜?(他被一个人打了一顿吗?)
　　　[84]他尽个人惑走了两千块钱嗨?(他被一个人骗走了两千块钱吗?)
麻城:[85]你让得他打了哇?(你被他打了吗?)
红安:[86]钱把得他搞光了哇?(钱被他搞光了吗?)

例[83]~例[86]都是在陈述句的句末加上语助词"拜""嗨""哇",是对整个命题的疑问。例[85]是要求对方作出是否"让得他打了"的回答,例[86]是要求对方作出是否"把得他搞光了"的回答。由于这种问句问的是客观情况,是一种已然体,可以用"嗯"或"冇"等作肯定或否定回答。

2. 特指问被动句

特指问被动句是用疑问代词代替未知部分,要求对未知内容作出回答。疑问代词有两种:如果问事物的就用"么事",如果问人的用"哪个"。例如:

黄州:[87]麦种把得么事吃了?(麦种被什么东西吃了?)
　　　[88]鞋把得哪个拿去了?(鞋被谁拿去了?)

在这两个问句中,未定信息是被动标记的宾语,由于被动标记的宾语主要表示动作的施事,所以疑问点主要是施事。说话者希望对方就疑问点作出答复,句子往往用升调。

3. 反复问被动句

反复问被动句也叫正反问被动句,是指用疑问结构"X 不 X（X 没 X）"来进行询问的一种疑问句类型。反复问被动句要求被询问者从肯定项与否定项之中进行选择,但中间没有任何关联词语相联系,因此也可以被认为是一种特殊的选择问句。反复问被动句有两种格式。

（1）VP冇VP。这种格式是在被动句的动词部分用"VP冇VP"的格式，在多数情况下是省略后一个VP，构成"VP冇"的格式。例如：

罗田：[89]书把得他搞落冇搞落？（书被他弄掉没有？）
英山：[90]鱼把得猫吃光冇？（鱼被猫吃光没有？）

在鄂东方言中，句末用"冇"应分析为反复问句，其理由有两点：一是"VP冇"是"VP冇VP"的省略式，可以还原为"VP冇VP"；二是"冇"和普通话的"没有"相当。试比较：

鄂东方言   普通话
[91]书把得他搞落冇？   [92]书被他弄掉没有？
[93]鱼把得猫吃光冇？   [94]鱼被猫吃光没有？

由于"VP冇VP"或"VP冇"问的是客观情况，是一种已然体，表示动作行为已经发生，所以疑问点不在动作行为本身，而在动作行为的结果，也就是说，补语部分承载了疑问信息。回答是"VP了"或"冇VP"，例如："书把得他搞落冇？"的肯定回答是"搞落了"，否定回答是"冇搞落"。

（2）VP是呗。这种格式是在陈述句的句末加上附加问"是呗[pai]"。"是呗"表示"是不是"的意思，普通话的"是不是"可以用在句首、句中、句末，而在鄂东方言中，"是呗"只用在句子的末尾，不用在句首或句中。例如：

英山：[95]碗把得他跶[ta]破了，是呗？（碗被他打破了，是不是？）
蕲春：[96]钱让得他用光了，是呗？（钱让他用光了，是不是？）
浠水：[97]你把得他打了，是呗？（你被他打了，是不是？）

"VP是呗"问的是客观情况，也是一种已然体，是发问者心目中已有明确的信息，利用疑问句的形式进一步确认。回答是"VP了"或"冇VP"，例如："碗把得他跶破了，是呗？"的肯定回答是"跶破了"，否定回答是"冇跶破"。

4. 选择问被动句

选择问被动句是在被动句中提出若干选择项来进行询问，不仅明确地提出了询问的主观范围，而且提出了可供回答的若干选择项。选择问被动句一般是用"是X，还是Y"的疑问结构。例如：

黄梅：[98]麦是让得猪吃了，还是让得牛吃了？（麦子是被猪吃了，还是被牛吃了？）

麻城：[99]你的钱是把得人捞去了，还是自家落了咧？（你的钱是被人偷走了，还是自己掉了呢？）

武穴：[100]这棵树是风吹倒了咧，还是把得人家砍倒的？（这棵树是风吹倒了呢，还是被别人砍倒的？）

选择问被动句有以下特点：①前后选择项之间一般都要用关联词"是……还是"连接。②前后项可以都是被动句，如例[98]；也可以前项用被动句，后项不用，如例[99]；也可以后项用被动句，前项不用，如例[100]。③前后项可以不用疑问语气词，只用语调，如例[98]；也可以用语气词"咧"，如例[99]、例[100]。④并列的选择项只能是两项，不能是三项及以上。这说明，选择问被动句的结构形式，除并列两项这一必备条件以外，其余的形式标志都是相当灵活而有弹性的。

5. 反问被动句

反问是无疑而问的一种问句，反问被动句有两种格式。例如：

英山：[101]你是哪个叫你让他糊了咧？（是谁叫你被他欺骗了呢？）
罗田：[102]是么儿的让得他晓得了呢？（是怎么让他知道了呢？）
黄梅：[103]我要是不跟他走，不早就把得他打死了？（我要是不跟他走，不早就被他打死了？）
红安：[104]我要是不去，不早就把得他开除了？（我要是不去，不早就被他开除了？）

例[101]、例[102]是特指问的反问被动句，例[103]、例[104]是假设复句的反问被动句。这几例反问被动句形式上是疑问句，但实际上发问者心目中已有明确的看法，只不过利用疑问句的形式，在曲折地表达自己的看法的同时，显示出某种特殊的感情色彩。

4.2.6 被动句的语义特征

当前，对被动句有一种绝对化的结论：被动句已经跟愉快、不愉快没有关系，对于拂意和称心已经一视同仁。这样的结论，掩盖了方言中更深层的事实，不利于人们深入地认识被动句。从鄂豫皖赣四省交汇处方言的被动句来看，被动句主要是表示不愉快、不如意的事情，具有拂意的规定性。如果谓语部分所表示的意思跟主语有必然的利弊关系，用上被动标记必然是拂意的，自不必说。例如：

[105]麦把猪吃了。（麦子被猪吃了。）

[106]我把他打伤了。（我被他打伤了。）

[107]我哋说的话让他听到了。（我们说的话被他听到了。）

[108]鱼尽猫吃了。（鱼被猫吃了。）

以上例子表示不如意的事或不期望的事，这主要是针对说话人来说的。如果谓语部分所表示的意思跟主语没有必然的利弊关系，那么，用单音节被动标记时，可以表示称心义或中性义，用了双音节被动标记便表示拂意。换句话说，单音节被动标记可以是称心的，双音节被动标记明显表示拂意。试比较：

A 组：[109]这么难的事尽他做好了。（这么难的事被他做好了。）

[110]剩鱼头把猫吃了。（剩鱼头被猫吃了。）

B 组：[111]便宜的把得人家都买去了。（便宜的都被别人买走了。）

[112]纸让得人家用完了。（纸被别人用完了。）

A 组是单音节被动标记，可以表示如意的，如例[109]；可以表示中性的，如例[110]。B 组是"把得""让得"双音节被动标记，表示的都是不如意、不愉快的事情。当然，我们这里所说的拂意，不是针对主语来说的，也不是针对句子里的其他成分来说的，而是就整个被动句的意义而言的。

4.2.7　被动句的歧义现象

被动句的歧义现象主要指因结构关系不同而引起的歧义。在鄂豫皖赣四省交汇处方言中，表示被动的介词与表示处置的介词都用"把"字，结果造成被动句和处置句的格式完全一样，即"把"字身兼处置标记和被动标记两职，使句子的意思有歧义。例如：

[113]我把他打伤了。（我被他打伤了。/我将他打伤了。）

[114]小李把他哥哥骂了。（小李被他哥哥骂了。/小李将他哥哥骂了。）

[115]猪把狗咬了。（猪被狗咬了。/猪将狗咬了。）

例[113]、例[114]既可以理解为被动意义，即"我被他打伤了""小李被他哥哥骂了"，"我"和"小李"分别是"打"和"骂"的对象；也可以理解为处置意义，即"我将他打伤了""小李将他哥哥骂了"，"我"和"小李"分别是"打"和"骂"的施动者。要区分这两种句子，就要使用双音节被动标记"把得""把是"，这样就可以表示被动的意义，消除了由单音节被动标记带来的歧义。例如：

[116]我把得他打伤了。（我被他打伤了。）

[117]小李把得他哥哥骂了。（小李被他哥哥骂了。）

[118]猪把得狗咬了。（猪被狗咬了。）

"把是"使用频率较小，只分布在鄂东蕲春、黄梅两个县。例如：

蕲春：[119]钱把是他驮去了。（钱被他拿走了。）
黄梅：[120]水把是他喝了。（水被他喝了。）

4.2.8 被动标记的来源

1. 被动标记"把"的来源

"把"表示被动关系，这在近代汉语中就存在，是从动词"把与"虚化而来的，带有方言色彩。例如：

[121]这明明是天赐我两个横财，不取了他的，倒把别人取了去？（萧德祥《杀狗劝夫》二折）①

[122]西门庆道："自恁长把人靠得着，却不更好了。"(《金瓶梅》一回）

[123]你是男子汉大丈夫，把人骂了乌龟忘八，看你如何做人？（明无名氏《欢喜冤家》一回）②

例[121]中的"倒把别人取了去"是"倒被别人取了去"的意思，例[123]中的"把人骂了乌龟忘八"是"被人骂了乌龟忘八"的意思。

---

① 向熹. 简明汉语史（下）[M]. 北京：高等教育出版社，1993：497.
② 向熹. 简明汉语史（下）[M]. 北京：高等教育出版社，1993：497.

2. 被动标记"叫"的来源

"叫"也可写作"教",也是在近代用于被动句,是由"使令"的意义虚化而来的,被使令就是被动。例如:

[124]明儿叫上屋里听见,可又是不好。(《红楼梦》二十六回)①

[125]岂想他弓兵人数广,教我跳入在浪波汀。(明无名氏《梁山七虎闹铜台》头折)②

3. 被动标记"着"的来源

当初"着"有遭受义,其虚化后表示被动关系。例如:

[126]我单为你,着那厮打了一顿。(李文蔚《燕青博鱼》三折)③

[127]正末云:"兀那厮,俺嫂嫂呢?"店小二云:"着人拐的去了。"(高文秀《黑旋风》二折)④

[128]不是弓兵护从严,险些着他杀了我。(明无名氏《梁山七虎闹铜台》头折)⑤

4.2.9 "把得"被动句的语用价值

被动句存在的根据就在于它在自己所处的系统中有着独特的价值。它的价值表现在以下几个方面。

1. 主语的遭受性

从表意的角度来看,丁声树等指出:"就传统的用法说,'被'字句主要是说明主语有所遭受……"⑥从鄂豫皖赣四省交汇处方言的被动句来看,它们都是表示主语的遭受性的,但是"把得"双音节被动句表示的遭受性比单音节被动句更

---

① 向熹. 简明汉语史(下)[M]. 北京:高等教育出版社,1993:496.
② 向熹. 简明汉语史(下)[M]. 北京:高等教育出版社,1993:496.
③ 向熹. 简明汉语史(下)[M]. 北京:高等教育出版社,1993:497.
④ 向熹. 简明汉语史(下)[M]. 北京:高等教育出版社,1993:497.
⑤ 向熹. 简明汉语史(下)[M]. 北京:高等教育出版社,1993:497.
⑥ 丁声树等. 现代汉语语法讲话[M]. 北京:商务印书馆,1961:99.

加强烈。比较：

A 组：[129]鸡让黄鼠狼拖去了。　　B 组：[131]鸡让得黄鼠狼拖去了。
　　　[130]他把狗咬了。　　　　　　　　[132]他把得狗咬了。

A 组是单音节被动句，主语是一般意义上的遭受；B 组是双音节被动句，不仅有突出主语的作用，引起人们的注意，而且还强调主语带有极大的遭受性。这说明"把得"有突出焦点的作用，是焦点语法标记。

2. 被动句的规定性

鄂豫皖赣四省交汇处方言单用"把"的被动句有歧义现象。例如：

[133]我把一本书他。
[134]他把牛踢了一脚。

在这两个句子中，例[133]很容易判定，"把"后接受事，句中没有其他动词，"把"与后边的受事是"动作—受事"的关系，这时的"把"表示给予意义。至于例[134]就不容易判定，因为"他"与"牛"都是会踢的有机生命体，都有可能成为"踢"的施事，所以例[134]既可以理解为被动句，即"他被牛踢了一脚"，也可以理解为处置句，即"他将牛踢了一脚"。被动句和处置句的结构形式完全一样，句子的语义关系模棱两可，混淆了被动和主动的界限，引起歧义。如果在"把"的后边加上"得"，构成"把得"双音节介词，就只能表示被动意义。例如：

[135]他把得牛踢了一脚。（他被牛踢了一脚。）

3. 语体上的口语性

被动句中用双音节"把得"，是比较少见的方言语法现象。据笔者调查发现，鄂东方言和赣语里都有这种现象，这种现象在其他方言里还没有被发现。"把得"这种语法现象应该在古代汉语中能找到遗迹，但笔者翻阅了王力的《汉语史稿》，俞光中、植田均（日本）的《近代汉语语法研究》均没有找到这种用法，古代、近代汉语里这种现象不敢说没有，可以肯定是比较少的。即使在鄂东方言中，就使用的地域和文化程度来说，所处地域较偏僻的、文化素质较低的人，使用"把得"被动句较多；就使用人群的年龄来说，中老年人用得较多，一般也只是在口语中用得比较多，具有较强的口语性。这就说明了汉语方言的口语丰富多彩。研究汉语方言语法，不仅要深入发掘语言事实，而且要发掘活的口语。

4.2.10　被动句小结

（1）鄂豫皖赣四省交汇处方言的被动句的歧义现象主要是指因介词而引起的歧义。在方言中，表示被动的介词跟表示处置的介词都用"把"字，结果被动句和处置句完全一样，使句子产生歧义。要进行区分，就要在单音节被动标记后边加上"得"构成"把得"，表示被动的意义，这样就能消除歧义。

（2）被动句的动词单用。普通话的被动句中的动词不能是光杆形式，必须要带其他成分；鄂豫皖赣四省交汇处方言被动句的动词可以单用，不带"了"或补语，既可用在肯定句中，也可用在否定句中。例如：

[136]让他把别个骂。（让他被别人骂。）

[137]你要好好地搞，莫把话人说。（你要好好干，不要让别人说三道四。）

[138]莫把他烧。（不要被他烧。）

[139]莫让他扯。（不要让他扯。）

（3）被动标记不能省略。在普通话中，被动标记可以省略。鄂豫皖赣四省交汇处方言的被动标记在句中占有重要地位，不可以省略或隐去。这是与普通话大不同的。例如：

[140]他把老师骂了一顿。——*他老师骂了一顿。

[141]他把得牛踢了一脚。——*他牛踢了一脚。

[142]头发着火烧了。——*头发火烧了。

[143]把围巾围好，莫尽风吹到。——*把围巾围好，莫风吹到。

（4）三种被动句的异同。鄂豫皖赣四省交汇处方言中带"着""尽""把"三种标记的被动句，在结构、意义和用法方面既有相同之处，也有不同之处。相同之处有二：一是 NP₂ 在被动句中占重要地位，不可以省略或隐去；二是被动标记不能省略。不同之处亦有二：一是"着""尽""把"的虚化途径和虚化程度不同。"着"表被动，是从其动词义"遭受、蒙受"虚化而来的，与"被"的引申途径相似，表被动义最明显，不会引起歧义，语法化程度较高。"把""尽"从其动词义"给予""容许""使役"虚化而来，其动词义至今仍在使用。在鄂豫皖赣四省交汇处方言中，它们作介词表被动，带有原来的实义，还不是纯粹的被动标记。在句子中表示被动，只要语境稍有改换，它们就可以从介词变为动词。显然，"把""尽"虚化得不彻底，可看作是动词兼表被动。二是表被动的使用范围、语义轻重程度不同。"把"在方言中使用范围最广，可以看作方言标记被动句的代表形式；"着"表示被动，与"被"的传统用法相当，一般用于表示某种不如意或不希望的事，表消极意味最重；"尽"表被动，滞留着动词义，使用范围较窄，语气较缓和。

4.3 比较句

鄂豫皖赣四省交汇处方言的比较句除具有普通话的一般说法之外，还有较为特殊的表达形式，归纳为两大类：明比句和暗比句。明比句是把相比的事物明白地说出来，例如：他比我长。｜我说不赢你。暗比句是不把相比的事物都说出来。

4.3.1 明比句

鄂豫皖赣四省交汇处方言的明比句可以分为三类：平比式、差比式、渐比式。

1. 平比式

平比式用的比较词有"有""跟……一样""赶得倒""像[tɕian²]""一般"等。例如：

鄂东：[1]媳妇也有女儿箇孝顺。（媳妇也跟女儿一样那么孝顺。）
　　　[2]她跟她娘一样箇爱做翘。（她跟她娘一样那么喜欢闹别扭。）
　　　[3]手像个鸡脚扒样的。（手像鸡爪一样。）
新县：[4]他俩个子一般高。（他俩个子一样高。）
光山：[5]他俩个子般般高。（他俩个子一样高。）

2. 差比式

差比式又可以分为优比式和劣比式。

（1）优比式。优比式是比较项 N_1 优于、胜于或超过比较项 N_2。优比式的比较值 VP 大多是表示积极意义的词语。例如：

鄂东：[6]他比我有巧儿些。（他比我有计谋。）

[7]这棵竹子比那棵竹子粗些。（这棵竹子比那棵竹子粗一些。）

[8]我比他大（些）。|我大似他。（我比他大一些。）

新县：[9]吃药比打针好（些）。（吃药比打针好些。）

孝感：[10]他比我高得高。（他比我高很多。）

[11]他的屋比我的屋大得大。（他的房子比我的房子大得多。）

优比句"我打得他赢"在鄂豫皖赣四省交汇处方言中有两种表现形式：N_1+V+得+N_2+赢、N_1+V+得+赢+N_2。例如：

鄂东：[12]我打得他赢。|我打得赢他。（我能打赢他。）

孝感：[13]大伢跑得小伢赢。|大伢跑得赢小伢。（大孩子能跑赢小孩子。）

新县：[14]我打得他赢。|我打得赢他。（我能打赢他。）

这两种格式的否定形式有三种，形成肯定、否定不对称现象：①N_1+V+不+赢+N_2：我打不赢他。|大伢跑不赢小伢。②N_1+V+不+N_2+赢：我打不他赢。|大伢跑不小伢赢。③N_1+V+N_2+不+赢：我打他不赢。|大伢跑小伢不赢。

（2）劣比式。劣比式是比较项 N_1 劣于、差于比较项 N_2。句子一般是否定形式。例如：

鄂东：[15]我冇得你耐得下来细烦。（我没有你有耐心。）

[16]大伢冇得细伢乖。（大孩子没有小孩子听话。）

[17]看儿赶不倒看女儿。（养儿子比不上/不如养女儿。）

孝感：[18]我比他不得大。（我没有他大。）

[19]他不比/冇得我大。（他没有我大。）

[20]孝感不比/冇得武汉冷。（孝感没有武汉冷。）

新县：[21]喝酒我赶不倒他。|喝酒我赶不上他。|喝酒我跟不倒他。（喝酒我比不上他。）

潢川：[22]做活我赶不上他。|做活我不称他。|做活我不如他。（干活我比不上他。）

3. 渐比式

所谓渐比式是表示程度逐渐加深或减轻，也有人称其为递进比较句。渐比式也是一种差比式，它是表示多种事物的逐次比较。从意义上看，渐比式也有优比式和劣比式两种。

（1）优比式。优比式是从程度上逐步加深。前后两个量词必须相同，表示的是一种事物的两个个体之间的比较，两个个体不是完全重复比较，而是交替重复比较。例如：

[23]细伢一天比一天知事儿。（小孩子一天比一天懂事。）

[24]他的伢儿一个比一个有出息。（他的孩子一个比一个有出息。）

这种格式也可以把比较值放在两个比较项的中间，比较值如果是单音节形容词，后边就要加上"似"。例如：

[25]细伢一天知事儿一天。（小孩子一天比一天懂事。）

[26]女儿一天大似一天。（女儿一天比一天大。）

（2）劣比式。劣比式是在程度上逐步减轻。例如：

[27]他找的媳妇一个不如一个。（他找的媳妇一个不如一个。）

[28]他做了几次生意一回比一回不如。（他做了几次生意，一回不如一回。）

4.3.2 暗比句

暗比句是不把被比较的对象明白地说出来，或者被比较的对象是暗指的。一般是省略了被比较对象的格式，比较词语一般用"最"和"顶"。例如：

[29]他是最/顶不好说话的。（他是最不好打交道的。）

[30]里头一间屋儿是最热的。（里面的一间屋子是最热的。）

N_1可以是任指的，比较点往往出现在句首。例如：

[31]喝酒哪个都冇得他箇狠。（谁喝酒都没有他那么厉害。）

[32]走路哪个都冇得他跑得快。（谁走路都没有他走得快。）

4.4 疑 问 句

普通话的疑问句的构成要素有三个：语调、语气词、疑问代词（在特指疑问句中）、关联词语（在选择疑问句中）。鄂豫皖赣四省交汇处方言不像普通话那样，可以通过改变一个陈述句的语调来构成疑问句，鄂豫皖赣四省交汇处方言的疑问句主要在于疑问句中含有疑问词语、选择标记和疑问语气词。从结构上讲，鄂豫皖赣四省交汇处方言的疑问句也可以分为是非问句、特指问句、选择问句、反复问句、反问句五种。

4.4.1 是非问句

是非问句是在陈述句的末尾加上疑问语气词"吧[pa]""哈[xa]""呗[pai]""呀[ia]""哇[ua]""啦[la]"。这里的"吧"相当于普通话的"吧"，是为证实不敢肯定的事实而提问的，既可以用在肯定句中，也可以用在否定句中。"哈"相当于普通话的"是吗"，希望对方对猜测或已知信息作出肯定回答，具有求证的表意特征，既可以用在肯定句中，也可以用在否定句中。"呗"相当于普通话的"吗"。例如：

鄂东：[1]你吃饭吧？（你吃饭吧？）

[2]你有伢儿了哈？（你有孩子了是吗？）

[3]你明朝来呗？（你明天来吗？）

竹山、竹溪：[4]这条沟你还在挖哇？（这条沟你还在挖吗？）

[5]你们有锯子吧？借我用一下。（你们有锯子吧？借我用一下。）

[6]路上该没有遇到狼吧？（路上应该没有遇到狼吧？）

在"吧"的肯定疑问句中，肯定答语用句中的谓词结构，否定答语在动词前边加"不"或"冇"，例如：你吃饭吧？肯定答语是"吃饭"，否定答语是"不吃饭"。否定疑问句的答语正好相反。在"哈"的肯定疑问句中，肯定答语用"嗯"或"是的"，或句中的谓词结构，否定答语用"冇"，如果句中是"有"字句，就用"冇得"，例如："你有伢儿了哈？"肯定答语用"嗯"或"是的"，否定答语用"冇得"。竹山、竹溪两地的否定疑问句是为希望肯定而问的，不是为否定而问的，例如："你们有锯子吧？"希望得到肯定答语"有"，"路上该没有遇到狼吧？"希望得到肯定答语"没有遇到狼"，而不是"遇到了"。

固始方言的是非问句是要求对方对一件事情作肯定或否定的答复，在陈述句末尾加上语气词。句子语调一般不需要上扬，跟陈述句一样，只是在特别强调的时候语调才上扬。其末尾要加某些疑问语气词，常见的有"号、喽、劳、蛮、啊、啦"等。例如：

[7]他上学号？（他上学了吗？）

[8]他们都来了喽？（他们都来了吗？）

[9]你们都吃了劳？（你们都吃没吃？）

[10]他上班走蛮？（他上班走没走？）

[11]小李，你好啊？（小李，你好不好啊？）

[12]他跑啦？（他跑没跑？）

如果将这些例句的语气词去掉，并用叙述性的语调表达出来，它们就变成了陈述句，但由于句子中加了这些疑问语气词，使得听话者要用肯定或否定形式进行回答，从而成为是非问句。

4.4.2 特指问句

（1）鄂豫皖赣四省交汇处方言特指问句是指在相应的陈述句里加上疑问代语。句末可以有语气词，也可以没有语气词。例如：

[13]哪个叫你去的？（谁让你去的？）

[14]白菜几多钱一斤？（白菜多少钱一斤？）

[15]我哪地比得上他咧？（我怎么能比得上他呢？）

有一种疑问句虽然用了疑问代词，但是是反问的形式，可以称为特指反问句。例如：

[16]这么儿要得呢？（这怎么行呢？）

[17]你说这个东西么儿吃得？（你说这个东西怎么能吃呢？）

（2）竹山、竹溪方言的特指问句常用的疑问代词有"咋、哪、哪门、哪儿、么子、啥子、么卵"等，要求对方对所提疑问作出相应的回答。句末一般加语气词"唉、嘛喂、嘞、耶、吵、啰"等。例如：

[18]你说这事咋弄吵？（你说这事怎么弄？）

[19]这生意哪门做才好吵？（这生意怎么做才好呢？）

[20]你们之间到底为了啥子耶？（你们之间到底为了啥？）

[21]你们在搞么卵经嘞？（你们在搞什么呢？）

（3）据叶祖贵[①]的研究，固始方言特指问句的疑问代词有"咋（怎么）、哪嗨（哪儿）、多咱（什么时候）、啥子（什么）、为啥子（为什么）"等。例如：

[22]你咋去得来？（你怎么去的呢？）

[23]你到哪嗨打工？（你到哪儿打工呢？）

[24]俺们多咱去？（我们什么时候去？）

[25]你为啥子不来？（你为什么不来？）

叶祖贵认为，固始方言还有个"好"字，它可以用在疑问句中，询问数量和程度，与普通话的"多"相当。这样的句子也表特指问。例如：

[26]你有好长时间没去啦？（你有多长时间没去啦？）

[27]还呆好长远？（还呆多久？）

句中也可以没有疑问代词，但句末带有疑问语气词。由于使用了疑问语气词，规定了回答的内容，因此也属于特指问句。

[①] 叶祖贵. 固始方言研究[M]. 北京：中国社会科学出版社，2009：165.

4.4.3 选择问句

选择问句是提出并列的几个项目供对方选择。一般是把陈述句的谓语部分换成并列的几项，与北京话一样，用"是……还是"关联词来连接，用格式表示为"是 X 还是 Y"。选择问句的句末可以有疑问语气词，也可以没有疑问语气词，有时每一个选择项之间也有疑问语气词。例如：

鄂东：[28]你是吃粥还是吃饭？（你是喝粥还是吃饭？）

[29]我是回去还是在这的歇咧？（我是回去还是在这儿住一晚上呢？）

竹山、竹溪：[30]这件事是我给他说还是你给他说呢？（这件事是我跟他说还是你跟他说呢？）

[31]你快些拿个主意，出门打工到底是你去还是我去？（你快点拿个主意，出门打工到底是你去还是我去？）

固始：[32]你吃干饭，还是吃稀饭？（你吃干饭，还是吃稀饭？）

[33]他到上海，还是不到上海很？（他到上海，还是不到上海？）

[34]你今个去还是不去来？（你今天去还是不去呢？）

[35]你打球，还是不打球？（你打球，还是不打球？）

4.4.4 反复问句

反复问句也是一种选择问句，朱德熙说："选择问句和反复问句则是在并列的项目里选一项作为回答。"① 区别在于一般的选择问句要对方在 X 与 Y 里选一项作为回答，反复问句则是让人在 X 和非 X 里选一项作为回答。所以反复问句也叫正反问。鄂豫皖赣四省交汇处方言的反复问句也是在 X 和非 X 之间选一项作为回答。例如：

[36]吃饭冇？（吃饭没吃饭？）

[37]吃饭冇吃饭？（吃饭没吃饭？）

例[36]是列出一个谓项和一个否定词"冇"，表示反复问；例[37]是由肯定形式和否定形式构成的，主要是问动作行为是否实现或实现得怎么样，其中的 VP

---

① 朱德熙. 语法讲义[M]. 北京：商务印书馆，1982：203.

可以是动宾式，也可以是动补式。否定答语单独用"冇"，肯定答语用"VP 了 NP"或"VP 了"。

反复问句还可用"VP（了/啦）没？""VP 了啵？""VP 冇着？""VP 冇 VP 倒？""VP 不？""VP+C（语气词）""有不有 NP+语气词"等格式来表示。"VP（了/啦）没？"是询问是否完成某个动作；"VP 冇着？"格式中的"着"是时间助词，整个句式是询问是否完成了这个动作或状态，等完成这个动作或达到这个状态再接着发生别的动作；"VP 冇 VP 倒？"格式中的"倒"念[⁼tao]，相当于普通话的动词"着"，整个句式是询问动作行为是否达到某种目的或状态。"VP+C（语气词）""有不有 NP+语气词"格式是带有询问的反复问。例如：

新县：[38]你去没？/你去了啵？|你吃饭没？/你吃饭了啵？
光山：[39]你去了没？/你去了啵？|你吃饭了没？/你吃饭了啵？
潢川：[40]你去啦没（有）？|你吃饭啦没（有）？
鄂东：[41]坐冇坐倒？（坐没坐稳？）
　　　[42]你还认得我不？（你还认不认识我？）
　　　[43]他走冇着？（他走了没？——等他走了再谈。）
竹山、竹溪：[44]肚子饿了没？（肚子饿了没有？）
　　　[45]秧栽完了没？（秧栽完了没有？）
　　　[46]东西你买倒没买倒喂？（东西买着没买着？）
　　　[47]田耙了没有耙耶？（田耙了没有？）
安陆：[48]你有不有这本书欸？（你有没有这本书？）
　　　[49]这儿有不有人嘞？（这儿有没有人？）

安陆的这种格式在口语中经常省略"不"构成"有有 NP+语气词"格式。例如：

[50]你有有这本书欸？
[51]这儿有有人嘞？

"有有 NP+语气词"格式是一种语法格式的省略形式，省略后，表意功能不变，区别在于语用功能的不同。完整形式表示说话人慢条斯理的语气，省略后表示说话人急躁的情绪。还可进一步变换为"有啊 NP+语气词"的格式。例如：

[52] 你有啊这本书欸?

[53] 这儿有啊人嘞?

叶祖贵[①]指出：固始方言的反复问句是由副词性成分"可"后加谓词性成分构成"可VP"格式来表示的。"可VP"中"可"的读音不固定，既可读[ke]，又可读[kʻe]，且其在语流中还会发生变调现象，去声前读阳平，非去声前读去声，故不标调。

固始方言中的反复问句多用"可VP""可VP啦""可VP蛮"三种格式来表示，普通话的反复问句用"VP不VP""VP没VP"的格式表示，例如：可去?（去不去?）|可玩?（玩不玩?）|可走啦?（走不走了?）|可写蛮?（写没写?）|可完蛮?（完没完?）

能接在"可"后面的谓词性成分比较多，它们既可以是单音动词、形容词，也可以是带上动态助词的动词、形容词，或是动词、形容词词组。例如：

[54] 可说说蛮?（说没说?）|可慢慢走蛮?（走慢没走慢?）

[55] 可去赶集?（去不去赶集?）|可去赶集啦?（去不去赶集?）|可去赶集蛮?（去没去赶集?）

[56] 可把水倒掉?（把不把水倒掉?）|可把水倒掉啦?（把不把水倒掉?）|可把水倒掉蛮?（把没把水倒掉?）

朱德熙先生[②]认为，汉语方言里的反复问句有两种类型，一种为"VP不VP"，另一种为"可VP"。"可VP"只见于吴语、西南官话、江淮官话。他认为，运用"可VP"的地方没有"VP不VP"。固始位于鄂豫皖赣四省交汇处，其方言与江淮官话有密切联系，可把"可VP"看作其反复问句格式。

4.4.5 反问句

反问句在形式上是疑问句，但不要求回答，只是用疑问句的形式来表示肯定或否定。用"么儿""未必"表示反问。例如：

[57] 我么儿不爱他啥?（我怎么会不爱他呢?）

---

① 叶祖贵. 固始方言研究[M]. 北京：中国社会科学出版社，2009：147-148.
② 朱德熙. 汉语方言里的两种反复问句[M]//朱德熙文集（第3卷）. 北京：商务印书馆，1999：66.

[58]你未必不怕饿哎？（你难道不怕饿吗？）

据笔者调查，就全国方言而言，表达反问句的句式主要有两种类型："VP 不 VP"（包括"VP 没 VP"）型和"F（疑问副词）VP"型。FVP 型反复问句主要分布在江淮官话区、西南官话区和吴语区，F 在各地的表现形式也各不相同，例如：合肥话用"克"[kʰ]，昆明话用"格"[ko]，苏州话用"阿"[a]。在鄂豫皖赣四省交汇处，"可 VP" 句式主要分布在距江淮官话区较近的东部（固始、商城、潢川），这是受江淮官话的影响所致，在地理上将信阳和通行江淮官话的合肥连成一片，语言的接触使得东西畅通。

4.5　否　定　句

4.5.1　单重否定句

鄂豫皖赣四省交汇处方言的否定标记主要有"冇""冇得""莫""不"等，相当于普通话的"没""没有"。

1. "冇 VP/不 VP/莫 VP/别 VP/懒得 VP"格式

表示否定的陈述句往往用"冇""不""莫""别""懒得"标记。"冇"是副词，用在动词的前边，否定动作行为的实现，用在形容词的前边，否定某种状态的出现；"不"是副词，用在动词的前边，否定某种意愿；"莫""别"是副词，用在动词的前边，制止某动作行为的实现；"懒得"用在动词前，否定主观意愿。例如：

鄂东：[1]我冇喝酒。（我没有喝酒。）
　　　[2]葡萄冇红，不能吃。（葡萄没有红，不能吃。）
　　　[3]我不跟她争。（我不跟她争。）
　　　[4]你莫跟她吵。（你不要跟她吵。）
　　　[5]我懒得管他。（我不想管他。）
岳西：[6]兀个伢儿不好好读书。（那个小孩不好好读书。）
　　　[7]乡底昨日冇开会。（乡里昨天没有开会。）

安陆：[9]我冇到街上去。（我没有到街上去。）
　　　[10]他们冇商量这个事。（他们没有商量这个事。）
新县：[11]坐的，莫站起来。（坐着，不要站起来。）
　　　[12]她哭的，么事也不吃。（她哭着呢，什么都不吃。）
光山：[13]莫把饭吃完了！（不要把饭吃完了！）
潢川：[14]别把/给饭吃完啦！（别把饭吃完了！）
九江：[15]你不要讲话，渠会生气的。（你不要讲话，他会生气的。）
孝感：[16]我在看书，你着不吵。（我在看书，你们不要吵。）
　　　[17]不在外面淋雨，招呼感冒了。（不要在外面淋雨，小心感冒了。）
　　　[18]你不恼火，慢慢和他讲道理。（你别发火，慢慢和他讲道理。）

除此之外，还可以有"VP 不赢""VP 不过"的格式。否定词充当补语。例如：

　　　[19]我打渠不赢。（我打不赢他。）
　　　[20]你骗不过我。（你骗不了我。）

2. "冇得 N+VP"格式

"冇得"是动词，用在名词的前边，否定某种事物或性状的存在。例如：

鄂东：[21]你做的冇得话说。（你做的没有话说。）
　　　[22]他冇得钱读书。（他没有钱读书。）
安陆：[23]我冇得空看书。（我没有空看书。）
　　　[24]我弟弟冇得我高。（我弟弟没有我高。）
　　　[25]小王蛮会下棋的,我冇得他狠。（小王很会下棋,我没有他厉害。）

4.5.2 双重否定形式

双重否定的陈述句常在一句话内用两个互相呼应的否定词表示肯定的意思。但值得注意的是，双重否定的句子跟相应的单纯肯定的句子的意思并不都一样。双重否定的陈述句有两种形式。

1. "不 V 不 VP/冇得 N 不 VP"格式

鄂东：[26]他不会不把得我的。（他一定会给我。）
　　　[27]他不敢不听。（他必须听。）
　　　[28]冇得一个人不怕他。（没有一个人不怕他。）
　　　[29]冇得么事不要钱的。（没有什么是不要钱的。）
孝感：[30]冇得么事不满意的。（没有什么不满意。）
　　　[31]冇得哪个不喜欢他的。（没有哪个不喜欢他。）

2. "非要 X（不可）"格式

双重否定还有一种"非要 X（不可）"的格式，它是对"X 以外的情况"进行否定的。这种格式有两种情况：一是表示"只有 X 才可以"，这里的 X 既可以是词，也可以是短语。例如：

岳西：[32]你伢底病，非要吃这个药不可。（你孩子的病，只有吃这个药才可以治好。）
　　　[33]解决这样的问题，非要佢来不可。（解决这样的问题，只有他来才可以。）
鄂东：[34]你非要我发脾气不可。（你一定要我发脾气才可以。）
　　　[35]你病得好狠，非要打针不可。（你病得好厉害，只有打针才可以。）

例[32]中的"非要 X 不可"中的 X 是"吃这个药"，例[33]中的 X 是"佢来"。二是表示"必须 X 才可以"，这种格式不用"不可"。例如：

岳西：[36]叫你不去，你非要去。（叫你别去，你一定要去。）
　　　[37]是你惹我的，我非要打你。（是你惹我的，我一定要打你。）
鄂东：[38]叫你莫辞工，你非要辞。（叫你不要辞职，你一定要辞职。）
　　　[39]你叫我买的，你非要吃它。（你叫我买的，你一定要吃完。）

3. "VP 不得是冇 VP 得"格式

这种格式中的"得"是句末助词，和"冇"相结合，表示没有发生某种动作或实行动作的力度不够。例如："冇打得"表示打得不够，或没有打。普通话没有相应的词，也没有相应的格式。例如：

　　[40]吃不得是冇饿得。（吃不下是因为没挨过饿/饿得不够。）
　　[41]睏不得是冇坐得。（睡不着是因为没有坐够。）
　　[42]不听话是冇打得。（不听话是因为打少了。）

4.5.3　用肯定形式表示否定

　　鄂东方言有一种用肯定的形式来表示否定的意思的否定句的特殊形式，主要用在对话的答语中。例如：

　　[43]你儿子考上大学了哇？——么事咧！（没有考上。）
　　[44]你饭熟了哇？——么事咧！（没有熟。）
　　[45]你骂了她哇？——那么儿啊！（没有骂她。）
　　[46]你手机落了哇？——那么儿啊！（没有掉。）
　　[47]我要买一个手机——那么是的！（不行。）

4.5.4　否定句的比较

　　1.　方言与普通话的比较

　　鄂豫皖赣四省交汇处方言中的"冇"相当于普通话的"没""没有"，但在具体用法上又有不同：方言中用"冇"，普通话有时用"没"，有时用"没有"，有时既不用"没"，也不用"没有"；普通话能用"没""没有"的，方言用"冇"，下面分别进行讨论。

　　（1）普通话用"没有"，方言用"冇"。"冇"可以用在问句句末表示反复问，可用"冇"回答。例如：

　　　方言　　　　　　　　　　　　　　　普通话
　　鄂东：[48]你吃饭冇？　　　　　　　　[49]吃饭没有？
　　　　　[50]衣裳洗完冇？　　　　　　　[51]衣服洗完了没有？
　　安陆：[52]他说了冇？　　　　　　　　[53]他说了没有？

孝感：
[54]他去了学校冇？　　　　　　[55]他去了学校没有？
[56]看见了冇？　　　　　　　　[57]看见了没有？
[58]衣服干了冇？　　　　　　　[59]衣服干了没有？

（2）"VP 冇 VP"与"VP 没 VP"比较。"冇"可用在重叠词的中间构成"VP 冇 VP"或"V 冇 VP"的格式来表示反复问，否定用"冇"回答；普通话在重叠词中间只能用"没"，而不能用"没有"。例如：

方言
[60]他去冇去学校？
[61]吃饭冇吃饭？|吃冇吃饭？
[62]写信冇写信？|写冇写信？
[63]洗完冇洗完？|洗冇洗完？
[64]坐稳冇坐稳？|坐冇坐稳？

普通话
[65]他去没去学校？|*他去没有去学校？
[66]吃饭没吃饭？|*吃饭没有吃饭？
[67]写信没写信？|*写信没有写信？
[68]洗完没洗完？|*洗完没有洗完？
[69]坐稳没坐稳？|*坐稳没有坐稳？

（3）"V 冇 V 倒"格式的比较。"V 冇 V 倒"格式是反复问。句中的"倒"念[˚tau]，相当于普通话的动态助词"着"，具有作动补式第二成分这种功能，它用在动词后，表示达到的目的或状态。整个句式是询问动作行为是否达到某种目的或状态，例如："吃冇吃倒？"等于"吃进去没有？"或"吃饱没有？"；"看冇看倒？"等于"看见没有？"或"看清楚没有？"。至于在什么情况下问是否达到某种目的，什么情况下问是否达到某种状态，那就要根据语言环境而定。例如：如果客人吃完饭，你问他"吃冇吃倒？"，这就是问是否达到某种状态，等于问"吃饱没有？"；如果给孩子喂饭，你问他"吃冇吃倒？"，这就是问是否达到某种目的，等于问"吃进去没有？"。这种带"倒"的句式与没带"倒"的句式所表示的意思不一样，没带"倒"的格式"吃冇吃？"只是表示动作行为是否实现，带上"倒"就表示动作行为是否达到某种目的或状态。"V 冇 V 倒"的肯定回答用"V 倒了"，否定回答用"冇 V 倒"。能进入这种格式的都是单音节行为动词。普通话没有上述说法，要表示这种意思，需用相应的词语。例如：

方言　　　　　　　　普通话

[70]看冇看倒？　　　　[71]看没看见？

[72]坐冇坐倒？　　　　[73]坐没坐稳？

[74]写冇写倒？　　　　[75]写没写好？

[76]买冇买倒？　　　　[77]买没买着？

这种"V 冇 V 倒"句式还可以省略为"V 倒冇"格式，省略了一个动词，并把"冇"移到句末，例如："看倒冇？""坐倒冇？"。省略式与原式意义相同，回答方式也一样，只是表示疑问的意思轻一些。普通话也没有这种说法，而用相应的词语表示这种意思，例如"看见没（没有）？""坐稳没（没有）？"。

（4）"算冇 V 的"格式的比较。这种格式表示动作行为的徒然性，例如："算冇说的"等于"说了也没用，白说了"，"算冇洗的"等于说"洗了也没用，白洗了"。句末的语气助词"的"，表示已然，强调动作已经发生。普通话没这种格式。例如：

方言　　　　　　　　　　普通话

[78]读了几年书，算冇读的。　　[79]读了几年书，算没（没有）读。

[80]我说了一天，算冇说的。　　[81]我说了一天，算没（没有）说。

[82]洗了半天，算冇洗的。　　　[83]洗了半天，算没（没有）洗。

"算"还可用在"冇 VP 得"这种格式里，表示应该实行某种动作而实行。"得"是句末助词，和"冇"相结合，表示未然，语用上表示一种失误或遗憾，例如，"冇打下招呼得"表示应该要打招呼而没有打招呼。这种用法主要用于鄂东方言。普通话没有相应的格式。例如：

[84]门冇关倒得。（门应该关而没有关。）

[85]冇邀他得。（应该邀请他而没有邀请。）

[86]冇早点走得。（应该早点走而没有走。）

2. 方言之间的比较

（1）竹山、竹溪一带的否定句用"没得"。"没得"是表示否定意义的动词，与动词"有"相对。例如：

[87]房子一盖，屋里连一点儿钱都没得了。（房子盖起来了，家里一点儿钱都没有了。）

[88]铺盖都没得盖的，还说啥媳妇儿。（被子都没有盖的，还娶什么媳妇。）

[89]这条路没得那条宽！（这条路没有那条宽！）

[90]我们娃子没得人家娃子学习好！（我们孩子没有别人孩子学习好！）

（2）河南省南部方言的否定句用否定词"没得"。"没得"是"有"的否定式，它同普通话"没、没有"的动词性用法基本一致。

第一，对领有、具有的否定，其格式大多为"没得+名"。例如：

固始：[91]他没得房子。（他没有房子。）

[92]俺们现在没得多余的钱。（我们现在没得多余的钱。）

新县：[93]他没得啥值钱的东西。（他没啥值钱的东西。）

[94]学校没得人。（学校没有人。）

光山：[95]家里没得钱。（家里没有钱。）

"没得+名"有时可以受"最、太"等程度副词的修饰。例如：

固始：[96]他这样做最没得道理啦。（他这样做最没道理啦。）

[97]你做事也太没得人性啦！（你做事也太没有人性啦！）

第二，"没得"用在"谁、哪个"等前面，表示"全都不"。例如：

新县：[98]没得谁会同意你这样做。（大家都不会同意你这样做。）

[99]这里没得哪个不喜欢下象棋的。（这里没有人不喜欢下象棋。）

第三，"没得"用在比较句中，为差比句，表示不足。例如：

[100]家里没得那么热。（家里没有那么热。）

[101]这塘没得那么深。（这池塘没有那么深。）

[102]她没得你聪明。（她没有你聪明。）

[103]他没得你跑得快。（他没有你跑得快。）

"没得"不具有普通话"没、没有"的副词性用法。普通话中用副词性"没、没有"否定的句子，在固始方言中不能用"没得"来替代。因而"没得"后面不能接动词性词语。如不能说：

[104]*他没得跑。

[105]*你没得上学。

[106]*我没得写字。

（3）鄂豫皖赣四省交汇处方言否定标记比较如表4-1所示。

表4-1　鄂豫皖赣四省交汇处方言否定标记比较表

方言点	否定词									
	冇（副）	冇得（动）	没得（动）	莫（副）	不（副）	懒得（副）	冇有（没有）	非要X（不可）	别	没有/没
鄂东	冇说	冇得钱	—	莫走	我不晓得	我懒得理他	—	—	—	—
岳西	冇懂	—	—	莫来	我不晓得	—	—	非要佢来不可	—	—
宿松	冇睏醒	冇得吃的	—	莫晏哆	你去不	—	冇有红	渠侬非要念书不可	—	—
孝感	冇回来	冇得大小/冇得人/冇得吃饭	—	莫不学好/莫冇得钱买书	我不到/不是不晓得	—	—	他非去不可	—	—
鄂州	冇去	冇得钱	—	你莫抢倒说	认不认得	—	—	—	—	—
新县	—	—	没得一处是干的/没得钱	莫去招他/莫客气	不喜欢/不叫他出去	—	—	—	—	没有读/没读/上课得没
九江	冇用力	—	没得工夫	莫碰我	买票不倒/不得改	—	冇有钱	—	别怪额	我没有/没事
安陆	冇读书	冇得书	—	你莫说	我不去	我懒得上课	—	—	—	—

续表

方言点	否定词										
	冇（副）	冇得（动）	没得(动)	莫（副）	不（副）	懒得(副)	有有（没有）	非要X（不可）	别	没有/没
竹山、竹溪	我冇说/冇好重	—	铺盖都没得盖的	莫去惹他	—	我懒得做/我懒得说的	—	—	—	—
固始	—	—	没得雨/没得你聪明	—	—	—	—	—	—	—

从表4-1中可以归结出以下特点。

第一，方言中用的频率比较高的否定词是"冇""冇得""不""莫"。其他否定词只用于某一两个方言点。

第二，否定词一般是对这个句子的谓语部分进行否定。其格式一般是"主语+否定标记+谓语+宾语"。

第三，否定词"冇得"与"没得"是互相排斥的，二者必取其一。用"冇得"的方言不用"没得"，用"没得"的方言不用"冇得"。

4.6 存现句

存现句是说明人或事物的存在、出现或消失的句子。其基本格式为：某处（某时）存在着（出现了/消失了）某人/某物。鄂豫皖赣四省交汇处方言存现句的基本特点主要表现在四个方面。

4.6.1 主语的方所性

存现句的主语不能有物体性，具有方所性，使用表方位和处所的词语充当。例如：

鄂东：[1]屋前头有一条河。（房子前面有一条河。）

[2]树上做了个雀儿窝。（树上有个鸟窝。）

[3]我湾的考上了个大学生。（我们村里考上了一个大学生。）

新县：[4]他屋的死了一个猪。（他房子里死了一只猪。）
光山：[5]山上做了一座庙。（山上盖了一座庙。）

存现句是主谓句，如果句首的表方所词语的前边加上介词"在""从"等构成介词短语，那就成了非主谓句。例如：

[6]从山上跑下来一个野猪。（从山上跑下来一只野猪。）

[7]靠屋后头有一棵石榴树。（靠近房子后面有一棵石榴树。）

4.6.2 主语的时间性

存现句属于动词谓语句，但跟一般的动词谓语句有所不同，存现句的主语表示时间。例如：

鄂东：[8]去年赚了一大笔钱。（去年赚了一大笔钱。）
　　　[9]清早飞来了一只鸦雀。（早晨飞来了一只鸦雀。）
罗山：[10]昨儿个下雨的。（昨天下雨了。）

4.6.3 动词的存现性

在存现句中，带宾语的动词有的表示存在的意义，有以下三种情况。
（1）用"有"直接表示存在。例如：

鄂东：[11]屋头边有一口塘。（房子边有一口池塘。）
　　　[12]书房的有一架钢琴。（书房里有一架钢琴。）
孝感：[13]大门边哈儿有几个人在等车。（大门边儿有几个人在等车。）
　　　[14]墙角里有蛮大一堆垃圾。（墙角有很大一堆垃圾。）

（2）用"是"字句表示存在。例如：

鄂东：[15]床窦（底）下是一只大箱子。（床底下是一只大箱子。）
　　　[16]田的哈是草。（田里都是草。）
孝感：[17]楼梯跟前是一块空地。（楼梯前面是一块空地。）
　　　[18]半天云里是一只大气球。（天上有一只大气球。）

（3）动词带"倒"，既叙述存在，又说出怎样存在。例如：

鄂东：[19]门口企倒一个人。（门口站着一个人。）
　　　[20]墙上挂倒一个葫芦瓢。（墙上挂着一个葫芦瓢。）
孝感：[21]大门里头站倒一个小伢在。（大门里面站着一个小孩。）
　　　[22]角旯儿堆倒一堆杂物在。（犄角旮旯堆着一堆杂物。）
新县：[23]床上睏倒一个人。（床上睡着一个人。）
光山：[24]外头正下倒雨（在）。（外面正在下着雨。）

在孝感等方言里，存现句的末尾要用动态助词兼语气助词"在"，否则句子站不稳，因此"在"有成句的作用。

4.6.4 宾语施事的不确指性

存现句里的宾语往往是施事，大都具有不确指性。宾语里可带"一个、几个"之类的数量定语，不能带"这个、那个"这样的确指性定语，例如"大树脚下坐倒一个人"中"一个人"具有施事性和不确指性，不能说成"大树脚下坐倒这个人"。

有时宾语可以不是施事，但一定具有不确指性，例如"墙上挂倒一幅画"，"一幅画"不是施事，但也不是确指的，不能说成"墙上挂倒这幅画"。

4.7 祈 使 句

从句子的基干构造看，祈使句是表示请求、命令、建议、劝阻、禁止等的句子。谓语动词一律用原形。祈使句有两个方面的特点：一方面，祈使句的主语在词面上往往是第二人称的，但是实际上隐含着"我命令（你）""我要求（你）"等意思；另一方面，祈使句常用"莫、让、不要、不消、要、把我"等带祈使性质的词语，其中，"莫""不消""不要"用于否定式祈使句。

4.7.1 祈使句的结构

祈使句的结构实际上是"（我要）NP+VP！"。通常只说"你 VP！"，如

"你莫说了!"主语是第二人称。如果把隐含的内容全都说出来,成为"我要你VP!",如"我叫你莫说了!"主语便是第一人称的了。例如:

[1]流时回去吃饭。(赶快回去吃饭。)

[2]你要把件事地读书哈!(你要认真地读书!)

[3]你不消筒跑得,跑了我也要抓回来。(你不用这么跑,跑了我也要抓回来。)

[4]你莫筒客气哈。(你不要这么客气。)

4.7.2 祈使句句末助词

祈使句中通常不用主语,句末用感叹号或者句号,用降调。句末用语气词"吧""了""嗨""舍""哈""哦""啦"等。"嗨"表示请求;"舍"相当于普通话的"啊";"哈"相当于普通话的"呀",表示招呼、提醒对方。"吧"和"了"用得较多,一般来说,在要求别人做什么的时候,用"吧",如"你说吧!";在要求别人不做什么的时候,用"了",如"你莫说了!"。"吧"有时也可以用于否定式祈使句中,借以加强不赞成或不耐烦的语气。如果是先用"了"再用"吧",偏重表示对已经发生或正在发生的行为的劝阻,如"往日的事就莫说了吧!"。"哈"也是常用的语气词,表示敦促或叮嘱的语气,肯定式和否定式的句末都可以用。再看实际用例:

鄂东:[5]你把我流时走哈!(你给我快点走!)

[6]我让你把记倒嗨。(我让你记住。)

[7]把细伢儿驮倒嗨!(把小孩子背着!)

孝感:[8]你莫不把钱当钱哈!(你不要把钱不当钱呀!)

[9]你不撩他,让他安心睡哈!(你不要逗他,让他安心睡呀!)

[10]你莫说他表现不好舍!(你不要说他表现不好啊!)

新县:[11]莫把饭吃完了!|把饭莫吃完了!(不要将饭吃完了!)

潢川:[12]别把饭吃完啦!|别给饭吃完啦!(不要将饭吃完啦!)

宿松:[13]念书要顶真哦!(读书要认真哦!)

[14]菜莫一下子吃脱哆哦!(菜不要一下子吃完哦!)

4.7.3 祈使句句末的"它"

祈使句句末用"它","它"是句末助词,作用是加强祈使的语气,去掉"它"不影响句子的意义。例如：

鄂东：[15]把冇得用的东西哈丢它！（把没有用的东西都丢掉！）
　　　[16]酒可以不喝了,但要把这碗饭吃了它！（酒可以不喝,但要把这碗饭吃完！）
孝感：[17]他要是来找你,你就快点跑了它。（他要是来找你,你就快点跑。）
　　　[18]你快点把狗子赶走了它。（你快点将狗赶走。）
罗山：[19]我们将才吃了的,你们吃了它！（我们刚才吃了,你们吃吧！）

4.8 感 叹 句

感叹句是带有浓厚的感情的句子。感叹句有肯定形式和否定形式。鄂豫皖赣四省交汇处方言的感叹句有以下几种形式。

4.8.1 否定感叹句

否定感叹句表示对事物的否定感叹。"啊""哦""哎呀""唉""嘞""哇"是表示否定语气的语气词。例如：

鄂东：[1]哎呀！真是个现世宝啊！（哎呀,真是个出头的二百五！）
　　　[2]唉！你太冇得经验了！（唉！你太没有经验了！）
　　　[3]你看！她太冇得规矩了！（你看！她太没有规矩了！）
　　　[4]我不走哇[ua]！（我决定不走了！）
罗山：[5]想不到你这大年纪还能干的很嘞！（想不到你这大年纪还很能干！）
　　　[6]看不出你学习好得很嘞！（看不出你的学习成绩很好呢！）
宿松：[7]我家大儿子不成器哦！（我家大儿子不成器哦！）
　　　[8]个个媳妇都恰不得我哦！（每个媳妇都嫌弃我哟！）

4.8.2　肯定感叹句

肯定感叹句是对某种状态的一种肯定感叹。谓词可以是动词短语，可以是状态形容词。"了"与"的"连用，表示一种肯定的感叹。例如：

[9]你看他长得胖墩了的！（你看他长得胖乎乎的！）

[10]你真呆死了的！（你真呆死了！）

[11]皮鞋亮赞了的！（皮鞋很亮！）

[12]嗯个姓汪的拐死了的！（那个姓汪的很坏！）

"啊"用在实词后，表示肯定的感叹语气，可以有不同的变体。例如：

鄂东：[13]你真好哇！（你好极了！）

[14]你真聪明啦！（你聪明极了！）

孝感：[15]你可得呀！考乜高的分数！（你行呀！考这么高的分数！）

[16]伢呢！你听妈妈的话好不好？（孩子啊！你听妈妈的话行吗？）

宿松：[17]人老哆，得人嫌哦！（人老啦，遭人嫌哦！）

[18]乡下哩鸡子好吃哦！（乡下的鸡蛋好吃哦！）

[19]今年倒霉，把些鸡一下子发脱瘟在！（今年倒霉，鸡都得了瘟疫！）

[20]唉，把个大妹子一死脱！（唉，大妹子死了！）

4.9　双 宾 句

4.9.1　双宾句的性质

在动词之后先后出现间接宾语、直接宾语两层宾语的句子叫双宾句。间接宾语一般指人，回答谓语"谁"的问题；直接宾语回答谓语"什么"的问题。双宾语这一术语最早是由黎锦熙先生提出的。他在《新著国语文法》中说："有一种外动词，表示人与人之间（或人格化的事物之间）交换一种事物的，如'送''寄''赠''给''赏''教授''吩咐'等，常用两个名词作宾语，叫做'双宾语'。这种带双宾语的句子里边，就有两个在宾位的名词，这两个宾位中，属于被交接之事物叫'正宾位'（即正式的宾语）；属于接受事物之人的叫'次宾位'（属副性宾语，详后）；次宾位常在前，而正宾位常在后。"[1]

关于双宾句中的动词，黎锦熙、刘世儒把双宾动词分为两大类："授予"义的，如"送""寄""赏"；"教示"义的，如"教""告""示"。吕叔湘以是否与两个宾语同现为条件将双宾动词分为四类："称叫"类、"问、请教"类、"借、贷"类及"求、告诉"类。

邢福义先生认为，一个动词后边出现两个宾语，即"间接宾语+直接宾语"，这是双宾语。[2]例如：

[1]给你奖金。　　[2]送他礼品。
[3]喂孩子牛奶。　　[4]还小张十块钱。

在双宾句中，不管是间接宾语还是直接宾语，都能连着动词单说，例如："你"和"奖金"是双宾语，"给你""给奖金"都能单说。又如：喂孩子，喂牛奶；送他，送礼品；还小张，还十块钱。不能分开来连着动词单说的两个名词，不构成双宾语。比较：

[5]我赔了他一辆自行车。
[6]我收了他一辆自行车。

例[5]，"他"和"一辆自行车"构成双宾语：赔了他，赔了一辆自行车。例[6]，"他"和"一辆自行车"不构成双宾语，"收了一辆自行车"能说，"收了他"不能说。"收了他一辆自行车"中的"他一辆自行车"，可以认为是定心短语充当的一个宾语。"借了他两块钱"中的"他两块钱"，情况相同。但是，有这样的说法：

[7]我只借了他两次钱。

"'他两次钱'显然不是一个定心短语。不过，也不构成双宾语，因为只能说'借了两次钱'，却不能说'借了他'。这种说法，属于成分扣合现象，

---

[1] 黎锦熙. 新著国语文法[M]. 北京：商务印书馆，1992：35-36.
[2] 邢福义. 汉语语法学[M]. 长春：东北师范大学出版社，1997：84.

由'借了他（的）钱'和'借了两次'扣合而成。汉语里，成分扣合现象是多种多样的。"①

普通话带双宾语的动词包括三类："给予"类、"请教"类、"称、叫"类。有的动词本身并不表示这类意义，但如果带上了双宾语，整个句子就会包含"给予"意义。例如：

[8]大家都喊她"女神"。
[9]人们都骂他"混蛋"。

例[8]、例[9]的双宾语可以分化：大家都（这么）喊她，喊她"女神"；人们都（这么）骂他，骂他"混蛋"。"喊、骂"本身不表示"给予"的意思，但带上双宾语，有"给某人某个称号"的意思。

4.9.2 双宾句的类型

1. 普通话的双宾句

邢福义认为，普通话的双宾句有三种情况。

（1）前宾语指人，后宾语也指人。但是，指人的后宾语不用"谁"来提问，只用"什么、什么人、多少人"等来提问，例如：给我几个大学生？｜给我十个青年人。

（2）前宾语指物，后宾语也指物。但是，指物的前宾语不能都用"什么"来提问，有的只能用"谁、什么单位、什么部门"之类去提问，例如：给小猫一块鱼。｜赠图书馆一万册书。

（3）前宾语指物，后宾语指人，双宾语表现为"指物宾语+指人宾语"，一共只有两个音节。这样的用法，带文言色彩，多见于报纸标题，例如"复信俄罗斯总统"。

2. 鄂豫皖赣四省交汇处方言中的双宾句

鄂豫皖赣四省交汇处方言中的双宾句也有三种类型，但与普通话的双宾句有不同。

---

① 邢福义. 汉语语法学[M]. 长春：东北师范大学出版社，1996：85.

（1）V+O₁物+O₂人。这种格式是前宾语指物，后宾语指人。例如：

鄂东：[10]把本书我。（给我一本书。）
　　　[11]把支笔他。（给他支笔。）
鄂州：[12]把一本书我。（给我一本书。）
　　　[13]把几块钱我。（给我几块钱。）
罗山：[14]递双筷子我。（给我递双筷子。）
　　　[15]盛碗饭我。（给我盛碗饭。）
　　　[16]给本书他。（给他一本书）
安陆：[17]他来还书你。（他来给你还书。）
　　　[18]去送一点米他。（去给他送一点米。）
　　　[19]借十块钱我，可不可得嘞？（借给我十块钱，可不可以呢？）
　　　[20]你莫把钱他，看他还赌不赌博。（你不要给他钱，看他还赌不赌博。）
　　　[21]他是个白抄子哦！你有把钱他吵？（他是个骗子哦！你没给他钱吧？）
孝感：[22]我给一本书他。（我给他一本书。）
　　　[23]他已经把了三块钱乜个人。（他已经给了那个人三块钱。）
　　　[24]你应该找十块钱那个顾客。（他应该找那个顾客十块钱。）
宿松：[25]把滴饭在讨米的。（给乞丐一些饭。）
　　　[26]我送一幅画你。（我送给你一幅画。）
岳西：[27]难为你把点水我。（请你给我一点水。）
　　　[28]把一本书我。（给我一本书。）
新县：[29]给杯水我。（给我一杯水。）
　　　[30]借根笔我。（借给我一支笔。）
九江：[31]得本书我。（给我本书。）
　　　[32]得点钱我。（给我点钱。）

这种格式的动词大都是"给予"类的；赣语的"得"有"给"的意思，与"给"的用法基本一致，可以看成是"给"的方言变体；少数动词是取得类的，如"借"。

（2）V+O₂人+O₁物。这种格式是前宾语指人，后宾语指物。例如：

罗山：[33]把你爸个毯子。（给你爸一床毯子。）

[34]把小乐一双筷子。（给小乐一双筷子。）

[35]把你个熟的，这个不熟。（给你个熟的，这个不熟。）

宿松：[36]我问你个事。（我问你一件事。）

[37]我赔你一部新车。（我赔你一辆新车。）

[38]过日还你家新谷。（以后还你家新谷子。）

岳西：[39]难为你把我点水。（请你给我一点水。）

[40]把我一本书。（给我一本书。）

固始：[41]他还我一盒烟。（他还我一盒烟。）

[42]老板送他一瓶酒。（老板送他一瓶酒。）

[43]他借老师三块钱。（他借了老师三块钱。）

孝感：[44]我给他一本书。（我给他一本书。）

[45]他已经把了乜个人三块钱。（他已经给了那个人三块钱。）

[46]你应该找那个顾客十块钱。（他应该找那个顾客十块钱。）

这种格式中的动词大多是"给予"类动词。但是只有固始方言中能带双宾句的某些动词，如"租、借"等，只能表取得义，而不像普通话中，它们既可表"给予"，又可表"取得"，例如，"我借他一本书"在固始方言中只表"我从他那里借来一本书"，即取得，而不表"我借给他一本书"。

（3）V+O₁物+C+O₂人。这类格式的双宾句是指物宾语在前，指人宾语在后，而且双宾语中间插入一个成分"得""给""到""在""把""给得""把得"等。例如：

鄂东：[47]把盒饼干得他。（给他一盒饼干。）

[48]她把件衣裳把我。（她将一件衣服给了我。）

[49]你叫萍儿把条扁担到你。（你叫萍儿给你条扁担。）

孝感：[50]我把一本书给得他。（我将一本书给他。）

[51]他已经把三块钱把得乜个人了。（他已经给了那个人三块钱。）

竹山：[52]把一本书给我。（给我一本书。）

新洲：[53]我把书得你。（我给你书。）

[54]把支笔得他。（给他一支笔。）

九江：[55]拿一本书到我。（给我一本书。）

[56]我把本书得你。（我给你一本书。）
[57]我把本书把你。（我给你一本书。）
[58]给得那两本书（给）我。（给我那两本书。）
[59]带得那两瓶水（给）我。（带给我那两瓶水。）

鄂州：[60]把一本书得我。（给我一本书。）

宿松：[61]还骂，我就一巴掌在你。（再骂，我就给你一巴掌。）
[62]缠翻哆老子，就一锄头在你。（惹恼了我，就给你一锄头。）
[63]你把一百块钱在我哒。（你给我一百块钱。）
[64]把一把钥匙在姐姐在。（给姐姐一把钥匙。）

安陆：[65]给两个钱得他。（给他两个钱。）
[66]你能不能借一千块钱得我嘞？（你能不能借给我一千块钱呢？）
[67]你拈点儿菜得他，尽他在边儿上去吃。（你给他夹点儿菜，让他到边儿上去吃。）
[68]他把了一件衣裳得我巧。（他给了我一件衣服。）

赣语的"得"是一个特殊的词，可以放在动词的后面与动词连用，如给得、带得；可以用"把"来替换，例如，"我把本书得你"可以说成"我把本书把你"。孝感方言的双宾句有两种形式：第一种是 V+O₂ 人+O₁ 物（如：我给他一本书），第二种是 V+O₁ 物+O₂ 人（如：我给一本书他）。这两种格式在表达上没有差别，只是 O₁ 物较为复杂时，更倾向于第一种，例如，我给他一本今年刚刚在国外出版在国内还见不到的书。而且，并不是所有的第一种形式都有第二种形式，只有某些特定的格式才能同时有第一种形式和第二种形式。宿松方言"把一把钥匙在姐姐在"句中的第一个"把"是动词，相当于"给"，第一个"在"是插入成分，相当于介词，第二个"在"是句末助词。

4.9.3 关于双宾句的思考

1. 关于双宾句中两个宾语的语序

关于双宾句中两个宾语的语序，鄂豫皖赣四省交汇处方言双宾句与普通话的双宾句不同，普通话的双宾句中是间接宾语在前，直接宾语在后。从以上例句来看，鄂豫皖赣四省交汇处方言双宾句大都是直接宾语在前，间接宾语在后，构成

"V+O₁ 物+O₂ 人"的格式。这种格式普遍存在于南方吴、赣、湘、闽、粤、客家六大方言和西南官话中。例如：

昆山：[69]我拨本书伊。（我给他本书。）
大冶：[70]寄点钱你父。（给你父亲寄点钱。）
邵阳：[71]把本书我。（给我本书。）
梅州：[72]分一本书佢。（给他分一本书。）
广州：[73]畀一本书我。（给我一本书）
雷州：[74]分两块钱我。（给我分两块钱。）
武汉：[75]他把两本书我。（他给我两本书。）
益阳：[76]还一百块钱他。（还他一百块钱。）
汝城：[77]回头得钱你。（回头给你钱。）
阳新：[78]我把书你。（我给你书。）
韶山：[79]她还一本书把我。（她还给我一本书。）
淮阴：[80]送套茶具把你。（送给你一套茶具。）

"给予动词+直接宾语+间接宾语"用法是有历史来源的。据向熹[①]的研究，甲骨文中宾语与动词的位置不太固定。主要有以下几种。

第一，"动词+直接宾语+间接宾语"的格式。例如：

[81]又伐五十，岁小牢上甲。（《佚》78）
[82]甲申卜，王用四牢大乙，翌乙酉用。（《粹》150）

第二，"动词+间接宾语+直接宾语"的格式。例如：

[83]庚寅卜，彭贞：其又妣辛一牛。（《甲》2698）
[84]戊申卜，争贞：帝其降我年？贞：帝不降我年？（《乙》7793）

第三，"间接宾语+动词+直接宾语"的格式。例如：

[85]丙戌卜，贞：武丁丁其牢。（《前》1.21.3）

---

① 向熹. 简明汉语史（下）[M]. 北京：高等教育出版社，1993：19-20.

第四，"直接宾语+动词+间接宾语"的格式。例如：

[86]兴方氐羌用自上甲至下乙。（《丙》42）

第五，"间接宾语+直接宾语+动词"的格式。例如：

[87]辛卯酒，戍子妣庚祖甲三豕又伐？（《乙》4810）

第六，"动词+直接宾语（一）+间接宾语+直接宾语（二）"的格式。例如：

[88]庚午卜，侑奠大乙卅。（《甲》2278）

到了汉代以后，通常是间接宾语在前，直接宾语在后。例如：

[89]上问上林尉诸禽兽簿（《史记·张释之列传》）①

这说明方言中的"动词+直接宾语+间接宾语"格式来自古代汉语。虽然普通话中只存在于书面语中，如"复信俄罗斯总统""上书总理"，但南方方言中还保留这种用法。

2. 关于双宾句中的插入形式

关于双宾句中的插入形式，陈淑梅在《汉语方言里一种带虚词的特殊双宾句式》②一文中作了深入的研究，她认为方言中双宾句的动词除要求带两个体词性结构宾语外，还可以在动词后边再加上一个含有"给予"意义的成分，即插入形式。这样更明确地衬托出给予的对象和给予的意义。其插入形式有"把是""得""给""到""在""给得""把得""把到"等。这在南方其他方言中也普遍存在。例如：

东海：[90]他把一本书给我。（他给我一本书。）
上海：[91]拨张纸条子拨辣/拨伊。（给他一张纸条。）
　　　[92]送三只粽子拉伊。（送给他三个粽子。）
福州：[93]借几块钱乞我。（借给我几块钱。）

---

① 向熹. 简明汉语史（下）[M]. 北京：高等教育出版社，1993：130.
② 陈淑梅. 汉语方言里一种带虚词的特殊双宾句式[J]. 中国语文，2001（5）：439-445.

淮安淮阴：[94]我把四瓶酒给你家。（我给你家四瓶酒。）
新化：[95]送封信来你。（送封信给你。）
海丰：[96]分了三个银科伊。（给了他三块钱。）
梅县：[97]分一本书分佢。（给他一本书。）
南昌：[98]拿一本书到我。（给我一本书。）
永春：[99]着赔一本书互我。（应该赔给我一本书。）
南雄珠玑：[100]拿一本书过伊。（给他一本书。）
武汉：[101]他把一本书把得我。（他给我一本书。）
溆浦：[102]把钱过起他。（给他钱。）
宜章：[103]驮（一）把镰刀拿我。（给我一把镰刀。）
涟源：[104]拿本书赐卬。（给我一本书。）
东安：[105]掇本书赌你。（给你一本书。）

双宾语中的这些插入形式只能用在指物宾语之后、指人宾语之前，是一种虚词，不过这种虚词还含有给予的意义，是介于虚实之间的弱化动词。

3. 双宾句的否定形式

双宾句的否定式是将否定词放在第一个动词的前边。例如：

鄂东：[106]不/冇/莫把笔把他。（不要给他笔。）
　　　[107]不/冇/莫把支笔得他。（不要给他一支笔。）
孝感：[108]你莫暗示他答案。（你不要给他暗示答案。）
　　　[109]你莫喊我老师。（你不要喊我老师。）
宿松：[110]渠从世冇把滴米在告花子。（他从来没有给过叫花子一点米。）

4. 双宾句的疑问形式

双宾句的疑问式有以下几种。

鄂东：[111]把支笔得他不？（给他一支笔吗？）
　　　[112]把不把支笔得他？（给不给他一支笔？）
　　　[113]笔把不把得他？（给不给他笔？）
孝感：[114]我问他乜个办法好不好？（我问他那个办法好不好？）

[115]你该我几笔钱？（你给我几笔钱？）

罗山：[116]我要是猜对了，你兑（给）个么事我？（我要是猜对了，你给我什么？）

[117]我考试要是考了第一名，你送个么事我？（我考试要是考了第一名，你送我什么？）

4.10 动补句

动补句即述补结构，指述语带补语的句子。补语是补充说明述语的可能、结果、程度、趋向、状态、数量、目的等的成分。本书重点讨论表可能的动补句、表结果的动补句、表状态的动补句、表程度的动补句。下面分别进行分析。

4.10.1 表可能的动补句

动词带表可能性的补语一般称为可能补语。可能补语一般用结构助词"得"，有以下几种形式。

1. "V 得"格式

"V 得"格式表示可能义，有以下几种表现形式：V 得+O、V 得+（O）+C。例如：

鄂东：[1]他吃得。（他能吃。）

[2]他真吃得。（他真能吃。）

孝感：[3]他蛮吃得，一餐要吃三碗饭。（他很能吃，一餐要吃三碗饭。）

[4]他蛮喝得酒。（他很能喝酒。）

宿松：[5]吃得、跑得、骂得、摘得（能吃、能跑、能骂、能摘）

[6]吃得下去、捏得起、唱得来（能吃下去、能捏起来、能唱）

[7]吃得饭、接得马马（能吃饭、能接媳妇）

[8]吃得饭下去、提得水起（能吃下去饭、能提起水）

竹山：[9]这个钱我出得起。（这个钱我能出得起。）

[10]这个酒喝得起。（这个酒我喝得起。）

九江：[11]借钱给渠借也借得。（借钱给他可以借。）

[12]我从街门走得回来。（我从街门口能走回来。）

"V得+O"格式是"V得"后加宾语，如例[4]、例[7]；"V得+（O）+C"格式是"V得"后有补语，如例[8]、例[9]、例[10]、例[12]。

2. "V得得"格式

"V得得"是"V得"后加一个"得"构成的。关于"V得得"格式，朱德熙先生早在1982年就在《语法讲义》一书中说："说得得，前一个'得'是助词，和'看得见'里的'得'相当。后一个'得'是充任补语的动词，和'看得见'里的'见'相当。只是因为两个'得'语音形式相同，所以把助词'得'略去了。"[1]朱德熙先生的"说得"实际上应该分析为"说得得"的推断是正确的。陈淑梅认为："在鄂东方言里，'V得得'不仅是一种常用的形式，而且还有更为复杂的形式。"[2]该格式还有V得得O、V得得（O）了、FV得得（O）等形式。

（1）鄂豫皖赣四省交汇处方言"V得得"的表现形式。例如：

鄂东：[13]他吃得得。（他能吃。）

[14]他吃得得饭。（他能吃饭。）

孝感：[15]乜个苹果吃得得，你放心吃。（这个苹果能吃，你放心吃。）

[16]我请了他，他得得来的。（我请了他，他能来的。）

竹山：[17]这个朋友交得得。（这个朋友能交。）

[18]你真能饿得得，一天没有吃饭，还那么大的劲。（你真能挨饿，一天没有吃饭，还那么有劲。）

商城：[19]钱我花（得）得。（钱我能花。）

[20]衣服穿（得）得。（衣服能穿。）

固始：[21]钱你花（得）得，我也花（得）得。（这个钱你能花，我也能花。）

[22]衣服穿（得）得。（衣服能穿。）

"V得得"的前一个"得"是助词，后一个"得"在语法组合上显然是动词，

---

[1] 朱德熙. 语法讲义[M]. 北京：商务印书馆，1982：133.
[2] 陈淑梅. 谈鄂东方言的"V得得"[J]. 方言，2000（3）：222.

但也要注意，它在功能上只能说是后附性动词。"V 得得"的后一个"得"的语义比较虚灵，即使省掉了前一个"得"，意义不变，例如"我的脚走得得"与"我的脚走得"都是表示"我的脚能/可以走"的意思。在读音上，两个"得"都读[dɛ]，轻声。"V 得得"一般充当单句中的谓语，可带宾语，也可以作复句的后分句。例如：

[23]这个南瓜摘得得。（这个南瓜能摘。）

[24]我腰不痛了，动得得。（我腰不痛了，能动。）

例[23]中的"摘得得"充当谓语，例[24]中的"动得得"充当复句的后分句。
（2）"V 得得"的否定形式。"V 得得"的否定形式是"V 不得"。例如：

[25]他吃得得。——→他吃不得。

[26]他喝得得酒。——→他喝不得酒。

（3）"V 得得"的疑问形式有三种：①"V 得得不？"的形式，如："吃得得不？"②"V 不 V 得得？"的形式，如："吃不吃得得？"③"V 得得 V 不得？"的形式，如："吃得得吃不得？"

3. "V 得倒"格式

先看例句：

[27]嗯本书我找得倒。（那本书我能找到。）

[28]嗯个路我走得倒。（那条路我会走。）

[29]床睏得倒三个人。（床够三个人睡。）

[30]你吓得倒我。（你能吓到我。）

"倒"是个能愿助词，相当于普通话的"能""会"，用在"得"的后边作可能补语。"V 得倒"可以分为四种类型：V 得倒₁、V 得倒₂、V 得倒₃、V 得倒₄。

（1）"V 得倒₁"表示主客观条件容许实现某种动作的可能。动词一般是单音节自主动词。例如：

[31]门关得倒。（门能关上。）

[32]椅子坐得倒。（椅子能坐。）

"门关得倒"客观上表示"门"是好的，可以关得上；主观上表示施事有能力实施"关"的动作。

（2）"V得倒₂"格式是在"倒"后加上宾语，构成"V得倒O"格式，说明主观上有能力做某事，与普通话的"能""会"相似。但在普通话中，能愿动词"能""会"总是放在一般动词的前边充当状语，而在鄂豫皖赣四省交汇处方言中，能愿动词"倒""得"一律放在动词的后边充当补语。例如：

鄂东：[33]他做得倒饭。（他会做饭。）
　　　[34]我吃得倒筷子。（我会用筷子。）
孝感：[35]写得倒字。（会写字。）
　　　[36]说得倒话。（会说话。）

值得注意的是，鄂豫皖赣四省交汇处很多方言在宾语后有重复一个"倒"的现象，构成"V得倒O倒"格式。例如：

鄂东：[37]他做得倒饭倒。（他会做饭。）
　　　[38]我吃得倒筷子倒。（我会用筷子。）
　　　[39]他诊得倒病倒。（他会看病。）
　　　[40]我插得倒田倒。（我会插秧。）
九江：[41]买得倒票倒。（能买得到票。）
　　　[42]考得倒大学倒。（能考得上大学。）
　　　[43]他拿得倒大学倒。（他考得上大学。）
宿松：[44]吹得倒笛子倒。（能吹笛子。）
　　　[45]写得倒诗来。（能写诗。）
　　　[46]提得倒水起。（能提得起水。）

整个句子表示主观上容许实现某种动作的可能。句中的两个"倒"分工不同，前一个"倒"相当于普通话的"能"；后一个"倒"（宿松方言还用"来""起""好"）是句末助词，来帮助动作的实施，充当可能补语。否定式是在前一个"倒"前加上"不"，并省略了动词后的"得"和后一个"倒"。例如：

鄂东：[47]他做得倒饭倒。──→他做不倒饭。
　　　[48]他诊得倒病倒。──→他诊不倒病。
　　　[49]我吃得倒筷子倒。──→我吃不倒筷子。
宿松：[50]吹得倒笛子倒。──→吹不倒笛子。
九江：[51]买得倒票倒。──→买不倒票。
　　　[52]考得倒大学倒。──→考不倒大学。

（3）"V 得倒₃"。例如：

[53]一锅饭吃得倒八个人。（一锅饭够八个人吃。）（施事宾语）
[54]一斤毛线打得倒一件衣裳。（一斤毛线够打一件衣服。）（结果宾语）
[55]两斤苹果分得倒四个人。（两斤苹果能分给四个人。）（与事宾语）
[56]一只桶装得倒20斤油。（一只桶能装20斤油。）（受事宾语）

"V 得倒₃"格式表示"供用""够量"的意思，是一种客观上的可能性，也可以转化为结果补语句，后面可以出现施事宾语、受事宾语、与事宾语和结果宾语。宾语都有数量词来作定语。"V 得倒₃"如果变换为普通话，则要采用"N+能/够+V"的形式来表达。例如：

方言　　　　　　　　　　　　　　　普通话
[57]一锅饭吃得倒八个人。　　　　　[58]一锅饭够八个人吃。
[59]一斤毛线打得倒一件衣裳。　　　[60]一斤毛线能/够打一件衣服。

（4）"V 得倒₄"表示主观上因某种动作而受影响。用反问句的形式来表示否定。例如：

A 组：[61]你慊[tɕʻan]得倒我啊？（你能让我羡慕吗？）
　　　[62]你降[ɕiaŋ]⁵⁵得倒我啊？（你能要挟我吗？）
B 组：[63]你吓得倒我啊？（你能吓到我吗？）
　　　[64]你糊得倒我啊？（你能骗得了我吗？）

A 组"V 得倒"后是使动宾语，表示使动意义，例如，"你慊得倒我啊"是"你不能让我慊"的意思；B 组"V 得倒"后是受事宾语，例如，"你吓得倒我啊"

是"你不能吓倒我"的意思。

4. "V 得 C"格式

这种格式中的"得"是带补语的助词。例如：

[65]杯子打得破。（杯子能打破。）

[66]馒头吃得饱。（馒头能吃饱。）

[67]我跑得快。（我能跑快。）

[68]这间屋好大，床顿得下。（这间房子好大，床能放下。）

这种格式有以下特点：第一，表示主客观条件是否可能实现某种结果，补语 C 是一种可能结果补语。"杯子打得破"是"杯子能打破"的意思。第二，例句中的补语成分在语义上指向不同：例[65]的补语指向受事主语"杯子"；例[66]的补语指向句中未出现的施事；例[67]的补语指向动作"跑"；例[68]的补语语义指向受事主语"床"。"V 得 C"的否定形式是"V 不 C"。例如：

[69]打得破──→打不破

[70]吃得饱──→吃不饱

5. "V 得了"格式

这种格式根据主客观情况可分为两种。例如：

A 组：[71]这本书看得了。（这本书能看完。）

[72]这个床睏四个人睏得了。（这张床睡四个人能睡下。）

B 组：[73]我这个病好得了。（我这个病能好了。）

[74]喝白酒醉得了。（喝白酒能喝醉。）

这种格式的特点是：第一，A 组是表示客观上容许实现某种动作的结果，跟"V 得 C"格式相似，V 是自主动词。"了"读[˚liau]，动词，重读，表示一种结果，有"完""掉""下"的意思，例如："看得了"是"看得完"的意思，"睏得了"是"睏得下"的意思。这个"了"我们称为"了₁"。B 组是表示主观上容许实现某种动作，动词是非自主动词，"了"没有实际意义，只是一个形式补语。

这个"了"我们称为"了₂"。第二,"V 得了"格式的否定形式是"V 不了",例如"看得了──→看不了""好得了──→好不了"。

6. "V 得了 O"格式

"V 得了 O"格式又分为三种类型。例如:

A 组:[75]起得了床。　　[76]出得了屋。　　[77]下得了架。
B 组:[78]动得了脚。　　[79]松得了手。　　[80]起得了身。
C 组:[81]发得了财。　　[82]帮得了忙。　　[83]做得了事。

这种结构有以下特点。

第一,这种结构不是上面"V 得了"带宾语的结构,这个"了"是表示"能够"的意思,是表示主观上有实行某动作的能力,例如"起得了床"是"能够起床"的意思。A 组中是处所宾语,"出得了屋"是"能够从屋里出来"的意思。B 组是使动宾语,例如"动得了脚"是"能够使脚动了"的意思。C 组是受事宾语,例如"发得了财"是"能够发财"的意思。

第二,"V 得了 O"中的 O 不能去掉,例如"起得了床"不能说"起得了",所以这与上面的"V 得了"格式不同,"V 得了"是无宾结构,"V 得了 O"是带宾结构。

7. "V 得住 O"格式

"V 得住 O"格式有两种类型。例如:

A 组:[84]他压得住台。(他能控制局面。)
　　　[85]她箍得住他。(她能管得了他。)
　　　[86]他管得住媳妇。(他能管得了媳妇。)
　　　[87]他刹得住车。(他能刹住车。)
B 组:[88]他吃得住评。(他能承受批评。)
　　　[89]他熬得住蛮。(他能受得住累。)
　　　[90]他受得住饿。(他能挨得住饿。)
　　　[91]他耐得住细繁。(他能忍受麻烦。)

第一，A 组是表示主观上有某种能力实行某种动作行为。"住"充当补语，用在"V 得"和 O 的中间，是通过动作影响目的物，使其按照自己的意愿行事的意思，例如，"压得住台"是指"能控制局面"，"箍得住他"是指"能管得了他"，使他顺从。B 组是表示主观上能够承受某种事情，例如"吃得住评"表示"能够承受批评"。B 组的 O 是动词或形容词，用在"V 得住 O"格式中，是动词、形容词的名化用法。

第二，A 组的 O 可以移至动词的前面作大主语，有强调大主语的作用，例如，"他压得住台"可以说成"台他压得住"，"她箍得住他"可以说成"他她箍得住"。B 组不能这样用。

4.10.2　表结果的动补句

表结果的动补句是指在动词中心后边补充说明动作行为的结果的句子。朱德熙在《语法讲义》一书中指出："结果补语可以是形容词，也可以是动词……带结果补语的述补结构在语法功能上相当于一个动词，后头可以带动词后缀'了'或'过'。"①鄂豫皖赣四省交汇处方言的动补句末尾可以加"了""着"，表结果的动补句有四种形式。

（1）V+A。看实际用例：

鄂东：[92]我一把洗白了。（我总算洗白了。）
　　　[93]想了好几天，一把想明白了。（想了好几天，总算想明白了。）
　　　[94]我总算把他看穿了。（我终于把他看透了。）
竹山：[95]这个过程我看清楚了。（这个过程我看清楚了。）
　　　[96]染里红着。（染红了。）
　　　[97]洗里干净着。（洗干净了。）

（2）V+V。看实际用例：

鄂东：[98]我看见了。（我看见了。）
　　　[99]碗打破了。（碗打破了。）
孝感：[100]手跺断了。（手打断了。）

---

① 朱德熙. 语法讲义[M]. 北京：商务印书馆，1982：126.

　　　　　[101]把他扱倒了。（把他推倒了。）
宿松：[102]气里哭着。（气哭了。）
　　　　　[103]拉开着。（拉开了。）
广水：[104]水烧开了。（水烧开了。）
　　　　　[105]杯子跶破了。（杯子打破了。）
新县：[106]他把酒喝完了。（他把酒喝完了。）
　　　　　[107]他把树砍掉了。（他把树砍掉了。）

（3）V+VP。看实际用例：

鄂东：[108]他吓得直颤。（他吓得直发抖。）
　　　　　[109]他怄得三天冇吃饭。（他气得三天没有吃饭。）
宿松：[110]渠气里跑到娘家去着了。（她气得跑到娘家去了。）
　　　　　[111]伢儿擩里吃饱着。（小孩喂饱了。）

V+VP 的"VP"是动词结构，其否定式是"冇+V+VP"格式。例如：

鄂东：[112]他吓得直颤。——他冇吓得直颤。
　　　　　[113]糊得他螺螺转。——冇糊得他螺螺转。
宿松：[114]钱输得冇得个。——钱冇输得冇得个。
　　　　　[115]把伢打得一哭一吼。——冇把伢打得一哭一吼。

　　表结果的动补句用于疑问句时，鄂东方言在句末加"冇"，宿松方言在句末加"冇"，去掉助词"着"和"在"。例如：

鄂东：[116]你吃饱了冇？（你吃饱了没有？）
　　　　　[117]衣裳洗干净了冇？（衣服洗干净没有？）
宿松：[118]你吃里饱冇？（你吃饱没有？）
　　　　　[119]你吃饱冇？（你吃饱没有？）

（4）V₁+［V₂+倒］+了/嘞。看实际用例：

鄂东：[120]把他扱跶倒了。（将他推倒了。）
　　　　　[121]把洞搞塞倒了。（将洞弄塞住了。）

六安：[122]烟笼筒子捱搞堵倒嘞。（烟囱被弄堵住了。）

[123]一把把他推坐倒嘞。（一下子将他推得坐下了。）

结构中的"V+倒"是述补词组。这里所说的述补词组实际上是指"V+倒"充当述补词组里面的补语，形成"V_1+［V_2+倒］"格式，其中的"V_1"是述语，［V_2+倒］是补语，助词"倒"只是补语里面的一个成分，而不是整个述补词组的直接成分。由"V_2+倒"充当补语，是表示动作完成的结果，因此整个补语是结果补语。带结果补语的述补结构是不能单独成句的，后面必须有助词"了"或"嘞"。上面的例子去掉助词"了"或"嘞"后就不能成立了。

4.10.3 表状态的动补句

鄂豫皖赣四省交汇处方言中表状态的动补句其状态补语有两类：第一类是评价性补语，由性质形容词充当，其整体结构形式用"V 得 Ca"来表示；第二类是描述性补语，由状态形容词、谓词性短语、介宾结构和主谓短语充当，用"V 得 Cb"来表示。Cb 可以分别用"V 得 Cb_1""V 得 Cb_2""V 得 Cb_3""V 得 Cb_4"来表示。

1. 评价性补语

评价性补语，主要是"V 得 Ca"结构。例如：

鄂东：[124]肉煮得烂。（肉煮得很烂。）

[125]衣裳洗得干净。（衣服洗得很干净。）

竹山：[126]他日子过得快活。（他日子过得很快活。）

[127]说得清楚。（说得很清楚。）

宿松：[128]谷晒得爆干哩个。（谷子晒得干干的。）

[129]钱把在渠输得精卵光哩个。（钱被他输得精光。）

[130]雪白的一件热褂把对你舞得邋遢死哆。（雪白的一件衬衣被你弄得脏死了。）

九江：[131]你打得赢。（你打得赢。）

[132]我说得清楚。（我说得清楚。）

状态补语和可能补语形式上相同，如"煮得烂"可以表示"煮得很烂"（状态补语），也可以表示"能煮烂"（可能补语）。状态补语的前边能加上程度指示代词"箇"（这么、那么），可能补语前不能加程度指示代词"箇"。

2. 描述性补语

描述性补语有四种类型。

（1）"V 得 Cb_1"格式。这种格式的补语是由状态形容词充当的。例如：

A 组：[133]肉煮得烂烂儿的。（肉煮得烂烂的。）

[134]衣裳折得抻抻敨敨儿的[₌tʂʻən ₌tʂʻən ⁼tʻəu ⁼tʻəu]。（衣服折得整整齐齐的。）（鄂东）

[135]开得花萋萋儿的。（花儿开得很艳丽。）（竹山）

[136]头毛梳得光溜溜儿的。（头发梳得光溜溜的。）

B 组：[137]衣裳穿得紧绑了的。（衣服穿着很紧。）

[138]他啮得脆蹦了的。（他咬得脆脆响。）

这种类型有以下特点：第一，A 组的补语是形容词的生动形式，即形容词的重叠形式带上语缀"儿的"，带上"儿的"表示其状态的程度较轻，并带有喜爱的感情色彩；B 组的补语是"状态形容词+了的"，"了的"表示已然状态。第二，"V 得 Cb_1"结构的否定形式是对动词的否定，只能在动词的前面加否定词"冇"，不能在补语前面加否定词"冇"。例如：

[139]肉煮得烂烂儿的。──→肉冇煮得烂烂儿的。──→*肉煮得冇烂烂儿的。

[140]头毛梳得光溜溜儿的。──→头毛冇梳得光溜溜儿的。──→*头毛梳得冇光溜溜儿的。

（2）"V 得 Cb_2"格式。这种格式的补语是由谓词性短语充当。例如：

[141]她吓得箇颤。（她吓得一直颤抖。）

[142]他怄得吃不下去饭。（他气得吃不下去饭。）

[143]他气得把碗一掼。（他气得把碗一摔。）

[144]他忙得冇得工夫吃饭。（他忙得没有工夫吃饭。）

观察可知：第一，例[141]的补语是"箇+单音动词"。"箇"强调动作的状态，没有"箇"，这个结构不能成立。例[142]的补语是动补结构带宾语的形式，宾语可以省略，如"他怄得吃不下去"，这种动作带来的状态都是令人不满意的或否定的，所以补语是带"不"的否定结构。例[143]的补语是"把"字结构，用"把"字引进动词的受事，动词用"一"修饰，表示动作的突发性。例[144]的补语是连谓形式，"冇得工夫"和"吃饭"都和同一主语"他"发生关系。第二，所有的句式都可以把主语移到"V 得"的后面，构成"V 得+N_1+Cb_2"的格式。"N_1"移到动词的后面，与后面的动词构成主谓结构充当"V 得"的补语。例如：

[145]她吓得箇颤。——→吓得她箇颤。

[146]他气得把碗一掼。——→气得他把碗一掼。

（3）"V 得 Cb_3"格式。这种格式的补语是由介宾结构充当。

第一，"像 X 样的"结构，是动词性结构，表示比喻和相似。例如：

鄂东：[147]他瘦得像个豇豆儿鳖样的。（他瘦得像豇豆鳖子。）

[148]他气得像个猫牯样的。（他气得像只公猫。）

[149]她哭得像个紫天鹅儿样的。（她哭得像只紫天鹅。）

竹山：[150]壮得像个牛样的。（壮得像牛。）

[151]猾得像个泥鳅样的。（狡猾得像泥鳅。）

第二，"箇+VP 法的/法子"结构。例如：

[152]吵得箇烦人法的/法子。（吵得使人烦恼。）

[153]吃得箇馋人法的/法子。（吃得让人羡慕。）

[154]说得箇焦人法的/法子。（说得让人焦虑。）

[155]唱得箇燥人法的/法子。（唱得让人烦躁。）

这种结构表示的是动作行为带来的某种状态。"VP"是不及物动词或形容词的使动用法，"人"是使动宾语。"法的/法子"是构成名词的词缀，表示"X 的样子"。

（4）"V 得 Cb_4"结构。这是主谓短语充当补语。

第一，N_1+V 得+N_2+箇+V。例如：

A 组：[156]他说得涎箇喷。（他说得唾沫横飞。）
　　　[157]他下得脚箇跕。（他下坡下得脚很酸软。）
　　　[158]肉晒得油箇漫。（肉晒得油漫出来了。）
　　　[159]粥煮得泡儿箇潽。（粥煮得沸腾了。）
B 组：[160]他哽得眼睛箇翻。（他噎得眼睛直翻。）
　　　[161]他酸得牙齿箇枯。（他酸得牙齿不能吃东西。）
　　　[162]头上杂（淋）得水箇滴。（水淋在头上直往下滴。）
　　　[163]他饿得头箇摇。（他饿得有气无力。）

观察可知，这种结构有以下特点。

A 组是自主动词，B 组是非自主动词。无论是自主动词还是非自主动词，其动词与"得"后面的体词性成分没有述宾关系，只有使动关系，例如，"他说得涎箇喷""肉晒得油箇漫"中的"涎""油"不是"说""晒"的支配对象，而是使动对象，是"说"使得"涎喷"，是"晒"使得"油漫"。因此，"得"后面的成分只能分析为主谓短语作补语。主谓之间要插入"箇"字。这个"箇"字有两个作用：强调谓语的状态；帮助成句。如果去掉"箇"字，句子不成立，不能说"他说得涎喷""肉晒得油漫"。

A 组"V 得"后面的 N₂ 还可以移到"V 得"的前面，但移到前面以后，整个结构发生了变化，使原来的"主语+谓语+补语"的结构，变成了"大主语+小主语+谓语"的结构，意思也因此发生了变化，由原来的 N₁ 为陈述的对象变为 N₂ 为陈述的对象，例如："他说得涎箇喷──→他涎说得箇喷"。B 组不能这样变换。

第二，N_1+V 得+N_2+VP。这种格式有两种结构。

第一种：语音停顿在"得"后，补语是"N_2一 VP 倒"结构。

A 组：[164]他拉得脚一趴倒。（他两脚趴开用力拉。）
　　　[165]他驮得背一躬倒。（他驮东西把背压弯了。）
B 组：[166]他吓得脸一红倒。（他吓得脸红了。）
　　　[167]他气得脸一乌倒。（他气得脸黑了。）

补语中的"一 VP 倒"是表示动作或状态的持续。"他拉得脚一趴倒"中的"一趴倒"是表示"趴"这个动作正在持续。"他吓得脸一红倒"中的"一红倒"

是表示"红"的状态正在持续。A 组是持续动词，B 组是形容词。无论是 A 组还是 B 组，N_2 与 N_1 有领属关系，N_2 是 N_1 身体的部位。V 与 N_2 是使动关系，N_2 是 V 的使动对象，例如，"他驮得背一躬倒"是"他驮"使得他的"背一躬倒"，"他气得脸一乌倒"是"他气"使得他的脸"一乌倒"。

这种格式可以变换为"把"字句，A 组变换时，把 N_2 提到"V 得"的前面，变为"N_1+把 N_2+V 得+一 VP 倒"的格式，例如："他拉得脚一趴倒"可以变换为"他把脚拉得一趴倒"。N_2 提到 V 的前面是动词表示的动作对另外的事物加以处置，使得 N_2 受其影响，例如，"他把背驮得一躬倒"不是他把"背"驮得"一躬倒"，而是他驮东西，使得"背一躬倒"。由以上分析可知，这种加进"把"字的句子不是处置句，而是使动句。B 组变换时，不能把 N_2 提到"V 得"的前面，只能在 N_2 的前面加上"把"字，构成"把"字结构来充当补语，例如，"他气得脸一乌倒—→他气得把脸一乌倒""他吓得脸一红倒—→他吓得把脸一红倒"。

第二种：语音停顿在"得"后，补语是"N_2+VP"结构。

A 组：[168]他穷得裤子都冇得穿的。（他穷得裤子都没的穿。）

[169]他忙得吃饭的工夫都冇得。（他忙得连吃饭的工夫都没有。）

B 组：[170]他吓得脸都变了相。（他吓得脸都变了。）

[171]他跑得上气不接下气。（他跑得上气不接下气。）

这一类的 N_2 是周遍性的，可以加上"连"，例如，"他穷得裤子都冇得穿的"可以说成"他穷得连裤子都冇得穿的"。A 组是否定形式，是表示"连 X 都没有"的意思。B 组是肯定形式，"V 得"的 V 可以是及物动词，可以是不及物动词，也可以是形容词。无论是什么样的 V，都与 N_2 没有搭配关系，而是使动关系，例如，"他吓得脸都变了相"是"他受到惊吓，使得他的脸变了相"。

4.10.4 表程度的动补句

"得"后的补语表示动作行为性状的程度。

1. 程度补语的类型

充当程度补语的一般是程度副词、性质形容词、动词、副词短语。

（1）程度副词有"很""好狠""得得了""是场伙/阵仗"。例如：

鄂东：[172]他拐得很。（他坏得很。）
　　　[173]他病得好狠。（他病得好厉害。）
安陆：[174]路宽得很。（路宽得很。）
　　　[175]他怄得好狠。（他气得好厉害。）
竹山、竹溪：[176]他听了这话，气得得了。（他听了这话，气得很厉害。）
　　　[177]你不知道昨晚的雨大得得了。（你不知道昨晚的雨大得很。）
　　　[178]你看她歪得是场伙。（她撒起泼来相当厉害。）
　　　[179]几个女人为一点小事吵得是阵仗。（几个女人为一点小事吵得非常厉害。）

（2）性质形容词有"出奇""伤心""放光"等。例如：

鄂东：[180]拐得出奇。（很坏。）
　　　[181]呆[ŋai]得出奇。（很呆板。）
　　　[182]穷得放光。（非常穷。）
　　　[183]怕得伤心。（很怕。）
竹山：[184]这娃子简直懒得伤心。（这孩子简直懒得厉害。）
　　　[185]笨得伤心。（很笨。）

（3）动词。鄂豫皖赣四省交汇处方言作程度补语的动词非常丰富，如"要命""要死""打哽"等，都可以表示"很厉害"的意思。例如：

鄂东：[186]臭得打哽。（臭得难闻。）　　[187]懒得要命。（非常懒。）
　　　[188]气得要命。（非常生气。）　　[189]蠢得要死。（非常蠢。）
安陆：[190]她婆婆吝啬得要命。（她婆婆非常吝啬。）
　　　[191]这个人讨厌得要死。（这个人非常讨厌。）
鄂州：[192]那天晚上突然打蛮大的雷，搞得我吓不过。（那天晚上突然打很大的雷，搞得我非常害怕。）
　　　[193]想到搭车被小偷扒了几十元钱，她就怄不过。（想到搭车被小偷偷了几十元钱，她就非常生气。）
宿松：[194]身上痒得不能哆。（身上很痒。）
　　　[195]水烫得要死。（水非常烫。）

新县：[196]想得要死！（非常想！）　　[197]想得要命！（非常想！）
　　　[198]瘦得要命。（非常瘦。）　　[199]香得要命。（非常香。）

（4）副词短语。副词短语一般有"冇得解""不得结""不得了""跟啥样子"等等。例如：

鄂东：[200]气得冇得解。（气得没有办法。）
　　　[201]吵得不得结。（吵得不可开交。）
　　　[202]健旺得不得了。（很健康。）
　　　[203]东西多得不得了。（东西很多。）
固始：[204]想得跟啥样子！（想得很厉害！）
　　　[205]气得屌形样！（气得很厉害！）
竹山：[206]那人坏得过火！（那人坏得很！）
　　　[207]她日子过得快活流了的。（她的日子过得非常快活。）

2. 程度补语与状态补语的区别

状态补语的补语 C 是 "V 得" 的状态，程度补语是 V 达到了 C 的程度。尽管 C 对于 V 来说有特定的评议内涵，但往往包含程度的因素。程度补语与状态补语的区别如下。

第一，状态补语的意义较实在，其意义能从字面上来理解，并能单独运用；程度补语的意义较虚灵，不能从字面上来理解其意义，因此不能单独运用。例如：

[208]瘦得像个树棍子。（瘦得像个树棍子。）（状态补语）

[209]瘦得像个豇豆鳌样的。（瘦得像豇豆。）（状态补语）

[210]瘦得不得结。（瘦得没有办法。）（程度补语）

[211]瘦得冇得解。（瘦得没有办法。）（程度补语）

第二，状态补语有否定形式，而程度补语没有否定形式。例如：

[212]洗得干净。——→洗得不干净。

[213]写得好。——→写得不好。

[214]想得跟啥样。——→*想得不跟啥样。

[215]懒得出奇。⟶*懒得不出奇。

第三，状态补语可以移至中心语的前头作状语，而程度补语不能移至中心语的前头作状语。例如：

[216]走得远远的。⟶远远地走。

[217]吃得饱饱的。⟶饱饱地吃。

[218]怕得伤心。⟶*伤心地怕。

[219]吵得不得结。⟶*不得结地吵。

4.11 特殊句式

鄂豫皖赣四省交汇处方言中有很多与普通话和其他方言不同的句式，这些句式真正能反映一个地域的特点。

4.11.1 "V 也 V 得"句式

1. 基本格式

"V 也 V 得"主要用在鄂东方言中，表示某人或某物勉强可以怎么样，但并不理想，往往含有一个转折的意思。

"V 也 V 得"是一种基本格式，简称基本式。例如：

[1]他走也走得，（就是走得不简快）。（他走也能走，就是走得不那么快。）

[2]简个菜吃也吃得，（就是有点苦）。（那个菜吃也能吃，就是有点苦。）

[3]电视看也看得，（就是有点模糊）。（电视看也能看，就是有点模糊。）

[4]嗯支笔写也写得，（就是有点刮纸）。（那支笔写也能写，就是有点刮纸。）

在这种句式中，两个 V 是以特殊的重叠形式出现的，V 一般是动词。它可以是单音节的，也可以是双音节的。两个 V 的中间插入了"也"，"也"在句式中具有停顿作用，是停顿副词。"得"是表可能的助词。

2. 扩展格式

"V 也 V 得"可以在前边或后边添加或替换一些成分，构成扩展式。

（1）"V 也 V 得 C"格式。"V 也 V 得 C"是在"V 也 V 得"的后边加上补语构成的，表示勉强能实现某种动作的结果。由于是勉强实现某种动作，因此伴有不太满意的感情色彩。这种格式对补语有一定的规约。补语有四种类型：一是非自主动词，如"落、起、了、完、懂、倒、着、死、开、成"等；二是趋向动词，如"上、下、进、出、来、去、回、过"等；三是性质形容词，如"清、光、烂、热、好、干、湿、准、熟"等；四是量词，主要是动量词"下儿"和约量词"点儿""几个"。动词如果是双音节词，只重复前边的动词。例如：

[5]细伢儿丢也丢得落。（小孩也能丢得下。）
[6]牛骨头炖也炖得烂。（牛骨头也可以炖烂。）
[7]她唱歌儿唱也唱得下儿。（她唱歌儿也能唱一下。）
[8]他跳舞跳也跳得两下儿。（他跳舞也能跳两下。）

例[5]的"落"是非自主动词，例[6]的"烂"是性质形容词，例[7]的"下儿"、例[8]的"两下儿"是动量词。

（2）"V 也 V 得 O"格式。"V 也 V 得 O"是在"V 也 V 得"的后边带上宾语，表示对某物能勉强实行某种动作。动词一般是及物动词。例如：

[9]说也说得话。（说话也能说。）
[10]喝也喝得酒。（喝酒也能喝。）
[11]坐也坐得车。（坐车也能坐。）
[12]走也走得路。（走路也能走。）

（3）"V 也能 V 得"格式。这种格式是在"也"和"V"之间插入"能"，扩展而成。"能"表"可以"的意思。"也"也有"可以"的意思，由于二者处在一个句子的相同位置上，表示勉强之意更为明显，伴有不满意的色彩。这种格式的动词主要是行为动词。例如：

[13]他吃也能吃得。（他吃也能吃。）

[14]电视看也能看得。（看电视也能看。）

这种格式还可以在"能"的前边加上"还"，构成"V也还能V得"格式。该格式表示勉强的语气就更强了，不满意的色彩也就更浓了。

[15]他做也还能做得，就是有点磨。（他做也能做，就是有点磨蹭。）

[16]衣裳穿也还能穿得,就是不简好看。(衣服穿也能穿,就是不那么好看。)

3. 省略格式

（1）"VV得"格式。"V也V得"在口语中，语流较快时省略了"也"，口语色彩较浓，多用在对话中，后边要有转折句。例如：

[17]这菜吃不吃得得？（这菜能不能吃？）——吃吃得，就是有点涩。（吃也能吃，就是有点涩。）

[18]你那支笔写不写倒字？（你那支笔能不能写字？）——写写得，就是有点刮纸。（写也能写，就是有点刮纸。）

（2）"V也V"格式。"V也V得"在对话中可以省略助词"得"，构成"V也V"格式，同样表示勉强能够实行某种动作。例如：

[19]他能不能吃？（他能不能吃？）——吃也吃，就是吃得不多。（吃也能吃，就是吃得不多。）

[20]他能不能做？（他能不能做？）——做也做，就是做得不好。（做也能做，就是做得不好。）

[21]他愿不愿意帮？（他愿不愿意帮？）——帮也帮，就是不情不愿的。（帮是帮，就是不情不愿的。）

4. "V也V得"的不对称形式

"V也V得"这种句式没有否定形式，形成肯定、否定的不对称现象。从语义与构成成分的关系来看，在汉语句法结构中，其构成成分越简单，其功能就越多，其构成成分越复杂，其功能就越少。"V也V得"构成成分复杂，这也就限制了其功能的发展，所以它没有否定形式。从肯定、否定的不对称理论来看，一般否定句式总是以相应的肯定句式所表示的命题内容为前提，"否定"作为一种言语行为，是对这个肯定命题加以否定或反驳。"V 也 V 得"表示的是勉强实行某种动作，负载的肯定信息或重点不"突出"，所以没有否定形式。

5. 转折隐含式

从表意上看，这种句式表示勉强可以实行某种动作，但并不理想，有转折的意思；从形式上看，这种句式又不是转折复句。转折复句一般是由两个分句构成的，前一个分句说了一个意思，后一个分句不是顺着前一个分句的意思说下去，而是作了一个转折，说出同前一个分句相反的意思。"V 也 V 得"这种转折句子表示转折的意思是隐含的，之所以能够成立，是预设着"如果 A 那么非 B"，有这个共知的预设，这样才能认可转折隐含式句子的成立。

4.11.2 "V 是不 V 的"格式

1. "V 是不 V 的"的基本格式

"V 是不 V 的"格式表示主观的意愿性，根据主语的不同表示不同的意义：或对某人有意愿实行某种动作而又迟迟没有实行表示不满；或表示自己要实行某种动作而又不愿意实施；或对某物没有出现应出现的状态感到不满。格式中的两个 V 性质相同，但前一个 V 具有话题的作用，后一个 V 是对前面话题进行的评述。能进入"V 是不 V 的"格式中的 V 具体有以下几类：①吃、看、听、说、打、写、跑、拉、坐、站、睏、跕、种、穿、栽；②出去、进来、出来、上来；③爱、恨、怕、急、想、愿意、放心、怀疑、喜欢、关心、晓得；④断、熄、倒、丢、离、垮、熟、肿、破、塌。

再看实际用例：

[22]他坐是不坐的，把个椅子个一占到。（他坐又不坐，又占着椅子。）
[23]我出来是不出来的，怕是不怕的。（我不会出来的，但也不怕你。）
[24]他爱是不爱的，又离是不离的。（他不爱她，又不离婚。）
[25]绳子断是不断的，急死人。（绳子要断又不断，急死人。）

例[22]中的 V 是第一类行为动词，主语是第三人称，表示对"他"有实施"坐"

的意愿，而又迟迟未实行"坐"的动作感到不满。例[23]的 V 是第二类趋向动词，主语是第一人称，用在转折复句中，表示"我"不愿意实施"出来"这个动作行为。例[24]的 V 是第三类心理动词，主语是第三人称，这类动词可以是双音节的，用在转折复句中，表示对"他爱又不爱，离（婚）又不离（婚）"行为的不满。例[25]的 V 是第四类非自主动词，用在此格式里转化为自主动词，表示对"绳子要断又不断"状态的不满。

2. "V 是不 V 的"的扩展式

"V 是不 V 的"可以插入一些成分构成扩展式。例如：

[26]我吃是不得吃的。（我吃是不会吃的。）

[27]他离怕/言尽是不得离的。（他离婚大概/肯定是不会离的。）

[28]她理是不箇理他的。（她理是不理他的。）

[29]他爱是不箇爱的。（他爱是不爱的。）

例[26]在"不"和 V 之间插入"得"，"得"是助动词，有"会"的意思，"不得"是"不会"的意思。插入"得"以后，表示"我"不实行"吃"动作的意愿更为强烈。例[27]是在"是"的前边插入副词成分，插入的副词成分有"怕（大概）""言尽（肯定）"。插入的成分表示对"他""离"的意愿进行猜测或肯定。主语一般都是第三人称。例[28]、例[29]是在"不"后插入一个"箇"，"箇"是指示代词，用在"不"的后边，表示程度，"不箇理"有"不理会"的意思，"不箇爱"是"不那么爱"的意思。一般都用心理动词。

3. "V 是不 V 的"格式的转折延伸性

鄂东方言的"V 是不 V 的"格式是一种特殊的格式，其特殊性表现在：从表意上看，这种格式表示否定动作行为的实施，预示着后边有话要说，有意义转折的延伸性。虽然后边的话不说出来，但听话者能领会后面的话是表示转折的意思。如果将这种转折关系显现出来，就要加上转折副词"又"来进行转折。例如：

[30]他看是不看的，（又不把得别个看）。（他看是不看的，又不让别人看。）

[31]他坐是不坐的，（又不让别个坐）。（他坐是不坐的，又不让别人坐。）

[32] 她吃是不吃的，（又把碗筒一摋倒）。（她吃是不吃的，又端着碗。）

这种语义上的转折延伸，从形式上看是个单句，一般情况下不出现后边的句子，但语义上又蕴含着这个内容。"V 是不 V 的"也不是紧缩句，一般紧缩句是由两个分句紧缩而成的，可以拆分为两个分句，而"V 是不 V 的"不是由两个分句紧缩而成的，其内部结构紧密结合，不能拆分为两个分句。我们认为，这种格式是用单句的形式来表示复句的内容，可被称为转折隐含式的句子。

对于"V 是不 V 的"这种用单句形式表示转折复句内容的特殊句式，其语意重点是在已出现的单句上，主观上将这一部分作为重点，明确地表达出个人的主观情感。

"V 是不 V 的"表示转折的意思之所以能够成立，是因为它否定了一个命题，那么就有一个肯定的预设在支撑它，正因为有这个预设作前提，人们会明白心里共知的预设，延伸式转折复句才能成立。例如：

[33] 他离是不离的。
[34] 他买是不买的。

"离是不离的""买是不买的"预设着一个与此相反的信息，这种信息根据不同的语境，表达者可以随意补出：他离是不离的，又不在一块儿过。|他离是不离的，又不爱她。

4. "V 是不 V 的"格式的主观性特征

（1）主观弱势否定性。

从认知的角度看，"V 是不 V 的"格式主要是对某人主观意愿的否定，具有主观性特征。按照莱昂斯的观点，主观性（subjectivity）"是指语言的这样一种特性，即在话语中多多少少总是含有说话人'自我'的表现成分。也就是说，说话人在说出一段话的同时表明自己对这段话的立场、态度和感情，从而在话语中留下自我的印记"[①]。"V 是不 V 的"格式是说话人表明对某种行为及意愿的一种否定，表示的也是一种主观立场、态度和情感。该格式被称为"主观否定式"。由于受到否定形式的制约，"V 是不 V 的"格式与一般带否定副词"不"的否定

[①] 转引自沈家煊. 语言的"主观性"和"主观化"[J]. 外语教学与研究，2001（4）：268.

句式的主观性有所不同。虽然一般带否定副词"不"的否定句式也是否定主观意愿的，但否定的意愿较强烈，否定的程度较高，是一种强势否定式；"V是不V的"格式表示对主观意愿的否定，表示意欲实施某种行为，但又迟迟没有实施，其否定主观意愿较温和，否定的程度较低，是一种弱势否定式。试比较：

[35]他不吃。

[36]他吃是不吃的。

例[35]既否定了"吃"所表示的动作行为的发生，又否定了施事"他"对这些动作、行为的主观意愿，属于强势否定式。然而，例[36]表示"他"有"吃"的意愿，但又没有实施"吃"的动作，例[36]只是否定了施事对发生这些动作、行为的主观意愿，属于弱势否定式。

（2）主观不满意度。

主观满意度是指说话人认为某种事物或状态符合自己意愿，并愿意实施的行为；主观不满意度是指说话人认为某种事物或状态不符合主观意愿，并不愿意实施的行为。"V是不V的"在一定的语境下表示不满意的情绪。例如：

[37]他走是不走的，（烦死人得的）。（他要走又不走，很烦人。）

[38]他坐是不坐的，（又不让别个坐）。（他要坐又不坐，又不让别人坐。）

[39]他说是不说的，（急死人得的）。（他要说又不说，急死人了。）

[40]衣裳她洗是不洗的，（又放到脚盆里筒一浸到）。（衣服她洗是不洗的，又放到脚盆里泡着。）

例[37]表示说话人对"他"主观上不愿意实行"走"的行为不满意，例[38]表示说话人对"他"主观上不愿意实行"坐"的行为不满意，例[39]、例[40]同样如此。

（3）时态的未然性。

"不"用在两个V的中间，整个格式在时态上是未然的，所以只有否定形式，没有肯定形式。"V是不V的"格式表示对主观意愿或动作行为的一种否定。"他坐是不坐的"既否定了"坐"的动作行为的发生，又否定了施事所表示的人"他"对"坐"这个动作、行为的主观意愿。

4.11.3 由"得"构成的句式

鄂豫皖赣四省交汇处方言中，由语气助词"得"构成的特殊句式有以下几种。

1. "不消 VP 得"格式

"不消 VP 得"格式表示两种意义。

（1）表示劝阻对方正在做的某种动作。例如：

[41]你不消箇洗得，洗了也没有用。（你不用这么洗，洗了也没有用。）

[42]你不消箇跑得，跑了我也要抓回来。（你不用这么跑，跑了我也要抓回来。）

[43]你不消箇数箇数得，数了也白数。（你不用这么不停地数，数了也白数。）

[44]你不消箇霸强得，我对你不客气。（你不用这么霸道，我会对你不客气。）

"不消"表示劝阻，有"不要""不用"的意思。"得"读[dɛ]，和"不消"配合使用，表示一种祈使的语气，相当于普通话的语气助词"了$_2$"。只是在鄂东方言中只用"得"，不用"了"，因为"不消 VP 得"是一种固定结构，省略或变更其中的任何一种成分，格式都不能成立。

进入这个格式的动词表示正在进行的动作行为，可以是单音节行为动词，有及物和不及物两种。这种格式都是带有持续性的动词，都可以在 VP 的前面加上表示虚指的指示代词"在嗯地"。"在嗯地"相当于"在那儿"的意思。还可以加上表指示性的"箇"。"箇"表示方式，表示"这/那么样的"的意思，"箇数箇数"表示"那么不停地数"的意思。这种格式的后面一定要有表示阻止某种动作行为的原因的语句，例如"你不消箇数箇数得"是因为"数了也白数"。

（2）用在假设句中，表示新情况的出现。例如：

[45]我要是像你箇样地做事，不消吃得。（我要像你那样做事，不用吃饭了。）

[46]我要是跟你样的箇慢慢地写，今昼不消睏醒得。（我要是像你那样慢慢地写，今天不用睡觉了。）

[47]要是跟你箇样箇爱怄气，我不消活得。（我要是像你那样爱生气，我不用活了。）

[48]要是跟你样的箇喜欢着急，我不消过日子得。（我要是像你那样喜欢着急，我不用过日子了。）

"不消VP得"用在后分句中，前分句表示假设条件，后分句是以假设条件为根据推断的结果，这类格式虽然不是以事实作为推断的前提，但是隐含着另一事实，例如，"我要是像你箇样地做事，不消吃得"隐含着"我不会像你那样做事"。这种假设表示说话人的一种态度，带有夸张的语气，后分句的VP是未然的，是假设的结果，"得"表示一种肯定的语气，相当于普通话的"了₂"，有时"得"后还可以加"了"，例如，"我要是像你箇样地做事，不消吃得了"，这时候的"得了"结合起来表示出现了新的情况，"得了"相当于"了₂"。

2. "架势VP得了"格式

这种格式表示的是一种未然的情况。先看例句：

A组：[49]他架势要死得了。（他快要死了。）

[50]她架势要哭得了。（她快要哭了。）

B组：[51]书架势要写起来得了。（书快要写好了。）

[52]车子架势要修好得了。（车子快要修好了。）

"架势VP得了"是表示事态将要发生，"得"读轻声[dɛ]，和"了"连用，相当于普通话的句末语气助词"了₂"，"得了"不能拆开，拆开以后，"得"站不住，不能说"他架势要死得"。如果省略了"得"，"了"仍然能站住，能说"他架势要死了"。这进一步说明"得"相当于"了₂"的功能。"得了"虽然在性质上相当于普通话的"了₂",但在鄂豫皖赣四省交汇处方言里不能单独用"了"，只用"得了"。这种格式是表示事态将有变化或将出现某种新情况，动词前面一定要有副词性成分"架势[kaʔ ʂʅʔ]"（快要）或"要"，没有这些副词性成分，句子不自足，不能说"她哭得了"。"架势"和"要"也可以同时出现。

A组是施事主语，B组是受事主语。A组的VP是单音节或双音节动词，B组是动补结构，无论是动词还是动补结构，都是非持续性的。"得"作为语气助词的"VP 得了"格式与作为结构助词的"V 得了"格式比较："VP 得了"是"VP+得了"的形式，"得"与"了"结合紧密，中间不能停顿，也不能拆开；"V 得了"是"V 得+了"的形式，是表示可能的述补结构，"得"是表示可能的助词，"了"是补语，有"完""掉""下"等意思，例如，"吃得了"就是"吃得完"的意思，"擦得了"就是"擦得掉"的意思。从结构上讲，"VP 得了"前面有副词性成分"要"或"架势"，而"V 得了"前面不能加"要"或"架势"等成分。

3. "AP+得的"格式

这种格式有两种表达方式。先看例句：

A 组：[53]胖墩得的。（胖乎乎的。）
　　　[54]嫩娘得的。（很嫩。）
B 组：[55]呆[ŋai]死得的。（很死板。）
　　　[56]喜腮得的。（十分高兴。）

"AP+得的"中的"得"表示对某种状态的一种肯定，与"的"连用，表示一种肯定的语气。其中"的"能省略，"得"不能省略，如能说"呆死得"，不能说"呆死的"。这说明加强肯定语气的作用是靠"得"来完成的，"的"是辅助语气词。"得的"还有成句功能。AP 是状态形容词，A 组是描写事物的状态，B 组是描写人的性质或心理。

这种结构可以充当句子成分，一般充当句子的谓语和补语。充当句子成分时，"得的"就表示整句的语气。例如：

[57]这个人呆死得的。（这个人很死板。）（谓语）
[58]细伢儿长得胖墩得的。（小孩长得胖乎乎的。）（补语）

这种结构有时还充当复句的分句，例如：她买了一件新衣裳，喜腮得的。｜他听说要去钓鱼儿，兴蹦得的。

AP 是单音节或双音节的形容词，如果是单音节形容词，为加强语言的节奏感，在单音节形容词前要加副词"箇"，例如：能说"你箇胖得的"，不能说"你胖得的"。双音节形容词前加不加"箇"，比较自由。双音节形容词的第二个音节重读，并且声音拉长。

4. "冇 V 得"格式

先看例句：

[59]衣裳冇洗倒得。（衣服没有洗。）
[60]礼冇收倒得。（礼物没有收到。）
[61]书冇卖得他得。（书没有卖给他。）
[62]礼冇送得他得。（礼物没有送给他。）

"冇 V 得"中的"得"读轻声[dε]，用在否定格式动词的后面，表示对没有实行某种动作而感到惋惜和后悔，是表示惋惜、后悔的语气词，并且有成句功能，例如"衣裳冇洗倒得"表示对"衣服没有洗"的惋惜。能进入这种格式的主语都是表示动作的受事，如"衣裳"是"洗"的受事。能进入这种格式的动词有行为动词，如例[59]；有"取得"义动词，如例[60]；有"给予"义动词，如例[61]、例[62]。行为动词和表"取得"义动词一定带"倒"而成立。"给予"义动词一定带人称代词宾语（即与事宾语）而成立，宾语用介词"得"帮助引出，所以句中的两个"得"分工不同，前一个"得"是介词，后一个"得"是语气助词。

5. "VP 得"格式

先看例句：

A 组：[63]脸我懒洗得。（我懒得洗脸。）
　　　[64]这个事我怕管得。（这个事我怕管。）
B 组：[65]这个话你不好说得。（这个话你不好说。）
　　　[66]这个忙我不好帮得。（这个忙我不好帮。）

这种格式表示不愿实行某种动作或由于某种原因不好实行某种动作。"得"读轻声[dε]，紧接在动词的后面，表示对这种行为的一种肯定、强调，是语气词，并有成句功能。这类句子表示的意思是未然的，所以句中出现表示未然的词语，如"懒、怕、不好"等。

动词的受事出现在动词的前面充当句子的主语，如"脸、这个事、这个话"等。除表示身体部位的词语以外，其他受事主语一般都是定指的，要在受事主语前面加指示代词"这个、那个"等，否则不能成立，例如："这个忙我不好帮得"不能说"忙我不好帮得"，"这个话你不好说得"不能说"话你不好说得"。

受事主语也可以移至动词后面充当宾语，使句子变为施事主语句，例如："脸我懒洗得"可以说成"我懒洗脸得"，"这个话你不好说得"可以说成"你不好说这个话得"。B组的受事主语移至动词的后面，可以在动词和宾语之间加上"得"，说成"你不好说得这个话得""我不好帮得这个忙得"，这样在句子中就有两个"得"，前面一个"得"带宾语，是动态助词，后一个"得"是语气助词。

4.11.4 特殊兼语句

"兼语式"也称"兼语句""递谓式""兼语式动句""兼语句型"。丁声树等在《现代汉语语法讲话》中认为："兼语式的句子和主谓结构做宾语的句子形式上很相象。'我叫他别写这种文章'形式上和'我希望他别写这种文章'好像一样，其实前一句是兼语式，后一句是拿'他别写这种文章'做'希望'的宾语。这两种句法有两点主要的区别。第一，'我希望他别写这种文章'，可以说成'我希望，他别写这种文章'，'我希望'后头可以停顿。'我叫他别写这种文章'，不能说成'我叫，他别写这种文章'，动词'叫'和兼语'他'之间不能停顿。第二，'我希望他别写这种文章'也可以说'我希望以后他别写这种文章'。'我叫他别写这种文章'就不能说'我叫以后他别写这种文章'。可见兼语式的句子，兼语和它前面的动词结合得很紧，中间不能停顿，也不能加副词或副词性的修饰语。"[1]兼语式提出来之后，引起了语法学界的普遍关注和深入分析。尽管有各种各样的说法，但是"兼语式"或"兼语句"这个名称已成为共识。汉语的理论的得出，来自大量汉语的语言事实，所以这种兼语句也存在于方言中。鄂豫皖赣四省交汇处方言的兼语句与普通话的结构大致相同，其结构形式是"（主语）+动词+体词+谓语"，用符号表示是"（S）+V_1+N+V_2"。下面分别进行分析。

1. 关于 V_1

并非所有动词都能出现在兼语句 V_1 的位置，出现在 V_2 位置上的也并非仅仅是动词，V_1 和 V_2 之间也有一定的关系。普通话的 V_1 主要有三类：①次动词"被（教、让、给）"等。②动词"使、叫、让、教、请、要、派、催、介绍、召集、

---

[1] 丁声树等. 现代汉语语法讲话[M]. 北京：商务印书馆，1980：118.

放、组织、请求、允许"等。③动词"有"或"没有"。鄂豫皖赣四省交汇处方言中的 V_1 有以下几种类型。

（1） V_1 含有使令的意思，常见的使令动词有"让""叫""教""劝"等。例如：

鄂东：[67]我叫她报名的。（我让她报名的。）
　　　[68]老师叫你来开会。（老师叫你来开会。）
　　　[69]我劝她莫离婚。（我劝她不要离婚。）
鄂州：[70]医生叫你多睏下。（医生让你多睡一下。）
　　　[71]你叫他回来吃饭。（你叫他回来吃饭。）
岳西：[72]我叫这个伢儿去买东西。（我让这个孩子去买东西。）
宿松：[73]医生教你多睏滴醒。（医生让你多睡一下。）
孝感：[74]医生叫你多睡一睡。（医生让你多睡一睡。）
竹山：[75]医生叫你多睏一下。（医生让你多睡一下。）

（2）用"有""轮"等表示领有或存在等。例如：

鄂东：[76]我有个亲戚在深圳。（我有个亲戚在深圳。）
　　　[77]我有反对的意见。（我有反对的意见。）
　　　[78]轮到你做东了。（轮到你请客了。）
岳西：[79]佢有伢儿在城关。（他有个孩子在城关。）

2. 关于 V_2

一般认为能够出现在 V_2 位置上的主要是动词性词语。就鄂豫皖赣四省交汇处方言而言，V_2 有动词，也有形容词、名词、数量词组。例如：

[80]姐姐送老妹去读书。（姐姐送老妹去读书。）
[81]我嫌她话多。（我嫌她话多。）
[82]个个都叫他出面。（每个人都叫他出面。）
[83]大家都叫他胡大炮。（大家都叫他胡大炮。）

兼语式有时是充当句子的成分，那是兼语短语，而不是兼语句。例如：

[84]让他当村长是我说的。（让他当村长是我说的。）

[85]你把个定心丸他吃下。（给他个定心丸。）

用在这几个句子中的兼语成分是兼语短语，而不是兼语句。

3. V₁与V₂的关系

V₁与V₂有因果关系。V₁表示主观意愿，常见的动词是心理动词和言语动词，有"爱、笑、恨、嫌、气、喜欢、感谢、埋怨、骂、夸、担心"等。V₂表示产生心理动作的原因。例如：

[86]我恨他不成器。（我恨他不成器。）

[87]我喜欢他有么事说么事。（我喜欢他有什么事说什么事。）

[88]我不爱她有点假。（我不喜欢她虚伪。）

4.11.5 "道 X 不 X"格式

这种格式主要用于竹山、竹溪、鄂州等方言点。以形容某事物的性状近于 X，而稍有欠缺，表示说话人对事物的性状或达到的程度不满，例如道白不白、道红不红、道长不长、道高不高、道大不大、道早不早、道熟不熟等。从附属意义上看，这种格式很有特色，或形象生动，或情感鲜明。使用时，后面一般都要带上的（地）字，它们在句中多作谓语、定语、补语，有的还可以作状语。

这种"道 X 不 X"格式的形式有三种：一是同一动词并举式。"道 X 不 X"中间嵌入的是同一动词，例如道动不动、道干不干、道走不走、道笑不笑、道吃不吃。二是同一形容词并举式。"道 X 不 X"中间嵌入的是同一形容词，例如道长不长、道短不短、道咸不咸、道淡不淡、道亮不亮、道苦不苦、道红不红。三是同一名词并举式。"道 X 不 X"中间嵌入的是同一名词，例如道男不男、道女不女、道文不文、道武不武、道东不东、道西不西。再看实际用例：

[89]他道说不说的，急死人。（他要说不说的，急死人。）

[90]灯管道亮不亮的。（灯管要亮又不亮。）

[91]他一天到晚穿得稀奇古怪的，道男不男的。（他一天到晚穿得稀奇古怪的，说是男人又不像男人。）

[92]他道干不干的。（说他干吧，他又不干；说他不干吧，他又在干着。）

这种"道 X 不 X"格式在结构上有四个特点：一是只能嵌入动词、形容词和名词，但又不是所有的动词、形容词和名词都能嵌入，只有那些具有中间状态功能的才行。二是以嵌入单音词为多，有时也有双音词，例如道答应不答应、道喜欢不喜欢、道高兴不高兴，但嵌入双音词的情况不多见。三是能嵌入个别的词组。能嵌入动宾结构词组，例如道理你不理你、道望他不望他、道把我不把我；能嵌入动补结构词组，例如道起来不起来、道下去不下去。四是这种格式带有紧缩性和凝固性。它是由两个并列的黑白复句"道它 X 它又不 X、道它不 X 它又 X"紧缩而成的，中间不能插入其他成分，也不能拆开只说一半而丢下一半，它始终只能以凝固的结构整体去表意。

这种格式在语义上的特点是表示动作、性状、事物的中间状态，同一动词并举，表意上偏于消极状态，例如"他道干不干的"，其意思是"说他干吧，他又不干；说他不干吧，他又在干着"，"他道干不干的"就是表示这种待干不干的中间状态，而偏于不干的一种消极状态。

4.11.6 "VP+来"格式

这种格式主要用于新县方言点。"来"用在动词后边，表示过去曾经发生了这个动作，是时态助词。具体又分为如下几种格式。

（1）（S）V+来。例如：

[93]将会儿我背来。（刚刚我背过了。）
[94]房间我收拾来。（房间我收拾过了。）

这种格式也可以在"来"前加上"过"。加上"过"后，语义略有差别，重点表示曾经经历过。例如：

[95]将会儿我背过来。（刚刚我背过了。）
[96]房间我收拾过来。（房间我收拾过了。）

（2）（S）V+来+乞。"乞"是语气词。这种格式表示动作在过去确实发生过。例如：

[97]将会儿我背来乞。（刚刚我背过了。）

[98]房间我收拾来乞。（房间我收拾过了。）

（3）(S)V+O+来。这是在"(S)V+来"的基础上加上宾语。例如：

[99]将会儿我背书来。（刚刚我背书去了。）

[100]穷的时候也偷粮食来。（穷的时候也偷过粮食。）

（4）S+A+来。"来"跟在形容词之后，表示过去曾经存在的状态。"来"也可以与"过"共现。例如：

[101]他房的灯将会儿还亮来。（他房间的灯刚刚还亮着。）

[102]她脸将会儿还红来。（她的脸刚刚还红着。）

[103]他房的灯将会儿还亮过来。（他房间的灯刚刚还亮着。）

[104]她脸将会儿还红过来。（她的脸刚刚还红着。）

[105]他的嗓子将会儿还哑过来。（他的嗓子刚刚还哑着。）

新县方言的"来"大多数情况下只能位于句末，具有结句功能。"来"作为时态助词时，不必借助其他语法手段而直接强调过去动作或时态的完成。时态助词"来"应该是从趋向动词"来"虚化而来的：连动式"V（NP）+来"的趋向动词"来"——→时态助词"来"。

4.11.7 特殊的语序

在鄂豫皖赣四省交汇处方言中，当行为动词与其结果或方向补语之间插入"得"或"不"时，可以表示"能"或"不能"的意思，这种结构称为"潜能补语"。大多数语言学家称其为"可能补语"，以下统称为"可能补语"。我们要讨论的是可能补语带宾语的现象，着重分析两者的语序。在普通话中，可能补语的位置通常是放在宾语之前，构成"动+补+宾"的形式。例如：

[106]一年时间我写得完这本书。

[107]她拿得动两个箱子。

否定形式是把助词"得"改成"不"。例如：

[108]一年时间我写不完这本书。

[109]她拿不动两个箱子。

通过笔者的调查研究发现,孝感、黄州、团风、九江等地区的老年人口语中存在另一种结构,即将可能补语的位置和中心动词分离开来,置于宾语之后,形成"动+宾+补"形式。例如:

鄂东:[110]这个药诊倒病倒。(这个药能治好病。)
孝感:[111]他大我不倒三岁。(他大不了我三岁。)
九江:[112]我打得他赢。(我能打赢他。)
　　　[113]她拿得这些货物倒。(她能拿到这些货物。)
　　　[114]我吃得饭进。(我能吃进饭。)

这种句子的结构把可能补语放在了整句话的末尾,通过补语的强调来体现动作的结果和可能性,表达的语气更加强烈。相对应的否定形式是:

[115]我打得他赢。——→我打他不赢。

[116]她拿得这些货物倒。——→她拿这些货物不倒。

[117]我吃得饭进。——→我吃饭不进。

赣方言的可能补语总是放在宾语之后,这是赣方言非常有特色的语法现象。例如:

[118]拖得渠动。(拖得动他。)

[119]一车装得三十个人下。(一车装得下三十个人。)

[120]买得票到。(能买到票。)

[121]考得大学到。(考得上大学。)

其否定形式不仅是以"不"或"呒"替代"得",而且"不"的位置是紧连在补语之前,在宾语之后,所以上面这些句子的否定形式对应如下。

[122]拖渠不(呒)动。

[123]一车装三十个人不(呒)下。

[124]买票不(呒)到。

[125]考大学不（吭）到。

这种格式在鄂豫皖赣四省交汇处方言中还形成了肯定、否定形式不对称现象。肯定形式有两种。否定形式有三种。例如：

[126]打得他赢。｜打得赢他。

[127]打不他赢。｜打不赢他。｜打他不赢。

为什么肯定形式只有两种，而否定形式有三种？怎样形成这种肯定、否定不对称现象呢？就信息传递的"适量准则"而言，普通话中肯定句的肯定范围大于否定句的否定范围。例如：

[128]他使劲跑。

[129]他没有使劲跑。

例[128]的肯定范围可以是"跑"和"使劲"，分别回答了"他干什么"和"他怎么干"。例[129]的否定范围只是"使劲"，不包括"跑"。鄂豫皖赣四省交汇处方言的肯定句和否定句的适量准则也是如此。肯定句的肯定范围小于否定句的否定范围。"打得他赢""打得赢他"的肯定范围是"赢他"，肯定的范围小；否定句的否定范围不仅是结果"不赢"，还要否定一个关注的对象"他"，否定的范围大，所以形成这种肯定、否定不对称的现象。

4.12 复　　句

关联词语是复句中用来联结分句表明关系的词语。关联词语具有标志性。它们所标明的关系，是分句与分句之间的"逻辑—语法"关系。鄂豫皖赣四省交汇处方言的复句有以下几种形式。

4.12.1 转折复句

在普通话中，"……但是……"是一种典型的转折句式的关联词语。它直截了当地表示甲事与乙事之间的转折关系。鄂豫皖赣四省交汇处方言中不用关联词语"但是"，而用其他关联词语。复句的形式包括意合转折复句和有转折标记的转折复句。有转折标记的转折复句又包括让步转折复句和广义转折复句。

1. 意合转折复句

意合转折复句是没有转折标记的复句，其转折的意思在前后句中显现出来。意合转折复句包括转折意合式和转折隐含式。转折意合式是由前后两个分句来表达，前后两个分句之间有转折关系；转折隐含式是由一个单句来表达，单句中含有转折意思。例如：

[1]我吃冇吃到，还把牙齿搞落了。（我吃没有吃着，反而将牙齿弄掉了。）
[2]我说冇说倒，讨餐评吃。（我说没有说着，还挨一顿批评。）
[3]橘子吃也吃得，就是有点酸。（橘子吃也能吃，就是有点酸。）
[4]嗯件衣裳看也看得，就是大了点。（那件衣服看也能看，就是大了点。）

例[1]、例[2]是转折意合式，例[3]、例[4]是转折隐含式。

"V 冇 V 倒"格式是转折意合式的重要格式。该格式用于叙述句中，表示动作行为不但没有达到目的或状态，反而出现了不愉快的后果，相当于转折复句的前一分句，但这个分句包含着后一分句的意思，即使后一分句不出现，听者也可以猜出这种后果，例如"说冇说倒"，听者就知道"说"这个动作不但没有达到目的，反而出现了意想不到的后果，这个后果是多方面的，至于什么情况下出现什么样的后果，得根据当时的语言环境而定。但为了语意明确，一般是出现后一分句。能进入这种格式的都是单音动词，前面一个"V"拖长。例如：

[5]买冇买倒，（把钱掉了）。（买没有买到，还把钱弄丢了。）
[6]写冇写倒，（弄了一身的墨）。（写没有写好，还弄了一身墨。）
[7]打冇打倒，（把他赶跑了）。（打没有打着，还把他赶跑了。）
[8]唱冇唱倒，（把嗓子搞哑了）。（唱没有唱好，还把嗓子搞哑了。）

2. 有转折标记的转折复句

有转折标记的转折复句即有关联词的转折复句。该复句包含让步转折复句和广义转折复句。

（1）让步转折复句。

让步转折复句承认甲事的存在，却不承认甲事对乙事的影响。表示让步转折的词语有"虽说、调转来、就算、虽讲、不论、不管、再"等。后一分句往往用"但、还、也",它们通常连接分句,不充当句子成分。例如:

鄂东:[9]不管你几穷,我都不嫌弃。(不管你多穷,我都不嫌弃。)
　　　[10]他再不好,你也不能打他。(他再不好,你也不能打他。)
岳西:[11]虽讲几个伢儿聪明,也还要努力。(虽说几个孩子聪明,也还要努力。)
　　　[12]不论哪个来劝,佢都不听。(不论谁来劝,他都不听。)
　　　[13]不管哪个来搞,都搞不成。(不管是谁来弄,都弄不成。)
鄂州:[14]就算天塌下来了,我也不怕。(就算天塌下来了,我也不怕。)
　　　[15]就算你做了对不起我的事,我也不恨你。(就算你做了对不起我的事,我也不恨你。)

例[9]~例[13]的"不管""再""虽讲""不论"用在前一分句中,表示让步,预示后边将有转折。"穷"和"不嫌弃"之间、"不好"和"打"之间、"聪明"和"努力"之间、"哪个来劝"和"都不听"之间、"哪个来搞"和"都搞不成"之间构成让步转折复句。例[14]、例[15]中的"就算"表示一种虚拟性让步,相当于普通话的"即使、即便"。虚让也是故意从相反的方向借甲事来衬托乙事,强调乙事不受甲事的影响。

前一分句的让步词可以用在主语前边,也可以用在主语后边。例如:

[16]他虽说只有三十多岁,还老成。(他虽然只有三十多岁,但很成熟。)
[17]虽说他穷点,还有点硬气。(他虽然穷,但有点硬气。)
[18]几个伢儿虽讲聪明,也还要努力。(几个孩子虽然聪明,也还要努力。)

(2)广义转折复句。

广义转折复句使用的关联词语包括"只是""不过""调转来""颠倒""偏要""就是""虽"等。"偏要""调转来"用于鄂东方言。例如:

[19]说再冇说倒,调转来把我骂了一顿。(说没说着,反而把我骂了一顿。)
[20]买再冇买倒,调转来把钱落了。(买没买着,反而把钱弄丢了。)
[21]唱冇唱倒,调转来把喉咙管搞哑了。(唱没唱好,反而把嗓子唱哑了。)

[22]扯再冇扯倒,调转来把手扯起泡了。(扯没扯着,反而将手扯起了泡。)

"调转来"可以和"再"连用,也可以只在后一分句里单用一个"调转来"。"调转来"是个副词,相当于普通话的"反而",用在复句中,既可以表示递进关系,又可以表示转折关系,还可以表示假设关系。例如:

[23]跟她帮了忙,她不说劳慰我,调转来还说我不好。(帮了她的忙,她不说感谢我,反而还说我不好。)

[24]病冇好不说,调转来还狠了。(病没有好不说,反而还厉害了。)

[25]今昼落了一场阵头雨,不但冇凉快点,调转来更闷热了。(今天下了一场阵雨,不但没有凉快点,反而更闷热了。)

[26]你要是把他赶走了,不但冇报复到他,调转来还会帮了他。(你要是把他赶走了,不但没有报复到他,反而还会帮了他。)

例[23]、例[24]是递进复句,是一种反转性递进,以一个否定意思为基点,"调转来"向一个肯定的意思反转推进。例[25]的"调转来"表示转折关系,前一分句可用"不但冇"。例[26]的"调转来"表示假设关系,前一分句有"要是"。

"不过"用于岳西方言,"颠倒"用于孝感方言,其他词语用于各方言点。例如:

鄂东:[27]你说是红的,他偏要说绿的。(你说是红的,他偏要说是绿的。)

[28]你叫他莫去,他偏要去。(你叫他不要去,他偏要去。)

[29]你叫他走,他偏不走。(你叫他走,他偏不走。)

孝感:[30]本想把事情弄简单点,现在颠倒弄复杂了。(本想把事情弄简单点,现在反而弄复杂了。)

[31]淋了一场雨,颠倒头不痛了,怪不怪?(淋了一场雨,反而头不痛了,怪不怪?)

岳西:[32]规矩定得许好,只是做不到。(规矩定得那么好,只是做不到。)

[33]开水有滴,不过凉着。(开水有一点,不过已经凉了。)

九江:[34]你很长寿,就是爱情太曲折。(你很长寿,就是爱情太曲折。)

[35]你虽总是把气我怄,我还到处找你。(你虽然总是气我,但我还到处找你。)

[36]这个伢儿成绩是好,就是好顽皮。(这个孩子成绩是好,就是好顽皮。)

两个分句之间存在较大的转折,前一分句一般表达正面或肯定的说法,后一分句表示的意思与前一分句相反、相对或表示怀疑。
"就"是副词,用于鄂豫皖赣四省交汇处各方言点中,用在后一分句中,表示转折关系,引出与前一分句相反的意思,有"却"的意思,但与普通话的"却"又有所不同,普通话的"却"一般用在肯定句中,可以单说。鄂豫皖赣四省交汇处方言表示转折的"就"不能单说,要与表示否定的前一分句对应着说,前一分句有"冇架势VP"的形式和"冇VP"的形式。"冇架势"是个超词形式,"冇"是副词,"架势"是动词,"冇架势"表示"还没有开始"的意思,用在动词前边,具有副词的功能。"冇VP"中的"冇"是副词。例如:

[37]我还冇架势说,她就哭了。(我还没有开始说,她就哭了。)

[38]我还冇架势吃,他哋就把菜吃得冇得了。(我还没有开始吃,他们就将菜吃完了。)

[39]你还冇起来,他就走了。(你还没有起床,他就走了。)

[40]我还冇看,他就看完了。(我还没有看,他就看完了。)

例[37]、例[38]是"冇架势VP"的形式,例[39]、例[40]是"冇VP"的形式,后边的"就"表示转折。如果没有"就",先说前一分句,听者并不知道后边的话是顺承还是逆接。因此,用"就"表示突然的转折。

赣语的南昌话中"哪晓得"也表示转折的意思,是转折连词。例如:

[41]昨日我话去接渠筒,哪晓得撞塌了,冒接到人。(昨天我说去接他,哪知道失误了,没有接到人。)

[42]我叫渠拿倒下,哪晓得渠一下拿塌了,打罢了。(我叫他拿一下,哪知道他没拿住,打了。)

4.12.2 因果关系复句

普通话的因果关系复句以"因为……所以……"为代表性的形式标志,是最典型的因果关系复句。鄂豫皖赣四省交汇处方言的因果关系复句按照分句间有无关联词语可分为两种形式：一是意合式，二是使用关联词语形式。

1. 意合式

意合式是不出现表原因和结果的关联词语，但可以自然地补出关联词语，使复句关系更为明确。这是一种无标因果关系复句，因果关系是意合的。例如：

鄂东：[43]我出差了，不能来开会。（因为我出差了，所以不能来开会。）

[44]他娘老子哈死了，冇得人管他。（他父母都死了，所以没人管他。）

[45]钱哈把得儿子了，冇得钱买屋。（钱都给儿子了，所以没钱买房子。）

[46]天太冷了，他不想出去。（因为天气太冷了，所以他不想出门。）

孝感：[47]我去迟了，冇赶上。（因为我去迟了，所以没有赶上。）

[48]他感冒了，明朝上不成班了。（他感冒了，所以明天不能上班了。）

竹山：[49]这不吃那不吃，那是没有饿得。（这不吃那不吃，那是因为没有饿着。）

[50]你这门不听话，那是没有打得你。（你这么不听话，那是因为挨打挨得少。）

[51]过日子不想明天，那是没有苦得。（过日子不想明天，那是因为没过过苦日子。）

九江：[52]你不要港话，渠会生气的。（你不要讲话，因为你讲话他会生气的。）

[53]你妈妈港喜欢你，怎么会舍得打你呢？（你妈妈讲喜欢你，所以怎么会舍得打你呢？）

2. 使用关联词语形式

在鄂豫皖赣四省交汇处方言中，因果关联词语有"原是""就是""所以""既然""才"等，"所以"一般用在后分句中。例如：

宿松：[54]佢家住在路边上，所以晓得兀趟客车几时路过。（他家住在路边，所以知道那趟客车什么时候路过。）

[55]我是郎中，所以晓得你得的么事病。（我是郎中，所以知道你得的是什么病。）

竹山：[56]既然喉咙痛，就不消说话得。（既然喉咙痛，就不要说话了。）
鄂东：[57]就是不听话，才打了他。（就是因为不听话，所以才打了他。）
　　　[58]就是冇得钱，才冇找到媳妇。（就是因为没有钱，所以才没找到媳妇。）

"原是"只能用在前一分句，不能用于后分一句。例如：

[59]原是我冇得钱，才找你借的。（是因为我没有钱，才找你借的。）
[60]原是我不去，才叫你去咧。（是因为我不去，才叫你去呢。）

4.12.3　假设关系复句

鄂豫皖赣四省交汇处方言的假设关系复句也有两种形式：一是意合式，二是使用关联词语形式。

1. 意合式

意合式不使用关联词语，但可以加上关联词语，使复句关系更为明确。例如：

孝感：[61]他不来，你不去，怕个么事。（如果他不来，你就不去，怕什么。）
　　　[62]你乜样说，他不喜欢你的。（你如果那样说，他会不喜欢你的。）
鄂东：[63]你冇得钱，不消送得。（你如果没有钱，就不用送礼。）
　　　[64]冇得金刚钻，不揽瓷器活儿。（没有金刚钻，就别揽瓷器活。）
竹山：[65]事情不落实，我不放心。（如果事情不落实，我不放心。）
　　　[66]不干出个人样，我是不得回家的。（如果不干出个人样，我是不会回家的。）
九江：[67]到兀么早儿，我早就死了。（如果到那时候，我早就死了。）
　　　[68]明天这么早儿，我们在船高头。（如果是明天的这个时候，我们已经在船上了。）
　　　[69]下个月这么早儿，肯定穿绒褂儿了。（如果是下个月的这个时候，肯定穿毛衣了。）

2. 使用关联词语形式

鄂豫皖赣四省交汇处方言使用的表示假设关系的关联词语有"要是""就"

等。"要是"表示的假设复句不是以事实作为推断的前提，而是以某种假设即某种虚拟性的原因作为推断的前提，来推断某种结果。例如：

鄂东：[70]你要是不同意结婚，就早点说。（你要是不同意结婚，就早点说。）
[71]箇点细事而你怄几天，那要是遇到大事，那你不是不消活得？（那么点小事你生气几天，那要是遇到大事，你是不是就不活了？）
[72]你要是看到了，就莫做声。（你要是看到了，就不要说话。）
[73]你要是不做作业，我就不把饭你吃。（你要是不做作业，我就不给你吃饭。）

九江：[74]渠要是兀么怕你，就不会让你等兀么久。（他要是那么怕你，就不会让你等那么久。）
[75]嗯么样的脾气不改，就搁不倒人。（那样的脾气如果不改，就与人合不来。）
[76]你要是不听话，我在老师兀底儿也会这么说。（你要是不听话，我在老师那儿也会这么说。）

新县：[77]你把勒本书瞧完了，你就还给我。（你如果把这本书看完了，你就还给我。）
[78]外面还在刮风，你就莫走。（外面还在刮风，你就不要走。）

岳西：[79]佢如果不来，我就不去着。（他如果不来，我就不去了。）
[80]要是你来，佢几个才会来。（要是你来，他们几个才会来。）
[81]要是你明朝去城关，难为你把我带个修柴油机的零件回来。（要是你明天去县城，麻烦你给我带个修柴油机的零件回来。）

4.12.4 条件关系复句

鄂豫皖赣四省交汇处方言中的条件关系复句一般都使用关联词语。关联词语有"管""只要""除非"等。"管"表示"不管"的意思。"除非"有时用在后一分句中。例如：

鄂东：[82]管倒哪个说，她都冇答应。（不管谁说，她都没有答应。）
[83]管他吃不吃，你送得他。（不管他吃不吃，你都送给他。）

　　　　[84]除非你把十万块钱，我就把得你。（除非你给我十万块钱，我就给你。）

　　　　[85]管倒么样我都不答应，除非我死了。（不管怎样我都不答应，除非我死了。）

孝感：[86]管他来不来，我先吃了再说。（不管他来不来，我先吃了再说。）

　　　　[87]管他是不是个骗子，我着小心点儿就是了。（不管他是不是个骗子，我小心点儿就是了。）

　　　　[88]管他去桂林还是去庐山，我都不把钱他。（不管他去桂林还是去庐山，我都不给他钱。）

岳西：[89]除非扎实跑，才能赶得上佢。（除非用力跑，才能赶得上他。）

　　　　[90]只要身体还照，这些活儿我就自己做。（只要身体还可以，这些活儿我就自己做。）

罗山：[91]这事只要你不插手，那就好办哦。（这事只要你不插手，那就好办了呢。）

有时用"慢说""莫说"表示排除一切条件。例如：

孝感：[92]慢说是你，连我都没有见过。（不要说是你，连我都没有见过。）

　　　　[93]乜种单位我听都冇听说，慢说见过了。（那种单位我听都没有听说过，更不用说见过了。）

鄂东：[94]莫说买屋，我连买车的钱都冇得。（不要说买房子，我连买车的钱都没有。）

　　　　[95]莫说是你，连他娘老子都不听。（不要说是你，他连他爸妈的话都不听。）

4.12.5　并列关系复句

鄂豫皖赣四省交汇处方言的并列关系复句也有两种形式：一是意合式，二是使用关联词语形式。

1. 意合式

意合式是指不使用关联词语的复句。例如：

鄂东：[96]我看书，他看电视，两个人都冇闲到。（我看书，他看电视，两个人都没有闲着。）

[97]床放这边，电视机放那边。（床放这边，电视机放那边。）

[98]我从这边去，他从那边去。（我从这边去，他从那边去。）

新县：[99]勒₁场儿是我的屋，勒₂场儿是渠的屋，那场儿是老么的屋。（这个地方是我的房子，那个地方是他的房子，那个更远的地方是小弟的房子。）

[100]我住在街勒₁头儿，你住在街勒₂头儿，渠住在街来头儿。（我住在街这头，你住在街那头，他住在街那头更远的地方。）

[101]这个孩儿么样儿勒样儿的嘿，老是这样儿那样儿的。（这个孩子怎么这样呢，总是一会儿要这样的，一会儿要那样的。）

[102]你妻子一会儿这[lɛ˧]样儿，一会儿那样儿。（你妻子一会儿这样，一会儿那样。）

2. 使用关联词语形式

鄂豫皖赣四省交汇处方言中的关联词语有"又""又……又""既……又""一到……一到""一面……一面""如里……如里""一头……一头"等。例如：

鄂东：[103]他又不听话，又不把件事地读书。（他又不听话，又不认真读书。）

[104]他既不养老子，又不养娘。（他既不养父亲，又不养母亲。）

[105]他一到吃饭，一到打电话。（他一边吃饭，一边打电话。）

[106]他一到哭，一到笑。（他一边哭，一边笑。）

孝感：[107]他又不请假，又不打招呼。（他又不请假，又不打招呼。）

[108]他又怕热天，又怕冷天。（他又怕热天，又怕冷天。）

[109]我如里叫他莫跑，他如里一个劲地跑。（我这边叫他不要跑，他那边一个劲地跑。）

[110]老师如里在批评他，他如里跟别个说话。（老师一边批评他，他一边跟别人说话。）

[111]你一头告诉他，他一头就忘了。（你这边告诉他，他那边就忘了。）

岳西：[112]几个伢儿一边吃饭，一边看电视。（几个孩子一边吃饭，一边看电视。）

[113]你奶边烤着火，边蹲额。（你奶奶一边烤火，一边打瞌睡。）

九江：[114]原先是兀样/兀么样的，现在又是嗯样/嗯么样的。（以前是那样的，现在又是那的。）

新县：[115]他的病一阵一阵的，刚才那会儿还好好的，勒₁会儿又叫起来了。（他的病一阵一阵的，刚才那会儿还好好的，这会儿又叫起来了。）

[116]那会儿生意不照，勒₂会儿还可以，勒₁会儿又不行了。（那时候生意不好，一会儿还可以，一会儿又不行了。）

4.12.6 选择关系复句

选择关系复句表示事物间存在选择关系。这类复句包括直陈选择式和疑问选择式两种。

1. 直陈选择式

用陈述句式构成选择关系复句。鄂豫皖赣四省交汇处方言中常见的直陈选择式有以下几种。

（1）"不是……就是……"。例如：

[117]这个话不是你说的，就是他说的，肯定是你两个人说的。（这个话不是你说的，就是他说的，肯定是你们两个人说的。）

[118]不是你去就是他去，你咄两个人总要把人去。（不是你去就是他去，你们两个人总要有人去。）

这种复句表示"非此即彼"，限定在两项之中选择一项，强调"二者必取其一"，口气肯定，没有商量余地。不过，"要么……要么……"有时也表示"非此即彼"。

（2）"要么……要么……"。例如：

[119]我毕业之后要么读研究生，要么去上班。（我毕业之后要么读研究生，要么去上班。）

[120]要么你去，要么他去！（要么你去，要么他去！）

"要么"也可以说成"要不""要就",用法与"要么"基本相同。例如:

鄂东:[121]你要不回来,要不把伢儿接去。(你要么回来,要么把孩子接走。)
 [122]你要不离婚,要不分开过。莫拉常简吵。(你要么离婚,要么分开过。不要经常吵。)
孝感:[123]你要不睡觉,要不看书,莫到处晃。(你要么睡觉,要么看书,不要到处晃。)
 [124]要不你去,要不我去。(要么你去,要么我去。)
 [125]要就请他,要就不告诉他。(要么请他,要么不告诉他。)
 [126]要就睡觉,要就看书,莫浪费时间。(要么睡觉,要么看书,不要浪费时间。)

这种复句也表示"非此即彼",强调"二者必取其一",但跟"不是……就是……"有细微差别。

在表意上,有的时候,"要么(不/就)……要么(不/就)……"带有较多的主观情绪,有催促对方迅速做出抉择的意味。试比较:

[127]你要么(不/就)答应,要么(不/就)不答应,莫简一长倒!(你要么答应,要么不答应,不要拖着!)(+)

[128]你不是答应,就是不答应,莫简一长倒!(你不是答应,就是不答应,不要拖着!)(?)

例[127]很自然,例[128]就不那么顺畅。

(3)"……就……"。例如:

[129]你不去,他就去,肯定要把人去。(你不去,他就去,肯定要有人去。)

(4)"不如……"。例如:

岳西:[130]你两个恁样拖着,不如早滴把婚结着。(你们两个那样拖着,不如早点把婚结了。)

鄂东:[131]你叫他做,不如叫我帮你做。(你叫他做,不如让我帮你做。)

2. 疑问选择式

用疑问句式构成选择复句，代表格式是"是……还是……？"。例如：

鄂东：[132]你是吃粥，还是吃饭？（你是喝粥，还是吃饭？）

[133]你毕业之后，是出国留学，还是先找工作？（你毕业之后，是出国留学，还是先找工作？）

岳西：[134]你是明上昼去，还是明下昼去？（你是明天上午去，还是明天下午去？）

[135]是你去，还是佢去，还是你和佢一路（一起）去？（是你去，还是他去，还是你和他一起去？）

这种选择复句可以只用一个"还是"。例如：

[136]你去，还是他去？

"是……还是……"只有用于无条件让步复句的前一分句时，才不表示疑问。例如：

[137]不管是你去，还是他去，我都没有意见。

4.12.7 递进关系复句

递进关系复句表示事物间有更进一层的关系。所谓"递进"，实际上有两种情况：一是顺承性递进，简称"顺递"；二是反转性递进，简称"反递"。

1. 顺承性递进句

顺承性递进句是最典型的递进关系复句。关联词语有"不但、不止、不光、不说、越进、越色"等。例如：

鄂东：[138]他不光把你的地占去了，还把我的地占去了。（他不光把你的地占了，还把我的也占了。）

[139]他不说不养娘老子，自家的儿都不养。（他不仅不养爸妈，连他家的孩子都不养。）

[140]你光骂他,他越进不听你的话。(你越骂他,他越不听你的话。)

[141]你让他,他越进不把你当人。(你越让他,他越不把你当人。)

岳西:[142]不光/不止佢几个需要,我几个也用得上。(不光他们几个需要,我们几个也用得上。)

[143]佢父不光篾活收益好,木工活也好。(他父亲不光是篾活做得好,木工活也做得好。)

孝感:[144]我越色冇得钱,他越色跟我要钱。(我越是没有钱,他越是跟我要钱。)

[145]你越色不跟他讲话,他越色闹。(你越是不跟他讲话,他越是闹。)

新县:[146]你女人不光要钱,还整天勒勒那那的,日子还么样过嘿?(你妻子不光要钱,还整天这那的,日子还怎么过?)

[147]勒个孩子不但不读书,还老是勒样那样儿的。(这个孩子不但不读书,还老是这样那样的。)

预递词和承递词不管是出现一对还是出现一个,都可以保证递进复句的成立。如果句子里预递词和承递词都不出现,那么,该句就不能被认为是递进句。比较:

[148]他不光能作曲,还能演唱。(递进句)

[149]他能作曲,也能演唱。(并列句)

[150]他不但能写字,还能绘画。(递进句)

[151]他能写字,也能绘画。(并列句)

例[148]、例[150]有预递词和承递词,是递进句;例[149]、例[151]没有预递词和承递词,就不能被认为是递进句。

2. 反转性递进句

反转性递进句表示以一个否定意思为基点,向一个肯定意思反转推进。鄂豫皖赣四省交汇处方言用的关联词语有"反而""不说……调转来……""不但不……还……",这些词语是反转性递进句的代表词语。例如:

岳西:[152]你自己不想去,反而叫我去,你是么样想底耶?(你自己不想去,反而叫我去,你是怎么想的呀?)

鄂东：[153]不但不把得他吃，还让他干简累的生活。（不但不给他吃，还让他干那么累的活。）

[154]他不说感谢我，调转来还恨我。（他不说感谢我，反而还恨我。）

[155]他不说帮下我，调转来还跟我吵。（他不说帮一下我，反而还跟我吵。）

4.12.8 连贯关系复句

连贯关系复句表示事物间先后相继的关系。这类复句所说的事，在时间先后上形成纵线序列。

1. 意合连贯复句

这种形式在鄂豫皖赣四省交汇处方言中用得较普遍。例如：

[156]上个岭，过个山冈儿就到了。（上个岭，过个山冈儿就到了。）

[157]我吃了饭，送伢儿到学去，回来买菜。（我吃了饭，送孩子到学校去，回来买菜。）

2. 有词语标记的连贯复句

普通话连贯式可以"……接着……"为代表性格式，鄂豫皖赣四省交汇处方言中其典型语表标志是"于是""就""接倒""然后""再""就到"等。例如：

岳西：[158]我在街上碰到佢，于是跟佢讲着几句话。（我在街上碰到他，于是跟他讲了几句话。）

[159]汽车停下来加油，于是我下来买着包烟。（汽车停下来加油，于是我下来买了包烟。）

孝感：[160]太阳蛮大，衣服就倒晒就倒收。（太阳很大，衣服一晒就能收了。）

[161]你就倒到学校去，就倒把东西带回来。（你到学校去，顺便把东西带回来。）

鄂东：[162]我吃了早饭，就到学校去了。（我吃了早饭，就到学校去了。）

[163]我哋一到了北京，把包一放落，接倒就去菜市场。（我们一到北京，把包一放，接着就去菜市场。）

九江：[164]小王吃完了饭，然后去拿这些货物。（小王吃完了饭，然后去拿这些货物。）

[165]我洗了衣裳，接倒去照顾伢儿。（我洗了衣服，接着去照顾孩子。）

[166]我写几面字，然后去接伢儿。（我写几面字，然后去接孩子。）

第 5 章

体 貌 范 畴

　　动词的体貌（aspect）是语言中的语法范畴，是词法研究对象，表示事件的各种阶段和状态，最常见的是完成体和未完成体（或持续体、进行体）。关于汉语的体貌范畴，一直有许多争议的理论问题。20 世纪 80 年代以来，语法学界不仅对普通话，而且对不少方言中的相关问题进行了发掘和研究，这对研究鄂豫皖赣四省交汇处方言的体貌起到很好的引导作用。

　　"体"主要指动作行为的进程，如开始、进行、完成，指事件出现、消失等情况，"貌"主要指动作行为所处的特定状态，如短时、反复等。但这种分解并非绝对的，例如"持续"应归为"体"，还是归为"貌"？因而"体""貌"只是一种大致的分类。"体貌"跟空间的移动有关，但实际上也跟"时间"有关，为了跟当前一些学术论著的提法保持一致，本书采取常用的"体"的概念。关于"体"，有人分为起始、进行和终结三大块；也有人分为未然、进行和已然。理论的问题最终要建立在语言事实描写的基础上。本书讨论的鄂豫皖赣四省交汇处方言的"体"不限于这些范畴，还有一些值得注意的特有现象，本书将其分为尝试体、频现体、反复体、经历体、完成体、将然体、起始体、进行体、持续体、短时体、未然体、先行体等。鄂豫皖赣四省交汇处方言的"体"标记大多是用虚化或半虚化的助词来表示的。

5.1 尝 试 体

5.1.1 "V 试下儿"格式

　　鄂东方言的尝试体的形式是在动词的后面加后缀"试下儿"，构成"V 试下儿"格式。"V 试下儿"往往有后续句，后续句是个选择问句，表示"试试情况怎么样"或"看看情况如何"的意思。尝试体的意义表示试着做某事，所以动词有短时和尝试共生的特征。例如：

鄂东：[1]你吃试下儿，看咸不咸？（你吃一下试试，看咸不咸？）
　　　[2]你走试下儿，看走得得不？（你走一下试试，看能走不能走？）

动词后面如果带宾语，放在"V 试下儿"的后面，翻译成普通话时就要把宾语提到句首。例如：

　　　[3]你骑试下儿这车子,看高不高？（这辆自行车你骑一下试试,看高不高？）
　　　[4]你穿试下儿这件衣裳,看细不细？（这件衣服你穿一下试试,看瘦不瘦？）

5.1.2 "试下儿/子"格式

在竹溪、竹山方言中，"试"是动词，该格式表示"试一下"的意思。其后可以加"看"或"看看"。例如：

竹山：[5]你试下儿这件衣裳，看能穿吧。（你试一下这件衣服，看能穿不。）
　　　[6]我来试下子，晓得搬得动吧。（我来试一下，看能不能搬得动。）
　　　[7]这双鞋让我试下儿，合适我买一双。（这双鞋让我试一下，合适的话我买一双。）
　　　[8]这件事只有叫他试下子看，我们都不得展。（这件事只能让他试一下，我们都没有办法。）
　　　[9]把你的打谷机叫我来试下子看看。（让我来试一下你的打谷机。）

5.1.3 "VP+下+（宾/补）+个"格式

这种格式主要用于安徽宿松方言中，"VP+下+（宾/补）+个"格式中的"个"相当于普通话的"着"。例如：

　　　[10]你尝下个，看咸哪淡！（你尝一下，看是咸还是淡！）
　　　[11]量下个，看布够不！（量一下，看布够不够！）

5.1.4 "VV看"格式

单音节动词的重叠表示动作行为的尝试,如穿穿看、走走看等。不过这里的"看"与普通话的助词"看"略有不同,它只用在动词重叠式的后面,而不能放在带动量、时量补语的动词后面。例如:

固始:[12]让他试试看。　　　　　[13]我上那瞧瞧看。
岳西:[14]你试试看。　　　　　　[15]我写写看。
南昌:[16]我到小李许里去问问看。(我到小李那里去问一下。)
　　　[17]你明日去买买看,就怕么有卖。(你明天去买买看,就怕没有卖的。)

岳西方言还用"VP试试"格式来表示尝试,例如:念着试试。|走着试试。

5.1.5 "V下儿"的歧义形式

鄂豫皖赣四省交汇处方言的尝试义是受上下文语境制约的,如果没有"试"和后续句的衬托,"V下儿"就会有歧义。例如:

[18]这本书我看下儿,明昼还得你。(这本书我看一下,明天还给你。)
[19]这本书我看下儿,看好看不。(这本书我看一下,看好不好看。)

例[18]表示动作的短时态,有"一下子"的意思,没有尝试义。例[19]有后续句,明显有试探的意思。

5.2 频现体

频现体是表示动作行为反复不停地出现。鄂豫皖赣四省交汇处方言的频现体有多种形式。

5.2.1 "箇+V"的格式

"箇"是指示代词,有"这么""那么"的意思。它修饰动词作状语,表示"多次地""不停地"的意思。例如:

[1]我箇叫，你不答应我。（我不停地喊，你不答应我。）

[2]我箇说，你不听。（我不停地说，你不听。）

[3]你箇做，也冇发财咧。（你不停地做，也没有发财哩。）

[4]他箇跳，也冇得第一咧。（他不停地跳，也没有得第一哩。）

"箇+V"用在前分句中，一般要接后续句，前后分句有转折关系。"箇"修饰的动词是持续性的单音节动词，如"说、叫、做、哭、挖、洗、吵、跳、敲、砍、踢"等。

5.2.2 "VV 的"格式

这种格式表示动作行为反复进行。即动词的重叠加上助词"的"，"的"在某些情况下也可以省略。"VV 的"格式可表示出多种不同的重叠语法意义。

1. "箇+VV 的"格式

在鄂东方言中，重叠动词前面加"箇"，强调动作的频现。"箇"前可以加上"正、正在"。这种格式只用在前分句中，后续句表示动作正在进行的时候发生了另外一件意想不到的事情，主语一般用第一人称代词或第三人称代词。有时在后续句中用"一把"强调事情的意外。"一把"是副词，表示动作的快速和意外，有"一下子"的意思。例如：

[5]我箇扯扯的，把绳子扯断了。（我正用力扯着，把绳子一下子扯断了。）

[6]他两个人正箇说说的，让小霞一把听到了。（他们两个人正在不停地说，让小霞一下子听到了。）

[7]他正箇剁剁的，把手一把剁了。（他正在不停地剁，把手一下子剁了。）

[8]他箇跳跳的，把脚一把搣[miɛ]扭伤了。（他正在不停地跳，脚一下子扭伤了。）

2. "VV 的"格式

该格式后接成分表示动作正在反复进行中又出现了另一动作行为，主要用于固始方言。例如：

[9]她说说的我睡着啦。（她说着说着我睡着了。）

[10]打打的球破啦。（打着打着球破了。）

[11]找找的灯灭啦。（找着找着灯灭了。）

[12]挑挑的粪完啦。（挑着挑着粪被挑完了。）

[13]正在喊喊的栽倒啦。（喊着喊着栽倒了。）

[14]他喊喊的砖头拉走啦。（他叫喊着不准拉砖头，结果砖头还是被拉走了。）

[15]拉拉的他走啦。（拉住他不想让他走，但他还是走了。）

可以将 N₂ 前移，形成"N₂+VV 的"格式。例如：

[16]球打打的破啦。（打着打着球破了。）

[17]天烤烤的黑啦。（烤着烤着天黑了。）

[18]这个小孩说说的哭啦。（说着说着这个小孩就哭了。）

3. "N+VV 的"格式

此类重叠前后都不加其他附属成分，"的"不能省略。该格式用于固始方言。例如：

[19]这个人坐坐的。（这个人一直坐着。）

[20]这个屋漏漏的。（这个房子一直漏雨。）

[21]这树摆摆的。（这棵树一直摇摆。）

[22]我心口子疼疼的。（我心口一直疼。）

4. "VVVVC"或"V 啊 VVC"格式

在南昌赣方言中出了"VVVVC"格式或"V 啊 VVC"格式，表示一个动作不停地反复、频现，在动作反复过程中又出现了另一种情况。最后一个 V 之前有停顿，后带补语成分。例如：

[23]渠两只手变变变变出一只鸽子来。（他两只手变啊变，变出一只鸽子来。）

[24]许（那）个细人得哭哭哭哭出尿来了。（那个小孩哭啊哭，哭出尿来了。）

[25]渠两个人话啊话话地骂起来了。（他们两个人说啊说,说地骂起来了。）

[26]渠在沟里摸摸摸摸到一只鱼。（他在沟里摸啊摸，摸到一只鱼。）

例[23]的"变"这个动作不是持续不动的，而是反复进行的；例[24]、例[25]、例[26]的"哭""话""摸"的动作也是在反复进行的，所以它们都属于频现体。

频现体有以下几个特点：①动词都是自主动词，自主动词是动作发出者有意识、有心地发出的动作行为，正因为是有意识地发出的动作，可以反复进行，所以动词大多是重叠式；②所有重叠的动词基本都是单音节动词，双音节动词重叠得较少；③重叠的动词表示动作反复多次，所以有动作轻微量小、尝试、轻松、随便的意义；④动词重叠是属于句子层面的概念，是一种事件范畴，句子的语法意义通过重叠其中的谓语动词来体现，而不是属于动词层面的概念。

5.2.3 "箇V箇V的"格式

这种格式是"箇V"的重叠形式，重叠以后强调动作的频率，用在前一分句中，动词一般用持续性动词，后一分句表示这种动作没有达到目的。这种格式有时用在否定句中，否定形式用"不消"或"莫"，表示不用实行某种动作，实行了某种动作也是白费力气。前后分句之前有转折关系。例如：

[27]箇说箇说的，白说的。（说了那么多次，白说了。）

[28]箇捆箇捆的，照原散了。（捆了那么多次，仍然散了。）

[29]你不消在嗯地箇数箇数的，数了也算有的。（你不用在那里那么数，数了也没有用。）

5.2.4 "VP+V"格式

这种格式主要用于竹溪、竹山一带的方言中，有两种格式："处流势儿地+V"和"鼓劲+V"。

1. "处流势儿地+V"格式

这种格式中"处流势儿地"表示"多次地、不停地"的意思。例如：

[30]我处流势儿地做，你还嫌我慢了。（我不停地做，你还嫌我慢。）

[31]莫客气，我处流势儿地吃，不用拈菜。（不用客气，我在吃，不用帮我夹菜。）

2. "鼓劲+V"的格式

"鼓劲"表示"经常地、多次地"的意思。例如：

[32]我在家鼓劲炒菜。（我在家经常炒菜。）

[33]鼓劲来的人还稀客呀？（经常来的人还能是稀客呀？）

[34]他们鼓劲吵来吵去的，说也说不听。（他们经常吵来吵去，说也不听。）

[35]借东西忘记还，他们鼓劲吵。（借东西忘记还了，他们经常吵架。）

5.2.5 "V 的 V 的"等格式

主要用于孝感方言，有"V 的 V 的""连 V 直 V 的""连 V 带 V 的""七 V 八 V 的"等格式，都是用动词的嵌字格形式表示。例如：

[36]他在哭的哭的。（他不停地哭。）

[37]大家连抢直抢的。（大家不停地抢。）

[38]他连滚带爬的。（他连滚带爬。）

[39]他七嚼八嚼的。（他不停地埋怨。）

5.2.6 "V 倒 V 倒"格式

这种格式表示动作行为反复进行，属于频现体。它主要用在竹山、竹溪方言中。例如：

[40]弄倒弄倒又不叫弄了。（弄着弄着又不让弄了。）

[41]说倒说倒又哭起来了。（说着说着又哭起来了。）

[42]玩倒玩倒就打开了。（玩着玩着就打开了。）

5.3 反 复 体

反复体表示同一动作的反复发生或同一现象的反复出现。反复体与频现体不同：频现体表示一个动作行为的不停反复，是一个动词的重叠；反复体是不同动作的反复，是不同动词的重叠或同义动词的间接重叠。鄂东方言的反复体的表现式有以下几种。

5.3.1 "AABB"格式

这种格式表示一个或多个施事的多个动作的反复。例如：

[1]门莫关了，人要进进出出的。（门不要关了，人要进进出出的。）

[2]我一天到黑收收捡捡的，一点空儿都冇得。（我一天到晚收收捡捡的，一点空儿都没有。）

[3]他玩玩打打的就把事儿做完了。（他在玩的空余时间就把事儿做完了。）

[4]她连连补补的事儿都会做。（她缝补的事儿都会做。）

例[1]、例[2]都是 AB 式重叠，"进进出出"是"进出"的重叠式，因为"进出"在鄂东方言中能成词。"收收捡捡"是"收捡"的重叠式。我们称这种形式为"完全重叠形式"。例[3]、例[4]不同于 AB 式重叠，是 AA 和 BB 叠结在一起的现象。如"玩玩打打"是"玩"和"打"分别重叠为"玩玩""打打"后再叠结起来的。我们称这种形式为"不完全重叠形式"。

5.3.2 "AXAY"格式

这种格式是属于间接重叠式，是表示同一动作出现不同的状态。例如：

[5]我想来想去，还是不能买。（我想来想去，还是不能买。）

[6]你有钱就把得他，莫要他简跑来跑去的。（你有钱就给他，不要让他这么跑来跑去。）

[7]他把我的衣裳丢过来丢过去，不当数。（他把我的衣服丢过来丢过去，不当一回事。）

[8]她睏不着醒，在床上翻过来翻过去。（她睡不着觉，在床上翻过来翻过去。）

这种格式是重叠成分分别带上其他成分构成的，例如，"想来想去"是重叠成分"想"分别带上"来""去"构成的，"翻过来翻过去"是重叠成分"翻"分别带上"过来""过去"构成的。这种格式一般表示一个施事的多次反复的动作，在一定的语境中也表示多个施事的动作反复。例如：

[9]简些人在菜园的踩过来踩过去的。（这些人在菜园里踩来踩去。）

[10]简些人把他拟过来拟过去的。（这些人把他推来推去。）

5.3.3 "A了又A"格式

这种格式也是间接重叠形式，是在重叠成分A的中间嵌进了"了""又"成分构成的。例如：

[11]他真吃得，吃了又吃。（他真能吃，吃了又吃。）

[12]她真爱干净，把桌子抹了又抹。（她真爱干净，把桌子擦了又擦。）

[13]她说了又说，真啰嗦。（她说了又说，真啰嗦。）

[14]把一张纸捏倒手上看了又看。（把一张纸捏在手上看了又看。）

这种格式也是表示施事反复的动作，表示一个动作一次又一次地反复，所以这种动作带有主观性和重复性。能进入这种格式的动词一般是非持续动词。

5.3.4 "AA儿，BB儿"格式

这种格式是由并列式"AA儿，BB儿"构成的，表示两个动作交替反复进行。这种格式可以在重叠动词的后边加上宾语，仍然表示动作的反复进行。例如：

[15]你做做儿，歇歇儿，莫累得了。（你做一会，歇一会，不要累着了。）

[16]我吃吃儿，喝喝儿，把肚子搞饱了。（我吃一会，喝一会，肚子饱了。）

[17]我教教书儿，打打球儿，还比较清闲。（我教教书，打打球，还比较清闲。）

[18]他退了休看看书儿，逛逛街儿。（他退了休看看书，逛逛街。）

5.3.5 "再 V/V 过"格式

这种格式表示动作结束后又重复一个动作。岳西方言用"再次体","再次体表示动作结束后又重新开始。岳西方言再次体的表现形式有三种:'从(新)+V','再+V'和'从(新)+再+V'"[①],南昌方言用"V 过"[②]。例如:

岳西:[19]从新再换一个。(重新换一个。)
　　　[20]再看一次电影。(再看一次电影。)
南昌:[21]许件不好,我又买过了一件。(那件不好,我又重新买了一件。)
　　　[22]话错了话过。(说错了再说一次。)
　　　[23]许件衣裳做过了一下吧?(那件衣服重新做了一件吧?)

5.4 经 历 体

经历体是表示曾经经历过某种动作,普通话多用体助词"过""了"。鄂豫皖赣四省交汇处方言一般在动词的后面加"过""了""趟子"等体助词。例如:

南昌:[1]渠老弟到过上海。(他老弟到过上海。)
　　　[2]渠早先做过生意。(他以前做过生意。)
岳西:[3]这底前几天冷过一阵子。(这儿前几天冷了一阵子。)
　　　[4]我得过风湿病。(我得过风湿病。)
鄂东:[5]他复读过三届,今年才考上大学。(他复读过三届,今年才考上大学。)
　　　[6]我打过他几回。(我打过他几回。)
　　　[7]我得罪了他,他恨我。(我得罪过他,他恨我。)
　　　[8]我上了一回当,再不买了。(我上过一回当,再不买了。)
　　　[9]他来趟子。(他来过。)

---

① 储泽祥. 岳西方言志[M]. 武汉:华中师范大学出版社,2009:231.
② 徐阳春. 南昌方言的体[J]. 南昌大学学报(人社版),1999(3):93-96.

例[1]~例[6]的动词后面用助词"过"表示经历体。例[7]、例[8]用"了"表示经历体，也是"过"的意思。例[9]的动词后面用"趟子"表示经历体，同样表示"过"的意思。

经历体的否定形式是在动词前面加上"冇"。经历体标记是"过"的，如果动词后面有宾语，仍然带上"过"；动词后面是准宾语的，就要把准宾语移到动词前面，再加上"冇"。经历体标记是"了、趟子"的，去掉这些标记词，直接在动词前边加"冇"。例如：

[10]渠老弟到过上海。——→渠老弟冇到过上海。

[11]张家界我去过一回。——→张家界我一回冇去过。

[12]他来趟子。——→他冇来。

[13]我得罪了他。——→我冇得罪他。

竹山、竹溪一带方言可以用"V+了+下的（一下的）"格式来表示动作行为的经历。例如：

[14]我看了下的，饭还没有好。（我看了一下，饭还没有好。）

[15]我去听了一下的，他的话不可信。（我去听了一下，他的话不可信。）

[16]那地方我去看了一下的，盖房还要得。（那地方我去看了一下，盖房还可以。）

还可以用"V+了的"格式来表示对曾经经历过的某种动作行为的一种肯定。例如：

[17]这酒我喝了的，还可以。（这酒我喝过，还可以。）

[18]我对你说了的，叫你不要去，你却偏要去。（我对你说过，叫你不要去，你却偏要去。）

"了"和"的"中间可以插入动词的宾语。例如：

[19]我喝了药的，不能喝茶。（我喝了药，不能喝茶。）

[20]我结了婚的，不怕你们说笑话。（我结了婚，不怕你们讲笑话。）

5.5 完成体

完成体是表示动作的完成和结束。句末用助词"了"。完成体主要有以下几种格式。

5.5.1 "V+了+宾"格式

这个格式用得较多，格式中的"了"读[˚liau]，重读，"V+了"再带上宾语就构成了"V+了+宾"格式。例如：

[1]我吃了饭。（我吃饭了。）

[2]我换了衣裳。（我换衣服了。）

[3]他屋的请了人。（他家里请人了。）

[4]她说了婆的。（她找婆家了。）

5.5.2 "V+补+了"格式

普通话表完成的"了"可以用在补语和宾语的中间，例如："他们领走了孩子""他喝光了酒"。鄂豫皖赣四省交汇处方言中的"V+补+了"格式的"了"只能用在补语后边，如果有宾语，就用两种形式来表示，如"他们把孩子领走了"或"孩子他们领走了"。还如：

[5]我把桌子抹干净了。（我把桌子擦干净了。）

[6]桌子我抹干净了。（桌子我擦干净了。）

[7]书我码好了。（书我码好了。）

[8]我把钱借倒了。（我借到钱了。）

句中如果有复杂的趋向补语，如起来、上来、下去、回来、出去等，"了"也只能用在补语后。趋向补语是"起来"的，是表示"成功了""完了"的意思。例如：

[9]衣裳洗起来了。（衣服洗完了。）

[10]我把信寄出去了。（我把信寄出去了。）

如果句中有复杂的趋向补语，又有宾语，宾语与趋向补语可以有三种顺序。例如：

[11]跑进来了一个苍蝇。——跑一个苍蝇进来了。——一个苍蝇跑进来了。

[12]调进来了一个新老师。——调一个新老师进来了。——一个新老师调进来了。

5.5.3 "V倒+去了"格式

去了[tɕi˨ iau]"可以作为动词，例如"他已经去了，你不用再去了"。"去了"作为完成体助词，可构成"V倒+去了"格式。其中"倒"是动词的补语，表示动作达到了目的或动作产生了结果、影响，相当于普通话的"V着+了"。动词既可以是及物动词，也可以是不及物动词。这种格式存在于孝感方言中[①]。例如：

[13]我现在已经拿倒钱去了。（我现在已经拿到钱了。）

[14]他已经认倒乜[niɛ˨]个字去了。（他已经认识那个字了。）

[15]他已经睡倒去了。（他已经睡着了。）

[16]他已经猜倒答案去了。（他已经猜到答案了。）

及物动词带宾语是可以转换为把字句或被字句的。例如：

[17]我刚刚把书找倒去了。（我刚刚把书找到了。）

[18]书已经被我找倒去了。（书已经被找到了。）

"V倒+去了"的否定形式是"冇+V倒"。例如：

[19]我冇拿倒钱。（我没有拿到钱。）

[20]书冇找倒。（书没有找到。）

5.5.4 "V+对了"格式

在竹溪、竹山一带方言中，用"V+对了"表达动作的完成或结束。"对"相当于"完""好"。例如：

---

① 王求是. 孝感方言研究[M]. 武汉：华中师范大学出版社，2014.

[21]我饭都吃对了，你还在吃。（我饭都吃完了，你还在吃。）

[22]电视看对了，该做活路了。（电视看完了，该干活了。）

5.5.5 "V 了"格式

据徐阳春[①]的研究，南昌话表达完成体的方式是"V+了₁"，"了₁"用于句中的动词之后，表示动作行为的完成。例如：

[23]我吃了三碗饭。（我吃了三碗饭。）

[24]渠旧年食了好多猪。（他去年养了很多猪。）

V 与了₁之间还可以有补语。例如：

[25]我做完了作业。（我做完了作业。）

[26]渠搞坏了我个（的）凳子。（他弄坏了我的凳子。）

"V+了₁"后面可加"撇"构成"V+了₁+撇"格式表示动作的完成，"撇"由动词虚化而来。例如：

[27]我等渠骂了撇一顿。（我被他骂了一顿。）

[28]我今日买了撇上百块钱奖票，一张都冇中。（我今天买了几百块钱的彩票，一张都没有中。）

还可以在"撇"后加"了"，强调完成。例如：

[29]昨日我等渠骂了撇了一顿。（昨天我被他骂了一顿。）

5.5.6 "V 着"格式

据储泽祥[②]的研究，岳西方言中的完成体分四种形式：着₁用在动词后、宾语前，着₂用在宾语后或句末位置，"掉着"用在单音节动词后，"着₁+了"用在单个动词充当的谓语之后。例如：

---

① 徐阳春. 南昌方言的体[J]. 南昌大学学报（人社版），1999（3）：93-96.

② 储泽祥. 岳西方言志[M]. 武汉：华中师范大学出版社，2009：229.

[30]我看着半天书。(我看了半天书。)
[31]我几个吃着饭着。(我们吃了饭了。)
[32]佢吃着饭,就走掉着。(他吃了饭,就走了。)
[33]走着了。(已经走了。)

5.6 将 然 体

将然体是动作行为或状态将发生而未发生,有几种表现形式。

5.6.1 "要+VP+得了"格式

"要"表示"快要"的意思,整个格式表示"快要 VP 了"的意思。"得"是语气助词;"了"是语气词,表示情况发生变化,有普通话"了$_2$"的功能。VP是单音节动词或形容词,动词可以是自主动词和非自主动词。例如:

[1]说了她几句,她要哭得了。(说了她几句,她快要哭了。)
[2]柿子要熟得了。(柿子快要成熟了。)
[3]麦要割得了。(麦子快要收割了。)

动词如果是自主动词,可以将受事宾语放在"得"的后边。例如:

[4]要割得麦了。(麦子快要收割了。)
[5]要熟得柿子了。(柿子快要成熟了。)

5.6.2 "架势+V+起来+得了"格式

"架势"[ka² ʂʅ]表示"将要""快要"的意思,"架势"和"得了"配合使用,表示某动作将要完成,但未完成。例如:

[6]衣裳架势洗起来得了。(衣服将要洗完了。)
[7]作业架势做起来得了。(作业将要做完了。)
[8]信架势写起来得了。(信将要写完了。)
[9]菜架势炒起来得了。(菜快要炒完了。)

5.6.3 "架势+VP+了/着"格式

这种格式是"架势+VP"的后面加"了/着"构成的。"了"用于鄂东方言,"着"用于岳西方言①。这种格式表示某种动作行为快要发生。例如:

鄂东:[10]他哋架势挖了。(他们快要挖了。)
　　　[11]他哋都架势吃了,你还在路上箇慢慢箇走。(他们都快要吃了,你还在路上走这么慢。)
　　　[12]架势上课了,你快点。(快要上课了,你快点。)
岳西:[13]架势打稻着。(快要脱粒了。)
　　　[14]架势比赛着。(快要比赛了。)
　　　[15]架势落树叶着。(树快要落叶了。)

5.6.4 "要+V+至极"格式

这种格式表示某种动作或状态即将发生而尚未发生,主要用于竹山、竹溪方言。例如:

[16]他要哭至极。(他快要哭了。)
[17]石岸要垮至极,干脆把它拆了。(石岸快要垮了,干脆把它拆了。)
[18]那么大一个肚子,要生至极了。(那么大一个肚子,快要生了。)

5.7 起 始 体

起始体表示动作行为开始发生、进行,常用以下格式。

5.7.1 "N+V+起/下+来+了/着"格式

这种格式表示某种动作行为开始发生了,主要用于鄂豫皖赣四省交汇处方言。岳西方言句末用"着",其他方言句末用"了"。例如:

---

① 储泽祥. 岳西方言志[M]. 武汉:华中师范大学出版社,2009:230.

鄂东：[1]雨落下来了。（雨落下来了。）

[2]屋做起来了。（房子开始建了。）

[3]他咃又打起来了。（他们又打起来了。）

[4]他又写起来了。（他又写起来了。）

岳西：[5]佢哭起来着。（他哭起来了。）

[6]两个人又讲起话来着。（两个人又说起话来了。）

竹山：[7]老天又暗起来了。（天又暗下来了。）

[8]兄弟俩给吵起来了。（兄弟俩吵起来了。）

[9]客人还没来，他们给吃起来了。（客人还没来，他们就吃起来了。）

5.7.2 "一+V+得+起来/了"格式

这种格式表示突然开始某种意想不到的动作，主要用于宿松等地方言。例如：

宿松：[10]娘娘一哭得起来。（姑姑突然哭了起来。）

[11]车坨一转得起来。（车轮突然转了起来。）

[12]爹爹一骂得起来。（爷爷突然骂了起来。）

[13]老师一笑得起来。（老师突然笑了起来。）

5.7.3 "设架/架轼+VP"格式

动词、形容词前加起始义副词"设架"，表示动作或性状开始或出现。例如：

[14]雨设架下。（雨开始下了。）

[15]鸡在设架上笭。（鸡开始进鸡笼了。）

[16]谷设架黄在。（谷子开始黄了。）

[17]架轼打稻着。（开始脱粒了。）（岳西）

[18]架轼割麦着。（开始割麦子了。）（岳西）

5.8 进 行 体

鄂豫皖赣四省交汇处方言表动作行为正在进行的体标记颇具特色，由助词

"在"构成不同的格式，另外还有其他格式。

5.8.1 由"在"构成的格式

1. 在+VP

这种格式是在动词前加上体标记"在"，表示动作正在进行，这种格式是一种基本格式，在鄂豫皖赣四省交汇处方言中用得较多。这种格式是非排他性的，即在实行此动作的同时也可以实行其他动作。例如：

鄂东：[1]我在吃饭。（我在吃饭。）
　　　[2]伢儿在做作业。（孩子在做作业。）
　　　[3]外头在落雨。（外面在下雨。）
九江：[4]渠在写字。（他在写字。）
　　　[5]我在看书，莫吵。（我在看书，不要吵。）
竹山：[6]老王在下棋。（老王在下棋。）
　　　[7]她在扫地。（她在扫地。）
岳西：[8]佢在挖地。（他在挖地。）
　　　[9]佢在上课。（他在上课。）
宿松：[10]些老儿在耕田。（这些老人在耕田。）
　　　[11]猫在吃鱼刺。（猫在吃鱼刺。）
新县：[12]他在吃得。（他在吃饭。）
　　　[13]他在说话得。（他在说话。）

这种格式是表动作正在进行的基本格式，"在"是副词，用在动词前表动作行为正处于进行之中。主语可以为施事，也可以是动作进行的处所，谓语动词通常带宾语。这种格式用于回答主语的是非问时，其中的主语和宾语都可以省略，例如，"我在吃饭"可以省略为"在吃"。鄂东方言在回答时，一般要在末尾要加上语气词"咧"，语气词起补充音节的作用，如果去掉语气词，则句子变为强调句，即强调施事此时确实在进行此动作，形成"在+VP（+咧）"格式。例如：

　　　[14]你吃饭没？——在吃咧。
　　　[15]外头落雨没？——在落咧。

这种格式还可以在动词前面加其他副词。各地使用的副词不一样，浠水、罗田方言用"发在[fa₀ tsai]""正好"，黄梅用"将在""刚好"，英山用"发狠"，蕲春用"恰恰"。这些用在动词前面的副词都表示"正在"的意思。例如：

浠水：[16]我发在吃饭。
罗田：[17]我正好在吃饭。
黄梅：[18]我将在吃饭。
英山：[19]我发狠在吃饭。
蕲春：[20]我恰恰在吃饭。

2. N受+在+V

这种格式将受事提至句首，单用的情况比较少，可用于始发句，表动作仍在继续进行，还没有完结，且还要持续一段时间。例如：

[21]兀本书佢正在看。（那本书他正在看。）（岳西）
[22]菜在炒，一下儿就可以吃。（菜还在炒，等一会儿就可以吃了。）
[23]书在看，等一下儿再还。（书有人在看，要等一会儿才能还。）

这种格式也可用于回答"N受的动作有没有处于受动之中"的问题。这种情况N受通常被省略。如果出现N受，很可能是特别强调N受正处于受动之中。例如：

[24]菜在炒没/冇？——在炒。/菜在炒。
[25]火在烧没/冇？——在烧。/火在烧。
[26]肉在切没/冇？——在切。/肉在切。
[27]书在看没/冇？——在看。/书在看。

答语中，"在"是进行体标记词，表示受事的动作正处于被实行之中。如果是否定回答，是否定动作的进行，所以否定句中根本不需要用"在"。例如：

[28]菜在炒没/冇？——冇炒。
[29]火在烧没/冇？——冇烧。

3. 在+VP+在

这种格式是在第一种格式的基础上在句子末尾加上"在"构成的，句中有两个"在"，分工不同，动词前面的"在"是时间副词，句末的"在"是体助词，表示动作正在进行。例如：

鄂东：[30]我在吃饭在。（我正在吃饭。）
　　　[31]灶门口在煮饭在。（灶上正在煮饭。）
　　　[32]小红在写作业在。（小红正在写作业。）
　　　[33]饭在做在。（正在做饭。）
竹山：[34]他在睡觉在。（他正在睡觉。）
　　　[35]他在挖地在。（他正在挖地。）
　　　[36]外头在下雨在。（外头正在下雨。）
孝感：[37]讨论在进行在。（讨论正在进行。）
　　　[38]他在睡倒在？（他正在睡觉？）
新县：[39]他在写字在。（他正在写字。）
　　　[40]我在吃饭在。（我正在吃饭。）

俞光中和植田均[①]指出："表示进行性处所。魏晋至今，'在₁'一直是介词'在'的主要用法。例如：……密令人在舆前后鸣鼓大叫。（《世说新语·雅量第六》）"现代汉语方言中却在动词前和动词后都用"在"，构成一种前后复用体标记的表达式，用在动词后面的"在"意义比较虚灵，读作轻声[tsai]，用于句子末尾。由体标记"在"的复用可以看出，"在"由实到虚、由空间概念到时体概念的演化过程，从而形成表实在的"在"和表虚灵的"在"共存并用的局面。

4. 在+N_处+VP

九江：[41]他在房的看书。（他在房间里看书。）
　　　[42]渠在房的写字。（他在房间里写字。）
鄂东：[43]他在塘的洗衣裳。（他在池塘边洗衣服。）
　　　[44]他在田的插秧。（他在田里插秧。）

---

① 俞光中，植田均. 近代汉语语法研究[M]. 上海：学林出版社，1999：382.

"在"是介词,它与处所词构成介宾结构来表示进行体。从语义上讲,"在+N$_处$"是表示行为或事件发生的处所,同时又赋予句子一种进行的体意义。由于语境的作用,这种双重语义在语用上有可能出现偏移,处所义变得模糊,体意义得以突出。这样频繁使用使得"进行"的标记意义固定下来。"在+N$_处$"也就由一个介宾结构虚化成表进行体的标记成分。如果要表现处所义,则要重读处所词。

5.8.2 进行体的其他格式

1. VP+起的

这种格式主要用于鄂东武穴、竹溪、竹山一带方言点,"起的"用于 VP 之后,表示动作正在进行。例如:

[45]他吃起的。(他正在吃饭。)

[46]我开会起的。(我正在开会。)

[47]他看书起的。(他正在看书。)

[48]他睏醒起的。(他正在睡觉。)

[49]算盘他正用起的。(算盘他正在用。)

[50]他们的房在正盖起的。(他们的房子正在盖。)

2. 连 V 是 V(的)

这种格式表示不停地实行某动作。例如:

鄂东:[51]他连说是说的,冇听清楚。(他说个不停,没有听清楚。)

[52]他连吃是吃的,吃了几大菜碗。(他吃个不停,吃了几大碗。)

岳西:[53]连说是说。(说个不停。)

[54]连吃是吃。(吃个不停。)

[55]连讲是讲。(讲个不停。)

[56]连搞是搞底。(搞个不停。)

3. V 着恁个乎

这种格式表示动作连续不断。这种格式在岳西方言中用得比较多。例如:

[57]吃/喝着恁个乎。（吃/喝个不停。）

[58]跑着恁个乎。（跑个不停。）

[59]伢儿哭着恁个乎，还不去哄哄？（孩子哭个不停，还不去哄一哄？）

4. V 着 V 着/V 倒 V 倒

这两种格式都是表示正在实行某种动作，突然出现了另一动作行为。"V 着 V 着"用于豫东南，"V 倒 V 倒"用于鄂东方言。例如：

岳西：[60]讲着讲着就哭起来着。（讲着讲着就哭起来了。）

[61]走着走着，陡然跶着一跤。①（走着走着，忽然摔了一跤。）

鄂东：[62]看倒看倒就睏着了。（看着看着就睡着了。）

[63]走倒走倒，陡然就跶了一跤。（走着走着，忽然就摔了一跤。）

5. V+倒+（NP）+VP

这种格式是一种连动式，连动式虽然前一个动作与后一个动作有某种意义关系，但也可以说两个动作都在进行之中，是前后两个动作结合在一起表示动作的连续进行式。VP 可以是动词，也可以是动宾结构，例如"他企倒看书"，虽然前一个动作是后一个动作的方式，但两个动作都在进行之中，可以说成"他正在企倒（站着）、他正在看书"。"倒"有助词"着"的意义功能，可看作是进行体标记词。再如：

鄂东：[64]他跍倒扯秧。（他蹲下来扯秧。）

[65]他趴倒写字。（他趴着写字。）

孝感：[66]他坐倒讲课。（他坐着讲课。）

[67]他穿倒毛衣睡觉。（他穿着毛衣睡觉。）

[68]他提倒裤子跑过来了。（他提着裤子跑过来了。）

[69]他扯倒嗓子骂我。（他扯着嗓子骂我。）

南昌：[70]渠们撑倒把伞在街上走。（他们撑着把伞在街上走。）

[71]我要等倒卖该本书。（我要等着卖这本书。）

---

① 例[60]和例[61]均出自储泽祥. 岳西方言志[M]. 武汉：华中师范大学出版社，2009：230.

[72]我抱倒细人得走个。（我抱着小孩走的。）

[73]渠突倒嘴巴不话事。（他撅着嘴巴不说话。）

有时前后两个动作是一种同源关系，重在表示前一个动作的进行式。例如：

[74]他睏倒不起来。（他睡着不起来。）

[75]他企倒不走。（他站着不走。）

[76]渠提倒东西不放。（他提着东西不放。）

[77]渠望倒我不话事。（他看着我不说话。）

5.9 持 续 体

5.9.1 持续体与进行体的区别

"持续体"与"进行体"是两个不同的范畴。吕叔湘认为进行体和持续体是有区别的："'着'表示动作正在进行。用在动词后，动词前可加副词'正、在、正在'，句末常有'呢'"，例如，"他们正开着会呢"。"表示状态的持续。可用在动词、形容词后。动词、形容词前不能加'正、在、正在'。"例如，"门开着呢（比较：他正开着门呢）|他穿着一身新衣服（比较：他正穿着衣服呢。）"。[①]

在鄂豫皖赣四省交汇处方言里，"持续体"和"进行体"也是有区别的。"进行体"表示动作行为正在进行，一般用"在"作标记；"持续体"表示动作行为发生后，"动性"尚未消失，正处于持续状态之中，一般用"倒"作标记。"持续体"不同于"完成体"之"动性"已经失去，其"动性"仍未消失，是动作本身一经产生后就无所谓消失不消失，例如"坐倒在""站倒在"；也可能是动作行为的过程已经结束，但是尚未成为过去，只是已经离开动作的进行状态罢了，却保持着由于该动作行为而产生的存在、持续状态。可见，"持续体"与单纯的"进行体"是有所不同的，例如"他掇倒一盆水在"里的"掇"的动作显然已经结束，但仍然还处在"掇"的持续状态中（并没有放下不拿），这跟表示"正在掇"

[①] 吕叔湘. 现代汉语八百词[M]. 北京：商务印书馆，1980：594.

的"进行体"不同。

在鄂豫皖赣四省交汇处方言中，表示持续体的标记主要是"倒"，"倒"相当于普通话的"着"，分为"倒1"和"倒2"，表持续体的是"倒1"。倒1有多种格式，不仅用于表动作、状态的持续，而且用于表示多种其他的语法意义。"倒1"对动词的选择性比较强：首先动词是动态性的，其次还要持续一段时间，或者动作可以多次重复进行。

表示持续体的"倒"与表示进行体的"在"分工不同。"在"表示动作正在进行，是动态的；"倒"表示动作状态的持续，是静态的。两者是有区别的。

第一，从结构上看两者的区别。"倒"的指向是动作的持续状态；"在"指向的是 V。"倒"与动词之间是"无间距"的，中间不能有任何成分；"在"与动词之间可以出现副词、介词短语等状语成分。试比较：

[1]他在改作业。──→他改倒作业。
[2]他在帮妹妹改作业。──→*他帮妹妹改倒作业。
[3]他在匆匆忙忙地改作业。──→*他匆匆忙忙改倒作业。

第二，从语义上看两者的区别。"V 倒"可以在语义上修饰说明另一个动词，来表达动作行为的方式状态，"在 V"则不可以。试比较：

[4]笑倒说。──→*在笑说。
[5]抱倒一大摞书进来了。──→*在抱一大摞书进来了。

这说明"在"表达的是一个事件的情貌，而"倒"表达的是动作的情貌；"在"与外部事件相联系，而"倒"与动作内部阶段相联系。

第三，从语用上看两者的区别。"在 V"是一种特殊的存在句，表达说话人的"主观判断"；"V 倒"只表达持续的状态。"在 V"句可以解释说明一个场景，我们常常提问"画上的人在干什么"，而不能问"画上的人干倒什么"。再比较下面的例子：

[6]*看！有辆火车过倒桥！
[7]看！有辆火车在过桥！

上面"在"和"倒"在表达持续进行意义中所表现出的区别，只有通过虚化机制的不同来解释。反过来说，正因为它们一个是从 V_1 位置虚化而来，一个是从 V_2 位置虚化而来的，源格式意义滞留在现在的用法中，所以才造成现代汉语共时平面上的不同。

5.9.2 持续体的格式

鄂豫皖赣四省交汇处方言的持续体有以下几种格式。

1. "V+倒"格式

"倒"读[tau]，轻声，助词。"倒"附在动词后面，表示动作的状态正在持续，相当于普通话的动态助词"着"。"倒"可单用，表示祈使语气。例如：

鄂东：[8]你企倒。（你站着。）

[9]刚吃完饭坐起来，莫睏倒！（刚吃完饭坐起来，别躺着。）

[10]把大门关倒，不让人来。（将大门关着，不能让人进来。）

[11]在这儿等倒,过一哈[xa²]他就来。(在这儿等着,过一会他就来。)

宿松：[12]把头包倒。（把头包着。）

[13]他在门口一拦倒。（他在门口拦着。）

"企倒"表示"企"的动作状态的持续，"关倒"表示"关"的动作状态的持续，"等倒""拦倒"表示"等""拦"的动作状态的持续。

2. "N_处+V倒+N_施/受"格式

这种格式表示某处某人/物处于某种状态，是一种存在状态句。例如：

A组：[14]床上睏倒一个人。（床上睡着一个人。）

[15]门口企倒一个讨米的。（门口站着一个要饭的。）

B组：[16]墙上贴倒两幅画儿。（墙上贴着两幅画儿。）

[17]荷包的装倒两个苹果。（荷包里装着两个苹果。）

A组的宾语是施事，B组的宾语是受事，这种格式可以变换为"N_施/受+在+N_处+V倒"格式。例如：

[18]床上睏倒一个人。──→一个人在床上睏倒。

[19]墙上贴倒两幅画儿。——→两幅画儿在墙上贴倒。

"倒"在这里也相当于普通话的动态助词"着"。能进入这种格式的动词只能是那些表示的动作能够保持静止的、附着于某物的单音节动词，例如坐、站、睏、跍、靠、趴、挂、贴等。

3. "把+N$_{受}$+V 倒"格式

这种格式是在"V 倒"前加"把+N$_{受}$"，扩展为"（N$_{施}$)+把+N$_{受}$+V 倒"格式，主要表示对某人/某物进行处置，使之处于某种静止状态，是处置状态句。这种格式一般用在祈使句里。动词一般都是持续性自主动词，可以是单音节的和双音节的。例如：

鄂东：[20]你把细伢儿抱倒。（你把小孩子抱着。）

[21]你把箱子挈倒。（你把箱子提着。）

[22]你把书囥倒。（你把书藏着。）

[23]你把伢儿招呼倒，莫让他跶了。（你把小孩照顾好，不要让他摔了。）

孝感：[24]他把眼睛瞪倒，吓死人。（他把眼睛瞪着，吓死人了。）

[25]你把门关倒，莫让他看见了。（你把门关着，不要让他看见了。）

[26]你先把车子发动倒，免得一下儿发动不了。（你先把车子发动着，免得一下儿发动不了。）

这种格式是用"把"字将动词的受事从动词的后面移至动词的前面，目的是突出对受事的处置，所以"把"字后面的名词所指事物是有定的、已知的，前面可以加上"这、那"或其他限制性的修饰语。这种格式还可以在动词前面加上"一"构成"（N$_{施}$)+把+N$_{受}$+一+V 倒"的格式。"一"出现在动词之前，有突出状态持续的作用。例如：

[27]把耳朵一陡倒。（将耳朵竖着。）

[28]把衣裳一披倒。（将衣服披着。）

[29]他把眼睛一瞪倒。（他将眼睛瞪着。）（孝感）

[30]他把裤子一垮倒，丑死。（他将裤子垮着，很丑。）（孝感）

[31]把脸一冷倒。（将脸冷着。）

[32]把灯一亮倒。（将灯亮着。）

能进入这种格式的动词所表示的动作必须是在时间上有持续性，或者是转化为动作的结果而持续，例如伸、关、翘、驮、挂、踩等。能进入这种格式的形容词必须是所表示的状态可以延续的形容词，例如红、亮、乌、斜等。形容词用在"一"的后面，已经动态化了，是动词。

这种格式在"一+V 倒"的前面还可以加上"筒"构成"（N 施）+把+N 受+筒+一+V 倒"格式，表示强制动作行为状态的持续，感情色彩上表示说话人对这种状态的不满，"筒"是表示程度的指示代词，相当于"那么样""这么样"。例如：

[33]他把门筒一关倒。（他把门关得紧紧的。）

[34]她把脸筒一红倒。（她红着脸。）

4. "N 处/施+V+倒+N 受/施+在"格式

"倒"主要表示动作状态的持续，句末可以出现助词"在"，"倒"和"在"连用表示"正在"的意思，相当普通话的"着"。与单用"倒"和"在"比较，"倒"和"在"连用强调动作状态持续的时间长。例如：

A 组：

鄂东：[35]墙上贴倒两幅画儿在。（墙上贴着两幅画。）

[36]门口堆倒柴在，打不开。（门口堆着柴，打不开。）

[37]地下睏倒一个人在。（地上睡着一个人。）

[38]火炉的烧倒火在。（火炉在烧着火。）

南昌：[39]桥上倚倒几个人在。（桥上倚着几个人。）

[40]门上贴倒一副对联在。（门上贴着一副对联。）

B 组：

鄂东：[41]队长驮倒一把锄头在。（队长背着一把锄头。）

[42]他戴倒一顶帽子在。（他戴着一顶帽子。）

[43]我穿倒一双皮鞋在。（我穿着一双皮鞋。）

[44]她洗倒衣裳在。（她在洗着衣服。）

[45]我掇（端）倒碗在。（我在端着碗。）

竹山：[46]他犁倒地在。（他在犁着地。）
　　　　[47]她抱倒伢儿在。（她在抱着孩子。）
南昌：[48]渠切倒菜在。（他在切着菜。）
　　　　[49]大人话倒事在，莫吵渠。（大人正在说事情，不要吵他。）

5. "N$_{施/受}$+在+N$_{处}$+V+倒在"格式

这种格式是强调某人/某物在某处的动作、状态的持续。例如：

A 组：[50]他在书房躲倒在。（他在书房躲着。）
　　　[51]他在床上瞓倒在。（他在床上睡着。）
　　　[52]队长在屋的等倒在。（队长在屋里等着。）
　　　[53]人在屋的等倒在。（人在屋里等着。）
B 组：[54]葫芦在墙上挂倒在。（葫芦在墙上挂着。）
　　　[55]钱在荷包的装倒在。（钱在荷包里装着。）
　　　[56]衣裳在脚盆的浸倒在。（衣服在脚盆里泡着。）
　　　[57]饭在锅的罨倒在。（饭在锅里盖着。）

A 组的主语是施事主语，B 组是受事主语。这种格式也是重在强调某人/某物在某处处于一种什么样的状态（A 组是某人在某处处于一种什么样的状态，B 组是某物在某处处于一种什么样的状态）。在句末复用了一个"在"字，两个"在"分工不同，前一个"在"是介词，后一个"在"是助词，是体标记。A、B 两组的内部变换方式不一样。A 组可以变换为"N$_{施}$+V+倒+N$_{处}$+在"格式。例如：

[58]他在床上瞓倒在。──→他瞓倒床上在。
[59]他在房的躲倒在。──→他躲倒房的在。

B 组可以变换为"N$_{处}$+V+倒+N$_{受}$+在"和"N$_{受}$+V+倒+N$_{处}$+在"格式。例如：

[60]葫芦在墙上挂倒在。──→墙上挂倒葫芦在。──→葫芦挂倒墙上在。

6. "N$_{施}$+在+VP+在地"格式

这种格式是在句子末尾加上助词"在地"。"地"是句末语气助词，强调施事正在进行某种动作或正处于某个状态。这种格式一般用于鄂东方言。例如：

[61]我在吃饭在地。（我在吃饭。）

[62]妈妈在洗衣裳在地。（妈妈在洗衣服。）

[63]奶在煮饭在地。（奶奶在煮饭。）

可以在动词前面加上处所词，构成"N$_{施}$+在+N$_{处}$+VP+在地"。例如：

[64]他在田的插秧在地。（他在田里插秧。）

[65]他在房的看书在地。（他在房间里看书。）

[66]他在塘的洗衣裳在地。（他在池塘边洗衣服。）

7. "V 倒+就+V 倒"格式

这种格式表示某种状态的延续，有"任其、任凭"的意思，是任随状态句。鄂东和竹溪、竹山一带方言中使用较多。例如：

[67]细伢儿睏倒就睏倒，就不管他了。（小孩子睡着就睡着，就不管他了。）

[68]箱子驮倒就驮倒。（箱子背着就背着。）

[69]灯亮倒就亮倒，费不了几多电。（灯亮着就亮着，费不了多少电。）

[70]这间屋空倒就空倒。（这间屋子空着就空着。）

"V 倒+就+V 倒"中间可以替换成"尽/让+他/它"构成"V 倒+尽/让+他/它+V 倒"格式。例如：

[71]细伢儿睏倒尽他睏倒。（小孩子睡着就让他睡着吧。）

[72]箱子驮倒尽他驮倒。（他要背着箱子就让他背着吧。）

[73]灯亮倒让它亮倒。（灯亮着就让它亮着吧。）

[74]这间屋空倒让它空倒。（这间屋子空着就让它空着吧。）

这种格式中的"倒"都用在动词之后，表示动作完成后的状态的延续。句中的"他、它"是代词，指向主语，主语既可以是施事，也可以是受事。例句都表示"任其""任凭"的意思，重在表示无可奈何的意思。能进入这两种格式的动词都是能保持静止状态的动词。

8. "N+V+倒+（NP）+VP"格式

这种格式中的"倒"用在两个动词的中间，表示动作的状态在持续。V 和 VP 在语义上有某种关系。"V 倒"是后一行为的方式，如例[75]；或是后一行为的手段，如例[76]；或是后一行为的"伴随"情况，如例[77]；或是后一行为的姿势，如例[78]；或是后一行为的表情，如例[79]；有时"V 倒"连动后项从正反两个方面来说明问题，如例[80]。例如：

[75]渠提倒裤子跑。|你用筷子夹倒吃。（他提着裤子跑。|你用筷子夹着吃。）

[76]渠睏倒不起来。|渠企倒不走。（他睡着不起来。|他站着不走。）

[77]我扶倒奶奶走。|渠帮倒嗯妈[m⁴⁴ma]洗衣裳。（我扶着奶奶走。|她帮着妈妈洗衣服。）

[78]渠偏倒头看。|我倒[tau³⁵]倒走路。（他偏着头看。|我倒着走路。）

[79]渠笑倒看。|渠冷倒脸说。（他笑着看。|他阴沉着脸说。）

[80]钱存倒不用。|肉囥倒不吃。（钱存着不用。|肉藏着不吃。）

N 和 V、VP 之间的意义联系也各有不同，如例[75]、例[76]、例[77]、例[78]、例[79]中的 N 是 V、VP 的施事；例[80]中的 N 是 V、VP 的受事。

9. "V 倒+V 倒"格式

"V 倒+V 倒"是重叠格式，后面跟一个后续小句，中间可以不停顿，表示动作的持续。例如：

黄梅：[81]睏倒睏倒，就不晓得么样就睏着了。（躺着躺着，不知怎么就睡着了。）

[82]爹总是坐倒坐倒就侧睏。（爷爷经常坐着坐着就打瞌睡。）

新县：[83]他看倒看倒睡着了。（他看着看着就睡着了。）

英山：[84]他跍倒跍倒就倒了。（他蹲着蹲着就倒下去了。）

孝感：[85]蜡烛烧倒烧倒烧完了。（蜡烛烧着烧着就烧完了。）

[86]他坐倒坐倒就睡着了。（他坐着坐着就睡着了。）

"V倒V倒"表示动作的持续，与"V倒"相比，更强调动作持续的时间长并缓慢，后面衔接的成分通常是与动作持续得长久有关联。

10. "VP+下去"格式

"下去"不表示趋向，而是表示动作的继续，是持续体标记。南昌话用得较多。例如：

[87]让渠话下去，不要插嘴。（让他说下去，不要插嘴。）

[88]没有了你我一样活下去个。（没有了你我一样活下去。）

[89]嘎天就讲冷下去个。（那天气就会这样冷下去的。）

11. "V+倒+嘞"格式

这种格式主要用于安徽六安丁集镇方言中。"倒"表示动作完成并进入持续状态，跟"了"单独表示完成、"着"单独表示持续都不相同。和普通话相比，"倒"在语义上比较接近于动词加"上、下、住、起来、下来"之类的表结果的动补结构。刘祥柏认为，"'倒'在使用范围方面有不少限制。'V+倒'没有可能式。'倒'不跟形容词搭配，只能跟动词搭配，并且要求动词必须在完成之后能够进入某种状态，如'坐、蹲、挂、包、捆'等，也就是说，这些动词具有[+完成]和[+状态]两种语义特征"[①]。"V"一般是自主动词，"嘞"有普通话表示完成的"了$_1$"的功能。例如：

[90]吃了嘞跑回家睡倒嘞。（吃了之后回家躺下了。）

[91]大部分都偷埋倒嘞。（大部分都偷偷埋了。）

[92]把门锁倒嘞。（把门锁上了。）

[93]嘞人多他必然怕，把他捆倒嘞。（人一多他必然害怕，然后就可以把他捆起来了。）

进入这种格式的动词具有［+完成］和［+状态］两种语义特征。表示动作一完成之后就进入相应的状态，可以形式化为："V"完成之后，于是就"V着"。例如："坐"动作完成之后，就进入"坐着"的状态。其动词一般是具有持续义

---

① 刘祥柏. 2000. 六安丁集话体貌助词"倒"[J]. 方言，（2）：138.

的动词，如坐、跪、蹲、骑、靠、睡、挂、吊、铺、堵等。持续体具有时段持续的特点。石毓智认为："'时段持续'是指动词所指的动作可以延续相当一段长的时间。事实上，任何行为动作都占有一定的时间，但是可占时间的多少则差别非常悬殊。有些行为动作从出现到消失是在瞬间完成的，比如'死、塌、垮、炸、断、熄、倒、摔'等都属于这种情况，可以认为它们的实现点和终结点重合在一起，我们就把它们看作为非时段持续的。而有些行为可以持续相当长的时间，比如'看、说、坐、等、挂、包、摆、贴'等，它们的实现点和终结点之间可以具有相当大的距离，它们具有时段持续性质。说某些动词具有时段持续的性质，并不意味着这些动词所指必须持续相当长的时间，只是讲有这种可能，并不排除它们有时也可能是瞬间完成的（非时段持续）。词语有无时段持续的特征对动态助词的选择也起着重要作用。"①

5.9.3 关于方言"倒"字的历史演变

持续体标记又叫"动词词尾""态标记""状态补语""动态助词"等，附着在动词后面，用于表达状态的持续，普通话用"着"来标记，鄂豫皖赣四省交汇处方言用"倒"。用"倒"作体标记，在很多方言中都存在，从地域上看，主要分布在四川、湖北、湖南、江西、云南，还有陕西、江苏、广东等省份部分地区；从方言区来看，主要存在于西南官话、江淮官话、湘语、赣语、吴语、客家话、粤语以及闽语中。

关于持续体标记"倒"的来源，目前语言学界主要有两种观点：一种认为来源于"附着"意义的"着"，另外一种认为来源于去声的"到达"的"到"。

吕叔湘指出："以著字辅助动词，初以表动作之有所著，继以表事态之持续，此今语所盛用，而唐人诗中亦已有之，如白居易《恻恻吟》之'道著姓名人不识'王建《北邙行》之'堆著黄金无买处'皆是也。"②李苑认为成都方言的"'倒'常常紧跟在具有持续性特点的动词后面，表示动作或行为状态的持续意义，可以把它们看作一种持续标记，其语法意义相当于普通话的'着 [tʂə]'。……例如：（31）没的活路（事情）做，只好在屋头耍倒₃（闲着）。

---

① 石毓智.1992. 论现代汉语的"体"范畴[J]. 中国社会科学,（6）：185.
② 吕叔湘. 汉语语法论文集[M]. 北京：商务印书馆，1984：65.

（32）好生（认真）听倒₃"①。

唐桂兰认为：宿松方言的"'V+倒'作谓语可以带宾语，条件是谓语动词必须是及物动词。'不及物动词+倒'虽能带宾语，但是其中的'倒'相当于'着'，是持续体标记。例如：……（73）有条狗在地下一睏倒（有一条狗在地上卧着）。……（73）中的'倒'相当于普通话的'着'，用在不及物动词后，是持续体标记"②。

我们认为，鄂豫皖赣四省交汇处方言的"倒"大约是"到……（处所）"脱落后面的处所词形成的，而"到"的本字可能如梅祖麟所言，来源于"着"。但鄂豫皖赣四省交汇处方言的"倒"与"着"功能也不尽相同，主要差别有两点。

第一，动词不同。普通话能带"着"的动词既可以是单音节动词，也可以是双音节动词；就单音节动词而言，可以是强持续性动词，也叫状态动词，如"等、坐、躺、睡、抱、靠、扶、跕、趴、躲、挂"等，也可以是弱持续性动词，也叫表活动的动词，如"看、做、洗、写、说、跑、放、走、唱、吃、踢"等。然而，鄂豫皖赣四省交汇处方言能带"倒"的动词只能是单音节动词，而且是强持续性动词，不能是弱持续性动词。试比较：

[94]他们在那里商量着。（普通话）

[95]*他们在那里商量倒。

[96]他在床上睏倒。（他在床上睡着。）（鄂东）

[97]*他在问倒。

例[94]的动词是普通话的双音节动词，可以成立；例[95]是鄂豫皖赣四省交汇处方言的双音节动词，不能成立；例[96]是强持续性动词，能成立；例[97]是弱持续性动词，不能成立。

第二，功能不同。普通话的"V着"的后面一般要带宾语，而鄂豫皖赣四省交汇处方言的"V倒"多用在句末。比较：

[98]墙上挂着画儿。（普通话）

[99]画儿在墙上挂倒。（画儿在墙上挂着。）（方言）

---

① 李苑. 成都话的"倒"和"起"[J]. 现代语文，2008（2）：82.
② 唐桂兰. 宿松方言中的完成体标记"着""脱""倒"[J]. 郑州大学学报（哲学社会科学版），2013（5）：133.

5.9.4 持续体的语用价值

1. 具有主观性

主观性是以认知的角度为准的，人们对某种行为进行表述时，往往会带有主观评价，或认为这个动作行为是令人满意的，或认为这个动作行为是令人不满意的。鄂豫皖赣四省交汇处方言的"（N 施）把+N 受+一+V 倒"表示对某种动作行为的不满，具有主观不满意性。例如：

[100] 渠[k'æ]大白天把门一关倒。（他大白天把门关着。）（黄梅）

[101] 出门（你）怎么把头毛一披倒。（出门你怎么披着头发。）（英山）

[102] 你天天把脸一阴倒，好像我欠你钱样。（你天天阴沉着脸，好像我欠你钱一样。）（罗田）

[103] 她一天到黑把鞋一鞡倒。（她一天到晚趿拉着鞋。）（浠水）

例[100]表示对"大白天把门一关倒"行为的不满，例[101]表示对"出门把头毛一披倒"行为的不满，例[102]表示对"把脸一阴倒"行为的不满，例[103]表示对"一天到黑把鞋一鞡倒"行为的不满。这些不满的情绪，都具有主观性的特征。

2. 具有"无界"性

"有界"和"无界"的区分主要以人的感知和认识为准。沈家煊认为："动作有'有界'和'无界'之分。有界动作在时间轴上有一个起始点和一个终止点，无界动作则没有起始点和终止点，或只有起始点没有终止点。例如，'我跑到学校'这个动作，开始跑是动作的起点，到学校是动作的终止点，这个动作因此是一个'个体'动作或'有界'动作。相反'我很想家'这个动作，我们不能确定一个起始点和终止点，这个动作因此是一个'非个体'动作或'无界'动作。""这种对动作形成的概念上'有界'和'无界'的对立在语法上的典型反映就是动词有'持续动词'（imperfectives）和'非持续动词'（perfectives）之分。"[①] 马庆株根据能不能加后缀"着"将动词分为两类，"不能加'着'的动词叫非持

[①] 沈家煊. 著名中年语言学家自选集·沈家煊卷[M]. 合肥：安徽教育出版社，2002：170.

续性动词，……能够加'着'的动词叫做持续性动词"[①]。按沈家煊的观点，持续动词其内部是同质的，没有可重复性，在时间上是无界的。鄂豫皖赣四省交汇处方言带"倒"的动词都是强持续性动词，其内部是同质的，在时间上是无界的，是"无界"动词。因此带"倒"的持续体具有无界性的特征。

5.10 短 时 体

短时体是指动作经历的时间较短。任何动态意义都有主观性，因此，"短时"也有主观性特征。鄂豫皖赣四省交汇处方言的短时体主要有以下几种形式。

5.10.1 "V+下儿"格式

"V+下儿"格式的"下"是儿化，读为[xar²]。鄂豫皖赣四省交汇处方言的"V+下儿"格式既可以表示动量，有"V一V"的意思；也可以表示时量，有"V一会儿/一下"的意思。这里只讨论具有时量特征的"V+下儿"格式。

普通话表示短时的意义是通过动词的"AA式"或"A一A式"重叠体现出来的。鄂豫皖赣四省交汇处方言少有动词重叠的形式，凡是普通话动词的"VV式""A一A式"重叠形式，在鄂豫皖赣四省交汇处方言中都没有，方言中都是用"V+下儿"格式来表示的。"V+下儿"格式表示的是短时量，直接用在动词后充当补语。例如：

鄂东：[1]我看下儿书。（我看一会儿书。）
　　　[2]你抱下儿细伢。（你抱一会儿孩子。）
孝感：[3]去年我到驾校学下儿。（去年我到驾校学了一下。）
　　　[4]我把短信给得你看下儿。（我把短信给你看一下。）
　　　[5]你有空多关心下儿伢儿的学习。（你有空多关心一下孩子的学习。）
宿松：[6]你到我家来躲下儿雨哒。（你到我家来躲一下雨。）
　　　[7]鱼要先煎下儿，再把滴水煮。（鱼要先煎一下，再用水煮。）
岳西：[8]我走下儿。（我走一会儿。）

---

① 马庆株. 汉语动词和动词性结构[M]. 北京：北京语言学院出版社，1992：2.

[9]你讲下儿。（你讲一会儿。）

例句中的"下儿"都是表示短时量"一会儿/一下"的意思，也可以将动作的受事放在句首。例如：

[10]书让我看下儿。

[11]细伢把你抱下儿。

短时量与动作的轻量是密切相关的。"V+下儿"表现为动作时间短，同时也表现为动作次数少、动作幅度小。例如：

鄂东：[12]把两件衣裳洗下儿。（把这两件衣服洗一下。）

[13]把这几本书翻下儿。（把这几本书翻一下。）

[14]你拍下儿他的头。（你拍一下他的头。）

岳西：[15]小伢不乖，就要打下儿。（小孩子不乖，就要打几下。）

"V+下儿"格式有时候可用副词"就"连接为"V+下儿+就+V"格式来作谓语，表示第一个动作或情况出现的短暂的时间后接着发生另一种动作或情况。两个动作之间的时间较短。例如：

鄂东：[16]我坐下儿就走。（我坐一会儿就走。）

[17]我去走下儿就回来。（我去一会儿就回来。）

[18]你把手放倒热水的泡下儿就热了。（你把手放到热水里泡一会儿就热了。）

孝感：[19]我睡下儿就去学校。（我睡一会儿就去学校。）

短时量"下儿"还可以构成"下把+下儿"格式。这种格式也表示短时量，有"一时半会儿"的意思，表示某件事情在短时间内不能完成，只用在否定句和疑问句中，句首往往出现表示事件的词语。鄂东方言用得较多。例如：

[20]做一栋屋，下把下儿做不起来。（盖一栋房子，一时半会儿盖不起来。）

[21]你只望一栋屋下把下儿做得起来呀？（你以为一栋房子一时半会儿做得起来呀？）

[22]她这个病下把下儿好不了。（她这个病就一时半会儿好不了。）

5.10.2 "箇+一+V"格式

"箇+一+V"格式表示短时量。"箇"是表程度的指示代词，作状语，表示"这么/那么"的意思，修饰"一+V"，既表示动作的方式，又表示动作的快捷、时间的短暂。例如：

[23]他往河的箇一跳。（他突然往河里这么一跳。）

[24]他把碗往地上箇一掼。（他把碗往地上这么一扔。）

"箇一跳"，既表示"跳"的方式，又表示"跳"的动作是瞬间的。进入这种格式的动词限于强持续性动词，如"坐、站、抱"等；以及弱持续性动词，如"敲、撞、摔、砍、砸、丢、跳"等。

5.10.3 "VV儿"格式

鄂豫皖赣四省交汇处方言中，单音节动词重叠带儿化可以成立。儿化后，其表示动作的时量短和动量轻，例如"看看儿、吃吃儿、摸摸儿、说说儿、坐坐儿、写写儿、穿穿儿、擦擦儿、争争儿、晒晒儿、打打儿、洗洗儿、睏睏儿、煮煮儿"等。看实际用例：

[25]他时不时儿来坐坐儿。（他经常来坐一下。）

[26]细伢儿要睏，你把他拍拍儿就睏着了。（小孩儿要睡觉，你拍一下他就睡着了。）

[27]你只箇看看儿，又有得钱买。（你只是这样看一下，又没有钱买。）

[28]你做做儿，歇歇儿，莫累得了。（你做一会，歇一会，不要累着了。）

[29]衣裳穿穿儿，脱脱儿，爱冻。（衣服穿一下，脱一下，容易感冒。）

例[25]的"坐坐儿"直接充当谓语；例[26]构成"VV儿就VP"格式，表示经过轻微、短暂的动作就得出某种结果；例[27]构成"只箇VV儿"格式，用在转折句的前分句，后续句表示结果与前分句意思相反；例[28]、例[29]构成"VV儿，BB儿"格式，表示两个动作交替反复进行，同时也表示动作的时量短。

5.11 未 然 体

未然体表示动作没有完成或说话时动作正在进行、已经进行或将要进行。未然体有以下几种形式。

5.11.1 "N+否+VP"格式

"否"是指否定副词。否定副词有"冇""莫""不"等。例如:

[1]我冇读书，不认得字。（我没有读书，不认得字。）
[2]你莫走。（你不要走。）
[3]他不吃。（他不吃。）

例[1]~例[3]都是表示动作的未然。"冇""莫""不"这三个副词有区别：首先，对主语有人称上的选择。"冇""不"可用于第一、第二、第三人称。这两者也有不同，"冇"否定已然的事实，"不"否定将来的情况。"莫"用于第二人称，表示劝阻，既能用在自主动词的前面，也能用在非自主动词的前面，例如，你走路好生点，莫跶了。其次，三个词否定的程度不同。"冇"表示否定的程度最重；"不"表示阻止时，否定的程度较重；"莫"表示阻止时，否定的程度轻。最后，"不"和"冇"能用于疑问句中，"莫"不能用于疑问句中。例如：

[4]你说了冇？（你说了没有？）
[5]你到学校去不？（你到学校去不？）
[6]*你到学校去莫？

"冇"问的是动作的已然，回答可以是已然或未然；"不"问的是主观意愿。

5.11.2 "要V不V的"格式

此格式表示有实行某种动作行为的意愿但又没有实行或不会实行，是未然体。动词一般是行为动词、趋向动词。此格式在鄂豫皖赣四省交汇处方言中使用较为普遍。例如：

鄂东：[7]他要说不说的，急死人。（他要说又不说，急死人。）
　　　[8]他要走不走的，烦死人。（他要走又不走，烦死人。）
竹山：[9]那墙要倒不倒的，干脆把它推倒。（那墙要倒又不倒，干脆把它推倒。）
　　　[10]他要笑不笑的，有点怕人。（他要笑又不笑，有点吓人。）
　　　[11]他要动不动的。（他要动又不动。）

5.11.3 "斗说 VV 的"格式

"斗说 VV 的"格式表示动作行为打算进行但还未进行。"的"不能省略，固始方言用得较多。例如：

[12]我斗说看看的，谁知停电啦。（我本打算看一看，没想到停电了。）
[13]这墙头斗说砌砌的，天阴啦。（本打算把墙头砌一下，结果天阴了。）
[14]我刚才斗说去去的，没去成。（我刚才打算去，结果没去成。）
[15]俺们斗说要要的，他送来啦。（我们本打算去要的，结果他就送来了。）

5.12 先 行 体

先行体表示先进行某一动作行为再进行另一个动作行为。语义上表现为等 A 动作出现了之后再出现 B 动作。先行体一般要通过先行体标记附在某些动词性词语的后面来表达的。表示先行义的标记词在汉语方言中的分布十分广泛。鄂豫皖赣四省交汇处方言中的先行体是由"着"来标记的，"着"读为[tṣo₀]，是体助词，用在动词结构的后面，表示先完成某种动作后再进行其他动作，"着"表明或隐含着其他事情暂时不做或暂缓考虑，有"等做完了某事再说"的意思，所以称为"先行体"。除"着"外，还有其他先行体标记。下面分别进行讨论。

5.12.1 "着"构成的先行体格式

"着"标记主要用于鄂东地区、赣语区和孝感地区，有如下几种格式：

1. "VP 着"格式

"VP 着"有几种表达方式。

（1）用在单句中，表示某人主观上要先完成一个动作再实施下一个动作，有等完成了某个动作"再说"的意思。例如：

鄂东：[1]你让他先看完着。（你让他先看完再说。）

[2]你等我走了着。（你等我走了再说。）

竹山：[3]我先喝口水着。（我先喝口水再说。）

[4]等我想下着。（等我想一下再说）

新县：[5]等写完了着！（你等我写完了再说！）

[6]等明都着！（等明天再说！）

（2）用在对话中，表示要先完成一个动作再完成下一个动作。例如：

鄂东：[7]么早儿动身？（什么时候动身？）——慢下着。（等一下再说。）

[8]你么时回来？（你什么时候回来？）——过两天着。（过两天再说。）

孝感：[9]去看电影吧！（去看电影吧！）——等我吃了饭着。（等我吃了饭再说。）

[10]你么时候把钱得我？（你什么时候把钱给我？）——等一下着。（等一下再说。）

（3）用在祈使句中，表示制止。一般用在复句的前一分句。例如：

鄂东：[11]慢下着，看他么样说！（等一下，看他怎么说！）

[12]等下着，我还有吃饭！（等一下再说，我还没有吃饭！）

[13]等我先吃了着你再吃。（等我先吃了你再吃。）

[14]等你哥先结婚了着你再结。（等你哥先结婚了你再结。）

安陆：[15]等我先看完了着。（等我先看完了再说。）

[16]尽他们先上去着。（等他们先上去了再说。）

（4）用在疑问句中，表示先让听话者回答问题再实行下一个动作。例如：

[17]你先说今朝是不是你过生着？（你先说今天是不是你过生日？）

[18]你二回还玩游戏不着？不然我不把得你。（你先说以后还玩不玩游戏？不然我不给你。）

[19]你说下你要把得哪个着？（你先说你要给谁呢？）

（5）用在否定句中，一般用在复句的后一分句中。例如：

鄂东：[20]莫筒急倒买，先看下着！（不要那么急着买，先看一下再说！）
　　　[21]莫筒一润到，等他买了着！（不要高兴得太早，等他买了再说！）
孝感：[22]你莫管别个么样，你先把自家管好着。（你不要管别人怎么样，你先把自己管好了再说！）
　　　[23]我不等他，我先吃了着！（我不等他，我先吃了再说！）

（6）用在复句中。如果出现在前一分句，后一分句一般要出现"再"或"再说"来与之搭配，也可以在前一分句的动词或主谓短语前加上"等"或"先"或"尽"等构成祈使句，表示祈使。如果出现在后一分句，前一分句一般表示否定或疑问，整句表示先制止某种动作行为，等完成了后一动作再说的意思。例如：

孝感：[24]你先回来着，我们把情况搞清楚再说。（你先回来，我们把情况搞清楚再说。）
　　　[25]尽他睏一觉醒着，明朝我再去找他。（让他睡一觉，明天我再去找他。）
鄂东：[26]你莫先走，等我吃了饭着。（你先别走，等我吃完了饭再说。）
　　　[27]你不要跟他说，等两天着。（你不要跟他说，等两天再说。）
竹溪、竹山：[28]这件事做不做得得，等我想下着。（这个事能不能做，等我想一下再说。）

2. "NP 着"格式

"NP 着"是"着"用在名词结构的后面，名词一般是时间名词，"NP 着"用在对话中的答句中。例如：

鄂东：[29]你么时候交作业？（你什么时候交作业？）——明朝着。（明天再说。）

孝感：
[30]你么时结婚？（你什么时候结婚？）——明年着。（明年再说。）

[31]你么早回来？（你什么时候回来？）——下昼着。（下午再说。）

[32]你么早把钱还的我？（你什么时候把钱还给我？）——后日着。（后天再说。）

[33]你要等到什么时候？（你要等到什么时候？）——明年着。（明年再说。）

安陆：[34]几早儿去买衣裳唉？（什么时候去买衣服呢？）——明朝着。（明天再说。）

[35]几早儿做作业叻？（什么时候做作业呢？）——晚旬着。（晚点再说。）

5.12.2　"VP+再"格式

用"VP+再"格式表示先行体，表示先完成某种动作再完成其他动作，有"再说"的意思。与"着"不同的是，"再"表示动作先行的意味更为明显。状语可用副词"先"和动词"等"，用于竹山、竹溪、固始、罗山一带。例如：

竹山：[36]别着急，等我吃完了饭再。（别着急，等我吃完了饭再说。）

[37]工作是干不完的，先把病看好了再。（工作是干不完的，先把病看好了再说。）

[38]不急，先吃一袋烟了再。（不急，先吃一袋烟再说。）

[39]等我把地挖完了再。（等我把地挖完了再说。）

固始方言多用在对话的答句中。例如：

[40]甲：你明个到武汉去进点货！（你明天到武汉去进点货！）

乙：栽得秧再！（等栽秧以后再去！）

[41]甲：俺们先吃饭！（我们先吃饭！）

乙：不急，等他来再！（不急，等他来了再吃！）

[42]甲：这孩子越来越不像话了。（这孩子越来越不像话了。）

乙：别理他，我有了空再！（别理他，我有了空再说！）

[43]儿子：我想要个自行车！（我想要个自行车！）

父亲：得了奖状再！（得了奖状再说！）

5.12.3 "V+起"格式

"V+起"格式是赣方言的一种语法格式，意思是"暂且 V，试一下，然后再看下一步"。例如：

[44]先把这领毛绳打起再话。（先把这捆毛线打起来再说。）
[45]先把手上的事做起再话。（先把手上的事做起来再说。）

这种格式在客赣方言区的作家所写的文学作品中也能找到例句。例如：

[46]我说凌云，还是先拍起吧，拍后再看效果嘛。（《蔷薇雨》256）[①]

5.12.4 先行体标记"着"的来源

关于先行体标记"着"的来源，不少学者做过研究。萧国政[②]从武汉方言出发，认为"着"是"再说"的合音。此后，杨永龙[③]对汉语方言中祈使句句末表先行意义的"着"的来源作了较深入的探讨。他从共时、历时两个平面论证了"着"不是"再说"的合音。邢向东[④]认为："现代汉语方言中'着$_1$'表祈使语气的用法，大多伴随着持续意义，是唐宋以来'着'表祈使用法的使用范围缩小和单一化的结果，它在方言中的保留与西北官话和晋语等方言的陈述句中'VO 着'的语序有极大关系。表先行意义的'着$_2$'的确是从'着$_1$'的用法进一步演化而来的。"杨先生和邢先生的观点是正确的。从鄂豫皖赣四省交汇处的方言来看，"着$_2$"是由"着$_1$"进一步语法化而来的。因为带"着$_2$"的句子，不管是陈述句还是用在对话中的句子，都是表示嘱咐、威胁、阻止等祈使意义的。句首往往有动词"等""先""尽"或句中有"先……以后""再……"等词语，即先完成一个动作，再进行其他的事情。例如：

[①] 转引自李胜梅. 方言成分在文学作品中的出现方式及相关问题——以当代江西作家作品为考察对象[J]. 南昌大学学报（人社版），2004（4）：134.
[②] 萧国政. 武汉方言"着"字与"着"字句[J]. 方言，2000（1）：55-60.
[③] 杨永龙. 汉语方言先时助词"着"的来源[J]. 语言研究，2002（2）：1-7.
[④] 邢向东. 陕北晋语语法比较研究[M]. 北京：商务印书馆，2006：263.

鄂东：[47]等他走了着我再把日子你过。（等他走了以后我再给点厉害你看看。）
九江：[48]看完新闻联播着，衣服等下儿洗。（先看完新闻联播，衣服等下洗。）
　　　[49]买了米着，绿豆下个月再买。（先买了米，绿豆下个月再买。）
　　　[50]先吃只番薯着，饭一阵子就熟了。（先吃个红薯，饭一会就熟了。）
孝感：[51]尽他好好睏一觉着，明朝我再慢慢找他谈。（让他好好睡一觉，明天我再慢慢找他谈。）
安陆：[52]尽我想下着。（等我想一下再说。）
　　　[53]尽我用几天着。（等我用几天再说。）
竹溪、竹山：[54]别插嘴，等我说完来着。（别插嘴，等我说完再说。）
　　　[55]等我干完了活着。（等我干完活再说。）

以上语言事实说明，在鄂豫皖赣四省交汇处方言中，"着₂"和"再说"表意是相同的，但"着₂"语法化的程度更深，先行意义更为突出，已经完全脱离表祈使的"着₁"的意义范围了。

第 6 章

量　范　畴

　　量范畴是人们认知世界、把握世界和表述世界的重要范畴。在人们的认知世界中，事物含有数量因素，事件含有动作量和时间量等因素，性状含有量级和程度等因素。"量"的这种认知范畴投射到语言中，形成了语言世界的量范畴。在语言系统里，名词一般表示事物，具有空间义；动词表示动作行为，具有时间义；形容词表示性质状态，具有程度义。因此名词一般对应事物量和空间量，动词一般对应时间量，形容词一般对应程度量。量范畴既存在于普通话中，也存在于方言之中。鄂豫皖赣四省交汇处方言中的量范畴也很丰富，可分为事物量、空间量、时间量、行为量、程度量、主观量等。

6.1　事物量范畴

　　事物量主要是计算事物的数量的量范畴。这一范畴在语言中主要与名词有关。汉语的名词没有"数"的形态变化，所以从名词本身看不出具体的"数"和"量"的范畴。如果要表示数量，必须在句中的名词前加上表示数量的修饰语，而其中的量词的修饰是非常重要的。如果同一个名词前用相同的数词，量词不同，所表示的量则往往不同。例如：

　　[1]三本书买回了。（三本书买回来了。）
　　[2]三捆书买回了。（三捆书买回来了。）
　　[3]三箱子书买回了。（三箱子书买回来了。）

　　以上"本"是个体量词，"捆""箱子"是集体量词，又是借用量词，"捆"

是借用行为量词，"箱子"是借用名量词。虽然数词都是"三"，但表示的"量"有很大的不同。这是汉语方言的一般规律。鄂豫皖赣四省交汇处方言的名词要表示"量"的范畴，同样前面必须有数量词的修饰，例如，"三本书买回了"，不能只说"三书买回了"。当然，在一定的语境中，有时也可以不用数词，只用量词，例如，口语里可以说"本书冇买倒"，但这里的量词"本"具有"数"的意义，是说"一本书都没有买到"或"连一本书都没有买到"的意思。还可以在量词前面加上指别词"这"，用来表示一种数量单一的确定事物。指别词与名词直接组合表示数量，如果数词是"一"可以省略，但不能省略量词；如果数词不是"一"，就需要有数量短语。这说明，在鄂豫皖赣四省交汇处方言中，量词具有强制性，表示事物量的范畴，必须在指示词或数词后加事物量词，否则不成立。

6.1.1 事物量的表达

表达事物量的词语有个体量词、集合量词、度量词、借用量词等。例如：

鄂东：[4]她有四抬儿嫁帏。（他有四件嫁妆。）
　　　[5]他的看了一窠鸡。（他家养了一窝鸡。）
　　　[6]屁股糊了一屁股屎。（屁股糊了一屁股屎。）
　　　[7]碗饭养大的。（一碗饭养大的。）（比喻人不知天高地厚。）
鄂州：[8]早上吃了一坨糯米饭。（早上吃了一点糯米饭。）
　　　[9]地边开了两苑黄花。（田边开了两丛黄花。）
　　　[10]床底下有一窠老鼠。（床底下有一窝老鼠。）
　　　[11]地下有一凼子水。（地上有一坑水。）
宿松：[12]买了一料布。（买了一块布。）
　　　[13]发了一场鸡瘟。（发了一场鸡瘟。）
　　　[14]做一路夫妻，你从世冇把握买过东西过。（夫妻一场，你从来没有给我买过东西。）
竹山：[15]买了一条猪。（买了一头猪。）
　　　[16]一撮儿烟丝。（一撮儿烟丝。）
　　　[17]家里一颗米冇得。（家里一粒米都没有了。）

孝感：[18]他着站成一撩。（他们站成一行。）

[19]吃了一锉儿甘蔗。（吃了一节甘蔗。）

岳西：[20]头上戴了一只帽子。（头上戴了一顶帽子。）

[21]剪了一绺儿头发。（剪了一绺儿头发。）

[22]买了一筒碗。（买了十个碗。）

[23]捡了一堆柴。（捡了一堆柴。）

[24]烧了一锅笼火。（烧了一灶火。）

[25]杀了一头猪。（杀了一头猪。）

新县：[26]那个狗在咬人得。（那条狗要咬人。）

[27]我猜到那个谜底了。（我猜到那个谜底了。）

[28]淋得没得一处是干的。（淋得没有一处是干的。）

[29]热就脱了吵，瞧你勒一身汗。（热就脱了啊，瞧你那一身汗。）

九江：[30]个只人长得许高。（那个人长得那么高。）

[31]嗯个人怎么嗯么得人嫌。（那个人怎么那么讨人嫌。）

[32]嗯是村里一口枯井。（那是村里的一口枯井。）

[33]碗里有一底儿汤。（碗里有一点儿汤。）

[34]跟我留一牙儿瓜就可以了。（给我留一块瓜就可以了。）

安陆：[35]地下一爬屎。（地上一泡屎。）

[36]他脸上溅了几坨血。（他脸上溅了几点血。）

[37]来了一起人。（来了一群人。）

[38]他说了半头话。（他说了半截话。）

[39]一头重一头轻。（一边重一边轻。）

6.1.2 事物量的特点

鄂豫皖赣四省交汇处方言的事物量有以下特点。

1. 事物量的有界性

事物量词一般都是有界名词。所谓有界名词，沈家煊认为[1]，在句法组合里，

---

[1] 沈家煊. "有界"与"无界"[J]. 中国语文，1995（5）：367-380.

我们把指称有界事物的名词性成分叫做"有界名词",指称无界事物的名词性成分叫做"无界名词"。

"有界"和"无界"的对立在语法上的典型反映就是名词有可数和不可数的对立。可数名词有自己适用的个体量词,例如书(本)、灯(盏)、笔(支)、马(匹)、商店(家);不可数名词没有适用的个体量词,只能使用度量词(一尺布、一斤肉)、临时量词(一桶水、一袋面粉)或不定量词(一点儿水、一些药)。传统语法用印欧语丰富的形态看汉语,认为汉语名词没有"数"的范畴,因为汉语缺乏严格意义的形态变化。这涉及如何看待形态的问题。形态有广义与狭义之分,广义的形态指词与词的相互关系,即词与词的结合,狭义的形态指词的形式变化。两者并不对立,狭义的形态包含在广义的形态之中,因为形态是在结构中产生的,没有结构就没有形态。印欧语是综合形态,语法部分综合在一个词的界限内,如 worker(工人,单数)与 workers(工人们,复数),而汉语是分析形态,形态标志超出了词的界限,如"一个工人""两个工人""工人们"等,名词的"数"是用词与词的结合表示的。无论"数"还是量词,都是为了区分概念上有界事物和无界事物的一种语法手段。

有界事物是个体,只有个体才是可数的。事物的可数性和个体性是一回事。凡是修饰"有界名词"的量词都是有界的量。鄂豫皖赣四省交汇处方言中的事物量词大都能修饰有界名词,因此属于有界量词,例如两个人、一副水桶、一乘车、几个钱、一颗米等。

2. 事物量的多义性

吕叔湘说:"汉语的特点在于量词的应用的普遍化,可计数的事物也需要用量词,并且这样的量词不是一个而是很多。"[①]量词的普遍化的重要表现就是其多义性。鄂东方言的事物量词也具有多义性的特点。

(1)同一量词归属不同的语义类型。这些类型包括可容型、相关型、可附型、习俗型等。比如"房"用在不同的句子中,表示不同的语义类型。例如:

[40]新大姐儿房的有一房的嫁妆。(新娘房间里有一房的嫁妆。)(可容型)(英山)

---

① 吕叔湘. 现代汉语八百词[M]. 北京:商务印书馆,1980:9.

[41]他娶了两房媳妇。（他结了两次婚。）（相关型）（浠水）

[42]他家总算有一房香火。（他家总算有一个儿子。）（习俗型）（红安、麻城）

"头"用在不同的句子中，也表示不同的语义类型。例如：

[43]他的看养了一头细牛。（他家养了一头小牛。）（相关型）

[44]他头上一头的白头毛。（他头上一头的白发。）（可附型）

[45]说得我一头的恼火。（说得我很恼火。）（可容型）

（2）同一量词和不同的事物名词组合时，具有不同的语义特征。"边儿"和不同的事物名词组合时，具有不同的义项：①计量事物的一部分，例如一边儿粑、一边儿碗、一边儿田、一边儿锅盖；②计量事物的一个侧面，例如一边儿屋、一边儿山；③计量事物的一个方面，例如，两边儿的人都到齐了。|两边儿的事儿都做了。|睡猪槽盖棉絮，一边儿发热（俗语）。

"一边儿"有时是有歧义的，如"一边儿山"既可以理解为计量事物的一个侧面，也可以理解为计量事物的一部分，还可以理解为事物的一半。只有在具体的语言环境中，这个量词的语义才具有确定性。

3. 事物量的选择性

一个名词可以与若干个量词进行组合，从而形成"量词选择群"；反之，一个量词也可以与若干个名词进行搭配，形成"名词组合群"。两者相互交叉，又形成"双向选择组合网络"。所以，某个量词跟什么样的名词组合，某个名词与什么样的量词搭配，在汉语方言里是不同的，会呈现出一种非常复杂多样的关系，需要进行选择。在鄂东方言里，量词与名词的组合也是一种非常复杂多样的关系，例如，名词"人"的"量词选择群"有一个人（习俗型）、一阵人（相关数量，条状型）、一堆人（相关数量，堆状型）、一点人（约量）、一屋人（可容型）、一街人（可附型）、一撩儿[liau²]人（一排，线状型）、一转儿人（环状型）。这些量词中的任何一个又有它的"名词组合群"。

6.1.3 事物量词的语法特点

事物量词的语法特点包括形态特点、组合功能和句法功能三个方面。

1. 事物量词的形态特点

鄂东方言有很多个体量词要带上"儿"尾，带上"儿"尾有两个作用。

一是"儿"作为构词成分，带上才能成立。例如：

[46] 一桫儿萝卜/脚（一截儿萝卜/脚）⟶*一桫萝卜/脚

[47] 一料儿屋/天（一窄条儿屋/天）⟶*一料屋/天

[48] 一转儿的人（一圈儿的人）⟶*一转的人

二是表示主观上认为事物的体积小、数量少，有小称的作用，例如一边儿粑、一把儿米、一堆儿柴、一摞儿纸、一碗儿饭等。

2. 事物量词的组合功能

事物量词在一般情况下是不能直接与名词组合的，必须和数词结合成数量短语后才能修饰名词，例如"三筒树"，"三"是数词，"筒"是量词，共同修饰"树"。邢福义[①]认为："数词和量词定型组合，共同向外；数词和量词互相规定，互相促成。这就决定了数量词系统的'数不离量，量不离数'的基本面目，也决定了一般情况下可以'据数辨量，或者据量辨数'的识别标准。"如果我们看到这样的框架：

数 X+名　　X 量+名

如果已知项为数词，未知项一定是量词，例如："三 X 粑"，已知其中的"三"是数词，那么 X 一定是"个、块、边、口、笼、碗、袋子"等量词。有的形式如"口、笼、碗"通常是名词，一进入这种结构后，也会被促成量词。反之，如果已知项为量词，未知项 X 如果不是"这"（近指）、"嗯"（中指）、"那"（远指）等指示代词，X 一定是数词，例如："X 碗菜"，已知其中的"碗"是量词，那么，排除了"这碗菜""嗯碗菜""那碗菜"等情况，X 一定是数词。有的词既可以是数词，又可以是量词，不好判断，我们可以通过这个数量组合的框架结构来分析出来。例如：

一半收成　　　　半边苹果

---

① 邢福义. 汉语语法学[M]. 长春：东北师范大学出版社，1996：197.

两成收成　　　　　　*成边苹果

"一半收成"的"半"的前面有数词"一",根据"数 X+名"的结构框架,"半"是量词;"半边苹果"的"半"的后面带了量词"边",根据"X 量+名"的结构框架,"半"就是数词。

在普通话中,数量短语中量词是强制性的,即量词必须和数词组合以后再修饰名词,构成"数词量词+名词"的结构。在鄂豫皖赣四省交汇处方言的句法结构中,量词也可以与数词组合,修饰名词。例如:

[49]过年你买了几件衣裳?(过年你买了几件衣服?)
[50]屋的有一百多人。(屋里有一百多人。)
[51]吃得一点儿的冇得了。(吃得一点儿都没有了。)
[52]分得剩得一堆儿了。(分得只剩下一堆儿了。)

使用更多的是量词单独与名词直接组合,构成"量+名"结构。例如:

[53]碗饭看大的。(一碗饭养大的。)(比喻人不知天高地厚。)(英山)
[54]屋的个人冇得。(房子里一个人都没有。)(罗田)
[55]兀的棵树把得人家砍了。(那里的一棵树被别人砍了。)(黄梅)
[56]块钱碗面。(一块钱买一碗面条。)(黄州)
[57]买件衣裳她。(买一件衣服给她。)(团风)
[58]口饭冇吃。(一口饭都没吃。)(浠水)
[59]借根笔我用。(借一支笔给我用。)(新县)

关于量名的组合,石毓智说:"语言的有定性与数的表达密切相关,而在都为有定性的名词中,单数事物的有定性最高。""'量+名'短语可以在宾语的位置上出现,表示'无定'。……然而在广大南方方言中,当表示单一的个体时,'量+名'短语可以自由地出现在主语的位置上,受结构赋义规律的作用,表示有定的事物,功能相当于加上一个指示代词。"[①]鄂豫皖赣四省交汇处方言的量词可以直接修饰名词,具有指示作用,其实这里的指示作用是由名词的主语地位决定的。"量+名"结构基本上是用在主语的位置上,有时也用在宾语的位置上。这就

---

① 石毓智. 汉语研究的类型学视野[M]. 南昌:江西教育出版社,2004:85,88.

是石毓智先生所说的"汉语的结构赋义规律作用"的结果。"量+名"结构自身只表示单一个体，有定性主要来自句法位置，两者合起来才具有定指的功能。

3. 事物量词的句法功能

事物量词构成的数量结构可以充当不同的句子成分。

（1）充当定语。数量结构的基本功能是充当定语。例如：

[60]白菜里头放一坨儿猪油。（白菜里面放一点儿猪油。）（九江）

[61]佢头上戴着一顶帽子。（他头上戴着一顶帽子。）（岳西）

[62]三斤白菜几多钱？（三斤白菜多少钱？）（黄州）

[63]一个鸡是喂，两个鸡也是喂。（养一只鸡与养两只鸡花费的精力是一样的，比喻不另外增添麻烦。）（英山）

例[60]、例[61]中的数量结构充当宾语的定语，例[62]、例[63]中的数量结构充当主语的定语。

（2）充当主语。数量结构包括数量名短语及量名短语，可以充当主语。例如：

[64]兀个伢儿嗯么翻斗。（那孩子那么调皮。）（九江）

[65]这个人怎么这样的？（这个人怎么这样？）（九江）

[66]个个人都来着。（每个人都来了。）（岳西）

[67]个把两个人可以把事情搞完。（一两个人可以把事情弄完。）（孝感）

[68]角钱个油粑。（一角钱一个油粑。）（浠水）

[69]样事冇学倒。（每一样都没有学到。）（黄州）

（3）充当宾语。例如：

[70]我有五个伢儿。（我有五个孩子。）（浠水）

[71]隔壁的有婆儿两个夫。（隔壁有夫妻两个。）（英山）

[72]钓了两条鱼。（钓了两条鱼。）（浠水）

[73]认倒几个字。（认得几个字。）（罗田）

（4）充当谓语。数量结构也可用在名词的后面充当谓语，起说明、描写的作用。例如：

[74]大细屋儿一百多间。（大小房屋有一百多间。）（浠水）

[75]大细伢儿一大窠。（大小孩子有一大群。）（英山）

[76]里里外外的衣裳两大箱子。（里里外外的衣服有两大箱。）（罗田）

[77]大细被护一大柜子。（大小被子有一大柜子。）（蕲春）

（5）带指别词的事物量短语的句法功能。表示事物量的短语不只是由数词和物量词构成的，有时事物量短语的前面还有定指或不定指的指别词。这类事物量短语主要是修饰名词和代替名词。值得注意的是，不同类型的事物量短语有不同的句法功能。定指事物量短语和由定指事物量短语修饰的名词短语一般充当主语和宾语。例如：

[78]这一碗你喝它。（这一碗你喝了它。）（罗田）

[79]笡个人好讨厌。（这个人好讨厌。）

[80]我吃不了笡大一个。（我吃不了这么大一个。）（英山）

[81]我穿这个衣裳。（我穿这件衣服。）（蕲春）

[82]只剩得笡一点。（只剩这么一点。）（浠水）

[83]把糯米饭捏成笡坨坨儿的。（把糯米饭捏成这样一团团的。）（九江）

[84]你牵笡只牛过河去。（你牵着那只牛过河去。）（南昌）

（6）双量结构构成的句子。在双量结构构成的句子中，前一个数量短语充当主语，后一个数量短语充当宾语。例如：

[85]一餐能喝一斤。（一顿饭能喝一斤。）（鄂东）

[86]一口气跑了四五里。（一口气跑了四五里。）

[87]一根甘蔗剁上十节儿。（一根甘蔗剁上十节儿。）

[88]一口气吃了五六个。（一口气吃了五六个。）

[89]一人一杯过。（一人喝一杯。）（南昌）

6.2 空间量范畴

空间量是计量物体的长度、宽度、高度等三维空间上维数的长短、大小、比例关系以及事物距离的量范畴。李宇明认为："空间量是计量事物的长度（包括长短、高低、深浅、远近、粗细等）、面积、体积（包括容积）以及事物间距离的量范畴。"[①]在语言系统里，一些主要的词类单位，如名词一般表示事物，动词表示动作行为，形容词表示性质状态。这样名词就主要具有了空间义，动词主要具有了时间义，形容词主要具有了程度义。因此，空间量的表达主要与名词或名词性短语相关，有的超出了名词的范围。

6.2.1 空间量的表达

空间量主要用空间量词和标指词语来表达。

1. 空间量词

空间量词主要有以下几类。A类：里、米、丈、尺、寸、锉。B类：胯[ka²]、脚、肩、拳子、指丫、抱、庹[t'o₀]（成人两臂左右平伸时两手之间的距离，约合5尺）、拃[k'an²]〔指张开大拇指和中指（或小指）两端间的距离〕。C类：石、斗、升、碗口。D类：亩、分。

A类、B类是表示长度、大小、粗细的，C类是表示体积的，D类是表示面积的。空间具有长、宽、高的三维性质，一维表示的是长度，二维表示的是面积，三维表示的是体积。这些量词主要是度量词。同是度量词，实际上有很大差别。有的度量词是经过一定权威机构制定的计量单位，如"米、亩、分"等，它们所指的量是确定的，是可以准确计量的；有的是民间约定俗成的，没有确定的量，不能准确计量，如"脚、抱"等，它们是借用人体或事物的部位或由人体某部位的运动、交合所形成的形象性长度。

2. 标指词语

空间量的表达不仅使用数量词语，还需要一定的标指词语。鄂豫皖赣四省交汇处方言的标指词语有以下几类。A类：进深、面积、体积、长度、宽度、全长、距离。B类：大、长、宽、高、远、深、厚、粗。C类：大细、远近、长短、厚薄。

A类是一般性的名词，B类是无标记的形容词，C类是由反义的形容词语素

---

① 李宇明. 汉语量范畴研究[M]. 武汉：华中师范大学出版社，2000：40.

构成的词。这三类标指词语具有标指空间量内部类别的作用，例如"进深"标指房屋深度，"高"标指高度等。由于标指词语标指空间量的类别，因而也往往具有把空间量和非空间量区别开来的作用。①看实际用例：

鄂东：[1]一条蛇有一两庹长。（一条蛇有一两庹长。）
　　　[2]鸡蛋有拳子筒大。（鸡蛋有拳头那么大。）
　　　[3]一棵树有一抱筒粗。（一棵树有一抱那么粗。）
　　　[4]屋的灰寸把厚。（房子里的灰尘有一寸多厚。）
鄂州：[5]你的有一斗田，一斗地。（你家有一斗田，一斗地。）
　　　[6]我的有一亩自留地。（我家有一亩自留地。）
　　　[7]到学校一脚远。（到学校只有一步远。）
安陆：[8]这根绳子差不多有两庹长。（这根绳子差不多有两庹长。）
宿松：[9]渠的有亩把两亩地。（他家里有一两亩地。）
　　　[10]到娘娘家有里把两里路。（到姑姑家有一两里路。）
岳西：[11]到佢屋底有两里路远。（到他家有两里路远。）
　　　[12]一条蛇有两丈长。（一条蛇有两丈长。）
　　　[13]塘底有人把深。（塘底下有一人来深。）

例[1]的"一两庹"、例[2]的"拳子"、例[3]的"一抱"、例[4]的"寸把"、例[9]的"亩把两亩"、例[10]的"里把两里"等是空间量词；例[1]的"长"、例[2]的"大"、例[3]的"粗"、例[4]的"厚"、例[7]的"远"、例[13]的"深"等是标记空间量的标指词语。

6.2.2　空间量词的句法功能

表示空间的量词与数词组合后在句子中可以充当主语、状语、宾语、补语、谓语等。例如：

　　　[14]两丈就够了。（两丈就够了。）（主语）
　　　[15]一条蛇庹把长。（一条蛇有一庹多长。）（状语）
　　　[16]屋的灰寸把厚。（房子里的灰尘有一寸多厚。）（状语）

---

① 李宇明. 汉语量范畴研究[M]. 武汉：华中师范大学出版社，2000：41.

[17]这间屋进深有三丈。（这间屋子的进深有三丈。）（宾语）
[18]回去要走一肩儿。（回去要走一段。）（补语）
[19]这条蛇长两尺。（这条蛇长两尺。）（谓语）
[20]一棵树高几丈。（一棵树高几丈。）（谓语）

"两丈"充当主语；"庹把""寸把"等约量结构用在形容词的前面充当状语；"三丈"是宾语；"一肩儿"是补语；"两尺""几丈"是谓语。

6.2.3 空间量的表达格式

空间量的表达方式除上面讨论的用空间量词和标指词语来表达之外，还有其他表达格式，可以分为空间表达格式、距离表达格式和比较表达格式。

1. 空间表达格式

空间表达格式主要是"从 X 到 Y"格式。邢福义认为："'从……到……'结构是联合结构，在关系上具有系列性，在词性上具有体词性。"[1]汉语普通话的"从 X 到 Y"格式中的 X 和 Y 在标指空间量时与"离""距"的用法相近。X 和 Y 表示两个地点，或者两个事物，或者一个地点和一个事物，其后的数量词语表示 X 与 Y 之间的距离。"从"和"到"是固定成分，而 X 和 Y 是可变的成分，例如"从上到下""从里到外""从左到右"等。鄂豫皖赣四省交汇处方言的"从 X 到 Y"格式中的 X 和 Y 可以分别代入一些词语来表示空间的起讫，有两种情况。

第一，X 和 Y 如果代入方位词、处所词，则表示空间的起点和终点。例如：

[21]塆的村里从东头到西头，到处都是狗。（村子里从东边到西边，到处都是狗。）
[22]从山脚下到山顶上到处都是坟。（从山脚下到山顶上到处都是坟。）
[23]从房的到灶下只有一胯路。（从房间到厨房只有一步路。）

有时，在方位词和处所词后面出现数量短语，直接表示空间距离。例如：

[24]从地下到屋顶有三丈多高。（从地面到屋顶有三丈多高。）
[25]从武汉到北京有一千多公里。（从武汉到北京有一千多公里。）

---
[1] 邢福义. 语法问题探讨集[M]. 武汉：湖北教育出版社，1986：140.

[26]从河这边到河那边有两丈宽。（从河这边到河那边有两丈宽。）

"从 X 到 Y"格式还可以插入动词性成分，分别指明起讫两点和运动方向。例如：

[27]他从屋前跑到屋后，又从屋后跑到屋前，冇看到一个人。（他从房前跑到房后，又从房后跑到房前，没有看到一个人。）

[28]从土门河走到杨柳塆不过二三十里路儿。（从土门河走到杨柳塆不过二三十里路。）

[29]他每日每天从屋的走到菜园，又从菜园走到屋的。（他每天从房间走到菜园，又从菜园走到房间。）

第二，X 和 Y 如果分别代入名词，表示 X 和 Y 之间的范围，所谓范围，具有一定的空间界限，也具有空间距离。例如：

[30]他从头到脚哈都湿透了。（他从头到脚都湿透了。）
[31]从腰上到大胯都是疤子。（从腰到胯都是疤。）
[32]从筷子头到筷子杪哈都是黑的。（从筷子头到筷子尾都是黑的。）
[33]她身上从里到外哈都是新的。（她身上从里到外都是新的。）

"从 X 到 Y"可以表示位置起止的空间距离。空间量可由时间词语来表示，也可以由空间词语来表示。例如：

[34]他从教室跑到寝室，需要二十分钟。
[35]鸡从这边飞到对面的树上有几丈远。
[36]从天堂寨走到县城，少说也走了二十多里路。

例[34]的"二十分钟"既表示"从教室跑到寝室"动作的持续过程，又表示起点"教室"到终点"寝室"的空间距离；例[35]的"几丈远"既是动作"飞"持续的过程，又表示起点"这边"到终点"对面的树上"的空间距离；例[36]的"二十多里路"既表示"走"的持续过程，又表示起点"天堂寨"到终点"县城"的空间距离。进入这种格式的动词一般都是持续动词，如"走、跑、飞、找、骂、运"等。

从上面的讨论可以看出,"从 X 到 Y"表示动作的空间距离,对介入的动词有一定的制约作用,作为 X,可以表示动作开始的地方,也就是空间的起点;作为 Y,可以表示动作结束的地方,也就是空间的终点。正像储泽祥①所说:"'从 A 到 B'表示动作的持续,也必然能表示动作的起止,因为用方所的点段来表示动作的持续过程,是以起点 A 和终点 B 来定起止的,起止一定,持续的长短也就定下来了。"他所说的"起点 A 和终点 B"就是空间距离的起讫点。

2. 距离表达格式

距离是表示若干个物体之间相隔的长度。句中一般有"离""相隔"等词语。距离有静态距离和动态距离之分。

静态距离是事物间固定的距离。例如:

[37]学校离他屋的只隔一条河。(学校与他家之间只隔一条河。)

[38]两家人家相隔几丈远。(两家人家相隔几丈远。)

[39]我的离他的有五里路。(我家离他家有五里路。)

[40]离街上有七八站路。(离街上有七八站路。)

例[37]的"学校"与"他屋的""隔一条河"的距离是固定的,例[38]的"两家人家""几丈远"的距离也是固定的,例[39]的两家相隔"五里路"的距离也是固定的,例[40]的离街上的"七八站路"的距离也是固定的。

动态距离是指因移动和变化而形成的距离。例如:

[41]他走起路来一脚跨丈把远。(他走起路来一步能跨一丈多远。)

[42]他发起脾气来一跳八丈高。(他发起脾气来一跳八丈高。)

[43]他脚下绊个石头,往前屏几远。(他被一块石头绊了一下,跟跄了很远。)

距离还可以分为"有点距离"和"无点距离"。"有点距离"是有参照点的,如例[37]在叙述"学校"与"他屋的"之间的距离时,以"他屋的"为参照点;例[40]的"街上"是参照点;例[41]以"一脚"跨出时的起点为参照点;例[42]是

---

① 储泽祥. 现代汉语方所系统研究[M]. 武汉:华中师范大学出版社,1997:311.

以"跳"的起点为参照点。"无点距离"是没有参照点或互为参照点的，如例[38]的"两家人家"是互为参照点。

在一定的语境中，使用表示方向和方位的词语来表示从起点到终点的运动方向，方位词可以是"典型方位标"，如上、下、左、右、东、南、西、北、前、后、里、外、中等，也可以是"准方位标"，如旁、处、边、头、顶、腰、背等。

[44]向上升几尺就平了。（向上升几尺就平了。）
[45]你朝前走两脚儿就到了。（你朝前走两步就到了。）
[46]朝东边走三十多里就到了县城。（朝东边走三十多里就到了县城。）
[47]柜子后边两尺的处儿有一箱子。（柜子后边两尺的地方有一个箱子。）
[48]你父亲的坟在半山腰上边一丈把远。（你父亲的坟在半山腰上面一丈多远。）

"向上""朝前""朝东边""后边""半山腰上边"都是由"典型方位标"与"准方位标"构成的表示方向或方位的词语。"几尺""两脚儿""三十多里""两尺""一丈把远"都是表示距离的数量词语。

在一定的语境下，也可以用时间词语来表示空间距离。例如：

[49]走一伙儿就到了。（走一会儿就到了。）
[50]回家要走两天两夜。（回家要走两天两夜。）

"一伙儿""两天两夜"都是用时间词语来表示路程，即空间距离。

3. 比较表达格式

表达空间量常使用比较的格式，这种格式有以下几种类型。

（1）"N_1+比+N_2+X+数量"格式。这种格式用于对事物的空间量进行比较，其突出的特点是句子使用"N_1 比 N_2"的结构，用以引出较体，X 是表示比较空间的形容词，一般是无标记形容词——"长、宽、高、深、远、厚、粗"等，有时也使用有标记形容词——"短、窄、矮、浅、近、柠薄、细"等。在比较项之间一般要用比较词"比""有"。比较的形容词后边出不出现数量词语是自由的。例如：

[51]我的屋比你的屋细些。（我的房子比你的房子小一些。）

[52]你比他要矮半个头。（你比他要矮半个头。）

[53]这件衣裳比那件衣裳短一锉。（这件衣服比那件衣服短一截。）

[54]我的屋比你的屋高一层。（我的房子比你的房子高一层。）

[55]这个碗比那个碗浅一点。（这个碗比那个碗浅一点。）

[56]病了以后比以前瘦了一圈儿。（病了以后比以前瘦了一圈儿。）

[57]这间屋比那间屋宽一尺多。（这间屋比那间屋宽一尺多。）

"细""矮""短""高""浅""瘦""宽"是表示比较的形容词，"半个头""一锉""一层""一点""一圈儿""一尺多"等数量词语表示空间的差量，一般充当补语。可以用"多少"来提问，问的是差量的多少，而不是问总的度量是多少。有时也可以不出现数量词语，而直接用形容词来表示差距。例如：

[58]这间房比那间房更大。（这间房比那间房更大。）

[59]我比她更高。（我比她更高。）

表示比较空间的形容词也可以构成复杂的形式来充当定语、谓语和补语。这种比较不出现比较项和比较词，属于暗比的性质。例如：

[60]把材料订成两大厚本。（把材料订成两大厚本。）

[61]她在田的捡了一大把谷。（她在田里捡了一大把谷穗。）

[62]他屋门前有几大一棵树。（他房门前有很大一棵树。）

[63]他屋的要到几远的地方去挑水吃。（他家里要到很远的地方去挑水吃。）

例[60]、例[61]中的"两大厚本""一大把"的"大"插在数量词之间，修饰"厚""把"；例[62]、例[63]中的"几大""几远"充当定语成分。

（2）"N_1+有+N_2+箇 X"格式。这也是一种比较格式，N_1表示用来比况的物体，N_2表示被比况的物体，"箇"是指示代词，表示"这么/那么""这样/那样"的意思。X 表示标指词语。这种格式是用一个物体来比况另一个物体的空间量。例如：

[64]一条蛇有扁担箇长。（一条蛇有扁担那么长。）

[65]看瓜的棚子有一间屋箇大。（看瓜的棚子有一间屋那么大。）
[66]这个场儿只有巴掌箇大一块天。（这个地方只有巴掌那么大一块天。）
[67]你做的面条只有筷子箇长儿。（你做的面条只有筷子那么长。）
[68]她几胖，腰有水桶箇粗。（她很胖，腰有水桶那么粗。）

例[64]用"扁担"来比况"蛇"的长度，例[65]用"一间屋"来比况"棚子"的面积，例[66]用"巴掌"比况"天"的空间，例[67]用"筷子"来比况"面"的长度，例[68]用"水桶"来比况"腰"的直径。标指词语一般限于"长""大""粗""厚""高"等，很少用"远""深"等。

用来作比况的物体名词一般都是具有空间义的名词。在鄂东方言中，具有空间义的名词是占据一定空间或可充塞事物的名词，例如"鸡蛋"占据一定的空间，能用个体量词"个"来计量，可以在前边加"一"构成"一个"，鸡蛋是具有空间义的名词。所以用作比况的名词都是具有长度、高度和宽度的有空间义的名词，一般都是空间性最强的临时事物量词，也是"有界名词"。

（3）"N_1+跟+N_2+一样+箇+VP"格式。这种格式比较的是两个事物的空间量，比较值 VP 是由具有空间意义的形容词充当的，形容词只限于无标记形容词，如"长、宽、高、厚、粗、深、远"等，不能出现有标记形容词。其后不出现数量词语。句中的比较项是单纯的名词或代词。例如：

[69]这棵树跟那棵树一样箇粗。（这棵树和那棵树一样粗。）
[70]他的个子跟你的个子一样箇长。（他的个子和你的个子一样高。）
[71]我的碗跟你的碗一样箇大。（我的碗和你的碗一样大。）

句中的比较点必须是已知的、定指的，因此可以省略后项的比较点，例[69]可以说成"这棵树跟那棵一样箇粗"，其余类推。比较词"跟"也可以换成"像""合[xo²]"，构成"N_1+像+N_2+一样+箇+VP"和"N_1+合+N_2+一样+箇+VP"格式。例如：

[72]衣裳像猪肚子一样箇厚。（衣服像猪肚一样厚。）
[73]他像他老子一样箇长。（他像他爸爸一样高。）
[74]她的手膀子合人家的大胯一样箇粗。（她的手臂和别人的胯一样粗。）

在这种格式里，比较值只能是无标记形容词，不能是有标记形容词，这与人们的认知方式有关。无标记形容词具有认知上的"显著性"，最接近人们的期待和预料。用显著的事物来认识和推导非显著的事物，这是人的一般认知规律。空间量的比较是比较人们期待和预料的"显著性"，所以只能用无标记形容词，不能用有标记形容词。

（4）"S+VP+差不多儿"格式。S是数量词语，表示比较的事物，VP是由反义的形容词构成的标指词语，如"大细""长矮""长短""远近""深浅"等。"差不多儿"是比较的空间量。例如：

[75]两个人长矮差不多儿。（两个人高矮差不多。）

[76]三个碗大细差不多儿。（三个碗大小差不多。）

[77]两根筷子长短差不多儿。（两根筷子长短差不多。）

[78]两条路远近差不多儿。（两条路远近差不多。）

例[75]是比较两个人的高矮，例[76]是比较三个碗的大小，例[77]是比较两根筷子的长短，例[78]是比较两条路的远近。

这种格式可以扩展为"X+VP+跟+Y+差不多儿/一样"或"X+跟+Y+VP+差不多儿/一样"格式。这两种格式也是比较两个事物的空间量。VP是由反义的形容词构成的标指词语，比较词"差不多儿"也可以说成"一样"。例如：

[79]他长矮跟你差不多儿。——→他跟你长矮一样。（他和你高矮差不多/一样。）

[80]这条鱼大细跟那条鱼差不多儿。——→这条鱼跟那条鱼大细一样。（这条鱼和那条鱼大小差不多/一样。）

[81]这条路远近跟那条路差不多儿。——→这条路跟那条路远近一样。（这条路和那条路远近差不多/一样。）

例句中的"长矮""大细""远近"等词语是表示空间的形容词，"长矮"相当于"高度"，"大细"相当于体积和容积，"远近"相当于"距离"。

（5）"N_1+比+N_2+VP"格式。这种格式比较的也是空间量，所以VP是表示空间意义的形容词，可以在VP的后边带上数量词。例如：

[82]我比他长。（我比他高。）

[83]他比我矮一大挫。（他比我矮一大截。）

[84]这个碗比那个碗细。（这个碗比那个碗小。）

[85]这个水井比那个水井深一两丈。（这个水井比那个水井深一两丈。）

（6）"一+量+比+一+量+VP"格式。前后两个量词必须相同，表示的是一种事物的个体之间在空间上的比较，个体不是完全重复比较，而是交替重复比较，即 N_2 与 N_1 比、N_3 与 N_2 比……。VP 是具有空间意义的形容词，句首往往有比较的事物。例如：

[86]箇些书一本比一本厚。（这些书一本比一本厚。）

[87]细伢一天比一天高。（孩子一天比一天高。）

[88]路上的烂泥巴一脚比一脚深。（路上的烂泥巴一脚比一脚深。）

[89]他的字写得一个比一个大。（他的字写得一个比一个大。）

例[86]说的是第二本书比第一本书厚，第三本书又比第二本书厚等等；例[87]说的是第二天比第一天高，第三天又比第二天高等等。其余类推。

在比较格式中用的形容词，如"大""长""宽""高""厚""粗""深""远"等，同前文所讲的用作标指词语的形容词在意义上有一定的区别。作标指词语的形容词有"大细""长短""宽窄""长矮""粗细""深浅""远近"，用于比较的"大""长""宽""高""厚""粗""深""远"等无标记形容词是标指词语的"下位概念"，例如：用作标指词语的"长短"是上位概念，它的下位概念是用于比较的"长"；用作标指词语的"大细"是上位概念，它的下位概念是用于比较的"大"。意义不同，在用法上也有区别。这是鄂豫皖赣四省交汇处方言语义系统性与普通话语义系统性的不同所致的。

6.3　时间量范畴

任何事物都是在时间范围之内存在和变化的，任何事件都是在时间中发生、发展和结束的。但是每个具体的事物在时间上是有限的，因此，时间是可以有量度的，人们就要借助语言形式来表达，在汉语中就要用量的概念来表达时间，这种用量表达时间的方式，我们称为时间量范畴。李宇明[①]认为："时间量是与事物、性状和事件有关系的量范畴。"因为动作与时间的关系非常密切，所以时间量范畴在汉语中主要表现为动作与时间量成分的关系。

6.3.1 时间量词语

时间量范畴的表达主要用时间量词语，时间量词语可以分为两大类：时点词语和时段词语。陆俭明[②]指出：时间词可细分为时段时间词和时点时间词两类。时段时间词表示时间的长短，回答多长时间的问题；时点时间词表示某个特定时间，回答什么时候的问题。邢福义[③]也指出："时间名词所表示的时间概念，有时点和时段的分别。在客观世界里，'过去—现在—将来'构成一条时间链，时间链上存在一个一个时点和一个一个时段，而任何一个点都是时点，任何一个段都是时段。如果把所要表述的时点和时段叫做本位点段，把跟本位点段相对比而存在的点段叫做外位点段，那么，不管是从本位点段本身看，还是从本位点段跟外位点段的关系看，时点和时段在内涵上都存在相互区别的特征。"时段时间词表示时间的长短，实际表示的是时间的量的长短，故我们将"时段"称为"时量"。

1. 时量词语

鄂豫皖赣四省交汇处方言的时量词语有以下几类：A 类：常时、刻眼儿、比时（当时）、长时、长年、通宵夜。B 类：半天、一天、半个月、三个星期、一年到头、三十年、一生、一世向儿（一向）、下半年、一两年、全年、前些年、一年到头、一整天。A 类是一些副词、形容词和名词，B 类是一般数量短语。再看例句：

[1]十块钱我比时就还得他了。（十块钱我当时就还给他了。）（英山）

[2]他两个人长年在外头打工。（他们两个人长年在外头打工。）（蕲春）

[3]他进去一天就出来了。（他进去一天就出来了。）（浠水）

[4]他像是一生冇吃样的。（他像是一生没有吃东西一样馋。）（英山）

---

① 李宇明. 汉语量范畴研究[M]. 武汉：华中师范大学出版社，2000：52.
② 陆俭明. 现代汉语时间词说略[J]. 语言教学与研究，1991（1）：24-37.
③ 邢福义. 汉语语法学[M]. 长春：东北师范大学出版社，1996：160.

[5]钱刻眼儿就冇见了。（钱一眨眼就不见了）。（英山）

[6]前些年还看见佢了。（前些年还看见他了。）（岳西）

[7]忙了一年到头冇赚钱。（忙了一年没有赚钱。）（岳西）

2. 时点词语

时点词语表示某个特定的时间，回答什么时候的问题。我们将境内方言的时点词语分为以下几类。A类：时间名词，例如将下[tɕia₀ xa]（刚才）、清早、晏昼（上午）、下昼（下午）、中时、下昼夜（晚上）、今朝、前日、昨日、明朝、后日、往时儿（过去）、星期天、前年、去年、今年、明年、年头、年尾。B类：表示季节、年份、月份、日期的时间词和节假日的名称，例如热天、冬天、中秋、端午、重阳、光绪年、1977年、腊月三十、正月十五。C类：由"这""那""兀"跟"么早儿""时儿""年"等构成的偏正结构，例如这早儿、那么早儿、这时儿、那时儿、这年、兀年（那年）。D类：由动词性/形容词性词语（包括由动词充任谓语的主谓结构）跟"么早儿""时候儿"构成的偏正结构。"么早儿"也是表示"的时候"，但是有所不同，"么早儿"表示近时点，"时候儿"表示远时点，例如"吃饭的么早儿""上班的么早儿""过年的时候儿""放假的时候儿""细时候儿（小时候）""我出世的时候儿""他死的时候儿"。E类：表示时间的方位名词，例如饭前、饭后、年前、年后、两年前、五年后、三岁之前、十岁之后。F类：由"这""那"跟表时量的数量结构形成的偏正结构，例如这两天、那两年、那两个月、那一向儿、这一向儿等。看实际用例：

[8]她是正月十五的出世的。（她是正月十五出生的。）

[9]我十岁儿那一年发大水。（我十岁那一年发洪水。）

[10]你吃饭么早儿再来找他。（你吃饭的时候再来找他。）

[11]他细时候儿晓几听话。（他小时候非常听话。）

时点和时量在构成上是有关联的。时点的位移就是时量，如果乙时点是本位时点，从甲时点到乙时点到丙时点就是时量。李向农[①]指出从几何学上说，"点"的移动就成了"线"，即第一度空间（长度）。从时点和时量的关联来说，从某

---

① 李向农. 现代汉语时点时段研究[M]. 武汉：华中师范大学出版社，1997：55.

一个时点开始，移动到任一时点为止，就可以在时轴上构成或截取一个有着确定长度（时量）的时间，因为时点和时量本来就是共存于时轴之中的。

3. 约量时间词语

时点词语和时量词语所表示的时间都是确定的，约量时间词语虽然表示时间数量的多少不确定，但是代表的是一个时量，而非时点。故约量时间词语属于时量的范畴。鄂豫皖赣四省交汇处方言的约量时间词语从意义上可以分为言长约量时间词、言短约量时间词两类。

（1）言长约量时间词。A 类：半天、一大伙、一大天、半半天、好半天、好一伙。B 类：好多时、几多时、好长时间、长时儿。

（2）言短约量时间词：一眨眼[ŋar]儿、一下儿、一细下儿、一眼睛下儿、一气儿、一伙儿、冇一伙儿、一时眼儿[ᶳtʂ ŋar]、一时。看例句：

[12]半天说不出来一句话。（半天说不出来一句话。）

[13]好半天冇等到车。（好半天没有等到车。）

[14]看了好半天的书再吃饭。（看了好半天的书再吃饭。）

[15]敲了好一伙门才有人答应。（敲了好长时间门才有人答应。）

[16]他一下儿也冇歇空。（他一下也没有歇。）

[17]一时眼儿想不起来了。（一时间想不起来了。）

[18]冇一伙儿就到了屋。（没一会儿就到房里了。）

[19]一眨眼儿就醒了。（一眨眼就醒了。）

例[12]、例[13]中"半天、好半天"是言长约量时间词，是未然句，表示在这个时量里，动作或状态一直没发生；例[14]、例[15]中的"好半天、好一伙"为言长约量时间词，强调在这个时段里，动作一直在持续；例[16]、例[17]中的"一下儿、一时眼儿"是言短约量时间词，表示动作或状态的短暂；例[18]、例[19]中的"一伙儿、一眨眼儿"是言短约量时间词，表示动作持续一段时间。

6.3.2 时间量范畴的类别

1. 与事物有关的时间量

与事物有关的时间量主要计量事物存在的时间，计量人、动物等的年龄等。

例如：

[20]多年的个王民呀。（一个叫王民的人活了很多年了。）（鄂东）

[21]大门前的那棵桂花树上百年了。（大门前的那棵桂花树上百年了。）

[22]我比你大几个月。（我比你大几个月。）（岳西）

例[20]中的"多年"表示"王民"存在的时间量，例[21]中的"上百年"表示"桂花树"存在的时间量，例[22]用比较的方式说明"我"的年龄比"你"大几个月，是计量年龄的时间量。在以上例句中，与事物有关的时间量，可以在句子中充当定语、宾语、谓语和补语。

2. 与性状有关的时间量

这种时量主要用来计算某种性状出现或持续了多长时间。例如：

[23]天亮了好大一伙。（天亮了好长时间了。）

[24]柿子红了好几天了。（柿子红了好几天了。）

[25]她脚肿了两个月了。（她脚肿了两个月了。）

以上例句中，"好大一伙"是"亮"的这种状态已经出现的时量，"好几天"是"红"这种状态已经出现的时量，"两个月"是"肿"这种状态已经出现的时量。

3. 与事件有关的时间量

与事件有关的时间量，实际是计算与事件的形成、存在（包括持续）、完成（包括消失）等有关的时间量。量存在于运动、动作或者行为之中，则表现为这种运动或动作行为时间上的发生与持续的长短，以及发生的次数的多少等等。例如：

[26]怀细伢儿要怀十个月。（怀小孩儿要怀十个月。）（鄂东）

[27]我这屋做起来两年了。（我这房子建起来有两年了。）

[28]她守了一生的寡，一脉冇看。（她守了一生的寡，一生没有生孩子。）

[29]他啰里啰嗦地说了半天。（他啰里啰嗦地说了半天。）（孝感）

例[26]中的"十个月"是"怀细伢儿"（事件形成）所需的时间，例[27]中的"两年"是"屋做起来"（事件完成）的时间，例[28]中的"一生"是守寡（事件持续）的时间。这些时间词语的句法功能不同，有的充当宾语，如例[26]；有的充当定语，如例[28]。

6.3.3 时间量的表达格式

汉语的动词没有形态变化，动作的时量不是由动词本身来表示，而是由时间词语、副词和一些句法格式来表示的。鄂豫皖赣四省交汇处方言的时间量范畴的表达除了上面的时点词语和时量词语等外，还有一些相关的表达格式。这些表达格式又分为短时量的表达格式和长时量的表达格式。

1. 短时量的表达格式

鄂豫皖赣四省交汇处方言中表达短时量的格式很丰富，主要有以下几种。

（1）"V+下儿"格式。"下"儿化，读为[xar²]。鄂豫皖赣四省交汇处方言的"V+下儿"格式表示时间和动作的关系。

"V+下儿"可以表示时量，有"V一会儿"的意思。这种格式是短时量，"下儿"用在动词后面充当补语。这是从句子反映事件的角度来研究这种格式的形态意义，这种格式表示的是一个短时的事件。"V+下儿"格式中的动词是有量动词，这种动词具有一个基本语义特征：[+自主]。也就是说，只有"自主动词"才可以带"下儿"。例如：

[30]我看下儿书。（我看一下书。）
[31]你抱下儿伢儿。（你抱一下孩子。）
[32]书让我看下儿。（书让我看一下。）
[33]伢儿把她抱下儿。（把孩子抱一下。）

赣语可以说成"下下得""一下子"。例如：

九江：[34]等他下下得。（等他一下。）
　　　[35]下班后等我下下得。（下班后等我一下。）
南昌：[36]渠坐一下子。（他坐一下。）

（2）"一+V"格式。"一"后紧接动词，不仅表示动量，主要功能还表示动作的快捷，含有短时量。用在动词前面的"一"可被看作是短时量标记，格式中没有"一"，动作的时量可长可短；有了"一"，表示动作在始发点上迅速实现，突出时间之短暂。例如：

[37]他往河里一跳。（他往河里一跳。）

[38]他往地上一坐。（他往地上一坐。）

[39]他把碗往地上一掼。（他把碗往地上一摔。）

[40]他把眉毛一皱。（他把眉毛一皱。）

能进入这种格式的动词都是弱持续性动词。吕叔湘[①]认为：由"一"与动词构成的"一+动"格式是表示经过某一短暂动作就得出某种结果或结论。鄂东方言的"一+V"格式也是表示动作时间的短暂，但是后面可以不接某种结果或结论，可以独立充当谓语。

（3）"两（几）+动量+就+VP"格式。这种格式表示动作的快捷、时量短。行为量词语一般是由借用名词来充当的，既表示动作的量，又表示动作凭借的工具。例如：

[41]我两拳[ɕtsʅ]子就把他打倒了。（我两拳头就把他打倒了。）

[42]他两斧头就把一棵树砍倒了。（他两斧头就把一棵树砍倒了。）

[43]一幅画儿他几笔就画好了。（一幅画儿他几笔就画好了。）

[44]一碗饭他几口就扒了。（一碗饭他几口就吃了。）

"两拳子""两斧头""几笔""几口"既表示动作的量，又是动作凭借的工具。行为量词语可以用"下"来替换，也是表示动作的时量短。例如：

[45]一个破箱子他两下就修好了。（一个破箱子他两下就修好了。）

[46]一厢麦她两下就割完了。（一块地的麦子她两下就割完了。）

（4）"VV儿"格式。动词重叠加儿缀后表示动作的时量短和动作程度的轻微，例如"看看儿、吃吃儿、摸摸儿、说说儿"等。例如：

---

① 吕叔湘. 现代汉语八百词[M]. 北京：商务印书馆，1980：527.

[47]他时不时儿来坐坐儿。（他经常来坐一下。）（英山）

[48]他头撞个包，你把他揉揉儿。（他头撞个包，你给他揉揉。）（浠水）

[49]你要时不时儿去听听儿。（你要经常去听一下。）（英山）

"VV儿"格式进入句子有以下表达方式。

第一，"VV儿就VP"格式。这种格式表示经过某一轻微、短暂的动作就得出某种结果。例如：

[50]细伢儿要睏，你把他拍拍儿就睏着了。（小孩儿要睡觉，你拍一下他就睡着了。）（英山）

[51]鞋细了，走走儿就走大了。（鞋小了，走一走就走大了。）（罗田）

[52]板子不平，坐坐儿就坐平了。（板子不平，坐一坐就平了。）（浠水）

[53]窟窿摇摇儿就摇松了。（窟窿摇一摇就摇松了。）（蕲春）

[54]糍粑煮煮儿就浓了。（糍粑煮一煮就浓了。）（蕲春）

第二，"只箇VV儿"格式。这种格式用在转折句的前项，后续句表示的结果与前项的意思相反。"只箇"是"只是"的意思。这种格式用于英山、罗田、浠水方言中。例如：

[55]你只箇看看儿，又冇得钱买。（你只是这样看一看，又没有钱买。）（英山）

[56]他只箇摸摸儿，又不能端。（他只是这样摸一摸，又不能拿。）（英山）

[57]你只箇算算儿，算了也冇得用。（你只是这样算一算，算了也没有用。）（罗田）

[58]你只箇说说儿，他不得听的。（你只是这样说一说，他不会听的。）（浠水）

[59]你只箇等等儿，她不得来的。（你只是这样等一等，她不会来的。）（英山）

第三，"V₁V₁儿，V₂V₂儿"格式。这种格式是由两个动词重叠式并列构成的，表示两个动作交替进行，加上"儿"缀表示动作的时间短暂。重叠的第二个音节读轻声。例如：

[60]你做做儿[tsəu⁼ tser]，歇歇儿[ɕiɛ₋ ɕir]，莫累得了。（你做一会，歇一会，不要累着了。）

[61]我吃吃儿[tɕ'i₋ tɕ'ir]，喝喝儿[xo₋ xr]，把肚子搞饱了。（我吃一会，喝一会，肚子饱了。）

[62]他走走儿[⁼tsəu tsər]，停停儿[₋t'in t'ir]，一点不急性。（他走一会，停一会，一点不着急。）

[63]他做做儿[tsəu⁼ tsər]，玩玩儿[₋uan uar]，一点不用心。（他做一会，玩一会，一点不用心。）

[64]他写写儿[⁼ɕie ɕər]，算算儿[san⁼ sar]，几天就学会了。（他写一会，算一会，几天就学会了。）

第四，"V₁V₁X儿，V₂V₂Y儿"格式。这种格式是不完全重叠式，是由动宾结构重叠动词构成的。这种重叠式表示交替进行着某种经常性、习惯性的动作，加上"儿"缀表示时量短暂。例如：

[65]我喂喂[y⁼]猪[₋tʂu]儿，洗洗衣裳儿，一晏昼就过去了。（我喂一会猪，洗一会衣服，一上午就过去了。）

[66]我教教书儿，打打球儿，还比较清闲。（我教教书，打打球，还比较清闲。）

[67]我去帮她扫扫地下儿，抱抱伢儿也是好的。（我去帮她扫扫地，抱抱孩子也是好的。）

[68]退了休就下下棋儿，看看电视儿，还做得到么事啊！（退了休就下下棋，看看电视，还能做什么呢！）

（5）"VVVV+V"格式。鄂豫皖赣四省交汇处方言中罗山方言短时量的表达方式是用动词重叠来表示的。例如：

[69]钱不顶用，花花花花花完了。（钱不经用，没多长时间就花完了。）

[70]野兔子蹦蹦蹦蹦蹦不见了。（野兔子蹦一下就不见了。）

[71]你喂猪还可以，瞧瞧瞧瞧瞧长了。（你喂猪还可以，长得很快。）

[72]你真笨，学这长时间还没学会，我望望望望会了。（你真笨，学这么长时间还没学会，我看一下就会了。）

以上各方言中句法格式尽管不同，但从类型学的角度看，可以归纳为重叠和词缀两种类型，其意义都是表示动作时间的短暂，属于短时量范畴。汉语方言中动词重叠表示短时量，似是近代汉语相当普遍而基本的意义；至于动词后面带词缀，也是近现代的语言现象，是语法化的结果。鄂豫皖赣四省交汇处方言中表示短时量的形式主要是重叠形式和词缀形式。动词的重叠形式表示的意义与古汉语不同，古汉语的重叠形式是表示动作多次重复的语义，没有短时量的意义；鄂豫皖赣四省交汇处方言的动词重叠形式表示短时量。词缀形式主要是"儿"缀，加上"儿"缀后有减量作用，表示动作的时量短和动作的幅度小。

2. 长时量的表达格式

关于普通话和其他方言的短时量，一直受到很多学者的关注，而长时量现象在普通话和其他方言中也存在，但很少有学者将其作为一个专题深入地研究。鄂豫皖赣四省交汇处方言的长时量的表达格式很丰富，主要有以下几种。

（1）"一V就V+数量"格式。"一V就V+数量"中的"数量"一般是表示长时量的短语，长时量前后两个动词相同，是同一个主语，表示动作一经发生就持续很长一段时间。例如：

[73] 只要一讲就讲两个小时。（只要一讲就讲两个小时。）
[74] 她一住就住三个月。（她一住就住三个月。）
[75] 看电视一看就看一晏昼。（看电视一看就看一上午。）

这种格式是后一个动词重复前一个动词，动词后面的数量词一般都是表示长时量的。以上例句中的时间词语"两个小时""三个月""一晏昼"都是表示确量的，但时间词语也可以是表示约量的。例如：

[76] 一坐就坐半天。（一坐就坐半天。）
[77] 他一住就住几个月。（他一住就住几个月。）
[78] 他一病就病几多时。（他一病就病很长时间。）

"半天""几个月""几多时"都是约量时间词语。

（2）"从一p就q"格式。这种格式是"时段强调式"，强调自始至今同q紧接着，"从一p就q"之间表示的一个时段，是长时量。"从一p"表明时段的起点，可加"起"，说成"从一 p 起"。"就 q"表明在时段的终点即"至今"或"到说话时"仍然如此，但不排除以后还会如此。"从"和"一"之间可以插入主语成分。例如：

[79]她从一架势[kaˀ ʂʅ]就不同意。（她从一开始就不同意。）（英山）

[80]她从一进门就把脸一乌到。（她从一进门就阴沉着脸。）（罗田）

[81]他从一结婚就冇回来过。（他从一结婚就没有回来过。）

[82]他从一出生就冇害过病。（他从一出生就没有得过病。）

"从一 p 就 q"反映已然事件，其中的 p 和 q 都具有时间的延续性。如果 p 和 q 不具有时间的延续性，句式就不能成立。比较：

[83]他从一上车就睏醒。（他从一上车就睡觉。）

[84]*他从一上车就下去了。

[85]他从一进来就坐倒。（他从一进来就坐着。）

[86]*他从一进来就出去了。

例[83]、例[85]中的 p 和 q 都具有时间的延续性，可以成立；例[84]、例[86]的 p 和 q 都没有时间的延续性，不能成立。

（3）"从 X 到 Y"格式。这种格式是界定起点和终点的时量，叫做"划界时量"。"从"是介词，表示时间的起点，"到"是动词，表示到达某个时间。X 表示起点时间，Y 表示终点时间。"划界时量"跟上文所说的短时量相反，这种"划界时量"一般都表示长时量。这种格式表示的时量是"显性划界，隐性指量"。"从 X 到 Y"在句法结构中一般是被包含的。例如：

[87]从早到晚一点空儿都冇得。（从早到晚一点空儿都没有。）

[88]从过年到现在我冇吃一回肉。（从过年到现在我没有吃一回肉。）

[89]这个伢儿从底细儿到大我冇操心。（这个孩子从小到大我没有操心。）

[90]从结婚到现在没有讲[˚kaŋ]过嘴。（从结婚到现在没有吵过架。）

例[87]表示从"早"到"晚"这中间持续的时间量，例[88]表示从"过年"到"现在"这中间持续的时间量，例[89]表示从"底细儿"到"大"这中间持续的时间量，例[90]表示从"结婚"到"现在"这中间持续的时间量。

（4）"V 了又 V"格式。"V 了又 V"格式是动词间接重叠形式，是表示与事件有关的时间量。动词重叠表示动作持续的时间长，表示的是长时量。这种格式是重叠成分 V 的中间嵌进"了"和"又"构成的，强调动作持续的时间之长。例如：

[91]他真吃得，吃了又吃。（他真能吃，吃了又吃。）

[92]她真爱干净，把桌子抹了又抹。（她真爱干净，把桌子擦了又擦。）

[93]她说了又说，真啰嗦。（她说了又说，真啰嗦。）

[94]把一张纸端倒手上看了又看，不晓得上头写的么事。（把一张纸拿在手上看了又看，不知道上面写的是什么。）

[95]一件衣裳她洗了又洗，洗白了。（一件衣服她洗了又洗，洗白了。）

这种格式也是表示一个动作反复地进行，"吃了又吃"是"吃"这个动作的重复，表示"吃"的时间长。能进入这种格式的动词一般是弱持续性动词。这种格式中动词后面一般不带宾语。

（5）"VP 在"等构成的格式。鄂豫皖赣四省交汇处方言由"VP 在""VP 在的""VP 起的""发在+VP"等不同的格式表示动作的长时量，它们都相当于普通话中表示动作正在持续的"正在"和"在"。表示动作正在持续，持续需要一定的时间，所以是长时量。例如：

[96]我在吃起的。（我正在吃。）

[97]伢儿在做作业在。（孩子正在做作业。）

[98]外头在落雨在。（外面正在下雨。）

[99]我在抱伢儿在的。（我在抱着孩子。）

在近代汉语中，"在"表示进行性处所，魏晋至今，这一用法一直是介词的主要用法[①]。鄂豫皖赣四省交汇处方言中在动词前和句末都用"在"，构成一种前后复用体标记的表达式，用在动词句末的"在"的意义比较虚灵，纯粹作为一种体标记，强调动作行为、事件持续的时间长。

值得注意的是，在鄂豫皖赣四省交汇处方言中，只说"在的"，不说"在

---

① 俞光中，植田均. 近代汉语语法研究[M]. 上海：学林出版社，1999：382.

里"。项菊认为,湖北英山方言有"在里"的说法。"'在里'附于句末,构成'VP(+O)+在里'格式,表示动作行为、事情变化正在进行。"①笔者作了深入调查,调查的结果是:鄂东的英山、罗田、浠水、蕲春、红安、黄州、麻城的方言都说"在的",不说"在里"。黄梅、武穴既不说"在的",也不说"在里"②。例如:

[100]他在睏醒在的。(他正在睡觉。)(罗田)

[101]我吃饭在的。(我正在吃饭。)(浠水)

[102]他在插秧在的。(他正在插秧。)(蕲春)

[103]我在洗衣裳在的。(我正在洗衣服。)(麻城)

[104]他在看书在的。(他正在看书。)(红安)

[105]他在看电视在的。(他正在看电视。)(黄州)

[106]他睏醒起的。(他正在睡觉。)(武穴)

[107]她在舞饭在的。(她正在做饭。)(英山)

通过考察,"在的"在读音、意义上与"在里"均不同。首先,读音不同,"在的"读为[tsai² ti],"在里"读为[tsai² li]。其次,表意不同,"在里"是由表示指代意义的"在这里"演变而来的,具有代词的功能,还带有指代的意义;"在的"是体助词"在"和语气助词"的"的连用,连用后不表示实在的意义,是进行体和持续体的标记。连用的"在的"与单用"在"比较,更侧重于当前动作状态持续的时间长,例如,"他在睏醒在"说明"他"在当前所处的"睏"的状态的持续,而"他在睏醒在的"说明"睏"的状态持续的时间长。

汉语方言语法存在错综复杂的隐蔽性,难以为方言研究者所体察,所以有些方言语法的著作和论文所研究的内容与语言事实不相符。方言语法研究要求研究者既要深入细致地调查,又要有方言语法知识。

(6)"V倒"格式。"倒[˹tau]",助词,附在动词后面,表示动作状态的持续,动作持续不是在短时间内完成的,要持续一段时间或很长时间,所以属于长

---

① 项菊. 湖北英山方言"在"的用法及相关问题[J]. 方言,2012(3):269.

② 英山方言例句由陈淑梅提供,罗田方言例句由张志华副教授提供,浠水方言例句由范建国副教授提供,蕲春方言例句由杨凯教授提供,麻城方言例句由胡书义教授提供,红安方言例句由胡志祥副主任提供,黄州方言例句由陈志平博士提供,武穴方言例句由居继清教授提供。以上发音人所提供的都是自己的母语例句。

时量。例如：

[108]墙上挂倒个画儿。（墙上挂着幅画。）
[109]箱子尽/其他驮倒。（箱子就让他背着。）
[110]大门一关倒。（大门关着。）
[111]我占倒手在的。（我占着手了。）
[112]坐倒坐倒就不晓得么样就睏着了。（坐着坐着不知道怎样就睡着了。）
[113]我要一个人呆倒。（我要一个人待着。）
[114]火炉的烧倒火在。（火炉里烧着火。）
[115]坐倒吃饭。（坐着吃饭。）

例[108]~例[115]中由"倒"构成的格式都表示动作的持续，并且持续的时间比较长，属于长时量。

6.4　行为量范畴

行为量即动作量。李宇明指出："动作量，是计量行为动作等的力度、涉及的范围、活动的幅度、反复的次数和持续的时长等的量范畴。"[①]行为量不是孤立的，与前面讨论的时间量、空间量等都可能发生直接或间接的关系。吕叔湘指出："动作的次数，一方面和'量'的观念有关，一方面也和'时'的观念有关。"[②]在鄂豫皖赣四省交汇处方言的行为量范畴中，也包含着空间量和时间量，它们的语法、语义性质都各有重点。行为量包含的空间量和时间量在前面已经讨论，在这一节里只讨论行为的反复量和行为的力度。表达行为量最主要的手段是用行为量词语。

6.4.1　行为量词及其功能

行为量词是表示动作行为的方式。鄂豫皖赣四省交汇处方言的行为量词有专用行为量词和借用行为量词两类。

---

① 李宇明. 汉语量范畴研究[M]. 武汉：华中师范大学出版社，2000：59.
② 吕叔湘. 中国文法要略[M]. 北京：商务印书馆，1982：232.

1. 专用行为量词及其功能

（1）专用行为量词。鄂豫皖赣四省交汇处方言中的专用行为量词有"到、次、回、顿、餐、跤、下儿、下子、遍、通、趟、场、阵、气、伙、把"等，其中"到"是方言中普遍使用的专用行为量词。

（2）专用行为量词的功能。专用行为量词都能进入"数+量"格式充当补语，对数词没有限制。例如：

鄂东：[1]衣裳我清了三到，清得干干净净的。（衣服我洗了三遍，洗得干干净净的。）（罗田）

[2]路不好走，我跶了两跤[ˌkau]。（路不好走，我摔了两跤。）（麻城）

[3]他把脸抹一把就走了。（他把脸抹了一把就走了。）（英山）

[4]他让得他老子打了一顿。（他被他父亲打了一顿。）

南昌：[5]小张等人骂了一餐。（小张被人骂了一顿。）

[6]渠等人打了一餐。（他被人打了一顿。）

宿松：[7]讲脱一到又一到。（讲了一遍又一遍。）

[8]请你侬再讲一到。（请你们再讲一遍。）

鄂州：[9]来一到不行，要来第二到。（来一遍不行，要来第二遍。）

孝感：[10]我把他死说了一顿。（我把他狠狠说了一顿。）

[11]我把他骂了一顿。（我把他骂了一顿。）

[12]我把得狗子咬了好几次。（我被狗咬了好几次。）

[13]我屋的把强徒偷了三次。（我的房子被小偷偷了三次。）

岳西：[14]佢去望下子。（他去看一下。）

[15]我等我下子。（等我一下。）

[16]到县城逛下子。（到县城逛一下。）

新县：[17]他紧个人打了一顿。（他被人打了一顿。）

[18]穷的时候也偷一回粮食来乞。（穷的时候也偷过一回粮食。）

[19]我去了一回北京来。（我去过一回北京。）

[20]我把他踢了一下。（我踢了他一下。）

罗山：[21]腿麻了起来多走下儿。（腿麻了起来多走走。）

[22]你在这下儿多玩下儿。（你在这儿多玩一会儿。）

[23]这样的人你跟他多玩些儿。（这样的人你跟他多玩玩儿。）

[24]快考试了，你还多睡些儿。（快考试了，你还是多睡会儿。）

从以上例句来看，这些行为量的用法与普通话大致相同，我们要讨论的是动词后面既带行为量词成分又带名词成分的结构关系。例如：

[25]昨儿落了一跤[kau]雨。（昨天下了一场雨。）

[26]她走了一回娘屋的。（她回了一趟娘家。）

例[25]动词后边带了"一跤"，又带了名词"雨"；例[26]的动词后边带了"一回"，又带了名词"娘屋的"。朱德熙先生认为动量后头出现名词这种结构的"数量词可以跟名词一起移到动词前头去"，如"进一次城"可以说成"一次城也没进"。"'一次城也没进'与'一碗饭也没吃''一本书也没看'在结构上是平行的。'一次'应该看成是'城'的定语。"①鄂东方言也可将数量词跟名词一起移到动词前头去构成"一+量+名词+否定"格式，说成"昨儿一跤雨冇落""她一回娘屋的冇走"。但与朱先生所说的现象不同，鄂东方言的"一+量"移位后，信息结构发生了变化，性质也发生了变化。"一跤"不是"落"的定语，而是"落"这个动作行为的数量，"一回"不是"娘屋的"的定语，而是"走"这个动作的数量，"一跤"和"一回"都是补语。为了说明这个问题，我们可以将行为量词与名量词进行比较。例如：

[27]昨儿的落了一跤雨。

[28]昨儿的落了一点雨。

例[27]的量词"一跤"是行为量词，例[28]的量词"一点"是名量词。两种量词的功能是不同的。例[28]的"雨"是不可数名词，是无界名词，受到不定量词"一点"的修饰，限定了名词"雨"的数量特征，使之具有了个体性和可数性，因而这里的"雨"是有界名词，"一点"是"雨"的定语。"一点雨"这个定中结构作"落"的宾语，整个结构是动宾关系。"一跤雨"中的数量结构"一跤"是动词"落"的数量，而"雨"的数量特征没有得到实现，具有非个体性和非可数

---

① 朱德熙. 语法讲义[M]. 北京：商务印书馆，1982：117.

性的特征，因而"雨"是无界的。所以，在"落了一趷雨"中"一趷"是"落"的补语。胡裕树[1]认为："表动量的数量词组只充当补语，不充当宾语；表物量的数量词组只充当宾语，不充当补语。"黄伯荣和廖序东[2]也认为："有一种动量补语，用表动量的量词短语充当，用来表示动作发生的次数。例如'看了几遍|走了一趟|看上几眼|打了我一下|跟他们会一会|好好聊一聊'。""补语和宾语都在动词后面同时出现时，就有个谁先谁后的排列顺序问题。拿宾语谓立足点来看补语的位置，补语可以在宾语的前头或后头，宾语的前后可以同时有补语。补语在宾语前，这是补语最常见的位次。"鄂东方言的语言现象与胡裕树、黄伯荣和廖序东等先生所述相同，从语义上看，这类数量结构表现了动作行为的数量，"一趷"是"落"这个动作的数量；从功能上看，这类数量结构在动作行为的数量方面是对动词的补充。因此，"落了一趷"格式是动补结构，再带宾语"雨"是动补宾结构。

（3）专用行为量词与时量的区别。鄂豫皖赣四省交汇处方言中多用"下儿"表示行为量，也可以表示时量。较少有普通话的动词重叠形式"VV"或"V一V"，凡普通话表示时量短、行为量轻的动词重叠形式，在方言都用"下儿""下子"来表示，如"帮我说下儿"是"帮我说一下"的意思。"下儿"还可以表示时量，例如"柴火你帮我挑下儿"的"下儿"是"一会儿"的意思。比较：

罗山：[29]地摊你多帮我照（看）下儿。（地摊你多帮我照看一下。）
　　　[30]你在我这的坐下儿。（你在我这里坐一会儿。）
鄂东：[31]你帮我说下儿。（你帮我说一下。）
　　　[32]你再企下儿。（你再站一会儿。）

例句中的"下儿"既有行为量，也有时量。区别的方式有以下几种。

第一，两者适用的动词不同。马庆株[3]根据动词带时量宾语的语义特征，将动词分为非持续性动词和持续性动词两类。沈家煊认为，持续性动词与非持续性动词与动词的"有界"和"无界"有关。他说："有界动作在时间轴上有一个起始点和一个终止点，无界动作则没有起始点和终止点，或只有起始点没有终止

---

[1] 胡裕树. 现代汉语（增订本）[M]. 上海：上海教育出版社，1987：369.
[2] 黄伯荣，廖序东. 现代汉语（下册）[M]. 4版. 北京：高等教育出版社，2007：71，74.
[3] 马庆株. 汉语动词和动词性结构[M]. 北京：北京语言学院出版社，1992.

点。……这种对动作形成的概念上'有界'和'无界'的对立在语法上的典型反映就是动词有'持续动词'（imperfectives）和'非持续动词'（perfectives）之分。"①持续性动词又分为强持续性动词和弱持续性动词两类。鄂东方言的"下儿"都用在持续性动词的后面。表示时量的"下儿"用在强持续性动词的后面，例如等、坐、企、瞓、抱、吊、盖、住、陪等；表示行为轻量的"下儿"用在弱持续性动词的后面，例如说、叫、骂、打、洗、扫、喝、剪、洒、剁、敲、跳等。比较：

[33]a. 你坐下儿。（你坐一会儿。）（时量）
　　 b. 你帮我说下儿。（你帮我说一下。）（行为量）
[34]a. 你做下儿歇下儿。（你做一会儿歇一会儿。）（时量）
　　 b. 你摸了下儿他。（你摸了他一下。）（行为量）

例[33]和例[34]的 a 句中的"下儿"表示"一会儿"，表时量；b 句中的"下儿"可表示"一下"，是行为量。

第二，表示行为轻量的"下儿"前面的数词可以类推，可以说"一下儿、两下儿、三下儿"等；表示时量的"下儿"前面的数词只限于"一"，不能类推。比较：

[35]你打两下儿就打落了。（你打两下子就打落了。）（行为轻量）
[36]*伢儿你抱两下儿，我去舞饭。（时量）

第三，运用不同的替换方式。有的弱持续性动词，如瞓、听、学、做、洗、拉、跳等，既可以表示时量，又可以表示行为轻量。判断一个词是时量还是行为轻量，可以运用替换方式来测试：表示时量的"下儿"可以用表时量的"一会儿"来替换；表行为轻量的"下儿"可以用表行为量的"一下"或"一次"来替换。比较：

[37]a. 你让我瞓下儿有几大儿？（你让我看一下有多大？）
　　 b. 你让我再瞓下儿，就还得你。（你让我再看一会儿，就还给你。）
[38]a. 你做下儿就晓得么样做。（你做一次就知道怎么做。）

---

① 沈家煊. "有界"与"无界"[J]. 中国语文, 1995（5）: 370.

b. 你做下儿歇下儿。（你做一会儿歇一会儿。）

例[37]和例[38]的 a 句中的"下儿"可以替换为"一下"或"一次"，是行为轻量；b 句中的"下儿"不能替换为"一下"或"一次"，可以替换为"一会儿"，是时量。另外还可以直接用时间词语来替换。

所以，表示时量和行为量对动词的称数是不同的。石毓智先生认为："凡可以用动量词称数的动词都是离散性质的，它们可以切分出明确的单位，具有'起讫点'，比如'看、说、走、打、学'等。相反，'知道、理解、明白、成为、显得、属于'等代表连续不断的行为、关系，都不能用动量词称数，它们切分不出界限分明的单位，也就不具有离散性质。"[①]

2. 借用行为量词及其功能

借用行为量词一般是借用名词、动词或一些离合词的后一个语素来作为行为量词。借用的行为量词，是一种临时现象，这些词在语义上构不成一个特定的类别，从本质上讲，不成为一个独立的行为量词小类，所以叫借用行为量词语。借用行为量词有两类。

（1）借用名词为行为量词。借用的名词一般为有界名词。关于名词所指事物的"有界"与"无界"上文已讨论。这里要讨论的是汉语名词所指的"有界""无界"事物对鄂豫皖赣四省交汇处方言行为量词形式所产生的一定影响。在鄂豫皖赣四省交汇处方言中，具有空间性的有界名词都能借用为行为量词。因为有界名词要占据一定的空间，而且有一定的边界，而行为量在动作的量上是有明确界限的，也是"有界"的，所以有界名词能借用为行为量词。无界名词没有一定的边界，不是一个个"个体"，是"无界"事物，因此无界名词不能借用为行为量词。

鄂豫皖赣四省交汇处方言中借用为行为量词的有界名词主要是工具器械名词和身体器官名词，如扫帚、剪子、锄头、锤儿、扁担、瓢儿、刀、碗、力壳（手指弯曲突出的骨节处）、拳子、耳巴子、脚、指丫儿、眼睛、"声"、"口"等。例如：

鄂东：[39]一扁担他。（打他一扁担。）

[①] 石毓智. 1992. 论现代汉语的"体"范畴[J]. 中国社会科学，（6）：185.

[40]戳他一筷子。（戳了他一筷子。）

[41]挖了两锄头。（挖了两锄头。）

[42]踢她一脚。（踢了她一脚。）

[43]甩他两耳巴子。（打了他两巴掌。）

[44]磕了他两力壳儿。（用手指弯曲突出的骨节处打了他两下。）

孝感：[45]昨天不小心尽狗子咬了一口。（昨天不小心被狗咬了一口。）

[46]把他手剁了一刀。（把他的手剁了一刀。）

新县：[47]我把他踢一脚。（我踢了他一脚。）

[48]我打了他一扁担。（我打了他一扁担。）

罗山：[49]我的腿叫你的狗子咬了一家伙。（我的腿被你的狗咬了一下。）

[50]他的手叫蜂子蜇了一家伙。（他的手被蜂蜇了一下。）

[51]椅子把他的头碰了一家伙。（椅子把他的头碰了一下。）

"扁担""筷子""锄头"是借用的工具器械名词，"口""脚""耳巴子""力壳"是借用的身体器官名词。"家伙"是借用的一般名词。

汉语的名词借用为行为量词始于魏晋南北朝时期。根据向熹的研究，"魏晋以后，汉语动量词有了相当大的发展，但未达到全盛阶段"，"中古汉语出现了一些借用名词来表示动量关系的现象"。例如：

[52]文襄使季舒殴帝三拳，奋衣而出。（《魏书·孝静纪》）

[53]巴东三峡巫峡长，猿鸣三声泪沾裳。（《巴东三峡歌》）

[54]臣骂汉王三五口，不施弓弩遣抽军。（《敦煌变文集·捉季布传文》）[1]

（2）借用动词为行为量词。借用动词为行为量词的有：下、转、弹、把、掐[kʻaˀ]、跳、闻、望、扯、拉。看实际用例：

[55]我把他的头摸了两下。（我摸了两下他的头。）

[56]围着山转了几个转儿。（围着山转了几次。）（浠水）

[57]你进来吓了我一弹。（你进来吓了我一跳。）（英山）

[58]他把我扒了一把。（他推了我一下。）（蕲春）

---

[1] 例句出自向熹. 简明汉语史（下）[M]. 北京：高等教育出版社，1993：225.

鄂豫皖赣四省交汇处方言借用动词为行为量词语的现象也保留着古汉语的特征。唐五代时期及宋金时期借用为动量词的动词在鄂豫皖赣四省交汇处方言中仍可借用为行为量词。现代汉语的行为量词是从古代汉语动词演变而来的。据刘世儒先生的研究，在唐五代时期，汉语的动量词进一步发展，出现了更多的新生的动量词，而最值得注意的是出现了一批借用动词而来的动量词，如"划""掷""踏"等，到了宋金时期，借用为动量词的动词有所增加，如吹、点、送、拂、喝、拍、唾、掐、踏、摆、转等。这些借用动量词的用法与晚唐五代时期的用法一样，由它们构成的数量结构都是实指动作的量。看实际用例：

[59]师喝一喝，便出去。（《五灯会元》卷十一）

[60]明以衣袖拂一拂便好。（《五灯会元》卷十一）

[61]门儿拽上不关，那贼略推一推，豁地开了。（《京本通俗小说·错斩崔宁》）①

6.4.2 表达行为量的格式

鄂豫皖赣四省交汇处方言行为量范畴的表达方式除行为量词外，还有很多句法格式。

1. "数+量+N代"格式

1) "数+量+N代"的格式特点

格式中的数词主要是基数词"一"和表约量的"两""几"。"一"一旦带上量词后，已经语法化为一种虚词。这表现在两个方面：一是"一"带上量词后，重在突出量词的动作义，而忽略其动作的次数，例如"一棍子你"，是"打你一棍子"的意思，突显的是用棍子打的动作，"一"则较为模糊些；二是"一"带上量词后其数不能类推，例如"一棍子你"不能说"三棍子你""四棍子你"，有时候可以说"两棍子你""几棍子你"，"两"和"几"是约量，相对于"一"来说，"两""几"表示的是多量。数词与量词之间的关系十分紧密，表明数词对量词的依附性较强，独立性较弱，因此，数词和量词不能省略，不能变换位置，数词和量词之间也不能插入任何其他成分。格式中的量词是借用名词作行为量词。

---

① 例句出自向熹. 简明汉语史（下）[M]. 北京：高等教育出版社，1993：358.

借用主要表示工具器械的名词，如锅铲、扫帚、剪子、锄头、锤儿、扁担、瓢儿、剁刀、筷子、鞋掌、忙锤、坐凳、椅子等；借用表示身体器官的词语，如拳子、耳巴、力壳、脚等。格式中的"量"不是事物量词，是行为量词。表形上是事物量，表意上是行为量，功能上表示一种行为，例如"一棍子你"中的"一棍子"是"打一棍子"的意思。所以，很难用一般的数量结构来衡量它，它是在管控之下出现的一种句法结构，是一种特殊的"句管控"。

2）"数+量+N代"的句法特点

（1）用在复句中。这种格式一般用在复句中，充当复句的后分句，格式的前面用"就"连接，表示两种动作在时间上前后紧密相接，即前一个动作出现之后，后一个动作也随之发生。前后两个分句是两个不同的主语。例如：

[62]你要是再乱跑，我就一棍子你。（你要是再乱跑，我就打你一棍子。）

[63]你再嘴硬，我就两拳子你。（你再嘴硬，我就打你两拳头。）

[64]你要是糊骗我，我就几耳巴你。（你要是骗我，我就打你几巴掌。）

[65]你要是再骂人，我就几扁担你。（你要是再骂人，我就打你几扁担。）

（2）格式中插入"得"。这种结构的量词和 N代中间还可以插入"得"字，"得"没有实际意义，主要是起介引出动作的对象的作用，表明它后面的N代是前面的量词所表示的动作行为的对象，它是介词。例如：

[66]一拳子得他。（打他一拳头。）

[67]一扁担得他。（打他一扁担。）

[68]一锤儿得你。（打你一锤子。）

[69]一棍子得你。（打你一棍子。）

3）"数+量+N代"格式的表意特征

（1）表示动作行为的快捷和力度。"数+量+N代"格式中的"数"主要是"一""两""几"，这些数词表数的功能较弱，主要强调动作行为在始发点上迅速实现，例如"两鞭子他"表示"打他两鞭子"的动作迅速。"数+量+N代"格式可以变换为"V+N代+数+量"的结构。例如：

[70]一扁担他。──→打他一扁担。

[71]一脚他。──→踢他一脚。

变换以后表意是不同的,前句中的"一扁担""一脚"表示动作的迅速;后句中的"一扁担""一脚"没有快捷义,只是纯表行为量。从动作的力度来看,"数+量+N$_{代}$"格式的最大特点是把行为量词放在动作行为所涉及的对象的前面,它的地位不仅仅显示它所负载的信息的重要,而且显示这种行为量的力度很大。比较:

[72]你再强辩,我就一耳巴你。(你再强辩,我就打你一耳光。)

[73]你再强辩,我就打你一耳巴。(你再强辩,我就打你一耳光。)

例[72]中的"一耳巴"是重重的一耳巴,力度强;例[73]中的"一耳巴"可轻可重,力度减弱。

(2)工具义的凸显。在普通话中,借用行为量词的行为量结构,表意的重点是动作行为,至于行为的量可以省略。例如:

[74]提起狼牙棒,一棒打在那叶四郎的头上,凳时脑浆迸裂,一命呜呼。[1]

[75]我一脚把三闷儿踢进了圈前的粪坑,让他沾了一身牛屎。[2]

这两句都可以省略"一棒"和"一脚",省略了"一棒"和"一脚",在意义上没有多大差别。例如:

[76]提起狼牙棒,打在那叶四郎的头上,凳时脑浆迸裂,一命呜呼。

[77]我把三闷儿踢进了圈前的粪坑,让他沾了一身牛屎。

沈家煊认为:"注意和语法结构的关系表现在,句子的语义重点往往成为注意的焦点。""一个句子的语义重点一般也是放在句首或句尾,是为了引起听话人更多的注意。"[3]鄂豫皖赣四省交汇处方言的"数+量+N$_{代}$"格式把"数+量"提到句首,是为了引起人们对"量"的注意,这种"量"是动作得以进行的凭借工具,所以工具义成了语义重点,也就成了人们注意的焦点。

---

[1] 李宇明. 汉语量范畴研究[M]. 武汉:华中师范大学出版社,2000:174.

[2] 李宇明. 汉语量范畴研究[M]. 武汉:华中师范大学出版社,2000:175.

[3] 沈家煊.1999.认知心理和语法研究[C]//吕叔湘等. 语法研究入门. 北京:商务印书馆:235.

（3）时态的未然性。未然和已然是当代功能语言学关注的热点问题之一，涉及表意的问题。未然是没有实现的，已然是已经实现的。"数+量+N$_代$"格式是说话人对听话人的行为感到气愤而说出的带有训斥和威胁的话，一般来说是没有实施的动作，是未然的，是一种假设的情况。例如：

[78]你要再不吃饭，我就几耳巴你。（你要再不吃饭，我就打你几巴掌。）

[79]你再不听话，我就两棍子你。（你要不听话，我就打你两棍子。）

"几耳巴""两棍子"都是未然的，是说话者吓唬人的话，并没有实施动作。这种未然的动作是由"再……就"标记词来标识的。

2. "一+量$_1$+一+量$_2$"格式

"一+量$_1$+一+量$_2$"格式中的两个"一+量"性质不同，前面的"一+量$_1$"是行为量，是谓词性成分，充当主语；后面的"一+量$_2$"是名量，是体词性成分，充当谓语。"一+量$_1$+一+量$_2$"格式不是"一+量$_1$+V+一+量$_2$"格式的省略式，与"一+量$_1$+V+一+量$_2$"格式不同。试比较：

[80]a. 一锄头一棵。　　　　　b. 一锄头挖一棵。

[81]a. 一扁担一条（蛇）。　　b. 一扁担打一条（蛇）。

例[80]、例[81]中的 a 句是"一+量$_1$+一+量$_2$"格式，不仅表示一种动作行为，还突出了说话者的主观认知，即主观认为前面的"一+量$_1$"表示动作的快捷和力度大，例如，"一锄头一棵"是重重的"一锄头"，"一扁担一条"是重重的"一扁担"。例[80]、例[81]中的 b 句是"一+量$_1$+V+一+量$_2$"格式，只表示一种动作行为，没有显示出这种主观特点。

3. "一量+V"格式

"一量+V"格式中的"一量"既可以表示动作行为凭借的工具，又可以表示动作行为的量。V 后面可带名词短语或形容词短语，充当动词的宾语或补语。例如：

A 组：[82]一拳子打个洞。（一拳头打一个洞。）

[83]一锄头挖个坑。（一锄头挖一个坑。）

B组：[84]一脚捅几深。（一脚下去踩很深。）

[85]一棍子打个绞[tɕiau⁻]死。（一棍子将他当场打死了。）

A组的"一拳子""一锄头"表示动作"打""挖"的量，充当主语；"个洞""个坑"是"一个洞""一个坑"的省略式，是体词性短语，充当宾语。B组的"一脚""一棍子"是动作"捅"和"打"的量，V后面的"几深""绞死"是谓词性短语，充当结果补语。这种行为量放在句子的开头表示主观认为动作量大，并带来令人不满意的结果。例如，"一锄头挖个坑"是说"一锄头"力度太大，将本不应该挖坑的地方挖了一个"坑"或者挖的"坑"超过了预期的深度，因此"一锄头"是表示不满意的行为量。

4. "一+行为量+把+V+了"格式

"一+行为量+把+V+了"格式的"一+行为量+把"表示动作的快捷。"一+行为量"与"把"都充当V的状语。这种格式除武穴市外，能用于其他各县（市、区）。例如：

[86]（一个粑）一口把吃了。（一个粑一口就吃了。）

[87]（一棵树）两斧子把砍了。（一棵树两斧子就砍了。）

这种格式有以下特点。

（1）从结构上看，数词限于"一、两、几"，这些数词表数的意义虚化，只表示动作的快捷。行为量词是借用的工具器械的名词和具有运动性的身体器官的名词。"把"读为[⁻pa]，是副词，表示"一下子"的意思，充当状语。句末的"了"具有已然性。整个格式表示动作快捷而动作量大。

（2）从表意上看，这种格式主要表示被动的意义，是一种不带被动标记的特殊的被动句，例如，"一口把吃了""两斧子把砍了"表示一口吃掉了、两斧子砍掉了。这种带行为量的被动句表示其动作行为具有破坏性，并带来不如意的结果。

6.5 程度量范畴

程度量存在于性质、状态之中，表现为事物性质或状态的程度高低等，呈现出量幅上的幅度差别，程度量就是事物的性状的量，是对事物性状的认知。但用什么样的手段来表达程度，不同的语言、不同的方言却各不相同。鄂豫皖赣四省交汇处方言一般是通过副词修饰形容词、状态形容词、句法结构等手段来表示程度量。

6.5.1 用副词修饰形容词表达程度量

程度副词的内涵就是程度量的语法标记成分，用作状语来修饰性质形容词，凸显了被修饰成分的性状义的量级，从而表达出程度量。程度副词与被修饰成分之间也存在着相互选择的关系，该关系既体现为程度副词在语义上对被修饰成分的要求，又体现为被修饰成分在语义上对程度副词的选择。出现在形容词之前的副词根据意义的划分，可分为四类：①"几"类：几、晓几、晓得几、蛮、好。②"最"类：顶。③"较"类：略微（些微）、稍微、稍许儿。④"更"类：更、更进、越是、还、多。

"最"类、"较"类、"更"类副词在表示程度时都有参照点，能进入比较句中；"几"类副词的参照点不受具体情景的制约，在用法上不能进入任何一个比较句中。

王力认为："凡无所比较，但泛言程度者，叫做绝对的程度副词。""凡有所比较者，叫做相对的程度副词。"[1]鄂豫皖赣四省交汇处方言的"几"类程度副词正是王力先生所说的绝对的程度副词，"最"类、"较"类和"更"类程度副词属于王力先生所说的相对的程度副词。由绝对的程度副词修饰形容词所表示的程度量称为"绝对程度量"，由相对的程度副词修饰形容词所表示的程度量称为"相对程度量"。下面分别进行讨论。

1. 形容词的绝对程度量

鄂豫皖赣四省交汇处方言表达绝对程度量的程度副词有"几""晓几""蛮""晓得几""好"等，表达的程度量极高，相当于普通话的程度副词"很"。这些词语在鄂豫皖赣四省交汇处方言中的组合能力有一定的差异。例如：

鄂东：[1]他长得几长啊！（他长得很高啊！）

---

[1] 王力. 中国现代语法[M]. 北京：商务印书馆，1985：131-132.

[2]这本书几厚啊！（这本书很厚啊！）
[3]嗯个人晓几拐。（那个人很坏。）
[4]这箱子晓几重。（这箱子很重。）
[5]嗯个人好胖啊。（那个人好胖啊。）

孝感：[6]他为人蛮好。（他为人很好。）
[7]他表现得蛮积极。（他表现得很积极。）
[8]你看他几傲喔。（你看他很傲慢啊。）
[9]他屋的伢儿晓得几聪明。（他的孩子很聪明。）
[10]你的伢儿好孝顺呀。（你的孩子很孝顺呀。）

南昌：[11]渠有几多钱啊！（他有很多钱啊！）
[12]渠这段时间胖了蛮多。（他这段时间胖了很多。）

这几个副词表示的程度量极高。"几"是鄂豫皖赣四省交汇处方言中用得较为普遍的一个程度副词，与表示询问数量多少的疑问词"几"不同。询问数量多少的"几"后接数词、量词，或数量短语，例如：几个人？|几本书？等。作为副词的"几"后接形容词，在修饰性质形容词时，有一定的限制，只能修饰无标记形容词（如"长、宽、厚、大、高、远、胖、深"等），不能修饰有标记形容词（如"矮、窄、小、短、消薄、近、瘦、浅"等）。例如：

[13]到他屋的几远啊！（到他屋里很远啊！）——*到他屋的几近啊！
[14]这条路几宽啊！（这条路很宽啊！）——*这条路几窄啊！

"几"在语用上多表示感叹，多用在表示感叹的句子中，句末一般带有表示感叹的语气词"啊"。感叹由于本身就负载着一种积极的感情色彩，所以一般适合无标记形容词，不适合有标记形容词。"晓几"是"不晓得几"的缩减式，有时说成"晓得几""晓得有几""不晓几"，都表示程度极高，有"非常"的意思。但色彩和功能与"几"不同，用"晓几""晓得几""晓得有几""不晓几"方言色彩较重，"几"用得较普遍、较通俗。

副词"好"是形容词"好"语法化的结果，也是鄂豫皖赣四省交汇处方言用得较普遍的一个程度副词，用在性质形容词的前面，给予性质形容词较高的程度，与状态形容词接近，与性质形容词对立，相当于普通话的程度副词"很""真"。

副词"好"一般多用在感叹句中。"好"修饰的形容词既可以是无标记形容词，也可以是有标记形容词。例如：

南昌：[15]渠旧年食（养）了好多猪。（他去年养了很多猪。）
　　　[16]着两年渠老了好多。（这两年他老了很多。）
孝感：[17]外面好冷好冷啦！（外面很冷很冷啊！）
　　　[18]你好冇得良心啊！（你很没有良心啊！）
鄂东：[19]嗯个人好长啊！（那个人很高啊！）
　　　[20]她长得好丑啊！（她长得很丑啊！）

2. 形容词的相对程度量

相对程度同绝对程度一样，也有参照点。相对程度的参照点称为相对参照点，是通过比较显示出来的。李宇明认为："等级的确定需要比较，比较就要有一定的参照点。参照点不同，就会形成不同类型的级次系统。"[①]李宇明先生所说的"等级"就等于"程度量"。鄂豫皖赣四省交汇处方言形容词的相对程度量也是通过比较的句式显示出来的，具体有以下三种比较方式。

（1）横向比较。横向比较常用的词语根据所表示程度的级差可以分为高程度量、较高程度量和低程度量三级。高程度量是表示与参照点比较起来程度量最高，超过同类，常用的词语有"顶"。较高程度量是表示与参照点比较起来程度量较高，常用的词语有"更、更进、越进、还、多"等。低程度量是与参照点比较起来程度量较低，常用的词语是"稍许儿""略微""稍微"等。下面分别进行讨论。例如：

[21]她顶好吃的。（她嘴最馋。）
[22]箇几间屋，这间算顶大的。（这么几间屋，这间算最大的。）
[23]他说我矮，他比我更进矮。（他说我矮，他比我更矮。）
[24]女儿比儿强多了。（女儿比儿子强多了。）
[25]在箇几个人当中，他的水平稍微高点儿。（在这几个人当中，他的水平稍微高点儿。）

---

① 李宇明. 汉语量范畴研究[M]. 武汉：华中师范大学出版社，2000：230-231.

[26]跟那间屋相比,这间屋稍许儿干净点儿。(跟那间屋相比,这间屋稍微干净点儿。)

例[21]、例[22]是高程度量。"顶"隐含着与 Y 的比较,在同一维度上处于最高级次。VP 可以是形容词,可以是动词短语。例[23]、例[24]是较高程度量,通过与其他参照点进行比较,显示程度量较高。例[25]、例[26]是低程度量,与参照点比较起来程度量较低。

(2)纵向比较。所谓纵向比较是指一个事物历时的比较,最重要的特征是可以分出时间的前后,以一个时间的参照点去对比其前或其后的情况,显现前后程度量的差别或变化。时间是纵向比较的出发点,显现程度量的形容词是纵向比较的焦点。因此,纵向比较的参照点是"某事物在某时间内或在某种情景中所具有的性质"。纵向比较常用的程度副词有"更、更进、越进"等。例如：

[27]他细时候就聪明,长大了更聪明。(他小时候就聪明,长大了更聪明。)

[28]原来就胖,现在越进胖了。(原来就胖,现在更胖了。)

[29]长大了比细时候更聪明。(长大了比小时候更聪明。)

[30]他现在比原来越进胖了。(他现在比原来更胖了。)

例[27]在"聪明"这一程度上,把"长大了"与"细时候"作比较。因此"更聪明"的参照点是"细时候","更聪明"的程度是倚变的。其他类推。

(3)侧向比较。侧向比较是以某种合适的程度量为参照点,与某种合适的程度量进行比较,超过或达不到这个程度,都是"偏离"。根据偏离的量的不同,分为强偏离量、一般偏离量和弱偏离量。例如：

[31]裤子短了。(裤子短了。)

[32]裤子太短了看不得。(裤子太短了不好看。)

[33]裤子稍许儿短了点。(裤子稍微短了点。)

例[31]的"短"是一般偏离量；例[32]的"太短了"超过了一般偏离量,是强偏离量；例[33]的"稍许儿短了点"低于一般偏离量,是弱偏离量。

"距离相似动因"是认知语言学的一个重要理论,张敏认为语言成分之间的距离反映了所表达的概念的成分之间的距离。①既然程度副词在语义上是修饰形容词的，那么在语言表达上程度副词与形容词之间的距离就理应更接近，形容词具有程度量的功能，所以，根据"距离相似动因"的原则，副词同样具有程度量的功能。

6.5.2 状态形容词表达程度量

鄂豫皖赣四省交汇处方言的状态形容词由形容词附加词缀和重叠形式构成。

1. 附加式

附加式有前附加、中附加和后附加三种形式。例如：

鄂东：[34]蚕豆棒卵硬的。（蚕豆很硬。）
　　　[35]我饿得扭软的。（我饿得浑身没劲。）
　　　[36]他哈拉哈巴的，管么事都不晓得。（他很傻，什么事都不知道。）
　　　[37]屋得漆麻卵黑的。（屋里很黑。）
　　　[38]菜一点盐都冇得，淡瘪了的。（菜一点盐都没有，很淡。）
岳西：[39]梆硬底鞋底。（很硬的鞋底。）
　　　[40]药肮苦的。（药很苦。）
　　　[41]她拉里拉呱的。（她不爱整洁。）

三种形式的词缀都表示程度量高。例[34]表示蚕豆很硬，例[35]表示人四肢无力，例[36]表示他很傻。其余类推。

2. 重叠式

鄂豫皖赣四省交汇处方言中的重叠式有"AA 儿的""ABB 儿的""AABB 的""AABB 儿的""ABB 的""BBA 的"六种形式。例如：

鄂东：[42]屋儿窄窄儿的，坐不了几个人。（屋子有点小，坐不了几个人。）
　　　[43]细伢儿长得胖墩墩儿的。（小孩长得胖乎乎的。）
　　　[44]饼子咸丁丁儿的蛮好吃的。（饼子咸咸的很好吃。）

---

① 张敏. 认知语言学与汉语名词短语[M]. 北京：中国社会科学出版社，1998：229.

　　　　[45]他简矮矮墩墩儿的，蛮富实的。（他这么矮矮的，很敦实。）
孝感：[46]干干净净的出门该几好！（干干净净地出门该多好！）
　　　　[47]衣服穿得抻抻敨敨的。（衣服穿得整整齐齐。）
　　　　[48]做事莫扭扭捏捏的。（做事不要扭扭捏捏。）
岳西：[49]跑跑煎的开水。（很开的开水。）
　　　　[50]地下有个团溜溜的东西。（地上有个圆溜溜的东西。）
　　　　[51]哪比得上你家新崭崭的瓦屋。（哪比得上你家崭新的瓦房。）
　　　　[52]佢家人细巴巴的。（他家人很节约。）

四种形式表达程度的强弱不同。例[42]的"AA 儿的"、例[43]和例[44]的"ABB 儿的"、例[45]的"AABB 儿的"重叠形式都表示程度轻，有"有点儿 A"的意思；例[46]~例[48]的"AABB 的"、例[49]的"BBA 的"、例[50]~例[52]的"ABB 的"重叠形式都表达程度量高，有"很 AB"或"很 A"的意思。

6.5.3　述补结构表达程度量

述补结构是程度副词出现在形容词之后充当补语，这类副词有"很、死、法的、不得了、不得结、冇得解、出奇"等。马庆株认为："程度补语常常可以改写成由程度副词充当的程度状语，改写的基本要求是不改变原格式所表示的程度。原格式中的程度补语有用程度副词充任的，大部分则不是由程度副词充当的，因此有必要列出由非程度副词充当的程度补语和程度副词在意义上的对当关系。"[①] 鄂豫皖赣四省交汇处方言的程度补语与副词的对当关系如下："很"类——很、死；"太"类——不得了、不得结、冇得解；"极"类——出奇、要命、不过。

"很"类、"太"类和"极"类副词都是表示程度的，一般充当程度补语。有的有词汇意义，有的有语法意义。

1. "很"类——很、死

"很"类副词作程度补语时，由表示"程度相当高"的词汇意义虚化为只是表示程度的语法意义。"很"充当补语时是组合式的，形容词和"很"中间可加"得"。例如：

---

① 马庆株. 汉语动词和动词性结构[M]. 北京：北京语言学院出版社，1992：153.

[53]他做事泼辣得很。（他做事很泼辣。）
[54]他说话狠得很。（他说话特别狠。）
[55]那的人拐得很。（那里的人很坏。）

"死"作程度补语时，由动词虚化为只是充当程度补语的成分，表示的程度很高，重读。"死"充当补语时是黏合式的，述补中间不能加"得"。句末可以出现语气词"了"或"得的"，也可以什么成分都不出现。能进入这种格式的形容词限于性质形容词。例如：

[56]他长得丑死（了/得的）。（他长得很丑。）
[57]他拐死（了/得的）。（他很坏。）
[58]茅厕的臭死（了/得的）。（厕所很臭。）
[59]衣裳穿得濑塞死（了/得的）。（衣服穿得很脏。）

2. "太"类——不得了、不得结、冇得解

这一类程度副词的词汇意义完全虚化，只有表示程度的语法意义。这几个词语所表示的程度非常高，表示厌恶的感情色彩，并带有夸张的意味。它们作补语时也是组合式的。例如：

[60]他气得不得了。（他非常气愤。）
[61]火锅儿的辣得不得结。（火锅非常辣。）
[62]细伢儿瘦得冇得解。（小孩儿非常瘦。）

3. "极"类——出奇、要命、不过

这类程度副词表示的程度极高，还相应地保留着它们本来的词汇意义，相当于"极、极其"。它们作补语时是组合式的，有时其前要配合相应的程度词语。例如：

鄂东：[63]他蠢得要命，听么事都学不会。（他极其蠢，什么事都学不会。）
　　　[64]嗯个人硬是拐得出奇。（那个人极其坏。）
孝感：[65]一整天冇吃饭，我饿不过。（一天没有吃东西，我极其饿。）

[66]他着几年冇得音信，我蛮挂念不过。（他们几年没有音信，我极其挂念。）

6.5.4 "AA式儿"格式表达程度量

这是鄂豫皖赣四省交汇处方言中有特色的重叠形式。

1. "AA式儿"格式的结构特点

AA是形容词重叠，第一个A重读，第二个A轻读。"AA式儿"表示超过了某种性质和状态的程度，往往表示偏离的程度，带有遗憾、惋惜、不满意等感情色彩，相当于普通话的"稍微A了一点"。例如：

[67]他的鼻子高高式儿。（他的鼻子稍微高了一点。）
[68]这碗菜咸咸式儿。（这碗菜稍微咸了一点。）
[69]这件衣裳长长式儿。（这件衣服稍微长了一点。）
[70]画儿挂得歪歪式儿。（画儿挂得稍微歪了一点儿。）

这种格式中的形容词是有标记形容词，无标记形容词不能进入这种格式，例如：能说"歪歪式儿"，不能说"正正式儿"；能说"弯弯式儿"，不能说"直直式儿"。

2. "AA式儿"格式的句法功能

"AA式儿"格式在句子中能作主语、谓语和补语，还能用于转折复句中。例如：

[71]歪歪式儿不好看。（稍微歪了一点不好看。）（主语）
[72]被护厚厚式儿。（被子稍微厚了一点。）（谓语）
[73]黄瓜炒得生生式儿。（黄瓜炒得稍微生了一点。）（补语）
[74]他对人很热情，就是假假式儿。（他待人很热情，就是有点虚伪做作。）（转折复句）

6.6 主观量范畴

语言世界的量范畴可以有主观量和客观量之分。客观量范畴反映事物的客观存在，用数量词语进行客观的表达，这在前面章节中已经讨论过。本节只讨论主观量范畴。主观量范畴指的是用一定的语法手段表达说话人对数量的一种主观评价。李宇明认为："人们在对量进行表述时，往往会带有对量的主观评价，或认为这个量是'大量'，或认为这个量是'小量'。带有主观评价的量是'主观量'，不带有主观评价的量是'客观量'。"[①]主观量与主观性有着直接联系。主观性是指语言的这样一种特性，即在话语中多多少少总是带有说话人自我的表现成分，也就是说话人在说出一段话的同时，还表明自己对这段话的立场态度和感情，从而在话语中留下自我的印记。已有的研究表明，语言的主观性主要表现在三个方面：说话人的情感、说话人的视角和说话人的认识。这三个方面互相联系，经常交织在一起。普通话的主观量范畴也体现在这三个方面。例如：

[1]我喝了一杯酒。
[2]我才喝了一杯酒。
[3]我都喝了一杯酒。

例[1]的"一杯酒"是客观量，例[2]、例[3]中的"一杯酒"是主观量。其中例[2]的"一杯酒"是表示主观小量，这是对于会饮酒的人而言的，"一杯酒"小菜一碟，嫌其量小；例[3]的"一杯酒"表示主观大量，这是对于不会喝酒的人而言的，"一杯酒"畏其量大。普通话用副词"才"表示主观量小，用副词"都"表示主观量大。由于说话人的情感、说话人的视角、说话人的认识不同，这就会引起人们不同的主观感受。不同语言或不同方言的人，对主观量的感受可以有不同的表达形式。关于语言的主观量，学者们有过不少的论述，例如：陈小荷[②]讨论过有关主观量的问题，并具体分析了"就""才""都"表达主观量的情况；李宇明论述了主观量的四种来源：异态型主观量、直赋型主观量、夸张型主观量、感染型主观量[③]。对于鄂豫皖赣四省交汇处方言的主观量很少有人涉及。鄂豫皖赣四省交汇处方言的主观量范畴除有与普通话有相同的表达形式外，还有着特殊表达的形式。例如：

---

① 李宇明. 汉语量范畴研究[M]. 武汉：华中师范大学出版社，2000：111.
② 陈小荷. 主观量问题初探——兼谈副词"就"、"才"、"都"[J]. 世界汉语教学，1994（4）：18-24.
③ 李宇明. 汉语量范畴研究[M]. 武汉：华中师范大学出版社，2000：112-116.

[4]我喝了一杯酒。（我喝了一杯酒。）

[5]我喝了简一大杯酒。（我喝了这么一大杯酒。）

[6]我喝简杯把酒儿不算么事。（我喝这么一杯酒不算什么。）

以上三例中所指数量都是"一杯"，例[4]是客观量，例[5]、例[6]两句含有说话人对量的主观感受，例[5]在数量中间加"大"，表示量大；例[6]用"量+把"的形式表示量小。这种多或少同数量本身的大小无关，是人们对量的主观评价，属于主观量范畴。主观量范畴有量的大小，量的大小是指主观上或认为这个量是"大量"，或认为这个量是"小量"。据此我们将量的大小分为主观大量和主观小量。下面分别进行论述。

6.6.1 主观大量

主观大量是主观认为所指称的事物的量多、大。表示主观大量的语表手段有副词标、格式标等。

1. 副词标

鄂豫皖赣四省交汇处方言表量的副词标与普通话不同，常见的表示主观大量的副词标有"克、甩、要得、都、简、把"等，这几个词语的语义指向都是右指的，表明右边的数量词语都是主观大量的，但用法又有不同。下面针对其中几个副词标进行论述。

（1）克。"克"主要通行于罗山、英山、罗田、浠水等县。罗山将其读为[kʰɛ̆]，鄂东读为[kʰɛ̆]。"克"直接修饰后面的数量词，使数量词带有主观评价特征，表示后面的数量是主观大量，既有动作特点，又具有副词的功能。例如：

罗山：[7]这车耗油得很，一个月的油钱都克千把子。（这车很耗油，一个月的油钱都要花费几千元。）

[8]馆子里好贵，一顿饭克几百几。（餐馆里好贵，一顿饭就要花费几百元。）

[9]这个坡儿克几个大月没下一滴雨。（这个地方有几个月没下一滴雨。）

[10]我爹学校克半年没发一分钱工资了。（我爸爸学校有大半年没发一分钱了。）

鄂东：[11]他一餐克几大碗饭。（他一餐吃几大碗饭。）

[12]他屋的柴克两三炫堆[ɕyan ti]。（他屋里的柴堆着两三堆。）

[13]他的克三四箱白菜。（他有三四箱白菜。）

[14]他屋的书克几大柜。（他屋里的书有几大柜子。）

"千把子"只是表示客观的量，不带大量的主观色彩。"克千把子"表明说话人认为"千把子"的量大，并带有不满意的意味，认为车很耗油。"克"修饰的数词限于约数，有三种情况：一是限于基数两数相邻的约数；二是位数词十、百、千、万、亿等，"十、百、千、万、亿"的前面如果没有基数词或没有表示约量的"几"，那么后面都要带表示约量的"把"；三是约量词语"几""半"等。由于"克"在句子中表示某种动作行为，句中出现了"克"，那么"克"与数量词之间再不能出现别的动词。例[7]、例[8]中的"克"有"花费"的意思，例[9]、例[10]、例[13]、例[14]中的"克"有"有"的意思，例[11]中的"克"有"吃"的意思，例[12]中的"克"是"堆"的意思。受"克"的管控，后面的数量词都是表示主观大量。

"克"后可以加上"它"构成"数+量+克+它+数+量"格式。"克"的前后出现了数量成分，属于"双量副词"。所谓"双量副词"是副词的前后都带有数量词，一个数量词因前后相关词语的衬托而具有主观大量或主观小量。例如：

[15]一床克它三四个。（一张床睡三四个人。）

[16]一桌子克它十几个。（一桌坐十几个人。）

[17]两个人克它一晏昼。（两个人说了一上午。）

[18]一件衣裳克它四五年。（一件衣服穿了四五年。）

例句中的"三四个""十几个""一晏昼""四五年"分别受它们前面"一床""一桌子""两个人""一件"的衬托，都表示主观大量。

（2）甩。"甩"的用法与"克"的用法相近，既表示动作，又有副词功能。作副词时，"甩"也是"双量副词"，直接修饰后面的数量词，表示数量是主观大量。使用的地域为鄂东地区。例如：

[19]他一餐甩两三碗。（他一餐吃两三碗饭。）

[20]一条鱼甩七八斤。（一条鱼有七八斤。）

[21]一套房子甩几百万。（一套房子要几百万。）

"两三碗""七八斤""几百万"受"甩"的管控，都表示主观大量。同时，"一餐""一条""一套"受后面主观大量的感染，都表示主观小量。

（3）都。在普通话中，"都"有范围副词和语气副词之分，但在鄂东，"都"只有语气副词的用法，没有范围副词的用法。表示范围副词时，鄂东用"下""一把""一下"等。语气副词"都"与数量词组合时，表示主观量的大小。根据"都"语义指向的不同，表示量的大小也不同。"都"的语义指向后面时，后面的数量词表示主观大量。例如：

[22]都五六十岁了,还箇糊里糊涂的。(都五六十岁了,还那么糊里糊涂的。)
[23]借的钱都三四年了，还冇还。（借的钱都三四年了，还没有还。）
[24]都三十岁了，还冇结婚。（都三十岁了，还没有结婚。）

"五六十岁""三四年""三十岁"受"都"的修饰，都表示主观大量。表数量的词语后边一定要带"了"。

（4）把。鄂豫皖赣四省交汇处方言中在约量标记"把"的前面加上位数词"百""千"的话，表示主观大量。例如：

鄂东：[25]一件衣裳要得百把块。（一件衣服要几百块。）
　　　[26]买个碗要百把块？（买个碗要几百块？）
孝感：[27]你莫瞧不起他，他每个月赚万把块钱。（你不要瞧不起他，他每个月赚几万块钱。）
　　　[28]他手中有百把块钱，买碗面还多好多。（他手中有几百块钱，买碗面还剩好多。）

2. 格式标

格式标是指具有表示主观大量功能的格式，大致有以下几种类型。

1）"一+量+的+N"格式

（1）"一+量+的+N"格式的特点。这种格式中的"一+量"与名词或名词性的短语结合得较为紧密，"一+量+的"用在 N 的前面充当修饰成分，"一"没有表数功能，而是具有"满"的意思，"量"重读。例如：

[29]你泼了我一身的水。（你泼了我满身水。）

[30]他脸上长了一脸的疮。（他长了满脸疮。）

[31]踩了一脚的泥巴。（踩了满脚泥。）

[32]一屋的人冇得哪个说话。（满屋的人没有哪个说话。）

以上例句中"一身的水""一脸的疮""一脚的泥巴""一屋的人"中的"一"都是表示"满"的意思，其中的量词"身""脸""脚""屋"都是借用名词作量词。

（2）"一+量+的+N"与普通话的"一+量+N"比较。两者有以下几点不同：第一，借用量词的范围不同。普通话"一+量+N"中的量词多是借用表示身体和身体的某部位的名词，例如"一手血""一身灰"；鄂豫皖赣四省交汇处方言"一+量+的+N"中的量词可以是身体的某部位的名词，也可以是借用其他事物的名词，例如"一桌子的菜""一地的麦"等。借用其他事物的名词，一般是指称有界事物的"有界名词"。第二，表量的主客观性不同。普通话"一+量+N"表示的是客观量，鄂豫皖赣四省交汇处方言"一+量+的+N"带有极大的主观性，即在结构中含有说话人主观上的表量成分，赋予N以主观大量。试比较：

[33]我喝了一肚子水。（普通话）

[34]我喝了一肚子的水。（方言）

例[33]中的"一肚子"表示的是客观量，说话人仅仅在陈述一个客观事实，并不带有任何情感倾向和主观评价；例[34]中的"一肚子"表示肚子里全都是水，这里存在着因为说话人的主观认识或评价而使听话人感觉其"量"的大。从这个意义上讲，"一肚子"是带主观评价的量。

2）"箇+A+数量"格式

"箇"用在形容词的前面是表示程度的指示代词，有"这么""那么"的意思，"箇+A+数量"可以放在宾语的前面修饰宾语，也可以放在主语的前面修饰主语。例如：

[35]把他箇大一个苹果。（给他那么大一个苹果。）

[36]我吃了箇两大碗饭,再吃不下去了。(我吃了那么两大碗饭,再吃不下了。)

[37]箇大一屋人在开会。(那么大一屋子人在开会。)

[38]箇厚一本书我看不完。(那么厚一本书我看不完。)

例[35]、例[36]是"箇+A+数量"用在宾语的前面修饰宾语,表示宾语是主观大量;例[37]、例[38]是用在主语的前面修饰主语,表示主语是主观大量。

3)"整+大+量+的"格式

"整"读为[ˇken],"整"和"大"都是修饰"量"的,表示"量"的"完整"和"大",例如,"他整大口的吃"表示"他大口大口地吃""他囫囵吞枣地吃"的意思。再看其他例句:

[39]他整大包的往屋的驮。(他大包大包地往家里背。)

[40]他整大碗的吃。(他大碗大碗地吃。)

[41]他整大担的往外挑。(他大担大担地往外挑。)

[42]他整大个的往下吞。(他大个大个地往下吞。)

"整大包的"表示"包"的"完整"和"大",有"大包大包"的意思;"整大碗的"表示"碗"的"完整"和"大",有"大碗大碗"的意思;"整大担的"表示"大担大担"的意思;"整大个的"表示"大个大个"的意思。这种格式有以下特点。

第一,从与所指对象的联系看,"整+大+量+的"格式表意范围主要涉及物,不涉及人和处所。

第二,"整+大+量+的"格式在句中充当状语,"的"对"整+大+量+的"状语具有促成性,所以必须带助词"的",否则站不住。

第三,显示异常感觉。"整+大+量+的"格式带有夸张性。从心理感觉和主观情绪方面看,被突出、夸张的都是让说话人有异常感觉的事物,说话时必然带上或多或少的主观情绪。"整+大+量+的"格式显示出来的异常感觉,有时偏重于强调量的不正常,有时偏重于量的不寻常、不一般,例如:"他整大碗的吃",强调量的不正常;"他整大包的往屋的驮",强调量的不寻常。无论是强调不正常还是强调不寻常,都会自然地流露出说话人的主观情绪,主观认为量大。

4）"数+A+量"与"AA+数量"格式

数量词能与形容词组合，表示主观大量。形容词有单音节形容词和形容词的重叠形式两种类型。

（1）单音节形容词。单音节形容词"大""长""满""厚""整"等，插入数量词之间构成"数+A+量"格式，表示主观大量，带有夸张的语气。例如：

鄂东：[43]我都吃了三大碗饭。（我都吃了三大碗饭。）
　　　[44]搛了一大箸菜。（夹了一大筷子菜。）
　　　[45]兴了一长厢地的玉榴。（种了一厢地玉米。）
九江：[46]砍了一大捆柴。（砍了一大捆柴。）
　　　[47]切了一大坨儿精肉。（切了一大块儿瘦肉。）
　　　[48]煮了一大底儿粥。（煮了一大锅粥。）
鄂州：[49]看了一大窠鸡。（养了一大窝鸡。）
　　　[50]害了一大跤病。（生了一场大病。）
　　　[51]花了一大笔钱。（花了一大笔钱。）
岳西：[52]搬了一大块石头。（搬了一大块石头。）
　　　[53]装了一整车黄瓜。（装了一整车黄瓜。）
　　　[54]几大堆沙子。（几大堆沙子。）

数量词之间插入"大""长""整"后，使量词"箸""厢""碗""堆""块""捆""坨儿"等成为主观大量。

（2）形容词的重叠形式。形容词可以重叠，构成"AA+数量"格式。重叠的形容词限于"满满""足足""整整"等。例如：

[55]我看了满满一晏昼。（我看了整整一上午。）
[56]称了足足十斤鱼。（称了足足十斤鱼。）
[57]她怀了足足十个月。（她怀孕足有十个月。）
[58]他出去了整整一年。（他出去了整整一年。）

从例[55]~[58]可以看出，"满满""足足""整整"所修饰的是数量词，是数量词的定语。"满满""足足"修饰的数量词限于事物量词和时间量词。"整整"修饰的数量词仅限于时间量词。这些格式的"满满""足足""整整"语义都指向数量词，且都标指该数量词为主观大量，因此既可以放在数量词的前面充当定语，也可以放在动词的前面充当状语。它们在位置上虽然不同，但在表意上没有多大的差异，多数情况下可以互换。例如：

[59] 装了满满一车。——→满满装了一车。
[60] 称了足足十斤鱼。——→足足称了十斤鱼。

陆俭明认为："数量词中间能不能插入形容词，能插入什么样的形容词，要受到数词和量词，特别是量词的制约。事实告诉我们，除此之外，还要受到数量词所修饰的名词的制约。"[1]在鄂豫皖赣四省交汇处方言中，数量词中间插入形容词，也要受到其他因素的制约。"数+A+量"格式中的数词限于系数词，位数词不能进入；量词限于事物量词（包括个体事物量词和集合事物量词）。数量词之间插入的形容词一般是单音节的，数量很有限，而且不能类推。在考察过程中，我们发现单音节形容词插入数量词之间，固然与音节特点有关，双音节及多音节形容词未发现此种用法，其中也有认知和习俗上的原因——事物量词是来源于事物的名词，且在漫长的发展过程中一直与名词难舍难分。在现代汉语（包括方言）中，虽然大部分事物量词已不再有名词的意义和用法，但却约定俗成地固定下来适用对象的性状类型，例如，"张"多用于可以铺张开来的、有延展平面的物体，"粒"多用于粒状的、个体较小的物体等。事物量词的这种特点使它具有了一种潜在的替名词划分小类的作用，在认知过程中，事物量词的出现和存在就会自然地激活人脑中对某小类有具体性状特征的名词的信息，事物量词与其适用对象是同一认知链条上密切相关的两个结点。单音节形容词在语义上是指向事物量词的，例如"一长厢地"，"长"是"厢"的特征，之所以可以放在量词"厢"之前，是因为量词本身已富有形象色彩。然而"一大箱子书"之类是因为"箱子"具有名词类的原型特征，可受富有形象色彩的形容词修饰，这时的"大"在语义上也是指向"箱子"，而非指向"书"。

6.6.2 主观小量

主观小量是跟主观大量相对的另一个概念。主观小量是主观上认为所述说的

---

[1] 陆俭明. 现代汉语句法论[M]. 北京：商务印书馆，1993：116.

事物在量范畴上具有"数量少、时间短、范围狭、等级低、差距小"等特点。表现这些特点的相关词语或框架具有"减值强调"的特征，用以表现这种特征的语法手段也有副词标、格式标等。

1. 副词标

表示主观小量的副词有"只""才""就"等。这几个副词语义指向不同，"只"的语义指向是右指的，"才"与"就"的语义指向是双向的，既可左指，也可右指。下面分别进行讨论。

（1）只。"只"的语义指向是右指的。在普通话里，"只"一般用在动词前面充当状语，后面不出现数量成分，但当后面出现数量成分时，这些表量成分所表示的量都是小量。在这一点上，鄂豫皖赣四省交汇处方言与普通话相同。"只"在标指主观小量时有几种用法。

第一，用在动词前面作状语，构成"只+动词+数量"的结构。例如：

[61]一个月只把一百块钱我。（一个月只给我一百块钱。）

[62]一套房子只值五万块钱。（一套房子只值五万块钱。）

[63]他只带一个人来。（他只带一个人来。）

[64]一个星期只听一回课。（一个星期只听一回课。）

"只"用在动词"把""值""带""听"的前面，充当状语，其辖域的"一百块""五万""一个""一回"都表示主观小量。"只"也属于"双量副词"，"一个月""一套房子""一个星期"因受后面主观小量的感染，表示主观大量。

第二，"只"可以构成"总+只+数量"格式，其中的数量词语也是表示主观小量的。这种说法主要见于英山、罗田、浠水等方言中。例如：

[65]我总只一双手，做不到简多（我只有一双手，做不了那么多。）

[66]我总只一个肚子，只吃得倒简多（我只有一个肚子，只能吃这么多。）

[67]总只一块钱，不管买么事都买不倒。（只有一块钱，不管买什么都买不到。）

[68]总只一天的时间，算顶快的。（只有一天的时间，算是很快的了。）

受"总只"的管控，"一双手""一个肚子""一块钱""一天的时间"都表示主观小量。

（2）才。"才"是表示主观量最明显的副词。史锡尧认为："副词'才'修饰限制表示数量的词语、表示高度或表示范围等的词语时，表明说话人主观认定为弱态势。"[①]张谊生指出，"才"与其说是一个时间副词，不如说是一个表示主观评价的评注性副词。它的基本语法意义是强调说话人对所陈述的事件在时间、数量、范围等方面的主观评价。这种主观评价可以有"减值"和"增值"两种相反的倾向，所以"才"又可以分为相对两个方面——减值强调和增值强调。其中，"减值强调"可以表时间短、数量少、范围狭、等级低、差距小；"增值强调"可以表时间长、数量大、距离远、间隔久等。[②]

鄂豫皖赣四省交汇处方言的"才"也可以表示"减值强调"和"增值强调"两个方面，是"双指副词"。其语义指向既可左指，也可右指，还可以同时左右指。数量词语位于"才"之前，"才"的语义指向是左指的，它所辖域的表量词语表示主观大量；数量词语位于"才"之后，"才"的语义指向是右指的，它所辖域的表量词语表示主观小量。例如：

[69]他三十岁才结婚。

[70]他两年才回来。

[71]他结婚时才三十岁。

[72]他回来才两年。

例[69]、例[70]中的数量词语出现在"才"的前面，"才"的语义指向是左指的，表量词语表示主观大量。例[71]、例[72]中的数量词语出现在"才"的后面，"才"的语义指向是右指的，表量词语是表示主观小量。

"才"可以用在双量式中，前后两个量之间往往会产生反向感染，形成"主观大量"和"主观小量"的系列。例如：

[73]三个人才喝了两瓶白酒。

[74]五个人才吃了三碗饭。

---

① 史锡尧. 副词"才"的语法组合功能、语义、语用考察[J]. 烟台大学学报（哲学社会科学版），1990（2）：85.
② 张谊生. 现代汉语词副词研究[M]. 上海：学林出版社，2000：94.

如果主观认为"才"之前的数量词"三个""五个"是大量，那么"两瓶""三碗"被感染为小量；相反，如果主观认为"两瓶""三碗"是小量，"三个""五个"被感染为大量。所以，李宇明认为"才"的语义指向，左指时为主观大量，右指时为主观小量。

（3）就。语气副词"就"具有标指主观量的作用。其语义指向与"才"一样，既可左指，也可右指，还可双指。与"才"不同的是，在单量式中，表量词语不管出现在"就"的前面，还是出现在"就"的后面，都表示主观小量。例如：

[75]他六点钟就起床。

[76]他三岁就认得好些字。

[77]就两三个人不够。

[78]就一万块钱买不到房子。

"六点钟""三岁"出现在"就"之前，表示主观小量；"两三个人""一万块钱"出现在"就"的后边，也表示主观小量。

在双量式中，如果"就"前后的表量词语没有明显地表示主观量的标记时，句子的表意是有歧义的，例如，"两个人就吃了十个粑"这句话可以理解为两种意思：

[79]两个人就吃十个粑，吃得太少了。

[80]两个人就吃十个粑，吃得太多了。

在例[79]中，"十个粑"表示主观小量，"就"可以换成"只""才"，"两个人"在"十个粑"的感染下带有主观大量的色彩；在例[80]中，"十个粑"表示主观大量，"就"不能换成"只""才"，可以换成"一下子"，"两个人"在"十个粑"的感染下带有主观小量的色彩。

需要指出的是，表示主观小量的副词与表示主观大量的副词没有绝对的界限，因为在双量式中，前后两个"量"相互关联、相互感染，如果一个量是主观大量，那么另一个量被感染为主观小量，如果一个量是主观小量，那么另一个量被感染为主观大量。

2. 格式标

主观小量除用副词表达以外，还可以用其他格式来表达。

1)"数+量+儿"格式

在鄂豫皖赣四省交汇处方言中,数量词带上"儿"尾就表示主观小量。这跟"儿"尾的表小功能是一致的。"数+量+儿"格式表示事物的数量小,"量"可以是事物量,也可以是时间量,还可以是行为量。数词限于"一""两"和约数词"几"。例如:

[81]我煮了一筒儿米。(我煮了一筒米。)

[82]我出去了一下儿。(我出去了一会儿。)

[83]她踢他两脚儿。(她踢了他两脚。)

[84]菜清了两到儿,不晓得洗干净冇?(菜洗了两遍,不知道洗干净没有?)

例[81]是事物量,例[82]是时间量。时间量加上小称标记"儿",缩小时间范围,表达较短的时间。例[83]、例[84]是行为量。普通话的行为量词语一般不能带"儿"尾,鄂豫皖赣四省交汇处方言的行为量词语可以带"儿"尾,表示动作的量小、时短,例如,"两到儿"含有"次数少"的意思。

由于表示的是主观小量,可以在动词的前面加上"只""就""就只"之类的副词。例如:

鄂东:[85]锅的只把(给)一滴儿油。(锅里只放一点儿油。)

[86]塆的只有几家儿人家[ka]。(村里只有几家人家。)

[87]我就出去了一下儿。(我就出去了一下。)

[88]粥就只煮了两滚儿,可能还冇热。(粥只煮了两下,可能还没热。)

九江:[89]锅的只有一底儿粥。(锅里只有一点儿粥。)

[90]我就喝一口儿开水。(我就喝一口开水。)

[91]菜只把一丝儿辣椒。(菜里只放了一点儿辣椒。)

上例中的数量词语带了"儿"尾,主观上都认为量小,表示的是主观小量。

2)"数+A+量(儿)+N"格式

"数+A+量(儿)+N"格式是在数量词之间插入表示小量的修饰词语来表示小量。插入的词语有"细(小)""浅""短""窄""半"等,插入的成分有不同的用法。量词后面可带"儿",也可以不带。例如:

鄂东：[92]我只吃了一细个儿苹果。（我只吃了一个小苹果。）
　　　[93]两个人只煮一浅筒儿米。（两个人只煮了一小筒米。）
　　　[94]树砍得只剩得一短矬儿了。（树砍得只剩一小截了。）
　　　[95]裁一窄料儿纸。（裁一窄条纸。）
九江：[96]剪了一小张纸。（剪了一小张纸。）
　　　[97]砍了一小捆柴。（砍了一小捆柴。）
　　　[98]吃了一小碗饭。（吃了一小碗饭。）
　　　[99]切了一小坨儿精肉。（切了一小块儿瘦肉。）

鄂东方言中，数量词之间插入了表示主观小量的词语之后，后面都一定要加上"儿"，否则不能成立，不能说"一细个苹果""一窄料纸""一浅筒米"等；九江方言可以不带"儿"。

鄂豫皖赣四省交汇处方言中表小量的数量词中间能不能插入形容词，插入什么样的形容词，要受到名词的制约。

首先，我们看到，同一个数量词，修饰某些名词时，中间可插入形容词，而修饰另一些名词时，中间就不能插入形容词。例如：由量词"件"形成的数量词，当它修饰名词"家业、嫁妆"时，中间可插入形容词，如一细件家业、一细件嫁妆；当它修饰"衣裳""事情"时，中间就不能插入形容词。如*一细件衣裳、*一细件事情。

其次，我们看到，同一个数量词，由于它所修饰的名词的不同，中间所能插入的形容词也不同。例如数量词"一棵"，当它修饰"菜、草、树"时，中间可插入"细"（如"一细棵树、一细棵菜"），也可插入"大"（如"一大棵树、一大棵菜"）；当它修饰动物名词时，中间只能插入"大"，不能插入"细"。这些事实说明，表示小量的数量词中间能不能插入形容词，插入什么样的形容词，数量词所修饰的名词是一个不可忽视的制约因素。

3）由"把"构成的格式

"把"是表示约量的助词，"把"用在数词或量词的后面或中间构成各种约量结构。这些结构除表约量外，还同时表示小量，主要有以下结构形式。

（1）X+把。"X+把"中的"把"用在数词或量词的后面构成约量结构，表示小量，例如，"斤把米儿"表示一斤左右的米。再看其他例句：

孝感：[100]每天派个把人来值个班就行。（每天派个人来值个班就行。）

[101]明朝请客买个条把烟就够了。（明天请客买条烟就够了。）

宿松：[102]一餐吃碗把饭。（一餐吃一碗饭。）

[103]每天来了个把人。（每天来一个人。）

鄂豫皖赣四省交汇处多数方言点要在"把"后带上"儿"才能成立，"儿"可以附在"把"后，也可以附在名词后。凡是数词后面带上"把儿"，都表示小量。例如：

鄂东：[104]每日根把儿烟。（每天一根烟。）

[105]多个把儿人也不碍。（多一个人也不影响。）

[106]百把儿斤的柴，我挑得起。（一百多斤的柴，我挑得动。）

鄂州：[107]每年买件把儿衣裳。（每年买一件衣服。）

[108]一餐碗把儿饭。（一餐吃一碗饭。）

孝感：[109]花了点把儿钱。（花了一点钱。）

[110]点把儿小问题不要紧。（一点小问题不要紧。）

普通话中也可以用"X把"格式表示小量，是超过X的约量。例如：

[111]那个髻子足足要梳个把钟头，然后细匀铅黄、画眉、然后换上衣服、然后早餐。（苏雪林《棘心》）

[112]他记得三国演义里的名言，"妻子如衣服"，当然衣服也就等于妻子；他现在新添了外套，损失了个把老婆才不放在心上呢。（钱钟书《围城》）

[113]走他个把人也没啥了不起……（李佩甫《羊的门》）

[114]而我虽然呆在家里，除了摔破个把碗，再没犯过别的错误，也还是个没人要的胖子。（王朔《空中小姐》）①

其他方言中也存在"X把"格式，"X把"除带"儿"尾外，还可带其他成分表示小量，如"来、子、大、几、旺毫、仔、唧"等。例如：

---

① 以上例句来自陈淑梅，陈曦. 汉语约量结构"X把"与"X来"的教学[J]. 语言教学与研究，2011（12）：33-34.

[115]说了句把儿就分手了，没来及详谈。（说了一句话就分手了，没来得及详谈。）（江苏徐州）

[116]买了斤把子肉。（买了一斤多肉。）（湖南长沙）

[117]来了个把几人。（来了一两个人。）（湖南常宁）

[118]我只走了里把仔路。（我只走了一里多路。）（江西萍乡）

[119]打了斤把唧油。（打了一斤多油。）（湖南浏阳）

这些方言的"X把"的特点是：后附成分没有实在意义，一般不独立使用，和"把"一起构成约量结构。一般来说，带上后附成分的结构都是表示小量，这种小量带有说话人的主观色彩，是主观小量；后附成分的使用范围有所不同，"来、儿"是普通话和方言通用的，"子、大、几、旺毫、仔、唧"只存在于方言之中，主要分布在湘语区和赣语区。

（2）X+把+X。这种格式是将"把"用在两个拷贝量词的中间。这种格式适合于复合量词以外的各种量词。量词前面可以带数词"一"，也可以不带。例如：

鄂东：[120]一箱里只有（一）个把个烂苹果不碍。（一箱里只有一个烂苹果没有关系。）

[121]喝筒（一）斤把斤酒儿，不得醉的。（喝一斤多酒不会醉的。）

[122]只去过（一）回把回儿，哪个记得？（只去过一回，谁能记得？）

[123]这是慢性病，（一）下把下儿诊不到。（这是慢性病，一时半会儿治不好。）

岳西：[124]扯了尺把尺布。（扯了一尺多布。）

[125]走了里把里山路。（走了一里多山路。）

[126]吃了碗把碗干饭。（吃了一碗干饭。）

[127]请了桌把桌人客。（请了一桌客人。）

"个把个""斤把斤"等都是表示小量。"下把下"表示"一时半会儿"的意思，也是表示小量。

（3）X+把+两+X。"X+把+两+X"是在"X+把+X"的基础上加上"两"构成的，表示小量。例如：

鄂东：[128]我在这里住天把两天就回去。（我在这里住一两天就回去。）

[129]你说（一）回把两回就要得，说多了她不爱。（你说一两回就行了，说多了她不爱听。）

孝感：[130]个把两个人就可以把事情搞完。（一两个人就可以把事情搞完。）

[131]去个次把两次是个意思，莫总去找他。（去一两次是个意思，不要总去找他。）

新县：[132]我到他那里去了下把两下。（我去了他那里一两次。）

[133]到他屋的吃餐把两餐儿。（到他家里吃了一两次饭。）

九江：[134]粽子一餐不要吃好多，只吃个把两个儿。（粽子一次不要吃太多，只吃一两个就行。）

[135]海鲜吃餐把两餐就行了。（海鲜吃一两次就行了。）

宿松：[136]鸡蛋坏了个把两个。（鸡蛋坏了一两个。）

[137]渠的田亩把两亩。（他的田有一两亩。）

鄂州：[138]螃蟹只能吃个把两个。（螃蟹只能吃一两个。）

[139]分了担把两担田。（分了一两担谷的田。）

6.7 本章小结

本章讨论了鄂豫皖赣四省交汇处方言的量范畴系统，包括事物量、空间量、时间量、行为量、程度量以及主观量。从调查的情况看，鄂豫皖赣四省交汇处方言的量范畴有较大的一致性，除了语音、用词上有一些差异以外，结构上差别不是很大，例如，"数+A+量+N"结构表示大量和小量，"X+把""X+把+两+X"结构都表示小量，在鄂豫皖赣四省交汇处方言中基本相同。

量范畴是一种广义的语义范畴，它大化了"量"的内涵，将量范畴投射到了其他语义范畴，具有"数量"所不及的覆盖率和渗透性。不仅事物含有量的意义，空间、时间、行为、程度等都含有量的意义，在语言表达上，含有量的概念不仅仅局限在量词上，名词、动词、形容词以及与此相关的格式都含有量的概念。本书主要是通过这些语表形式来对鄂豫皖赣四省交汇处方言的量范畴进行系统的研究，从宏观上探索量范畴的理论，从中观上研究量范畴的现象，从微观上分析某些具有量范畴的表达方式，充分发掘出事物中的几何量和数量、事件中的行为量和时间量、性状中的程度量等，极大地丰富"量"的语义范畴，力求构建出鄂豫皖赣四省交汇处方言量范畴的体系。

在研究中，我们采取从语义到语形的研究路向，对鄂豫皖赣四省交汇处方言量范畴进行了深入的考察、细致的分析，力求挖掘出各种蕴涵量范畴的语义特征及各种表现形式，研究其意义和形式之间的关系。首先，按照立体研究的思路，我们在纵向上将方言的量范畴与古代、近代的量范畴进行比较，在横向上将方言的量范畴与其他方言和共同语的量范畴进行比较。其次，我们运用静态特征与动态特征结合的方法，在考察量范畴的语义、语法、语用时，把量的静态特征与动态特征结合起来，既有静态特征描写，又有动态特征分析。最后，我们归纳出鄂豫皖赣四省交汇处方言的量范畴的规律，力求构建出量范畴的理论。

在研究中，我们运用"有界"和"无界"的理论来分析鄂豫皖赣四省交汇处方言的量范畴。"有界"和"无界"是人类认知过程中的普遍现象之一，目前在国外认知语言学领域，关于语义数量特征的探讨主要是围绕着"有界"与"无界"的问题展开的，"有界"和"无界"反映了量的重要特征——"离散"和"连续"，所以将"有界"和"无界"理论与鄂豫皖赣四省交汇处方言的量范畴研究结合起来，是研究量范畴的重要理论方法。

汉语方言的量范畴很复杂，就目前研究情况来看，成果不是很多，加强对汉语方言量范畴的研究，有利于人们认识、了解汉语方言，进而把握汉语方言的整体面貌，推进汉语方言学的发展，对普通语言学理论的建立有着十分重要的意义。汉语量词最初大量存在于方言之中，以量词为核心的量范畴既是方言区的人们学习普通话的难点，也是外国人学习汉语的难点。因此，对汉语量范畴的研究，特别是对汉语方言的量范畴的研究，有利于外国人学习汉语，在对外汉语教学中起着非常重要的作用。

第 7 章

鄂豫皖赣四省交汇处方言语法的现代发展与归属及其研究思考

鄂豫皖赣四省交汇处贸易往来、文化交流、移民杂居等各种形式的接触频繁，使得这一地区的方言既有江淮官话的特征，又有中原官话的特征，还有徽语和赣语的特征。鄂豫皖赣四省交汇处方言曾引起学者们的注意。1948 年，赵元任、丁声树等合著的《湖北方言调查报告》，将湖北东部和东北部的 17 个县市以及西北角的竹山、竹溪共 19 个县市的方言划在第二区，并指出，这第二区可以算作典型的楚语，如果要独立一种楚语的名目的话。[①]1987 年，由中国社会科学院和澳大利亚人文科学院合作编纂的，由香港朗文出版（远东）有限公司出版的《中国语言地图集》将鄂东及鄂东北的 16 个县市和江西省的 3 个县市划归为江淮官话黄孝片。"江淮官话内部的语音差别主要有三项：①入声是否分阴阳。②古仄声全浊声母字今读塞音、塞擦音时是否送气。③'书虚、篆倦'两类字是否同音。并根据这些差别可以把江淮官话分成洪巢、泰如、黄孝三片。"[②]黄孝片不仅是一个地域概念，更是一个方言的概念。随着方言研究的不断深化，鄂豫皖赣四省交汇处方言越来越显示出独有的特色，其语法沿着自身的发展规律在不断演变和发展。

7.1 鄂豫皖赣四省交汇处方言语法的现代发展

语言是发展的，方言语法是语言历史演变的结果，也是发展的，鄂豫皖赣四

[①] 赵元任，丁声树，杨时逢，等. 湖北方言调查报告[M]. 北京：商务印书馆，1948：1568.
[②] 中国社会科学院，澳大利亚人文科学院. 中国语言地图集[M]. 香港：香港朗文出版（远东）有限公司，1987：B3.

省交汇处方言语法同样在不断地发展。本节将鄂豫皖赣四省交汇处方言在发展过程中逐渐产生的一些新的语法特点进行归纳，力求梳理出一些鄂豫皖赣四省交汇处方言语法发展变化的规律，主要有以下内容。

7.1.1 重叠形式

1. "AABB 儿的"重叠式

普通话的名词重叠 AABB 式只限于几个词，如"山山水水、祖祖辈辈、花花草草、坑坑洼洼、瓶瓶罐罐、盆盆罐罐、风风火火、婆婆妈妈"等。有很多名词在普通话中是不能重叠的，但在鄂豫皖赣四省交汇处方言中都能重叠。看实际用例：

[1] 把地下渣渣末末儿的都扫起来。（把地上的渣滓都扫出去。）
[2] 菜要栽得稀稀漏漏儿的。（菜要栽得稀疏一些。）
[3] 崖崖缝缝儿的都找了，冇看见。（每一个角落都找了，没有看见。）
[4] 把粑搣得边边捱捱儿的。（把粑掰成很多块。）
[5] 你捏筒些棍棍棒棒儿的做么事？（你手上拿这么多棍子干什么？）

2. "VV 式儿"格式

这种格式是单音节动词重叠并加"式儿"尾。"式儿"儿化为[ʂɚ]。其中的第一个 V 重读，第二个 V 读轻声。在普通话里没有与"式儿"相当的词尾。这种格式有两种扩展格式："把+N+VV 式儿"和"往+方位词+VV 式儿"。例如：

[6] 把门关关式儿。（把门稍微关着点。）
[7] 把眼睛闭闭式儿。（把眼睛稍微闭着点。）
[8] 往下坐坐式儿。（往下坐点儿。）
[9] 往下跕跕式儿。（往下蹲点儿。）

3. "重叠+儿的"格式

在普通话中，重叠词的后边不能加"儿的"尾，只能加"儿"尾。然而鄂豫皖赣四省交汇处方言中重叠词后可以带上"儿的"构成状态形容词，表示程度轻、动量小、数量少和零散的状态。

（1）ABB+儿的，例如硬邦邦儿的、凉悠悠儿的、甜抿抿儿的、齐笃笃儿的、辣呵呵儿的、清汤汤儿的、粉助助儿的、汗巴巴儿的、水汪汪儿的、滚跑跑儿的。

（2）AA+儿的。AA 为名词性语素、动词性语素、性质形容词性语素、量词性语素。

①名词性语素+儿的。如网网儿的、粉粉儿的、末末儿的、齿齿儿的、毛毛儿的、绒绒儿的、洞洞儿的、须须儿的、眼眼儿的。

②动词性语素+儿的。如落落儿的、飘飘儿的、倒倒儿的、荡荡儿的。

③性质形容词性语素+儿的。如矮矮儿的、瘪瘪儿的、长长儿的、短短儿的、光光儿的、厚厚儿的、尖尖儿的、软软儿的、轻轻儿的。

④量词性语素+儿的。如尺尺儿的、丈丈儿的、斤斤儿的、角角儿的、根根儿的、张张儿的、粒粒儿的、块块儿的、提提儿的。

（3）"AABB+儿的"。形容词"AABB"带上"儿的"表示程度轻，有"有点 A"的意思，如光光溜溜儿的、矮矮墩墩儿的、长长显显儿的、慢慢吞吞儿的、密密麻麻儿的、胖胖墩墩儿的、瘦瘦脊脊儿的、饱饱满满儿的、白白胖胖儿的。

7.1.2 "着"字的用法

鄂豫皖赣四省交汇处方言中的"着"读[tʂo]，用法比较复杂。它用在句子末尾与动词配合，表示各种意义。

1. 将然体标记

表示先完成某种动作行为后再做其他事情。鄂豫皖赣四省交汇处大多数方言都有此用法。例如：

[10]等我说完着。（等我说完了，你再说。）

[11]等我看完着。（等我看完了，你再看。）

2. 语气助词用法

"着"表示祈使的语气，句首要加"让"。例如：

[12]让我想下着。（让我想一下。）

[13]让我用几天着。（让我用几天再给你。）

[14]让他们先上去着。（让他们先上去再说。）

3. 动态助词用法

"着"用在动词后面表示动作的完成。例如：

[15]你开车撞着人还想跑哇？（你开车撞了人还想跑啊？）（岳西）

"着"用在句末，主要表示事情发生变化。用在动宾结构之后或句末，相当于普通话的"了$_2$"。例如：

岳西：[16]佢吃着饭就走着。（他吃了饭就走了。）

[17]佢几个打着球着。（他们打了球了。）

[18]伢让佢妈打着。（孩子让他妈妈打了。）

[19]桃子让风吹落着。（桃子被风吹落了。）

4. 进行体标记

"着"用在句中表示动作的进行或持续，是进行体标记。例如：

岳西：[20]在门槛上坐着戏。（在门槛上坐着玩。）

[21]跑着恁个乎。（跑着很猛。）

[22]讲着讲着就哭起来着。（讲着讲着就哭起来了。）

[23]走着走着陡然跶了一跤。（走着走着突然摔了一跤。）

5. 被动标记

"着"不能直接放在动词前面表示被动。这是鄂豫皖赣四省交汇处方言被动句与普通话被动句最大的不同之处。例如：

孝感：[24]衣裳着老鼠咬了一个洞。（衣服被老鼠咬了一个洞。）

[25]你要争点气，莫着别个笑。（你要争点气，不要被别人笑。）

[26]她着别个货（骗）走了一百块钱。（她被别人骗走了一百块钱。）

黄梅：[27]地里的麦着猪吃了。（地里的麦子被猪吃了。）

[28]他着狗咬了一口。（他被狗咬了一口。）

宿松：[29]一大早就要着别个骂。（一大早就被别人骂。）

[30]这么大的年纪着人家说，划不来。（这么大的年纪被人家说，划不来。）

普通话"被"字句中的动词是一个音节的时候，前后一定要带上别的成分。但是鄂豫皖赣四省交汇处方言的动词可以是单音节"光杆动词"，如"笑、骂、说"等，常用单音节动词可以直接充当"着"字句的动词，如例[29]、例[30]。

"着"表示被动标记，实际上是古汉语和近代汉语中被动句表示法的遗留。例如：

[31]我单为你，着那厮打了一顿。（李文蔚《燕青博鱼》三折）

[32]不是弓兵护从严，险些着他杀了我。（无名氏《梁山七虎闹铜台》头折）①

7.1.3 "把"字的用法

1. "把"字的动词用法

鄂豫皖赣四省交汇处方言的"把"字作为动词，带双宾语，有多种用法。例如：

鄂东：[33]你把本书我。（你给我一本书。）

[34]把一支笔我。（给我一支笔。）

岳西：[35]劳慰你把点水我。（谢谢你给我点水。）

[36]难为你把我点水。（请你给我点水。）

广水：[37]把烟乞你。（给你烟。）

[38]把支笔乞他。（给他支笔。）

广水话中表示"给予"义的"把"用在"把……乞"格式中，而且指人的宾语限于第二、三人称，不能是第一人称。

---

① 向熹.简明汉语史（下）[M].北京：高等教育出版社，1993：497.

2. "把"字的介词用法

"把"字的介词用法在鄂豫皖赣四省交汇处方言中用得比较多,主要有以下几种。

(1)引进动作的对象,相当于普通话的"替""给"。例如:

鄂东:[39]我把你写下儿。(我替你写一下。)
　　　[40]我把你伢儿抱一下儿。(我替你抱一下孩子。)
岳西:[41]这一回我还是输把佢着。(这一回我还是输给了他。)
　　　[42]讲把你听,你也听不明白。(讲给你听,你也听不明白。)

(2)引进动作的工具,相当于普通话的"用"。例如:

鄂东:[43]把吃饭的碗去装盛菜。(用吃饭的碗去盛菜。)
　　　[44]把车子拖倒走。(用车子拖着走。)
宿松:[45]我喜欢把猪油炒饭吃。(我喜欢用猪油炒饭吃。)
　　　[46]把大碗盛菜,把滴滴碗盛饭。(用大碗盛菜,用小碗盛饭。)

(3)引进动作处置的对象。"把"表示处置,相当于普通话的"将",可以在动词后面带上一个"它/渠"。例如:

鄂东:[47]我把鸡赶跑了。(我将鸡赶跑了。)
　　　[48]把猪杀了它。(将猪杀了。)
宿松:[49]莫把路一抵倒。(不要挡着路。)
　　　[50]侬去把衣裳洗脱渠。(我们去将衣服洗了。)
罗山:[51]把稻草烧它。(将稻草烧了。)
　　　[52]要过年了,把塘的鱼打它。(要过年了,将塘里的鱼打了。)

在动词后面配置一个"它/渠"的格式在鄂豫皖赣四省交汇处方言中用得较普遍。此格式在前文已经分析了。

(4)表示被动。"把"字如果后面配置了动作的施事,就表示被动,是被动标记,相当于普通话的"被"。例如:

鄂东:[53]他把蛇咬了。(他被蛇咬了。)

[54]他屋的把贼捞了。（他家被贼偷了。）

孝感：[55]乜个小伢把车子撞死了。（这个小孩被车子撞死了。）

[56]房子把他占了一大半。（房子被他占了一大半。）

宿松：[57]莫把在蛇咬倒在。（不要被蛇咬了。）

[58]桃子把在贼偷哩精光。（桃子被贼偷光了。）

"把"引进的都是动作的施事，如例句中的"蛇""贼""车子""他"等，所以"把"是被动标记。"把"的其他用法在"成分词"一章中已经详细论述，在此不再赘述。

7.1.4 "把得"的用法

在鄂豫皖赣四省交汇处方言中，"把得"是介词兼动词，既有"给予"义，又有"被"义。

1. 动词的用法

"把得"作为动词，可以表示"给予"义，用于介宾补语式的双及物结构中，受事宾语只能充当话题。例如：

[59]钱把得细伢儿。（钱给小孩儿。）

[60]鱼把得猫吃。（鱼给猫吃。）

[61]大的苹果把得哥。（大的苹果给哥哥）。

[62]书把得我看下。（书给我看下）。

[63]钱把得他了。（钱给他了。）（孝感）

[64]棍子把得他当拐棍在用。（棍子给他当拐棍用。）（孝感）

2. 介词的用法

"把得"后带施事，构成"NP₁+把得+NP₂+V"格式，表示被动。例如：

鄂东：[65]白菜把得猪吃了。（白菜被猪吃了。）

[66]鸡把得黄鼠狼儿吃了。（鸡被黄鼠狼吃了。）

[67]芋头把得他烧糊了。（芋头被他烧糊了。）

[68]书把得她扯了。（书被她扯了。）

宿松：[69]鱼把得猫吃了。（鱼被猫吃了。）

广水：[70]嗯老了老了还把得她决，我想哈子心里头不得过。（你上年纪了还被她骂，我想想心里都不舒服。）

[71]乜事做不得哈，免得把得人家决。(这事不能做啊,免得被别人骂。)

[72]嗯要争气，莫把得瞧不起嗯的人笑。（你要争气，别被看不起你的人笑话。）

"把得"句兼表"给予"和"被动"，如果没有句法环境，该句是有歧义的。要区别其歧义，有三点：第一，被动句中，受事在句首，"把得"引进动作的施事，动词用在施事之后；第二，被动句中动词通常是"害、打、咬、撞、吃、烧、扯、踩、喝、泼"等表示强烈处置意义的动词；第三，被动句句末可以有语气助词"了"，如例[65]~[69]，如果是在否定句中，可以没有语气助词"了"，如[70]~[72]。但在相同的句法结构中，有"了"和没有"了"是不同的。例如：

[73]鱼把得猫吃了。（被动）

[74]鱼把得猫吃。（给予）

例[73]句末有语气助词"了"，"把得"是表被动。例[74]句末没有"了"，"把得"表示给予的意义。

7.1.5 "箇"的用法

"箇"读为[˚ko]，用作指示代词，主要用于鄂东、鄂州、竹山等方言点，其用法有五种。

1. 指示人和事物

"箇"修饰名词，相当于普通话的"这"或"这个"、"那"或"那个"，作定语。"箇"常常与"这""那"对举使用。"箇"与近指"这"对举使用时，表示"那"的意思。例如：

[75]箇个伢不听话。（这个小孩不听话。）（鄂东）

[76]箇个东西冇得吃式。（这个东西没有吃头。）（鄂东）

[77]箇样个颜色。（这样的颜色。）（鄂州）

[78]这个人我认得,箇个人我不认得。(这个人认识,那个人我不认识。)(鄂东)

[79]箇弄不好。(那样弄不好。)(竹山)

2. 指示程度、性状

"箇"有"这么、那么"的意思,作状语。例如:

[80]这个娃子,几天不见,长箇高了。(这个孩子,几天不见,长这么高了。)(竹山)

[81]他箇尖。(他那么吝啬。)(鄂州)

[82]他箇尖雀。(他那么狡猾。)(鄂州)

[83]这个人箇拐。(他这人这么坏。)(鄂东)

[84]这个字是箇的写。(这个字是这样写的。)(鄂东)

[85]我长箇大还冇出过远门。(我长这么大还没有出过远门。)(鄂东)

3. "箇的"指示正常的情况

"箇的"区别于已经发生的特殊情况,意思相当于"要是平时的话"。例如:

[86]他是今天有事,箇的总冇迟到。(他是今天有事,要是平常没事的时候不会迟到。)

[87]他今昼病了吃箇一点,箇的吃好多。(他今天病了吃这么一点,要是没病的时候吃得很多。)

[88]他今昼不快活冇说话,箇的好爱说话。(他今天不高兴没有说话,要是平常高兴的时候很爱说话。)

4. 指示时间长

"箇"用在时间词语的前面,表示时间长。但用在短时段时间词前面,"箇"后面要加"一","一"不表示实际意义,略带夸张,"一"后还可以带"大",其夸张意味更加强烈。例如:

[89]他出去箇几年了,还冇回来。(他出去那么多年了,还没有回来。)

[90]他病了筒几个月，还冇好。（他病了几个月了，还没有好。）

[91]你去了筒一大晏昼，么儿还冇搞好呢？（你去了一上午，怎么还没有搞好呢？）

5. 指示数量多少

"筒"用在表人或事物的数量词前，直接修饰数量词，强调人或事物数量的多少，名词前如果是数词"一"，后面可以加"大"指示数量多，数词不是"一"的时候，后面就不加"大"。"筒"在数量词的前面，数量词的后面带"儿"指示数量少。例如：

[92]筒一（大）屋的人，冇得哪个说话。（满屋的人，没有哪个说话。）

[93]筒一（大）桌子菜，冇得哪个吃桌子上。（满桌子菜，没有哪个人吃。）

[94]筒几个儿人有么事用。（那么几个人，有什么用？）

[95]筒两粒儿豆儿，我一口就吃了。（那么两粒豆子，我一口就吃了。）

[96]盘子筒点儿细，装不了筒些。（盘子这么小，装不下那么多。）

7.1.6 双宾句的多样化

在普通话中，双宾句一般是间接宾语在前、直接宾语在后，构成"V+O₂人+O₁物"。鄂豫皖赣四省交汇处方言的双宾句有三种表达格式。

1. "V+O₁物+O₂人"格式

这种格式是指物宾语在前，指人宾语在后。例如：

[97]把本书我。（给我一本书。）

[98]递双筷子我。（给我递双筷子。）

[99]他已经把了三块钱乜个人。（他已经给了那个人三块钱。）

[100]把滴饭在猪。（给猪一些饭。）

2. "V+O₂人+O₁物"格式

这种格式是指人宾语在前，指物宾语在后。例如：

[101]把你爸个毯子。（给你爸一床毯子。）

[102]我问你个事。（我问你一件事）。

[103]过日还你家新谷。（以后还你家新稻子。）

[104]难为你把我点水。（请你给我一点水。）

3. "V+O₁物+C+O₂人"格式

这类格式的双宾句是指物宾语在前，指人宾语在后，而且双宾语中间插入一个成分"得""给""到""在""给得""把得"等。例如：

[105]把盒饼干得他。（给他一盒饼干。）（英山）

[106]她把件衣裳把我。（她将一件衣服给了我。）（蕲春）

[107]我把一本书给得他。（我将一本书给他。）（孝感）

[108]他已经把三块钱把得乜个人了。（他已经给了那个人三块钱。）（孝感）

[109]我把本书把你。（我给你一本书。）（英山）

[110]拿一本书到我。（给我一本书。）（九江）

[111]还骂，我就一巴掌在你。（再骂，我就给你一巴掌。）（宿松）

[112]把一把钥匙在姐姐在。（给姐姐一把钥匙。）（宿松）

[113]给两个钱得他。（给他两个钱。）（安陆）

插入成分的性质是复杂多样的，但总的来说有两类：一类较虚，一类较实。虚的甚至看不到它与"给"的相关的意义，例如"得""在""到"等；实的也实不到像动词那样动作性较强，例如"把得""把"等。无论是虚的还是实的，我们都不能简单地将其分析为动词或助词。我们认为，插入的成分只能用在指物宾语之后、指人宾语之前，是一种虚词，不过这种虚词还含有给予的意义，是介于虚实之间的弱化动词。

7.1.7 "动+补+宾"句式

鄂豫皖赣四省交汇处方言动补宾句中宾语与"得/不"构成的可能补语之间，表示肯定的有两种顺序：动+得+补+宾、动+得+宾+补。例如：

鄂东：[114]打得赢他。
　　　[115]打得他赢。
九江：[116]我吃得饭进。
　　　[117]我吃得进饭。

表示否定的有三种顺序：动+不+补+宾、动+宾+不+补、动+不+宾+补。鄂豫皖赣四省交汇处方言动补宾句的肯定、否定形式形成了不对称现象。因为增加了一个否定标记，多了一个否定量域。动词限于单音节动词。例如：

鄂东：[118]打不赢他。
　　　[119]打他不赢。
　　　[120]打不他赢。
九江：[121]我吃饭不下。
　　　[122]我吃不下饭。
　　　[123]我吃不饭下。

其中把可能补语放在末尾的句式，通过补语的强调来体现动作的结果和可能性，表达的语气更加强烈。

7.1.8　"……的话"句式

在普通话中，"的话"用在句末表示假设。在鄂豫皖赣四省交汇处方言中，用"的话"表示重复别人的意思，既表示重复，又表示强调。"的话"一般用在对话中，答话人一般补充说话人没有说完的信息或者言外之意。例如：

[124]甲：我今天没有工夫。（我今天没有工夫。）
　　　乙：那你是说明天的话。（那你是说明天有工夫。）
[125]甲：你要去买一个好用的。（你要去买一个好用的。）
　　　乙：你是说买手机的话。（你是说买手机要买好用的。）
[126]甲：你不要把我忘记了。（你不要把我忘记了。）
　　　乙：你是说要常去看你的话。（你是说要常去看你。）
[127]甲：勒个人莫把钱借他。（不要把钱借那个人。）
　　　乙：你是说怕他不还的话。（你是说怕他不还。）

例[124]、例[125]补充的是说话人没有说完的信息，例[126]、例[127]补充的是说话人的言外之意。

7.1.9 "不得+N（的）+了"句式

N 是体词性成分。"了[˚liau]"重读，音值拖长。整个结构表示两种意思。

第一，表示某种事物太多、太麻烦，让人难受，又对此无可奈何的意思。例如：

[128]这里不得蚊子了。（蚊子太多了，没有办法对付。）

[129]他不得伢儿了。（他孩子太多，没有办法应付。）

[130]自家不得自家的事了。（自己家里的麻烦事太多，没有办法应付。）

[131]不得他的了。（他很讨厌，我拿他没有办法。）

第二，表示对某种浪费行为的不满。例如：

[132]你做屋，叫得不得钱了。（你盖房子根本是白白浪费钱。）

[133]你这是不得粮食了。（你这是白白浪费粮食。）

[134]你这是不得气力了。（你这是白费力气。）

7.1.10 长时量的表达方式

鄂豫皖赣四省交汇处方言的"倒"和"在"相配合使用，构成一定的格式，表示长时量。主要有以下几种类型。

1. "N_{施/受}+在+N_{处}+V 倒"格式

这种格式表示某人/某物在某处的某种状态，而且这种状态一直在延续，属于长时量的范畴。例如：

A 组：[135]他在床上睏倒。（他在床上睡着。）

[136]他在椅子上坐倒。（他在椅子上坐着。）

B 组：[137]葫芦在墙上挂倒。（葫芦在墙上挂着。）

[138]钱在荷包的装倒。（钱在荷包里装着。）

A组表示某人在某处处于某种状态，B组表示某物在某处处于某种状态。能进入这种格式的动词是表示静止的、附着于某物的动词，例如坐、站、睏、跍、靠、趴、挂、贴、钉、囵、守、戴、锁、系、关、躲等。

2. "V+倒+O+在"格式

"倒"用在动词的后面，句末用"在"，构成"V+倒+O+在"格式，表示动作的状态一直在持续，属于长时量的范畴。例如：

[139]我掇[to₃]倒碗在。（我端着碗。）
[140]火炉的烧倒火在。（火炉里烧着火。）
[141]门上贴倒一副对联在。（门上贴着一副对联。）
[142]队长驮倒一把锄头在。（队长背着一把锄头。）

这种"倒"字句中"V+倒"的后面要求出现宾语，主语既可以是动作的施事，如例[139]；又可以是事件进行的处所，如例[140]。格式中的"倒"有"着"的意思，"倒"和"在"连用表示"正在"的意思，表示动作的时间正在延续。

3. "在+V+倒+O+在"格式

句中有两个"在"。两个"在"分工不同。前一个"在"是时态助词，表示动作的状态正在持续；后一个"在"是句末助词，加强句子的语气。例如：

A组：[143]病人还在睏倒床上在。（病人还睡在床上。）
    [144]讨米的还在企倒门口在。（要饭的还站在门口。）
B组：[145]帽子在挂倒墙上在。（帽子挂在墙上。）
    [146]钱在锁倒柜子的在。（钱锁在柜子里。）

此格式强调某人或某物处于什么样的状态。A组表示某人处于一种什么样的状态，B组表示某物处于一种什么样的状态。句末的"在"也可以说成"在的"，构成"N+在+VP+在的"格式。"在的"是体助词"在"和语气助词"的"的连用形式，语义的重点在前面的"在"上，主要表示动作状态的持续，也可表动作的进行。例如：

[147]他在打电话在的。（他正在打电话。）

[148]我在洗衣裳在的。（我正在洗衣服。）

[149]我在看电视在的。（我正在看电视。）

7.2 关于鄂豫皖赣四省交汇处方言的归属和对方言语法研究的思考

7.2.1 关于鄂豫皖赣四省交汇处方言的归属问题

前人对这一片方言的定位分歧较大，有"楚语"说，有"第二区"说，有"江淮官话黄孝片说"。我们认为无论是"第二区"概念，还是"江淮官话黄孝片"概念，虽然有一定的合理性，但都不能涵盖这一片方言的特点。

这一片方言特色鲜明，历史悠久。第一，2000多年前，扬雄在《方言》中首次提到"楚言"的概念。在1948年出版的《湖北方言调查报告》中，赵元任、丁声树、杨时逢等将湖北东部地区的17个县市以及西北角的竹山、竹溪共19个县市的方言划在第二区，并提出了"楚语"的概念。1981年，詹伯慧先生在《现代汉语方言》里也提到："还有一些地方语音比较特殊，一时还难以划归到哪一个次方言中去。如湖北鄂东一带的'楚语'，跟以汉口为代表的'西南方言'固然大不相同，跟东面的'江淮方言'又难以归到一起。其中最突出的特点是有一系列圆唇舌尖后元音ʯ及以ʯ起头的ʯ一类韵，声调一般有六个，入声自成一类而去声分阴阳。'楚语'通行地域达20个县以上，是很值得注意的。"①进一步确认了楚语区的方言地位。中国社会科学院和澳大利亚人文科学院编撰的《中国语言地图集》，将鄂东及鄂东北的16个县市和江西省的3个县市划归为江淮官话黄孝片。②

第二，这一片方言的语音很有特色。①有入声调，它的入声调音长比普通声调还长，与江淮官话的洪巢片、通泰片大为不同；②声母浊音清化，古全浊声母逢塞音、塞擦音，平声读送气清音，仄声读不送气清音；③大部分地区[n]、[l]不

---

① 詹伯慧. 现代汉语方言[M]. 武汉：湖北人民出版社，1981：98.

② 中国社会科学院，澳大利亚人文科学院. 中国语言地图集[M]. 香港：香港朗文出版（远东）有限公司，1987：B3.

分，疑母[ŋ]、影母零声母混同；④舒声韵母系统更接近早期官话的代表——《中原音韵》音系；⑤有的方言点仍保留入声韵[?]；⑥复合母音和鼻音韵尾韵母有显著单音化；⑦一般有六个声调，阴平、阳平、上声、阴去、阳去和入声。

第三，这一片方言范围较大，可分为三个小片：黄州片（黄冈市的黄州区、麻城市、英山县、罗田县、浠水县、团风县、蕲春县、鄂州市、黄石市，九江市的浔阳区、濂溪区、柴桑区，安庆市区、桐城市等）；孝感片（孝感市的孝南区、安陆市、应城市、云梦县、大悟县、孝昌县、广水市，武汉市的黄陂区、新洲区，黄冈市的红安县及陕西和河南的黄孝片区等）；黄梅片（黄冈市的黄梅县、武穴市，安庆市的怀宁县、潜山市、岳西县，九江市的瑞昌市等）。其中黄州片分布在大别山地区，孝感片分布在武汉周边，黄梅片分布在赣语边缘。

第四，语法也有明显的特点。时态助词"倒"的用法、"箇"字的用法、"把"字的用法、"着"字的用法、"儿"缀的用法很独特，"V得得""VV式儿"等句法结构与其他方言不同。表示动作、行为的体貌范畴以及各种量范畴也很有特点。

综上所述，鄂豫皖赣四省交汇处方言应自成一类，成为汉语的一种独立的方言。我们可将这一片方言命名为"楚方言"或者"黄孝方言"。

当然关于这一片方言独立的问题，还需要对这一片方言的语音、词汇、语法特点作更深入、更全面的研究，理顺方言的发源规律、演变的路径，找到其中的亲疏关系，寻找方言分区的形成和具备的条件，才能得出科学的结论。也希望有更多的专家、学者对这片区域的方言进行研究，对这片区域的方言予以重视。

7.2.2 关于鄂豫皖赣四省交汇处方言语法研究的思考

1. 鄂豫皖赣四省交汇处方言语法研究的空间

本书研究鄂豫皖赣四省交汇处方言的语法现象，涵盖了词法和句法。就研究内容而言，本书既从共时层面上描写了某一方言的语法现象，又从历时层面上对某一新语法现象来源及产生原因进行了深入考察，例如"把"字被动句、"数+量+N代"格式、双宾句的插入形式、"V得得""箇"字构成的句法格式等；既有对某一具体语法格式的考察和分析，又有较高层次的理论思考；既有静态的描写，又有动态的分析。本书从宏观上论述了词法和句法的理论，从中观上研究了一系列体范畴和量范畴,从微观上分析了某种句法格式及功能,重视新语法现象来源和语用价值的探讨。就目前的研究而言,有一些尚待完善或加强的地方,主要有以下几个方面:一是共时和历时结合得还不够全面。对语法的发展演变的研究大都集中于共时层面,虽然有的也涉及历时研究,但大都集中于对某一语法现象的来源或源头的考察,对其发展变化的过程,也就是如何发展为目前的状态,却疏于考察与分析,即缺乏从发展变化和相互联系的视角来研究问题。二是缺乏动态的跟踪考察研究。对一些语法现象往往只注重流行或使用的高峰阶段,对于不同阶段的表现,也就是动态的过程,基本没有关注。今后要对某一语法现象进行"多次性"的研究,即着眼于不同地域不同阶段的表现,这样才有可能形成比较系统的研究。三是重点关注一些显性的、使用频率较高的语法现象,对于一些隐性的语法现象关注不够。这些隐性的语法现象同样是语法发展变化的组成部分,如果没有挖掘出来,会影响我们对某些语法现象的全貌认识。这些都需要研究者们继续努力。

2. 鄂豫皖赣四省交汇处方言语法研究展望

(1)克服方言语法研究的短板。长期以来,汉语方言的研究一直局限于方言语音、词汇的调查研究,很少关注方言语法的调查研究,所以有些方言语法的著作和论文所研究的内容与实际的语言事实不相符。这里面的原因有三:一是方言语法研究的难度大。这个难度是由语法规则尤其是分析性语法规则的隐蔽性造成的。这种方言语法之错综复杂的隐蔽性,难以为方言工作者所体察,难以为方言工作者所了解,难以为方言工作者所调查,不像调查语音或词汇那样,三问两问就能问得出来。二是缺乏方言语法知识。对于方言工作者来说,要有深厚的语法学知识,才能从复杂的方言现象中找出语法的特征和规律。如果缺乏语法学知识,就觉察不到非母语方言或母语方言在语法上的错综复杂和精细奥妙之处。因此,非母方言者难以全面、准确、深入地调查了解该方言的真实面貌,即便是母方言研究者也难以全面、准确、深入地调查了解该方言的真实面貌。三是缺乏行之有效的方法和吃苦精神。目前很多方言工作者难以仿照方言语音调查或词汇调查制定出一份理想的方言语法调查表,还没有总结出一套行之有效的方言语法调查方法。加之有些方言工作者缺乏吃苦耐劳的精神,不愿深入基层进行田野调查,在研究语法上是想当然,或模仿其他的方言语法进行研究,得出的结论缺乏真实性。就本书来说,鄂豫皖赣四省交汇处方言语法隐藏着许多深层次的语法形式和规则。

我们本着实事求是的态度，深入挖掘这些方言的语法事实，然后进行多角度分析，才得出可靠的结论。

（2）提倡田野调查。继续加强汉语方言语法的调查工作。语法研究最重要的是要搞清语言事实，为此必须做好方言的调查和整理工作。大力提倡从事汉语方言研究的学者开展对自己母语方言语法的田野调查研究，同时也要鼓励他们参与对非母语方言语法的田野调查研究。在方言调查研究中，既要注意所调查的方言语法与普通话语法之间相一致的地方，更要注意不一致的地方。近年来，方言语法的调查多是以中国社会科学院语言研究所编的《汉语方言词汇调查手册》《方言调查词汇表》中的语法调查项目为依据，这样是不全面、不系统的，因此，有必要制定出能适应全国范围的《方言语法调查表》，从多角度、多方面入手展开调查。当然，这种调查所付出的代价比较大，但只有通过这样的调查才能较全面、深入地认识、了解某个方言的语法面貌，才能真正获得重要而满意的成果。拿本书来说，在研究中我们注重实地调查，制定出了一份科学的语法调查表，从多角度、多方面开展调查，绝不依赖第二手材料。

（3）加强理论研究。研究汉语方言，既要注重语言事实，也要注重语言理论的思考。邢福义先生说，汉语"研究根植于泥土，理论生发于事实"。他一贯植根于汉语沃土进行研究，也提出了许多生发于汉语事实的理论，如"名词定格论"、句子结构的"分层向核性"和句子成分的"配对性"、复句的语义关系具有二重性以及"两个三角"和"三个充分"等。李宇明认为："这些理论，有些反映的是汉语的不同于西方语言的特点，有些则具有普通语言学上的意义；虽然在提出这些理论时受到国外一些理论的启发，但并不是'国外理论+汉语例子'的夹生饭，而主要是生发于汉语事实的，所以显得实在牢靠，面目可亲。"[①]对于汉语方言研究来说尤其如此。描写事实的描写都是基于一定的理论框架的。没有理论框架的支撑，就不知道你所描写的事实与理论之间有什么关系；没有对语言事实的了解和全面把握，理论和方法的创建便成为空中楼阁。石毓智先生也认为："历史语言学研究的首要任务是从各个时期的口语资料中总结规律，任何规律都要有足够的经验证据，任何规律都要经得起经验事实的考验。在这个领域里，纯粹的理论假想、思辨不大能找到它们的市场，而且指导历史考察需要有尽量少的理论前提

---

① 眸子.1994.立足汉语事实　着力理论探讨——《邢福义自选集》读后[J].语言教学与研究，（4）：82.

和假设,只有这样我们在观察语言事实时才会保持最大的客观性。"①王洪君在《汉语的特点与语言的普遍性——从语言研究的立足点看中西音系理论的发展》一文中指出:"多年来汉语研究中一直有两种倾向。一种是简单地搬用西方普通语言学来处理汉语,外文系出身的语言学者所取此路。另一种是强调汉语的特点,强调西方理论不足以处理汉语……两种倾向在某种意义上看有通病,就是其立足点实际上都只限于如何处理汉语,而不把处理人类语言的共性当作自己的任务。放弃对语言共性的探索,不仅使中国语言学逐渐落后于西方语言学,差距越拉越大,而且也很难真正搞清汉语的特点。""西方语言学明确了在具体语言规律之上发现人类语言普遍规律的企图,立足点由具体语言转向了人类语言的共性。立足点的变化,使西方语言学发展得很快。与此同时,中国语言学始终立足于如何处理汉语,理论上没有新进展。""要明确,西方的普通语言学理论不过是建立在某些语言具体特点之上的、反映他们目前认识水平的工作假设。把这种假设当作唯一正确的原则来处理汉语,结果只能是跟在别人的后面打转转";"另一方面,片面强调汉语的特点","否认语言共性,自动放弃对语言共性探究","亦不足取","它同样使我们无法与西方人站到同一条起跑线上",而且使我们无法真正了解汉语的特点。②王洪君先生的这些看法很值得我们学习和深思。

(4)加强专题研究,拓宽研究范围。继续加强对词法和句法的专题研究,尤其注重对某种方言新发现的语法现象进行专题研究。对一些普遍存在的语法现象,尽管已经有了研究成果,但还必须向纵深拓展。贺巍在《汉语方言语法研究的几个问题》中,列举了八个可供研究的专题——"重叠式""量词的使用范围及其差异""代词""形容词的格式及其作用""动补结构的类型""句型研究""特殊词语的用法""语法特点的地理分布"③。除此之外,语法和语音的关系、词缀和语助词、词的形态等,也都是汉语方言语法研究的重要专题。拓宽研究范围,不仅仅指方言语法研究本身,如"范畴"(包括体貌、比较、否定、疑问等)、形态、类型要拓展,研究的区域也要拓展,要勇于开拓方言语法研究的处女地,对方言的交汇处、方言岛以及疏漏的区域进行耐心的挖掘和研究。

---

① 石毓智. 现代汉语语法系统的建立——动补结构的产生及其影响[M]. 北京:北京语言大学出版社,2003:18.

② 王洪君. 基于单字的现代汉语词法研究[M]. 北京:商务印书馆,2011:331-345.

③ 贺巍. 汉语方言语法研究的几个问题[J]. 方言,1992(3):161-171.

（5）拓展研究思路，发扬原创精神。方言语法研究中，要转变研究的视角，打开研究思路，加强对语法问题的思辨性认识，提高研究的理论深度，并能够引发新的理论思考。要加强对研究方法的摸索，建立方言语法研究的方法论，如汉语方言之间、方言与共同语之间都是具有亲属关系的，能够从亲属关系的角度对方言语法进行解释，所以对方言语法的分析，除了可采用一般的语法研究的方法外，还可以从谱系学和类型学两个角度来进行。汉语方言语法复杂，南北差异大，对方言进行类型学的诠释，有方法论的指导意义。

（6）注重方言的语言事实。对于语法的研究，挖掘汉语方言的语言事实很重要，正如邢福义先生所说："深入挖掘和揭示汉语语法事实，这是当前汉语语法研究的根本课题。"[①]没有对语言事实的清楚了解和全面把握，理论和方法的创建便成为空中楼阁，但是如果只注重语言事实，没有一定的语言理论的支撑，有些语言事实是不可能被挖掘出来的。例如，没有量范畴的理论，就不能挖掘出鄂豫皖赣四省交汇处方言中的事物量、空间量、时间量、行为量、程度量、主观量等诸多量范畴的语言事实，也不会挖掘出"数+量+N代"等特殊的结构。所以，方言语法的研究，需要有一定的理论来支撑。

（7）进行立体研究。开展立体化的研究也是研究方言语法的重要方法。和普通话一样，方言里的语法成分和句法结构也包含语法、语义、语用三个方面。方言语法研究要深入，也要把握三个平面及其相互关系，应该把三个平面结合起来，发掘语义内容，辨析语用价值，探究语法意义。邢福义先生提出了"两个三角"的观点。他认为：

  研究汉语语法事实，既需要进行静态分析，更需要进行动态分析。静态分析的基本作法是对某个语言事实进行自身的成分分析或层次分析。这是语法分析的起点和基本功，但不能深入揭示语法规律，因为许多时候仅仅进行静态分析说明不了什么问题。动态分析的基本作法是多角验证，对语法事实进行多角验证可以更好地揭示语法规律。

  多角验证的基本内容，是两个三角的事实验证。

  "小三角"是两个三角中的第一个三角。任何语法事实都存在语表形式、语里意义和语用价值三个角度，研究中这三个角度往往都需要进行考察。"小三角"

[①] 邢福义. 邢福义自选集[M]. 郑州：大象出版社，1993：306.

第 7 章 鄂豫皖赣四省交汇处方言语法的现代发展与归属及其研究思考

指的就是"表—里—值"三角,由语表形式、语里意义和语用价值所构成。在"小三角"里,"表—里—值"被分别看成三个角。①

"大三角"指"普—方—古"三角,是两个三角中的第二个三角。普通话即现代汉语共同语里的一个语法事实,往往可以在方言或古代近代汉语里找到印证的材料。研究现代汉语共同语语法,为了对一个语法事实作出更加令人信服的解释,有时可以以"普"为基角,撑开"方"角和"古"角,从而形成语法事实验证的一个"大三角"。②

例如,本书在研究鄂豫皖赣四省交汇处方言的"箇"字的用法、"把"字的用法、被动句、处置句和双宾句的语法现象时,既从历史上考察了这些现象的来龙去脉,又从平面上考察了鄂豫皖赣四省交汇处方言与其他方言的区别性特征。

范晓先生也提出了句法、语义、语用三个平面的语法观。他认为三个平面"是语法研究方法上的新进展,有助于语法学科的精密化、系统化和实用化。但这样研究还仅仅是开始,如何在语法分析中,特别是在汉语的语法分析中全面地、系统地把句法分析、语义分析和语用分析既界限分明地区别开来,又互相兼顾地结合起来,这是摆在语法研究工作者面前的新课题"③。

这些理论和观点基本改变了结构主义一统天下的局面,彻底改变了单纯对语言结构描写的单一研究思路。重考察、重描写、重解释,打开了进行多层面、多视角、多方位立体研究的新的研究思路。特别是在方言语法研究中,既要注重"表—里—值"的研究,又要注重"普—方—古"的研究,还要注重"句法—语义—语用"的研究;既重视形式和意义的结合,也要重视静态和动态的结合;既要注意语言共性的探索,也要注意方言的个性特征的挖掘。这样才能在方言语法研究中开拓新局面,使方言语法研究出现新的发展趋势。所以,研究鄂豫皖赣四省交汇处方言语法时,只有将语法的形式和意义、静态研究和动态研究结合起来,研究才能更生动、更科学,因而也更具有解释意义,研究的发展前景才更为广阔。

---

① 邢福义. 汉语语法学[M]. 长春:东北师范大学出版社,1996:439.
② 邢福义. 汉语语法学[M]. 长春:东北师范大学出版社,1996:463.
③ 范晓. 三个平面的语法观[M]. 北京:北京语言文化大学出版社,1996:1.

参考文献

安华林. 1999. 信阳方言特殊的语法现象论略[J]. 信阳师范学院学报（哲学社会科学版），（2）：75-77.

鲍厚星，崔振华，沈若云，等. 1999. 长沙方言研究[M]. 长沙：湖南教育出版社.

曹志耘. 2000. 对21世纪语言研究的几点想法[J]. 语言教学与研究，（1）：7-9.

陈淑梅. 1989. 湖北英山方言志[M]. 武汉：华中师范大学出版社.

陈淑梅. 1994. 湖北英山方言形容词的重叠式[J]. 方言，（1）：64-67.

陈淑梅. 1996. 湖北英山方言"式"字的用法[J]. 方言，（1）：64-67.

陈淑梅. 1997. 湖北英山方言的"X儿的"[J]. 方言，（3）：228-232.

陈淑梅. 1999. 鄂东方言中"箇"字的用法[J]. 方言，（1）：56-63.

陈淑梅. 2000. 谈鄂东方言的"V得得"[J]. 方言，（3）：222-227.

陈淑梅. 2001. 鄂东方言"VP是不VP的"格式[J]. 方言，（3）：217-221.

陈淑梅. 2001. 鄂东方言语法研究[M]. 南京：江苏教育出版社.

陈淑梅. 2001. 汉语方言里一种带虚词的特殊双宾句式[J]. 中国语文，（5）：439-445.

陈淑梅. 2003. 鄂东方言的"数+量+O"的结构[J]. 方言，（2）：165-170.

陈淑梅. 2004. 谈约量结构X把[J]. 语言研究，（4）：21-25.

陈淑梅. 2006. 鄂东方言的副词"把"[J]. 汉语学报，（1）：39-43.

陈淑梅. 2007. 鄂东方言量词重叠与主观量[J]. 语言研究，（4）：42-46.

陈淑梅. 2008. 鄂东英山方言的满意程度量[J]. 方言，（1）：52-56.

陈淑梅. 2010. 从汉民族文化看汉语方言的特殊称谓[J]. 江汉论坛，（3）：135-138.

陈淑梅. 2012. 鄂东方言量范畴研究[M]. 北京：中国社会科学出版社.

陈淑梅. 2013. 湖北英山方言的主观大量[J]. 方言，（2）：132-136.

陈淑梅. 2014. 鄂东方言的小称与主观小量[J]. 江汉学术，（4）：123-128.

陈淑梅. 2015. 从认知的角度看湖北英山方言的长时量[J]. 语言研究，（2）：78-84.

陈淑梅. 2018. 鄂东方言的"把"字四用[J]. 中国语言学报，（18）：104-115.

陈淑梅. 2019. 湖北英山方言的特殊处置式"数+动量+把VP+了"[J]. 方言，（1）：47-53.

陈淑梅. 2021. 英山方言研究[M]. 北京：民族出版社.

陈淑梅，夏慧. 2011. 楚语区黄梅方言的持续体标记"倒"[J]. 理论月刊，（11）：71-73.

陈小荷. 1997. 丰城话的主观量及其相关句式[C]//北京大学中文系《语言学论丛》编委会. 语言学论丛（第十九辑）. 北京：商务印书馆：145-163.

陈彧. 2005. 新县方言的指示代词[J]. 南开语言学刊，（1）：93-102.

储泽祥. 2004. 赣语岳西话的过程体与定格体[J]. 方言，（2）：139-147.

储泽祥. 2009. 岳西方言志[M]. 武汉：华中师范大学出版社.

丁声树等. 1961. 现代汉语语法讲话[M]. 北京：商务印书馆.

范晓. 1996. 三个平面的语法观[M]. 北京：北京语言学院出版社.

方梅. 1993. 宾语与动量词语的次序问题[J]. 中国语文，（1）：54-64.

甘为. 2011. 江西九江地区方言中的量词重叠式结构研究[J]. 文学界，（7）：121-122.

顾黔. 2016. 长江中下游沿岸方言"支微入鱼"的地理分布及成因[J]. 语言研究，（1）：20-25.

侯精一. 1999. 现代晋语的研究[M]. 北京：商务印书馆.

胡裕树. 1987. 现代汉语（增订本）[M]. 上海：上海教育出版社.

黄伯荣，廖序东. 2007. 现代汉语[M]. 4版. 北京：高等教育出版社.

黄晓雪. 2010. 宿松方言带"里"和带"得"的述补结构[J]. 方言，（1）：74-79.

贾彦德. 1999. 汉语语义学[M]. 2版. 北京：北京大学出版社.

江蓝生. 1984. 概数词"来"的历史考察[J]. 中国语文，（2）：145-153.

江西省地方志编纂委员会. 2005. 江西省方言志[M]. 北京：方志出版社.

金立鑫. 1997. "把"字句的句法、语义、语境特征[J]. 中国语文，（6）：415-423.

李奇瑞. 2000. 九江方言及其演变[J]. 九江师专学报（哲学社会科学版），（1）：28-32.

李如龙. 2000. 论汉语方言比较研究（上）——世纪之交谈汉语方言学[J]. 语文研究，（2）：
　　1-7.

李如龙. 2000. 论汉语方言比较研究（下）——世纪之交谈汉语方言学[J]. 语文研究，（3）：
　　11-18.

李如龙. 2001. 汉语方言学[M]. 北京：高等教育出版社.

李珊. 1993. 双音动词重叠式 ABAB 功能初探[J]. 语文研究，（3）：22-31.

李向农. 1997. 现代汉语时点时段研究[M]. 武汉：华中师范大学出版社.

李宇明. 1999. "一V…数量"结构及其主观大量问题[J]. 云梦学刊，（3）：70-73，93.

李宇明. 2000. 汉语量范畴研究[M]. 武汉：华中师范大学出版社.

刘丹青. 2003. 语序类型学与介词理论[M]. 北京：商务印书馆.

刘丹青. 2003. 语言类型学与汉语研究[J]. 世界汉语教学，（4）：5-12.

刘坚，曹广顺，吴福祥. 1995. 论诱发汉语词汇语法化的若干因素[J]. 中国语文，（3）：161-170.

刘宁生. 1985. 论"着"及其相关的两个动态范畴[J]. 语言研究，（2）：117-128.

刘世儒. 1962. 魏晋南北朝动量词研究[J]. 中国语文，（4）：154-161.

刘祥柏. 2000. 汉语方言体貌助词研究与定量分析[J]. 中国语文，（3）：257-266，287.

刘祥柏. 2000. 六安丁集话体貌助词"倒"[J]. 方言，（2）：138-146.

刘晓然. 2002. 黄冈方言的疑问代词[J]. 湖北师范学院学报（哲学社会科学版），（4）：66-71.

刘晓然. 2002. 黄冈方言的中指代词[J]. 海南师范学院学报（人文社会科学版），（5）：128-131.
卢烈红. 2002. 湖北黄梅话的指示代词[J]. 方言，（4）：322-330.
陆俭明. 1993. 八十年代中国语法研究[M]. 北京：商务印书馆.
陆俭明. 2004. 词语句法、语义的多功能性：对"构式语法"理论的解释[J]. 外国语，（2）：
    15-20.
陆俭明，马真. 1999. 现代汉语虚词散论[M]. 北京：语文出版社.
陆俭明，沈阳. 2003. 汉语和汉语研究十五讲[M]. 北京：北京大学出版社.
罗昕如. 1998. 新化方言研究[M]. 长沙：湖南教育出版社.
罗自群. 2006. 现代汉语方言持续标记的比较研究[M]. 北京：中央民族大学出版社.
吕叔湘. 1982. 中国文法要略[M]. 北京：商务印书馆.
吕晞. 2007. 九江市浔阳区方言中的赣方言成分研究[D]. 南昌：南昌大学硕士学位论文.
马庆株. 1988. 自主动词和非自主动词[J]. 中国语言学报，（3）：157-180.
马庆株. 1992. 汉语动词和动词性结构[M]. 北京：北京语言学院出版社.
乔全生. 1996. 山西方言人称代词的几个特点[J]. 中国语文，（1）：27-30.
乔全生. 2000. 晋方言语法研究[M]. 北京：商务印书馆.
邵敬敏. 1996. 动量词的语义分析及其与动词的选择关系[J]. 中国语文，（2）：100-109.
邵敬敏，周芍. 2005. 汉语方言语法研究的现状与思考[J]. 暨南学报（人文科学与社会科学版），
    （1）：75-83.
沈家煊. 1995. "有界"与"无界"[J]. 中国语文，（5）：367-380.
沈家煊. 1999. 认知心理和语法研究[C]//吕叔湘等. 语法研究入门. 北京：商务印书馆：229-239.
沈娇. 2015. 新县方言特色助词研究[M]. 武汉：华中师范大学硕士学位论文.
沈明. 2016. 安徽宣城（雁翅）方言[M]. 北京：中国社会科学出版社.
盛银花. 2007. 安陆方言研究[M]. 武汉：湖北人民出版社.
石锓. 2010. 汉语形容词重叠形式的历史发展[M]. 北京：商务印书馆.
石毓智. 1992. 论现代汉语的"体"范畴[J]. 中国社会科学，（6）：183-201.
石毓智. 2003. 现代汉语语法系统的建立——动补结构的产生及其影响[M]. 北京：北京语言大
    学出版社.
苏晓青. 1997. 东海方言研究[M]. 乌鲁木齐：新疆大学出版社.
孙立新. 2007. 西安方言研究[M]. 西安：西安出版社.
唐爱华. 2005. 宿松方言研究[M]. 北京：文化艺术出版社.
万幼斌. 2000. 鄂州方言志[M]. 成都：天地出版社.
汪国胜. 1994. 大冶方言语法研究[M]. 武汉：湖北教育出版社.
汪平. 1987. 湖北省西南官话的重叠式[J]. 方言，（1）：24-26.
王东. 2010. 河南罗山方言研究[M]. 北京：中国社会科学院出版社.

王力. 1985. 中国现代语法[M]. 北京：商务印书馆.
王求是. 2014. 孝感方言研究[M]. 武汉：华中师范大学出版社.
王志方. 1984. 湖北方言中的几种语法形式[J]. 孝感师专学报，（2）：5-8.
温锁林. 2004. 从词性标注看小句的中枢地位[J]. 汉语学报，（1）：52-60.
萧国政. 1994. 现代汉语语法问题研究[M]. 武汉：华中师范大学出版社.
谢留文. 1998. 南昌县（蒋巷）方言的两个虚词"是"与"着"[J]. 中国语文，（2）：123-125.
项梦冰. 1997. 连城客家话语法研究[M]. 北京：语文出版社.
向熹. 1993. 简明汉语史（上、下）[M]. 北京：高等教育出版社.
邢福义. 1997. 汉语语法学[M]. 长春：东北师范大学出版社.
邢福义. 2001. 说"句管控"[J]. 方言，（2）：97-106.
邢福义. 2001. 汉语复句研究[M]. 北京：商务印书馆.
邢福义. 2008. 语法问题追踪集[M]. 北京：中国社会科学出版社.
邢向东. 1997. 陕北神木话的助词"着"[J]. 中国语文，（4）：295-296.
邢向东. 2006. 陕北晋语语法比较研究[M]. 北京：商务印书馆.
熊正辉. 1995. 南昌方言词典[M]. 南京：江苏教育出版社.
徐阳春. 1999. 南昌方言的体[J]. 南昌大学学报（社会科学版），（3）：93-96.
杨永龙. 2002. 汉语方言先时助词"着"的来源[J]. 语言研究，（2）：1-7.
俞光中，植田均. 1999. 近代汉语语法研究[M]. 上海：学林出版社.
詹伯慧，李如龙，黄家教，等. 1991. 汉语方言及方言调查[M]. 武汉：湖北教育出版社.
张安生. 2000. 同心方言研究[M]. 银川：宁夏人民出版社.
张伯江，方梅. 1996. 汉语功能语法研究[M]. 南昌：江西教育出版社.
张林林. 1992. 江话的"着"及其相关句式[J]. 九江师专学报（哲学社会科学版），（2、3）：101-105.
张林林. 2005. 九江方言的指示代词[J]. 江西师范大学学报（哲学社会科学版），（4）：38-41，46.
张林林. 2006. 九江话中表少量量词考察[J]. 九江学院学报，（2）：99-102.
张一舟，张清源，邓英树. 2001. 成都方言语法研究[M]. 成都：巴蜀书社.
张志华. 2016. 湖北罗田方言的能可义"倒"字句[J]. 方言，（3）：358-367.
张振兴. 2002. 著名中年语言学家自选集·张振兴卷[M]. 合肥：安徽教育出版社.
赵日新. 2003. 绩溪方言词典[M]. 南京：江苏教育出版社.
赵元任，丁声树，杨时逢，等. 1948. 湖北方言调查报告[M]. 北京：商务印书馆.
中国社会科学院，澳大利亚人文科学院. 1987. 中国语言地图集[M]. 香港：香港朗文出版（远东）有限公司.
周长楫. 1993. 厦门方言词典[M]. 南京：江苏教育出版社.
周政. 2007. 陕西安康方言的混合特征[J]. 方言，（3）：265-272.

周政. 2009. 平利方言调查研究[M]. 北京：中华书局.

朱德熙. 1982. 语法讲义[M]. 北京：商务印书馆.

左林霞. 2004. 孝感方言的标记被动句[J]. 语言研究,（2）：29-33.

后　　记

　　呈现在读者面前的《鄂豫皖赣四省交汇处方言语法研究》是我的第六本著作，也是国家社科基金项目结项的"优秀"成果。2014年我主持研究的第三项国家社科基金项目"语言接触视域中鄂豫皖赣四省交汇处方言语法研究"（14BYY034）于2019年结项，获得"优秀"等级。本书是在该结项成果的基础上经过修改补充后形成的，书中主要对鄂豫皖赣四省交汇处的方言语法进行研究。从地理分布上看，鄂豫皖赣四省交汇处包括长江以北、大别山南麓的湖北东部、东北部以及与其毗邻的河南省、安徽省、江西省等相关地区。从行政区划来看，主要涉及4个省10个地级市和30多个县（市、区）。我们从中选取了具有代表性的方言点进行分析研究。

　　本书从语言接触的角度，以鄂豫皖赣四省交汇处的方言语法作为研究对象，分为七章对其方言语法现象、语法规则进行描写和解释。立足方言事实，注重原创性。首先描写其语法形式，其次解释其语意蕴含，然后揭示其内部规律。

　　要描写鄂豫皖赣四省交汇处方言的语法形式，解释其语意蕴含，揭示其内部规律，就要有可取的研究思路和有效的研究方法。本书采用了邢福义先生的"两个三角"的研究思路和方法。"第一个'三角'是'表—里—值'三角。任何一个语法事实都有其语表形式、语里意义和语用价值。要弄清一个语法事实，有必要由表察里，由里究表，表里验证。"[①]例如在鄂豫皖赣四省交汇处方言中表示动作的持续体用"倒"作标记，有各种语表形式，如"V+倒""N$_{处}$+V倒+N$_{施/受}$""把+N$_{受}$+V倒""N$_{处/施}$+V+倒+N$_{受}$+在""N$_{施/受}$+在+N$_{处}$+V+倒在""N$_{施}$+在+VP+在地""V倒+就+V倒""N+V+倒+（NP）+VP""V倒+V倒""V+倒+嘞"等，由这些语表形式可以观察语里意义，即表达动作状态的持续、动作结果的持续、动作时间的持续，除此之外，还要弄清此语法现象特定的语用价值，分析了由"倒"构成的持续体具有主观性和"无界"性的语用特点。第二个"三角"

[①] 邢福义. 20世纪现代汉语语法"八大家"·邢福义选集[M]. 长春：东北师范大学出版社，2001：457.

是"普—方—古"三角。方言的一个语法事实，往往可以在普通话或古代、近代汉语里找到印证的材料。例如"把"字作为介词，引出与动作相关的对象。在普通话里引出受事，表示处置关系；在鄂豫皖赣四省交汇处方言里引出施事，表示被动关系，例如"他把狗咬了"是"他被狗咬了"的意思，"他把老师打了"是"他被老师打了"的意思。"把"表示被动在近代汉语中就存在，是从动词"把与"虚化而来的。例如在萧德祥的《杀狗劝夫》二折中有："这明明是天赐我两个横财，不取了他的，倒把别人取了去？""倒把别人取了去"是"倒被别人取了去"的意思。在明无名氏《欢喜冤家》一回中有："你是男子汉大丈夫，把人骂了乌龟忘八，看你如何做人？""把人骂了乌龟忘八"是"被人骂了乌龟忘八"的意思。对于方言中的种种语法现象，如果都能用两个"三角"的研究思路和方法进行分析，就可以做出令人信服的解释。

要对鄂豫皖赣四省交汇处方言的语法现象、语法规则进行描写和解释，就要运用邢福义先生的"三个充分"的方法。"所谓'三个充分'，指的是：观察充分、描写充分、解释充分。只有充分观察，才能有充分的了解；只有充分描写，才能有充分的反映；只有充分解释，才能有充分的认识。"[①]邢福义先生的"三个充分"是我国语法学经过多年的实践总结出的正确走向。现代汉语语法学自《马氏文通》诞生以来发展最快。特别是20世纪80年代以来，现代汉语语法研究无论是在对语言事实的挖掘、描写上，还是在理论和方法的探讨上，都有显著的成果。80年代中期及以前，现代汉语语法研究基本上或者说主要是对汉语语法现象、语法规则的描写说明；80年代后期，开始对现代汉语语法现象、语法规则进行解释。从对语法现象、语法规则的"描写性研究"到对语法现象、语法规则的"解释性研究"，应该说是语法研究的一大进步。语法现象、语法规则的"解释性研究"将会从整体上促进现代汉语语法研究的发展，但是因为一个合理的解释本身需要经过深入研究后才能得到，而且解释需以充分、合理的观察和充分、合理的描写为基础，所以对方言语法现象和语法规则的解释又需要运用一定的理论，正因为如此，对汉语语法现象和语法规则的观察、描写会面临着来自对语法规则解释这一方面的挑战。所以"三个充分"的方法就是应对这种挑战的最好方法。

笔者认为，"三个充分"应有所侧重，"观察"最重要。"观察"是"描写"

---

① 邢福义.20世纪现代汉语语法"八大家"·邢福义选集[M].长春：东北师范大学出版社，2001：463.

和"解释"的基础,没有充分的观察,就不能得到研究的对象,更不能进行精确细微的描写,也不可能有一语破的的解释。就拿鄂豫皖赣四省交汇处方言语法现象来说吧,方言中有一种"V得得"的语法格式,就是来源于对语言事实的细致的观察。这种格式具有方言特色,在不同的语境中可以表示不同的语义。第一种表示"可以""能"的意思,例如:"这个饭冇馊,吃得得。"表示"这个饭没有馊,能吃。"的意思;第二种表示有资格、有权力实行某种动作,有"能够""可以"的意思,例如:"嗯个话我说得得,你不能说。"表示"那个话我能说,你不能说。"的意思。第三种表示实行某种动作有价值,很划算,有"值得"的意思,例如:"这件衣裳不贵,买得得。"表示"这件衣裳不贵,值得买。"的意思;第四种表示实行某种动作超过了一定的限度,有"真能""真会"的意思,例如"你真吃得得,吃了几碗饭还要吃。"表示"你真能吃,吃了几碗饭还要吃。"的意思;第五种表示情理上有必要做某事,有"应该"的意思,例如:"我帮了他的忙,这个酒吃得得。"表示"我帮了他的忙,这个酒应该吃。"的意思;第六种表示实行某种动作正好合适,有"正好"的意思,例如:"嗯件衣裳不箇细,穿得得。"表示"那件衣服不小,正好能穿。"的意思。关于"V得得"这种格式的理论基础,可以从朱德熙先生的著作中找到印证。他在《语法讲义》中说:"'说得'实际上应分析为'说得得',前一个'得'是助词,和'看得见'里的'得'相当。后一个'得'是充任补语的动词,和'看得见'里的'见'相当。"[1]笔者2000年曾撰写《谈鄂东方言的"V得得"》一文,发表在《方言》上[2],对这种格式进行了充分的描写和解释,详细地论证了朱先生分析的合理性。

要做到"三个充分",还要进行动态的分析,就是要进行历时和共时的比较。本书就是采用了共时比较和历时比较相结合的方法。共时方面,既将鄂豫皖赣四省交汇处方言的语法现象与其他方言语法现象进行比较,又将鄂豫皖赣四省交汇处各方言片之间的语法现象进行比较,还将这一区域的方言语法现象与普通话语法现象进行比较。历时方面,将这一区域的方言语法现象与古代、近代的语法现象进行比较,弄清一些语法成分的来龙去脉。力求使这一区域的方言语法特征得以反映,做到"从众多的事实中发掘出值得研究的事实;从值得研究的事实中发

---

[1] 朱德熙. 语法讲义[M]. 北京:商务印书馆,1982:133.
[2] 陈淑梅. 谈鄂东方言的"V得得"[J]. 方言,2000(3):222-227.

掘出规律性；从所得的规律中发掘出理论问题"①。

　　关于鄂豫皖赣四省交汇处方言的归属问题，笔者也进行了思考。这一地域自古位于中国南北两大语言文化区的中间，汉末以后随着居民的流动，其方言由南方方言和不断南下的北方方言长期融合逐渐形成。因此该地域方言很有特征，如果将这一片方言归为"江淮官话"存在较大争议。如果将其从官话方言中分离出来，自成一体，将其命名为"楚方言"或"黄孝方言"还是有科学依据的。首先，地理位置突出。这一地域主要是分布于长江以北、大别山南麓的鄂东、皖西、赣北、豫南等地区。其次，名称历史悠久。西汉语言学家扬雄（前53年—公元18年）在其著作《方言》中首次提出了"楚言"的概念。1948年，赵元任、丁声树等人合著的《湖北方言调查报告》，将湖北东部地区的17个县市以及西北角的竹山、竹溪共19个县市的方言划在第二区，并提出了"楚语"的概念。②1981年，詹伯慧先生在《现代汉语方言》里也提到："还有一些地方语音比较特殊，一时还难以划归到哪一个次方言中去。如湖北鄂东一带的'楚语'，跟以汉口为代表的'西南方言'固然大不相同，跟东面的'江淮方言'又难以归到一起。其中最突出的特点是有一系列圆唇舌尖后元音ʮ及以ʮ起头的ʮ一类韵，声调一般有六个，入声自成一类而去声分阴阳。'楚语'通行地域达20个县以上，是很值得注意的。"③进一步确认了楚语区的方言地位。最后，这一片方言的语音、词汇和语法都很有特色。当然关于这一片方言独立的问题，还需要对这一片方言的语音、词汇、语法特点作更深入、更全面的研究，理顺方言的发源规律、演变的路径，找到其中的亲疏关系，寻找方言分区的形成和具备的条件，才能得出科学的结论。也希望有更多的专家、学者对这片区域的方言进行研究，对这片区域方言的独立问题予以重视。

　　本书研究的鄂豫皖赣四省交汇处方言在历史上有着很重要的地位，但是前人对这一片方言的研究比较薄弱。李宇明先生说："理论上语言是一律平等的，现实中语言是有强有弱的。语言的强弱与语言所属社团的强弱盛衰呈正相关。"④一个国家、一个地区的强盛，促进语言的强盛，我国苏沪杭一带的繁荣促进了吴语

---

① 邢福义. 汉语语法结构的兼容性和趋简性[J]. 世界汉语教学，1997（3）：8.
② 赵元任，丁声树，杨时逢，等. 湖北方言调查报告[M]. 北京：商务印书馆，1948：1568.
③ 詹伯慧. 现代汉语方言[M]. 武汉：湖北人民出版社，1981：98.
④ 李宇明. 强国的语言与语言强国[J]. 光明日报，2004-07-28.

的强盛，改革开放以来，珠江三角洲的崛起，使得粤语家喻户晓；同时，语言也会促进一个国家、一个地区发展强盛。从目前方言研究的状况来看，还没有对鄂豫皖赣四省交汇处方言进行系统研究的成果，这一地区的很多方言点还没有人涉及，还有许多尚未开发的语言资源。近年来由于这片区域中各地相互接触与交流，方言也逐渐在改变，有些地点的方言已经处于濒危的状态，而该区域的方言内部差异较大，是方言研究中非常珍贵的活素材，也是一份非常珍贵的非物质文化遗产，具有很重要的研究价值。所以，对于鄂豫皖赣四省交汇处方言的研究，不仅提高了鄂豫皖赣四省交汇处方言的地位，而且还抢救了濒危方言，有利于人们认识、了解鄂豫皖赣四省交汇处方言的特征，进而把握汉语方言的整体面貌，推进汉语方言学的发展。

任何一个语言学家都是从研究自己的母语开始的。这里所说的"母语"我认为有两层意思：一是指本民族的语言，二是指自己的母语方言。吕叔湘、朱德熙等前辈学者都十分重视从汉语的实际出发进行语言研究，他们是重视母语、以母语为基石的典范。我们从事语言研究应该继承先辈的优良传统，立足母语，积极开掘和探求汉语及汉语方言的内在规律和特点。我从1985年研究英山方言开始，一直在方言研究的道路上跋涉，迄今有38年了。我始终遵循着两句话。第一句话："自己走路，走自己路。"首先是"自己走路"，多少年来，我一直在方言研究上自己走路，不被任何人、任何事情所影响；其次是"走自己路"就是要有自己的研究方向，形成自己的特色。要形成自己的特色就要"熟视有睹""画地为牢"。"熟视有睹"就是写自己熟悉的东西；"画地为牢"就是要找准自己的研究对象、研究领域、研究方式，着力开发。几十年来，我由自己的母语英山方言到鄂东方言，再到汉语整体方言，进行了一个个语言现象的发掘和一个个问题的研究。迄今为止，我发表了100多篇学术论文；出版了6部学术专著；主持了3项国家级项目（2项为国家社科基金项目、1项为国家"十五"规划重点项目的子项目），3个项目结项时均获得了"优秀"等级，其中第一项国家社科基金项目结项成果已进入"国家哲学社会科学优秀成果文库"；获得了湖北省社会科学优秀成果奖4项（其中二等奖1项、三等奖3项）、湖北省高等学校教学成果奖1项。大都是以鄂东方言作为立足点和根据地，做了串联性的跟踪研究。事实证明，这无疑是一种非常正确且有效的研究思路。第二句话："四季轮回，春夏秋冬。"春夏秋冬是一个时间概念。一年有四季，四季有365天，这意味着做什么事都要持之以恒，锲而不舍。春夏秋冬更是一个发展概念。四季轮回交替，一个人，在自己的生命历程中，也要不断地有新的开始，不断地站到新的起跑线上。一个研究者研究水平的高低取决于其素质的高低，其中重要的是要有适应研究需要的合理的知识结构，这就要求我们要注意知识的不断更新。更新知识包含两层意思：一是要继续不断学习新的语言学理论和方法，特别是方言语法方面的各种最新研究成果（包括理论、观点、方法、思路）；二是不能只满足于已有的一点语法知识，还要学习中国传统的语言学领域里的音韵学、文字学、训诂学，以及跟语法学相关的语义学、语音学、语用学等方面的知识，另外还需学习一些现代科技知识。这样才能使自己的研究适应新时代的要求。几十年来，我始终力争站在新的起跑线上，深感"百折不挠"这几个字对于人生的意义！尽管研究鄂东方言时间很长，成果较多，但还要继续努力。天涯地角有尽处，只有学问无穷时！

本书的写作过程曲折而又艰难。一是涉及的地域面广，鄂豫皖赣四省交汇处涉及的方言点较多，需要对这些方言点进行深入的调查和研究，才能整体把握其方言语法的特点，因此调查的难度较大。二是研究的范围较全面，书中涉及词法、句法（单句、复句）、体貌范畴、量范畴、特殊句法现象等等。从宏观上探索了语法现象和语法规则的理论，从中观上研究了某一类型语法现象的异同及来源，从微观上分析了某种句法格式的意义功能和语用价值。既有静态的描写，又有动态的分析。三是语法研究的难度大。这个难度是由语法规则尤其是分析性语法规则的隐蔽性造成的。这种方言语法之错综复杂的隐蔽性，难以为方言工作者所体察，难以为方言工作者所了解，不像调查语音或词汇那样，三问两问就能问得出来。而且不同的方言点在语法上的差别较大，要靠深入的发掘和研究才能得出结论。这就需要我们有吃苦耐劳的精神，深入田野，进行调查。经过几年的努力，克服重重困难，这份成果终于呈现在读者的面前。

借本书出版的机会，我要向黄冈师范学院的领导、科技处及文学院的领导，向热心扶持学术事业的科学出版社，向审阅书稿的王丹编辑，向给我真诚帮助的各位同仁，向诸位热情的调查合作人，向一直给我精神上的支持和帮助的丈夫张常恒先生表示真诚的感谢！

感谢著名书画家陈金超先生为本书题写书名！

笔者写于兰薰桂馥书斋
2023 年 8 月 13 日